本书是国家社会科学基金重大项目"中国经济绿色发展的理论内涵、实现路径与政策创新"（项目批准号15ZDC006）的研究成果

中国经济问题丛书

中国经济绿色发展

理念、路径与政策

石敏俊 等 / 著

中国人民大学出版社

·北京·

《中国经济问题丛书》
总　序

经济理论的发展与变化是和经济实践紧密联系的，在我国继续向社会主义市场经济体制过渡的今天，实践在呼唤经济学的发展和繁荣；同时，实践也为经济学的发展创造着条件。

中国的市场化改革是没有先例的，又没有现成的经济理论作指导，这是中国学者遇到的前所未有的挑战。他山之石，可以攻玉。随着一大批西方经济理论译介进来，以及一大批具有现代经济学素养的人成长起来，认识和解决中国问题开始有了全新的工具和视角。理论和实践是互动的，中国这块独一无二的"试验田"在借鉴和运用现代经济理论的同时，势必会为经济理论的发展注入新的活力，成为其发展的重要推动力量，而建立在探讨中国经济问题基础之上的经济学也才有望真正出现。中国经济问题正是在这个大背景下获得了特别的意义。

我们策划出版《中国经济问题丛书》的主要目的是鼓励经济学者的创新和探索精神，继续推动中国经济学研究的进步和繁荣，在中国经济学学术著作的出版园林中，创建一个适宜新思想生长的园地，为中国的经济理论界和实际部门的探索者提供一个发表高水平研究成果的场所，使这套丛书成为国内外读者了解中国经济学和经济现实发展态势的必不可少的重要读物。

中国经济问题的独特性和紧迫性，将给中国学者以广阔的发展空间。

丛书以中国经济问题为切入点，强调运用现代经济学方法来探究中国改革开放和经济发展中面临的热点、难点问题。丛书以学术为生命，以促进中国经济与中国经济学的双重发展为己任，选题论证采用"双向匿名评审制度"与专家约稿相结合，以期在经济学界培育出一批具有理性与探索精神的中国学术先锋。中国是研究经济学的最好土壤，在这块土地上只要勤于耕耘，善于耕耘，就一定能结出丰硕的果实。

董辅礽

前　言

　　改革开放以来，中国经济取得了快速发展，但也付出了沉重的资源环境代价。近年来，中央政府出台了《大气污染防治行动计划》（简称"大气国十条"）、《水污染防治行动计划》（简称"水十条"）、《土壤污染防治行动计划》（简称"土十条"）等重大环境保护措施，颁布了《长江经济带生态环境保护规划》《京津冀协同发展生态环境保护规划》《关于构建现代环境治理体系的指导意见》《关于建立国土空间规划体系并监督实施的若干意见》《关于建立以国家公园为主体的自然保护地体系的指导意见》《关于建立健全生态产品价值实现机制的意见》等一系列重要政策文件，坚持生态优先、绿色发展，已成为处理经济发展与生态环境保护的关系的普遍共识。然而，毋庸讳言，在具体实践中，经济发展与生态环境保护的关系仍然存在冲突之处：一些地方仍然存在违规排放污染、违规开发建设的问题；一些地方在生态环境治理中面临经济下行压力增大的挑战；等等。因此，需要深刻认识中国经济绿色发展的理念、路径、政策，为中国经济走向绿色发展提供理论支撑。

　　基于上述背景，本书梳理了中国经济绿色发展的理论内涵，构建了绿色发展评价体系，分析了中国经济绿色发展的现状、特征与演化态势，识别出了中国经济绿色发展的关键制约因素，探讨了中国经济绿色发展的战略目标和实现路径，提出了推动中国经济绿色发展的政策创新思路。本书的主要结论可以归纳为以下几点：第一，绿色发展并非不要发展，而是既要发展又要绿色，应当辩证处理好绿色和发展的关系。第二，绿色发展既要做减法，又要做加法：既要减少经济增长带来的资源环境负荷，又要增加生态产品价值实现。第三，绿色发展的实现路径包括经济绿色化和绿色经济化。前者是推动经济系统朝着生态、绿色方向转型，后者是使绿色发展变得有利可图，使生态产业化成为新的经济增长点。第四，应当突出强可持续性发展范式在绿色发展政策体系中的指导作用，构建环境底线政策体系。第五，应当强化环境规制，倒逼产业绿色低碳转型。第六，应当完善绿色产业发展的激励机制，增强激励政策的针对性、协同性和有效性。第七，在生态产品价值实现过程中要重视增加人造资本投入，使人造资本、人力资本与自然资本有机结合，推动生态优势转化为经济优势。第八，应当按照国土空间管控的要求，实行空间差异化的环境规制政策。

本书是国家社会科学基金重大项目"中国经济绿色发展的理论内涵、实现路径与政策创新"（项目批准号15ZDC006）的研究成果。该项目的首席专家为石敏俊（项目批准时为中国人民大学经济学院教授，结题时为浙江大学公共管理学院教授）。子课题负责人有：郑新业（项目批准时为中国人民大学经济学院教授，现为中国人民大学应用经济学院院长）、徐瑛（项目批准时为中国人民大学经济学院副教授，现为中国人民大学应用经济学院副教授）、刘玉（项目批准时为中国人民大学经济学院副教授，现为中国人民大学应用经济学院副教授）、马国霞（生态环境部环境规划院研究员）、王华（中国人民大学环境学院教授）。该项目于2016年3月批准立项，于2020年9月批准结项。

参与书稿撰写的作者共有22位。其中，主要作者有：石敏俊、徐瑛、刘玉、王华、秦萍（项目批准时为中国人民大学经济学院副教授，现为中国人民大学应用经济学院教授）、李娜（中国科学院大学经济与管理学院）、张卓颖（中国科学院大学经济与管理学院）、郑丹（中国科学院大学经济与管理学院）、段宏波（中国科学院大学经济与管理学院）、袁永娜（中国科学院大学公共政策与管理学院）、周丁扬（北京师范大学地理科学学部）、葛建平［中国地质大学（北京）自然资源战略发展研究院）］、仲冰［中国矿业大学（北京）经济管理学院］、逄瑞（原为中国科学院大学经济与管理学院博士生，现单位为住房和城乡建设部政策研究中心）。此外，还有来自中国人民大学应用经济学院、浙江大学公共管理学院、河北工业大学经济管理学院、上海市环境科学研究院的8位作者参与了书稿撰写。中国人民大学应用经济学院研究生夏梦寒、郑景仁、仲艾芬，中国科学院大学经济与管理学院博士生杨键军等人参与了第二章部分数据的搜集和整理；浙江大学公共管理学院博士生陈岭楠参与了书稿的文献整理。

全书由石敏俊负责统稿。各撰写人员的具体分工如下：第1章第1.1节、第1.3节、第1.4节，石敏俊；第1章第1.2节，吴佳妮（浙江大学公共管理学院博士生）、石敏俊。第2章第2.1节、第2.2节、第2.3节，徐瑛、石敏俊；第2.4节，徐瑛；第2.5节，周丁扬、李抒函（北京市一六一中学）。第3章第3.1节和第3.2节，石敏俊；第3.3.1节，李娜、周晟吕（上海市环境科学研究院）、石敏俊；第3.3.2节，袁永娜、段宏波；第3.3.3节，李莹珠（浙江大学公共管理学院）、石敏俊；第3.4节，张卓颖、李元杰（河北工业大学经济管理学院）、石敏俊。第4章第4.1.1节至第4.1.3节，石敏俊；第4.1.4节，李元杰、张卓颖；第4.2节，仲冰、石敏俊；第4.3节和第4.4节，逄瑞、郑丹、石敏俊；第4.5节，石敏俊。第5章第5.1节，王华；第5.2节，石敏俊、李元杰；第5.3.1节，秦萍、李俊（中国人民大学应用经济学院）、谢伦裕（中国人民大学应用经济学院）、张晓兵（中国人民大学应用经济学院）；第5.3.2节，葛建平；第5.3.3节，石敏俊；第5.4节，石敏俊；第5.5节，刘玉。

本书对中国经济绿色发展的理论、路径和政策进行了系统的分析与探讨。希望本书能给关注中国经济绿色发展的学者、政府官员和社会各界人士提供新的观察视角和新的知识体验。作为国内第一本系统研究中国经济绿色发展的学术专著，本书的特色和学术贡献主要有以下几点：一是丰富和拓展了中国经济绿色发展的理论认知，为构建适应中国国情和发展阶段特征的绿色发展理论与绿色发展政策框架提供了知识基础和理论支撑。这些理论认知主要包括自然承载力的约束作用、绿色技术的经济性与产业绿色转型成本、地方政府行为和经济集聚对环境治理的影响、生态产品价值实现的经济学机制等。二是在识别出中国经济绿色发展的关键制约因素的基础上，提出了中国经济绿色发展政策体系的基本框架，包括环境底线政策、环境治理政策、绿色产业激励政策、生态产品价值实现政策、国土空间管控与空间差异化绿色发展政策等。三是构建了理念-评价-诊断-模拟-政策的研究框架，在绿色发展研究方法论上做出了创新性探索。本书部分章节的内容已经在相关的中英文期刊上发表，书稿也引用了许多同行的研究成果，在此向这些同行致以崇高的敬意和衷心的感谢！如果文献引用过程中存在偏误，文责由作者自负。

石敏俊

2021 年 10 月 14 日·重阳节

目　录

第1章　中国经济绿色发展的理论内涵‥‥‥‥‥‥‥‥‥‥‥‥‥‥‥‥ 1

1.1　绿色发展理念的历史脉络 ‥‥‥‥‥‥‥‥‥‥‥‥‥‥‥‥‥‥ 1

1.2　绿色发展的国际经验 ‥‥‥‥‥‥‥‥‥‥‥‥‥‥‥‥‥‥‥ 7

1.3　绿色发展是中国经济可持续发展的时代诉求 ‥‥‥‥‥‥ 14

1.4　中国经济绿色发展的理论内涵‥‥‥‥‥‥‥‥‥‥‥‥‥ 18

第2章　中国经济绿色发展态势评价 ‥‥‥‥‥‥‥‥‥‥‥‥‥‥ 25

2.1　绿色发展评价：平衡经济增长与可持续性的关系 ‥‥‥‥ 26

2.2　绿色发展评价体系与绿色发展指数‥‥‥‥‥‥‥‥‥‥‥ 27

2.3　从省区尺度和城市尺度对中国经济绿色发展态势的评价‥‥‥ 41

2.4　绿色发展的动态评价与预测 ‥‥‥‥‥‥‥‥‥‥‥‥‥‥ 75

2.5　资源型城市绿色发展评价——以鄂尔多斯市为例‥‥‥‥‥ 97

第3章　中国经济绿色发展的战略目标与实现路径‥‥‥‥‥‥‥ 128

3.1　生态文明建设和绿色发展的战略目标 ‥‥‥‥‥‥‥‥‥ 128

3.2　绿色发展的实现路径 ‥‥‥‥‥‥‥‥‥‥‥‥‥‥‥‥ 131

3.3　能源转型与碳排放控制 ‥‥‥‥‥‥‥‥‥‥‥‥‥‥‥ 133

3.4　水资源约束与城市发展绿色转型 ‥‥‥‥‥‥‥‥‥‥‥ 182

第4章　中国经济绿色发展的若干关键问题‥‥‥‥‥‥‥‥‥‥ 200

4.1　自然承载力约束在绿色发展中的作用 ‥‥‥‥‥‥‥‥‥ 200

4.2　绿色技术的经济性与产业绿色转型成本 ‥‥‥‥‥‥‥‥ 227

4.3　环境治理中地方政府行为的作用 ‥‥‥‥‥‥‥‥‥‥‥ 241

4.4　经济集聚与企业对环境规制的行为响应 ‥‥‥‥‥‥‥‥ 265

4.5　生态产品价值实现：从美丽生态走向美丽经济 ‥‥‥‥‥ 294

第 5 章　中国经济绿色发展的政策创新 ⋯⋯⋯⋯⋯⋯⋯⋯⋯ 312

　5.1　基于强可持续发展范式的环境底线政策 ⋯⋯⋯⋯⋯ 312

　5.2　环境污染治理政策 ⋯⋯⋯⋯⋯⋯⋯⋯⋯⋯ 319

　5.3　绿色产业发展的激励机制与政策选择 ⋯⋯⋯⋯⋯ 341

　5.4　生态产品价值实现的政策创新 ⋯⋯⋯⋯⋯⋯ 393

　5.5　国土空间管控与空间差异化绿色发展政策 ⋯⋯⋯⋯ 399

参考文献 ⋯⋯⋯⋯⋯⋯⋯⋯⋯⋯⋯⋯⋯⋯⋯⋯ 420

第1章 中国经济绿色发展的理论内涵

1.1 绿色发展理念的历史脉络

1.1.1 绿色发展的由来

英国环境经济学家皮尔斯（Pearce）1989年在《绿色经济蓝皮书》里首次提出了绿色经济的概念。他认为，经济发展必须是自然环境和人类自身能够承受的，不会因盲目追求生产增长而造成社会割裂。按照联合国环境规划署（UNEP）的定义，绿色经济是能提高人类福祉和促进社会公平，同时降低环境风险和生态稀缺性的环境友好型经济模式。

联合国开发计划署（UNDP）2002年提出了绿色发展的概念，认为绿色发展是考虑资源环境约束、以可持续发展为目标、区别于传统发展模式的新发展模式，其本质是强调经济增长与生态环境保护的统一。为了应对美国金融危机和全球气候变化，2008年10月，联合国环境规划署发起了绿色经济和绿色新政的倡议，提出经济绿色化不是增长的负担，而是增长的引擎，绿色发展与经济绿色化是紧密相关的，强调要使经济绿色化成为增长的引擎。

2009年9月，时任国家主席胡锦涛在出席联合国气候变化峰会时明确提出，我国要大力发展绿色经济，积极发展低碳经济和循环经济。2010年5月，时任国务院副总理李克强指出，当今世界，发展绿色经济已经成为一个重要的趋势。发展绿色经济，不仅可以促进节能减排，推动经济发展方式的成功转型，而且能够充分利用资源，扩大市场需求，提供新的就业，培育新的经济增长点，是保护环境与发展经济的重要结合点。

2015 年 10 月，党的十八届五中全会提出了创新、协调、绿色、开放、共享的发展理念，绿色发展成为新发展理念的重要组成部分。习近平在多个场合提及绿色发展理念，多次强调"生态兴则文明兴，生态衰则文明衰"，"保护生态环境就是保护生产力，改善生态环境就是发展生产力"，"我们既要绿水青山，也要金山银山。宁要绿水青山，不要金山银山，而且绿水青山就是金山银山"。2017 年 10 月，习近平在十九大报告里指出，要推进绿色发展，加快建立绿色生产和消费的法律制度和政策导向，建立健全绿色低碳循环发展的经济体系；构建市场导向的绿色技术创新体系，发展绿色金融，壮大节能环保产业、清洁生产产业、清洁能源产业。习近平用通俗易懂的语言阐明了生态文明新时代生态文明建设的原则和目标，深化了绿色发展的理论内涵。

2020 年 9 月，习近平在出席第七十五届联合国大会时表示，中国将提高国家自主贡献力度，采取更加有力的政策和措施，力争 2030 年前二氧化碳（CO_2）排放达到峰值，努力争取 2060 年前实现碳中和。2021 年 3 月，习近平主持召开中央财经委员会第九次会议并指出，我国力争 2030 年前实现碳达峰，2060 年前实现碳中和，是党中央经过深思熟虑做出的重大战略决策，事关中华民族永续发展和构建人类命运共同体。要坚定不移贯彻新发展理念，坚持系统观念，处理好发展和减排、整体和局部、短期和中长期的关系，以经济社会发展全面绿色转型为引领，以能源绿色低碳发展为关键，加快形成节约资源和保护环境的产业结构、生产方式、生活方式、空间格局，坚定不移走生态优先、绿色低碳的高质量发展道路。经济社会发展全面绿色转型，已成为全社会的发展理念和行动纲领。

1.1.2 如何认识人与自然的关系

绿色发展的核心是如何认识人与自然的关系。绿色发展理念的历史演变也是围绕人与自然的关系展开的。在原始社会中，人们敬畏自然，出现了对太阳、月亮和火等自然力量的崇拜。在农业社会中，人们顺应自然，基本上是"靠天吃饭"。进入工业社会以后，人们开始试图利用科学技术去征服自然，激化了人和自然的矛盾。恩格斯早在 1886 年就已指出，我们不要过分陶醉于我们对自然界的胜利。对于每一次这样的胜利，自然界都报复了我们。但是，当时恩格斯的话没有受到重视，一直到 20 世纪 50 年代，卡森（Carson，2018）在《寂静的春天》中指出了农药对生态的危害以后，才陆续有这方面的研究和报道，进而逐渐引起了人们的注意。1987 年，联合国世界环境与发展委员会在《我们共同的未来》这一报告中正式提出了可持续发展范式；1992 年，联合国环境与发展大会通过的《21 世纪议程》进一步深化了当代人对可持续发展范式的认识。一系列全球性的环境问题和生态危机说明：地球再也没有能力支持工业文明的继续发展，需要开创一个新的文明形态来延续人类的生存，这就是"生态文明"。可以说，生态文明的提出是人们对可持续发展范式进行深化的必然结果。生态文明是绿色文明，凝结了绿色发展的深刻内涵。与农业文明时代强调顺应自然，工业文明时代热衷于征服自然不同，生态文明的核心内涵是强调人与自然的和谐发展。

对于人与自然的关系，中国传统文化有天人合一、道法自然的哲学思想。道家认为，天是自然，人是自然的一部分。《庄子·达生》中写道："天地者，万物之父母也。"老子的《道德经》第二十五章中写道："人法地，地法天，天法道，道法自然。"董仲舒的"天人合一"观点认为，"天"代表物质环境，"人"代表调适物质资源的思想主体，"合"是矛盾间的形式转化，"一"是矛盾相生相依的根本属性。所谓"天人合一"，就是强调人与自然要合一，要和平共处。道法自然、天人合一的哲学思想归纳起来，就是人类要遵循自然规律，与自然和谐共处，不要讲征服与被征服。

马克思主义关于自然生产力的论断，也是对人与自然的关系的一种认识：在人类社会发展的任何水平上，社会物质生产过程不仅包括人的生产活动，而且包括自然界本身的生产力。马克思主义的生产力理论认为，生产力是社会生产力与自然生产力相互作用的统一体，它不仅仅指社会生产力，还包括自然生产力。也就是说，自然生产力也是生产力。遗憾的是，"自然生产力也是生产力"这一马克思主义论断长期以来没有引起人们应有的重视。传统主流经济学只承认人的劳动产品的价值，不承认自然界即自然生态系统为人类提供生产生活资料等生态产品与服务的价值；只承认社会物质生产和社会生产力，不承认自然物质生产和自然生产力。因此，地球生态系统为人类提供的各种自然资本被视为无限的：自然环境的自我调节能力和自净能力是无限的，承载和接纳人类生产生活废弃物的能力和容量也是无限的。当今世界资源耗竭、环境污染、生态退化等一系列生态和环境问题，乃至全球性的生态和环境危机的出现，与过去的片面认识不无关系。

在当代中国，生态文明建设被提到了前所未有的高度。2007 年党的十七大报告提出了建设生态文明的要求。2012 年党的十八大报告进一步提出：建设生态文明，是关系人民福祉、关乎民族未来的长远大计，面对资源约束趋紧、环境污染严重、生态系统退化的严峻形势，必须树立尊重自然、顺应自然、保护自然的生态文明理念，形成了经济建设、政治建设、文化建设、社会建设、生态文明建设五位一体的总体布局思想。2015 年党的十八届五中全会提出了创新、协调、绿色、开放、共享的发展理念，把生态文明建设的思想进一步落实到绿色发展理念上。2015 年《中共中央关于制定国民经济和社会发展第十三个五年规划的建议》（简称《"十三五"规划建议》）指出，坚持绿色富国、绿色惠民，为人民提供更多优质生态产品，推动形成绿色发展方式和生活方式。2017 年党的十九大报告明确指出，建设生态文明是中华民族永续发展的千年大计。必须树立和践行绿水青山就是金山银山的理念，坚持节约资源和保护环境的基本国策，像对待生命一样对待生态环境，统筹山水林田湖草系统治理，实行最严格的生态环境保护制度，形成绿色发展方式和生活方式，坚定走生产发展、生活富裕、生态良好的文明发展道路，建设美丽中国，为人民创造良好生产生活环境，为全球生态安全做出贡献。我们要建设的现代化是人与自然和谐共生的现代化，既要创造更多物质财富和精神财富以满足人民日益增长的美好生活需要，也要提供更多优质生态产品以满足人民日益增长的优美生态环境需要。要推进绿色发展，加快建立绿色生产和消费的法律制度和政策导向，建立健全绿色低碳循环发展的经济体系；构建市场导向的绿色技术创新体系，发展绿色金融，壮大节能环保产业、清洁生产产业、清洁能源产业；推进能源生产和消费革命，构建清洁低碳、安全高效的能源体系。

1.1.3　绿色发展与可持续发展的关系

可持续发展（Sustainable Development）是指既能满足当代人的需要，又不对后代人满足其需要的能力构成危害的发展。可持续发展既要考虑当前发展的需要，又要考虑未来发展的需要，不能以牺牲后代人的利益为代价来满足当代人的利益。按照可持续发展的要求，人类的经济和社会发展不能超越资源和环境的自然承载力，也就是要维护可持续性。基于不同的衡量标准，可持续发展可分为弱可持续发展和强可持续发展两种范式（Neumayer，2003）。

（1）弱可持续发展——主流经济学家的倡议。

弱可持续发展是主流经济学家所认可的一种可持续发展范式。依照弱可持续发展范式，判断发展是否可持续的标准是"维持和增加可供经济个体享用的福利水平"。福利水平主要取决于财富的积累程度，财富包括人造资本（Human-made Capital）、自然资本（Natural Capital）和社会资本（Social Capital）三个部分。由此可以得出，判断是否满足弱可持续发展的标准，就是当代人转移给后代人的资本存量是否不少于现有存量。

弱可持续发展范式的本质是环境与经济可替代，认为自然资本和人造资本之间是可以替代的，只要保持自然资本和人造资本的总和不变，维持向人类社会提供服务流量的能力就可以保持不变。因此，弱可持续发展范式又被称为"可替代范式"。按照弱可持续发展范式，只要当代人留给后代人的资本存量不少于现有存量，即资本总量保持不变，就实现了可持续发展。弱可持续发展范式所关心的只是由三种资本形式构成的资本存量总和，只要后代人能利用的资本存量总和不少于当代人，就意味着发展是可持续的，而不用关心转移给后代的资本存量的具体形式。

按照弱可持续发展范式，自然资本与人造资本之间存在完全的替代性，意味着可以用大规模的自然资本投入来发展国民经济。因此，弱可持续发展范式重视人类社会的主观能动性，认为通过技术进步和知识创新，可以克服自然资本减少带来的增长极限。

(2) 强可持续发展——生态经济学家的呼吁。

与主流经济学家提出的弱可持续发展范式不同，部分生态经济学家认为，可持续发展路径不仅需要维持必需的生产能力，还必须保持环境服务和生态多样性的最低水平。自然资本和其他资本之间的替代是有一定局限性的。譬如，在（可再生和不可再生）自然资本消耗殆尽的时候，人类是不可能再谈什么可持续发展的。由于"自然资本本质上不能与其他形式的资本相互替代，自然资本内部的各种形式间也不能完全相互替代"，很多生态经济学家认为，要实现真正的可持续发展，自然资本（至少是关键自然资本）的存量必须保持在一定的极限水平之上，否则就不是可持续发展路径。这就是所谓的强可持续发展范式的判断标准，强可持续发展范式又被称为"不可替代范式"。

现有文献对强可持续发展范式主要有两种解释。第一种解释是：强可持续发展范式要求至少保持人造资本和自然资本的合计总价值以及自然资本本身的总价值不变。这种解释并不要求按原样保存自然资本。第二种解释是：不按照价值进行定义，而是要求对部分自然资本形式（即关键自然资本）的实际存量加以保存。对这种自然资本存量的使用不能超越它们的再生能力，只有这样它们的环境功能才能保持无恙。第二种解释不允许不同类型的生命攸关的自然资本之间的相互替代，但只要求保持有关功能不受影响，并没有要求保持自然状态原样不动。从现实来看，关于强可持续发展范式的第二种解释中保存某种形式的自然资本的实际存量的观点更加明智、更加现实，第一种解释中保持自然资本的总价值不变的观点，并不能排除提供基本生命支持功能的某些形式的自然资本遭到灭顶之灾的危险或不可逆转地消失的可能性。

基于关键自然资本的不可替代功能，强可持续发展范式要求一个国家和地区的关键自然资本存量保持在一定的水平，对关键自然资本的使用必须保持在自然极限之内，也就是保持在可以再生或恢复的范围之内。只有这样，关键自然资本所提供的生命支持功能和生态服务功能才能保持不减少。因此，强可持续发展范式强调自然资本和生态环境的极限性和硬约束，其核心在于给经济增长提出了一个长期的自然资本和生态环境的约束和极限，即自然承载力。

强可持续发展范式认为，经济增长不能超越自然承载力。这个自然承载力的概念，也就是后文要讲的广义的环境底线，经济增长对自然资源的数量和流速要求不能超出环境底线。

（3）绿色发展是以可持续发展为目标导向的新发展模式。

无论是弱可持续发展范式还是强可持续发展范式都强调要平衡和协调好当代人的发展需要与后代人的发展需要之间的关系，不能以牺牲后代人的利益为代价来满足当代人的利益。绿色发展强调经济增长与生态环境保护的协调，也体现了当代人的发展需要与后代人的发展需要之间的平衡关系。在这个意义上，可持续发展的目标与绿色发展是相通的。可以说，绿色发展是以可持续发展为目标导向的新发展模式。

绿色发展需要综合两种可持续发展范式，既重视创新驱动的积极作用，又尊重自然承载力的硬约束。创新驱动是符合绿色发展导向的经济增长新动力。推广应用绿色技术，加快发展绿色产业，可以同时实现经济增长和资源环境可持续性的改善。另外，经济增长必须遵循自然规律，关键是资源环境负荷不得超越自然承载力，尤其是在资源环境负荷超载地区，要使自然承载力的硬约束成为倒逼产业转型的政策抓手。

1.2　绿色发展的国际经验

1.2.1　绿色发展主题的演变

国际社会关于绿色发展的认识，经历了以下几个发展阶段。

（1）萌芽阶段（20 世纪中叶—20 世纪 90 年代）。

自 20 世纪中叶以来，在经济快速发展的同时，世界范围内人口剧增、资源消耗过度、环境恶化等问题逐渐凸显，甚至发生了震惊世界的"八大公害事件"，引起了发达国家公众对环境问题的密切关注，国际社会开始反思和总结传统经济发展模式的弊端，逐渐形成了可持续发展的理念。1970 年 4 月 22 日，美国首次爆发了有约 2 000 万人参与的公民环境保护运动，后来 4 月 22 日被命名为"世界地球日"。在公众绿色意识的推动下，发达国家政府开始把环境保护纳入议题范围，美国、德国、韩国、日本等先后组建了专门的环保机构，出台了与环境相关的法律和政策。与此同时，国际组织也提出了一系列绿色制度和绿色发展方面的尝试和倡议。1972 年，联合国人类环境会议通过了《人类环境会议宣言》，把环境问题纳入各国政府和国际政治事务的重要议程，呼吁各国加强对环境的管理和国际合作以改善人类环境。这次会议还成立了世界环境与发展委员会，该委员会致力于研究当前世界面临的环境问题。1987 年，世界环境与发展委员会发表《我们共同的未来》这一报告，将人们从单纯考虑环境保护引导到把环境保护与人类发展切实结合起来。

这一阶段绿色发展的目的主要是治理区域性环境污染，尚未形成完整的绿色发展的价值观，绿色发展的规范和纲领性文件较为零散和碎片化，管理模式以末端治理为主。

（2）发展阶段（20 世纪 90 年代—2008 年）。

1989 年，英国环境经济学家皮尔斯在《绿色经济蓝皮书》中首次提出绿色经济的概念，认为经济发展必须是自然环境和人类自己可以承受的，不会因为盲目追求生产增长而造成社会分裂和生态危机，不会因为自然资源耗竭而使经济无法持续发展，提出从社会及生态条件出发，建立一种"可承受的经济"，首次主张将有害环境和耗竭资源的活动代价列入国家经济平衡表中（Pearce，1989）。此后，一些经济学家的观点逐渐向社会生态学的方向延伸。他们强调，经济发展要具有可承受性。在学术研究的基础上，国际组织也加快了绿色发展的纲领制定与制度设计。1992 年 6 月，《里约环境与发展宣言》发布。同年，联合国环境与发展大会提出了"可持续发展理念"，把公众的绿色意识上升为绿色发展价值观。1997 年，《京都议定书》签订，提出将大气中的温室气体含量稳定在一个适当的水平，进而防止剧烈的气候变化对人类造成伤害。《京都议定书》的签订标志着全球合作推动绿色发展的行动进入实质性的实施阶段。2000 年，189个国家签署《联合国千年宣言》，承诺将可持续发展原则纳入国家政策和方案，确保环境可持续能力。

在这一时期，绿色发展以低碳发展的技术路线为主，绿色发展理念在全球迅速传播开来，绿色产品成了发达国家追逐的良币，国际机构和各国政府相继推出各种环境标准。

（3）深化阶段（2008年至今）。

2008年金融危机的爆发使国际社会更深刻地认识到，原有的经济增长方式不可持续，绿色发展是一个全球性问题。诺贝尔化学奖得主保罗·克鲁岑和美国生物学家施特默（Crutzen and Stoermer，2000）于2000年提出了人类世（Anthropocene）的概念，目的是重新认识今天的人类在地球系统中的作用（Steffen et al.，2011）。洛克斯特朗姆（Rockstrom）等人于2009年提出了"行星边界"（Planetary Boundary）的概念，他们界定了九个"行星生命支持系统"，这些系统的边界构成了"人类安全发展的空间"，如果跨越边界可能会给地球系统带来灾难性后果。他们认为，现在可能已经有三个边界被超出，有两个边界已达临界值。人类世和行星边界的概念框架为对人与自然关系的研究提供了地球系统的思考视角，也再次警示人们，绿色发展是一个全球性问题（Lewis and Maslin，2015；Castree，2016）。

2009年，联合国环境规划署发起了绿色经济的倡议，启动绿色新政，试图用绿色投资推动世界产业革命。哥本哈根世界气候大会之后，低碳、绿色成为很多国家新的发展目标，奥巴马政府积极支持绿色经济复兴计划，欧盟、日本、韩国等也先后投入巨资支持本国（地区）绿色经济的发展。2010年，世界银行和国际货币基金组织借助生物多样性估价与特定的财政政策，积极推进绿色基金计划。2011年，联合国将可持续发展和消除贫困背景下的绿色经济确定为可持续发展大会的会议主题之一。在2012年的《环境经济能源报告》中，世界银行提出了包容性增长的理念，指出自然资源是有限的，为了合理地部署和利用它们，需要进行核算、投资和维护，以使全世界国家从高效、清洁的经济增长中受益。

2000年9月，联合国首脑会议通过了千年发展目标（Millennium Development Goal），关注发展问题，支持落实以人类发展为重点的议程，团结协作，应对贫困问题（Martin，2002）。2015年9月，联合国可持续发展峰会通过了17个可持续发展目标（Sustainable Development Goal），以在千年发展目标2015年到期后指导2015—2030年全球发展。可持续发展目标旨在转向可持续发展道路，解决社会、经济和环境三个维度的全球发展问题。17个可持续发展目标大多与绿色发展密切相关，其中包括：

在全世界消除一切形式的贫困；消除饥饿，实现粮食安全，改善营养状况和促进可持续农业；确保健康的生活方式，促进各年龄段人群的福祉；确保包容和公平的优质教育，让全民终身享有学习机会；实现性别平等，增强所有妇女和女童的权能；为所有人提供水和环境卫生并对其进行可持续管理；确保人人获得负担得起的、可靠的和可持续的现代能源；促进持久、包容和可持续的经济增长，促进充分的生产性就业和人人获得体面的工作；建造具备抵御灾害的能力的基础设施，促进具有包容性的可持续工业化，推动创新；减少国家内部和国家之间的不平等；建设包容、安全、有抵御灾害的能力和可持续的城市和人类居住区；采用可持续的消费和生产模式；采取紧急行动应对气候变化及其影响；保护和可持续利用海洋及海洋资源以促进可持续发展；保护、恢复和促进可持续利用陆地生态系统，可持续管理森林，防治荒漠化，制止和扭转土地退化，遏制生物多样性的丧失；创建和平、包容的社会以促进可持续发展，让所有人都能诉诸司法，在各级建立有效、负责和包容的机构；加强执行手段，重振可持续发展的全球伙伴关系。

这一阶段的绿色发展以全球环境治理为主题，通过绿色新政来振兴实体经济，各个国家持续开展了探索和创新，尤其是在绿色产业发展上做出了许多尝试。

1.2.2 绿色发展的主要做法

1.2.2.1 绿色发展的测度

过去很长一段时间，衡量一个地区的经济发展，最重要的指标是GDP。为了追求GDP的快速增长，大量的资源被浪费，环境也被严重破坏。从20世纪50年代起，城市和工业区的空气污染一度成为美国等发达国家城市存在的主要问题。随着发展与资源环境的相互制衡关系的日益明朗，可持续发展逐渐成为各国经济研究的核心议题，绿色发展理念开始融入经济发展指标中，国际社会试图纳入环境因素，对传统经济指标进行调整，相继提出了绿色GDP、人类发展指数、真实储蓄、包容性财富等一系列指标。国际机构和相关学者依据各自国情，开发出了不同特色的核算体系，例如，美国经济学家亨利・M. 佩斯金（Henry M. Peskin）建立了 ENRAP 体系，欧盟统计局开发了 SERIEE 体系，荷兰统计局设计了 NAMEA 体系，日本、德国、挪威、巴西等国家也开发并推行自然资源核算体系。1993 年，联合国统计署（UNSD）、联合国环境规划署和世界银行联合出版了《环境与经济综合核算体系》（SEEA 体系），正式确立了相对主流的环境与经济综合核算体系。1990 年，联合国开发计划署发布《1990 年人文发展报告》，创立了人类发展指数（HDI）。1997 年，世界银行首次提出基于弱可持续发展范式的真实储蓄（Genuine Saving）的测度，在国民储蓄的基础上剔除自然资源损耗和污染损失的价值。加拿大生态经济学家威廉（William）等提出了基于强可持续发展范式的生态足迹分析方法。2012 年联合国环境规划署在里约地球峰会上推出了第一份《2012 年包容性财富报告》（Inclusive Wealth Report 2012），包容性财富（Inclusive Wealth，IW）成为度量经济可持续性的新指标。2017 年，世界经济论坛公布了《2017 年包容性增长与发展报告》中提出的另外一种衡量国家经济成就的方法，即用包容性发展指数（IDI）取代国内生产总值（GDP）来衡量国家经济成就。

1.2.2.2　绿色技术和绿色产业的发展

在新一轮产业革命的背景下，新一代信息技术、能源技术、材料技术等的创新发展和渗透融合正在加快绿色技术和绿色产业的形成。

（1）清洁生产。

20 世纪 80 年代末，英国环境经济学家皮尔斯在《自然资源和环境经济学》一书中首次提出了"循环经济"的概念，并提出建立可持续发展的资源管理原则，使经济系统成为生态系统的组成部分。循环经济依照"资源—生产—消费—再生资源"的过程进行封闭式的经济活动。1996 年，美国制造工程师学会（SME）提出绿色制造的概念，指出在工业发展的过程中要讲究环保，将工业建立在可持续发展的基础上。欧美国家在改变传统生产方式以防治污染时，对航空、医药、采矿、电力、烟草、机械、纺织印染和交通等领域进行了许多有益的尝试。近年来，欧美一些国家在汽车行业改变生产方式，重点提高汽车的可拆卸率。据统计，按重量算，美国每辆车有七成的零部件可以重新利用，回收率在世界上处于领先地位。2008 年金融危机之后，美国在近 8 000 亿美元的经济复兴计划投资中，大约 1/8 的资金直接投资于清洁能源的开发，并采取了相应的减税政策，以鼓励清洁能源的发展。德国颁布《可再生能源法》，加快推广清洁技术，实现了清洁生产的全过程控制。德国通过采用双元回收系统（DSD），形成了具有德国特色的循环经济制度及体系。

（2）能源绿色转型。

在应对气候变化和促进可持续发展的双重需求的驱动下，全球能源转型的趋势不可逆转。《巴黎协定》的签订成为全球能源绿色转型的一个转折点。《联合国2030可持续发展议程》提出了"经济适用的清洁能源"这一目标，对能源转型和脱碳提出了新挑战。可再生能源作为一种清洁能源，近年来由于技术创新和成本下降等因素，投资、产能和消费量逐步攀升（Hans et al.，2020）。各国政府和企业纷纷制订脱碳计划和确定可再生能源发展目标。截至2019年，已有57个国家制订了电力部门完全脱碳计划，179个国家确定了国家或州的可再生能源目标。自欧盟启动缩减能源支出的能源战略以来，欧盟国家的国内可再生能源消费总量增速明显减缓。一些石油生产国也提出了增大可再生能源比例的目标。例如，英国、加拿大、丹麦等国家组成的"助力淘汰煤炭联盟"计划于2030年前完全淘汰燃煤发电；德国政府承诺到2030年将可再生能源比例提高到65%；阿拉伯联合酋长国计划到2050年将碳排放量减少70%。为限制汽车污染物排放对环境造成的危害，发达国家相继制定强制性排放标准，以控制汽车污染物排放量。1992年，欧盟开始采用欧洲汽车废气第Ⅰ阶段（欧Ⅰ）排放标准，该标准与美国、日本的汽车排放法规共同构成了当今世界三大汽车排放法规体系。

此外，电力市场也正在经历一场独特的转型，数字经济、电动汽车和其他技术变革带来了更大的需求。国际可再生能源署（IRENA）的统计数据显示，2018年全球新增发电能力中有近三分之二来自可再生能源，以可再生能源为基础的发电量以10年来最快的速度增长。2018年全球可再生能源发电能力达到2 351吉瓦，占全球发电量增长的45%。IRENA预测，到2050年，电力将占能源需求总量的50%，可再生能源将占能源消费总量的三分之二，其发电量占总发电量的86%。电解产生的下一代生物燃料和可再生氢将使可再生能源的应用扩展到空运、海运和重工业等多个行业。数字化和储能技术的创新，智能电网、物联网、大数据和人工智能等技术的发展加速了新兴智能发电和配电系统中可再生能源的使用。

随着蓄电池技术的进步，电动汽车的竞争力逐步提高，各国纷纷布局交通电气化和电动汽车领域。例如，德国、挪威和印度提出到 2030 年禁止销售传统燃油汽车，英国、法国提出到 2040 年禁止销售传统燃油汽车。日本已经在推广和扩大新一代汽车（混合动力汽车、电动汽车、燃料电池汽车、压缩天然气汽车等）的引进，预计到 2030 年新能源汽车在新车中的份额将增加到 50%～70%。

1.2.2.3　绿色发展的市场机制

（1）绿色金融产品创新深化发展。

近年来，包括个人绿色金融产品、绿色信贷产品、绿色金融投资产品和环境融资租赁服务等在内的绿色金融产品不断涌现。例如，荷兰银行、澳大利亚本迪戈银行、加拿大国家住房抵押贷款公司均为家庭提供了针对家居节能的绿色抵押贷款。世界多个国家推出了绿色信用卡，如荷兰合作银行的气候信用卡、英国巴克莱银行的巴克莱呼吸信用卡等。

（2）绿色金融产品交易市场规范建设。

1968 年，美国经济学家戴尔斯（Dales）最早提出了排污权交易理论。该理论的观点是：将排污权作为一种资源，通过市场的竞争，使拥有排污权的经济主体在从事环保工作的同时也能获得个体经济效益。21 世纪以来，发达国家不断完善碳金融交易市场，利用市场机制控制和减少温室气体排放。目前市场上主要有两类交易市场：强制性碳交易市场和自愿性碳交易市场。

强制性碳交易市场以欧盟碳排放交易体系（EU-ETS）为代表。2005 年，欧盟开始实施温室气体排放许可交易制度 EU-ETS，其目的是将环境"成本化"，借助市场的力量将环境转化为一种有偿使用的生产要素，通过建立碳排放配额（EUA）交易市场，有效地配置环境资源、鼓励节能减排技术发展，实现在气候环境受到保障这一条件下的企业经营成本最小化。这是全球覆盖范围最广、交易总量最大、影响力最深远的跨区域碳排放交易体系。EU-ETS 几乎把排放大国全部纳入减排范围，最初以柜台交易为主，并由欧洲各大银行作为做市商；随后一批大型碳排放交易中心也应运而生，目前交易比较活跃的碳交易市场包括欧洲气候交易所（ECX）、欧洲能源交易所（EEX）、北欧电力交易所（NPX）等。

自愿性碳交易市场以美国芝加哥气候交易所（CCX）为代表。美国芝加哥气候交易所成立于 2003 年，是全球第一个自愿性温室气体交易平台。其在全球范围内招募会员，包含企业、城市和其他实体，会员有减排承诺，通过会员间交易达到减排目标。2004 年 CCX 全资子公司欧洲气候交易所成立，作为欧洲能源交易和市场运作平台，主要从事电力、天然气、能源贸易和 CO_2 排放限额的现货及期货交易。

1.2.2.4　绿色发展的法律法规体系

法律作为强制手段是实施绿色发展的有力保障。20 世纪以来，发达国家出台了一系列法律法规来治理环境污染，推动绿色发展。1969 年，美国制定《国家环境政策法》，突出政府对环境监管的责任和义务。1980年，美国颁布《超级基金法案》，规定金融机构贷款审核时必须关注企业的环境破坏风险，以金融形式约束企业的污染行为，督促企业保护环境。1996 年，德国颁布《循环经济和废弃物处理法》，首次在国家法律中使用"循环经济"的概念。2009 年，法国发布可再生能源计划，提出到 2030年 40%的电力应来自可再生能源的目标。同年，美国通过了《美国复苏与再投资法案》，引导资金流向新能源、绿色建筑等新兴领域。日本公布《绿色经济与社会变革（草案）》，提出了消费、投资、技术改革等与环境相关的刺激经济增长的措施。

1.3　绿色发展是中国经济可持续发展的时代诉求

1.3.1　经济增长对资源环境的依赖仍未减轻

中国经济的快速增长高度依赖能源投入。1978—2012 年，我国 GDP增长了 24 倍，达到 51.89 万亿元人民币，能源消费量从 5.71 亿吨标准煤增加到 36.17 亿吨标准煤，增长了 5.33 倍。2000—2012 年我国能源消费弹性系数平均值为 0.748，GDP 每增长 1%，能源消费会增加 0.748%。2017 年，中国 GDP 总量占世界经济的比重为 15%左右，能源消费总量占全球的 23.2%。中国 GDP 总量约为日本的 2 倍，能源消费总量是日本的6.9 倍。我国沿海加中部 18 个省份的国土面积与西欧和北欧 18 个国家接近。2015 年，我国 18 个省份的化石能源消费量为 27.52 亿吨，是这 18 个欧洲国家的 2 倍。也就是说，我国 18 个省份的单位面积化石能源消费量至少是这 18 个欧洲国家的 2 倍。

根据石敏俊等（2015）的研究结果，2005 年全国资源消耗、环境污染、生态退化等资源环境成本相当于当年 GDP 的 13.5%，2010 年这一比例下降到 12.3%，但资源消耗损失仍相当于当年 GDP 的 9.1%，与 2005年相比没有下降（见表 1-1）。

表 1-1 中国经济增长的资源环境成本（2005—2010 年）（亿元，2010 年价格）

项目	资源环境成本		占 GDP 的比例（%）		2010 年相比 2005 年增减情况			资源环境成本构成（%）	
	2010	2005	2010	2005	增减量	年均增速（%）	占 GDP 增量的比例（%）	2010	2005
资源环境成本	49 471.26	32 664.57	12.3	13.5	16 806.69	8.7	10.1	100.0	100.0
资源消耗损失	36 348.53	20 638.53	9.1	9.1	15 710.00	12.0	9.5	73.5	63.2
环境污染损失	8 397.31	6 172.17	2.1	2.5	2 225.14	6.4	1.3	17.0	18.9
水污染损失	3 901.33	3 323.02			578.31	3.3	0.3	7.9	10.2
空气污染损失	4 495.98	2 849.15			1 646.83	9.6	1.0	9.1	8.7
生态退化损失	4 725.42	5 853.87	1.2	1.8	-1 128.45		-0.7	9.6	17.9
水土流失损失	4 531.66	5 662.97			-1 131.31		-0.7	9.2	17.3
沙漠化损失	193.77	190.90			2.87		0.0	0.4	0.6

资料来源：石敏俊，等. 中国经济绿色转型的轨迹：2005—2010 年经济增长的资源环境成本. 北京：科学出版社，2015.

2019 年中国能源消费总量为 48.6 亿吨，按照"十三五"规划，2020年能源消费总量应控制在 50 亿吨以内。据 Li 等（2017）的研究，基准情景下 2050 年中国的能源消费总量将达到 104 亿吨标准煤；在存在化石能源供给约束的资源约束情景下，2050 年全国能源消费总量仍将达到 77 亿吨标准煤；只有在采取强有力的低碳发展政策的低碳情景下，才能 2050年将全国能源消费总量控制在 75 亿吨标准煤，其中煤炭消费量在 2027 年达峰，驱动二氧化碳排放量在 2030 年前后达峰。

应对气候变化和全球环境治理要求我国加快低碳发展，严格控制碳排

放增长。中国是全球碳排放第一大国，碳排放量约占全球碳排放总量的
30%，并且中国的能源消费和碳排放仍在增长。2017 年中国能源消费增
长了 3.1%，占全球能源消费增量的 33.6%；2017 年中国碳排放量比
2016 年增加了 1.6%，尽管增速为过去 10 年的一半，但仍在增长。在人
均 GDP 仍然处于较低水平的条件下，中国碳排放量高居全球第一，人均
碳排放高于全球平均水平，单位 GDP 碳排放远高于欧美国家，加上以煤
为主的高碳能源结构，可以说，在应对气候变化和全球环境治理上，中国
面临前所未有的巨大减排压力（见表 1-2）。

表 1-2　中国面临的碳减排压力

国家 （地区）	GDP 总量 （十亿美元）	人口 （百万）	碳排放 （百万吨）	人均碳排放 （吨/人）	单位 GDP 碳排放 （千克/美元）	人均 GDP （美元）
美国	16 597	321	4 997	15.5	0.3	51 704
中国	8 909	1 371	9 040	6.6	1.01	6 498
日本	5 986	127	1 141	9.0	0.19	47 134
欧盟	17 889	509	3 201	6.3	0.18	35 145
全球	75 489	7 333	32 294	4.4	0.42	10 294

1.3.2　经济增长的资源环境约束依然严峻

近 10 多年来，我国爆发了大范围的雾霾污染，PM 2.5 浓度成为人民
群众普遍关注的环境质量指标，高强度的能源消费和高能耗产业的大规模
发展是造成雾霾污染的重要原因。2013 年，全国 100 个空气质量重点监
测城市中，环境空气质量达标的城市只有 7 个，不达标的城市有 93 个。
2013 年，我国出台了《大气污染防治行动计划》（简称"大气国十条"），
之后各地实施了治理大气污染的措施，空气质量实现了明显好转。2017
年是"大气国十条"阶段性目标的收官之年，全国 338 个地级及以上城市
PM 2.5 年均浓度平均为 43 微克/立方米，空气质量达标城市有 99 个，不
达标城市有 239 个，比例下降到 70.7%。2019 年，全国 337 个地级及以
上城市 PM 2.5 年均浓度平均为 36 微克/立方米，环境空气质量达标城市
有 157 个，占 46.6%，不达标城市有 180 个，占 53.4%。我们需要清醒
地看到，50% 以上的城市环境空气质量仍不达标。

2019 年，全国地表水监测的 1 931 个水质断面（点位）中，Ⅰ～Ⅲ类

水质断面（点位）占74.9％，Ⅴ类和劣Ⅴ类占7.6％。全国主要河流流域监测的1 610个水质断面中，Ⅰ～Ⅲ类水质断面占79.1％，Ⅴ类和劣Ⅴ类占6.3％。开展水质监测的110个重要湖泊（水库）中，Ⅰ～Ⅲ类湖泊（水库）占69.1％，劣Ⅴ类占7.3％。2019年，全国10 168个国家级地下水水质监测点中，Ⅰ～Ⅲ类水质监测点占14.4％，Ⅳ类占66.9％，Ⅴ类占18.8％。可见我国水环境质量虽然有了明显改善，但仍有相当大比例的水质断面不能满足功能要求。

我国许多城市面临着污染型产业围城和垃圾围城的困局。譬如，南京拥有金陵石化、扬子石化、南京化学、扬子巴斯夫等大型化工企业，与之配套的上下游化工企业有200多家，形成了化工产业链。这些化工企业分布在长江南北两岸，在长江二桥至三桥沿岸地区、金陵石化及周边地区，密集分布着百余家化工、钢铁企业。重化工业企业恰好位于南京西南、正北、东北方向，对城市形成了包围圈，而南京冬季盛行东北风，夏季盛行东南风，主城区位于主要工业集中区的下风向，给南京带来了严重的环境风险。2014年南京市委做出了环境整治的规划和决定，要求十年内搬迁关停四大重工业片区的所有工业企业，然而，时至今日，化工产业围城的格局仍未得到根本性扭转。此外，许多城市正在遭遇"垃圾围城"之痛。根据住房和城乡建设部（简称住建部）的调查数据，全国有三分之一以上的城市被垃圾包围，全国城市垃圾堆存累计侵占土地75万亩。

1.3.3　转变经济发展方式仍在路上

当前，在我国不少地区，绿水青山与金山银山的目标之间仍然存在一定的冲突。有的地区为了确保绿水青山，产业发展受到环境规制的限制，经济增长受到影响。譬如，作为南水北调的水源地，陕西安康等地为了保护水质，限制工业的发展。然而，也有一些地区为了追求经济增长，降低环境规制的门槛，吸引了一些污染型产业。这种现象被称为"逐底竞争"。不少研究发现，环境规制强度的地区差异，驱动了部分污染型企业从沿海发达地区向中西部地区转移，也就是所谓的污染避难所效应在现实中确实存在。我们还必须清醒地看到，企业的环境违法行为仍然不在少数，"散乱污"企业的整治已经成为京津冀地区蓝天保卫战的督查重点。根据原环境保护部（简称环保部）宣教司的资料，在 2017 年环保部组织的京津冀及周边地区大气污染防治强化督查中，28 个督查组共检查了19 517 家企业（单位），发现 13 785 家企业（单位）存在环境问题，约占检查总数的70.6%。更为恶劣的是，在祁连山保护区内，出现了因为违规审批、未批先建，导致局部生态环境遭到严重破坏的系列生态环境案件。在当前经济下行压力较大的形势下，一些地方也出现了对环保督查的质疑声音，担心环保限产等措施会增加企业成本，影响经济增长，提出了对环保"一刀切"的担忧。由此可见，绿水青山与金山银山之间存在目标上的冲突，绿水青山并不能自动成为金山银山。

实现中国经济的可持续发展，必须解决好绿水青山与金山银山之间的目标冲突。习近平总书记指出："我们既要绿水青山，也要金山银山。宁要绿水青山，不要金山银山，而且绿水青山就是金山银山。"绿色发展是实现中国经济可持续发展的时代诉求。一是要兼顾绿水青山和金山银山的发展目标；二是在绿水青山和金山银山发生目标冲突时，宁要绿水青山，不要金山银山；三是要使得绿水青山成为金山银山。在绿水青山和金山银山发生目标冲突时，强调经济增长遵循自然规律，资源环境负荷不得超越自然承载力。也就是说，按照宁要绿水青山，不要金山银山，既要绿水青山，也要金山银山的原则，推动经济发展方式转变。

《"十三五"规划建议》第十篇"加快改善生态环境"明确指出，以提高环境质量为核心，以解决生态环境领域突出问题为重点，加大生态环境保护力度，提高资源利用效率，为人民提供更多优质生态产品，协同推进人民富裕、国家富强、中国美丽。《"十三五"规划建议》还提出了中国经济绿色发展的七项具体措施，分别是：加快建设主体功能区、推进资源节约集约利用、加大环境综合治理力度、加强生态保护修复、积极应对全球气候变化、健全生态安全保障机制、发展绿色环保产业。

1.4　中国经济绿色发展的理论内涵

1.4.1　既要发展又要绿色是绿色发展的核心内涵

绿色发展不是不要发展，而是既要绿色，又要发展。这是因为，没有绿色的发展是不可持续的，没有发展的绿色是不能持久的。习近平总书记指出，我们既要绿水青山，也要金山银山。这就是要将绿色与发展有机结合起来，使发展符合绿色的要求。习近平总书记 2005 年在浙江安吉考察时指出，当生态优势转化为经济优势时，绿水青山就成了金山银山。也就是说，如果方式得当，绿色可以促进发展，可以实现绿色与发展的统一。绿色发展既包括使发展符合绿色的要求，也包括让绿色促进发展。前者我们称之为经济绿色化，后者我们称之为绿色经济化。

因此，绿色发展的目的是要实现可持续发展，具体来说是追求经济增长与环境可持续性的协调发展。我们认为，中国经济绿色发展的理论内涵应当包含两个方面（石敏俊，2017a，2017b）：第一，经济绿色化，实现经济增长与资源环境负荷的脱钩。强调经济活动要遵循自然，改善资源环境可持续性，使得天更蓝、山更绿、水更清。第二，绿色经济化，目的是使环境可持续性成为生产力，蓝天碧水的优美生态能够促进经济增长。也就是说，要使绿色生态有利可图，让绿水青山成为金山银山。

1.4.2　经济绿色化与绿色经济化

首先，经济绿色化要按照绿色生态的要求，转变经济发展方式，改善资源环境可持续性，实现经济增长与资源环境负荷的脱钩，推动经济系统的绿色转型。经济增长与资源环境负荷的脱钩，可以从加法和减法两个方面努力。所谓加法，是要探寻符合绿色发展导向的经济增长新动力。加快绿色技术创新，加快发展绿色产业，用绿色技术改造传统产业，可以同时实现经济增长和资源环境可持续性的改善。所谓减法，是强调经济增长要遵循自然规律，不增加或少增加资源环境负荷。特别是在绿水青山和金山银山发生目标冲突时，强调资源环境负荷不得超越自然承载力，借助自然承载力的硬约束倒逼产业转型。

根据环境库兹涅茨曲线（EKC），随着人均收入的提高，环境污染由轻趋重，环境恶化程度加剧；当经济发展达到一定水平，即某个临界点或"拐点"后，随着人均收入的提高，环境污染程度逐渐减缓，环境质量逐渐得到改善（Grossman and Krueger，1991，1995；Panayotou，1993；Shafik，1994；Selden and Song，1994）。也就是说，过了拐点之后，经济增长与环境污染可以实现脱钩。进一步的研究发现：经济发展到一定阶段，环境质量并不会自动改善；没有严格的环境规制，环境污染不会减轻；只有在环境规制的驱动下，环境质量才能朝着改善的方向发展。一般来说，随着经济的增长，环境规制趋于加强，严格的环境规制会驱动产业结构向低污染型转变。环境经济学理论的波特假说认为，适当的环境规制将刺激技术革新。适当的环境规制可以促使企业进行更多的创新活动，技术创新将提高企业的生产力，抵消由环境规制带来的成本上升，提高产品质量，增强企业竞争力，从而有可能使企业在国内国际市场上获得竞争优势（Porter，1991；Porter and Linde，1995）。实证分析证明，现实中确实能观察到波特假说的现象，表明适当的环境规制有可能促进经济增长及企业竞争力，但也有研究发现波特假说不能得到验证。我们认为，关于波特假说的检验结果差异的原因在于企业异质性、行业异质性、空间异质性和政策工具异质性对企业行为响应造成的影响。不同的企业属性对于环境规制的行为响应存在差异，有的企业会通过技术创新提升企业的生产力，增强竞争力，有的企业难以通过技术创新实现提升企业生产力和竞争力的目标。在区位条件有利、集聚红利显著、市场盈利机会多的区域，企业面对环境规制会想方设法在当地留下来，从而诱发更多的创新活动，以适应环境规制对企业经营造成的影响。浙江省杭州湾上虞经济技术开发区的化工企业通过自身的努力，适应了严格的环境规制，并且在近年普遍强化环境规制之后在国内同类产品市场上获得了竞争优势。

其次，绿色经济化是要追求如何让绿色生态变得有利可图，使绿水青山转化为金山银山。绿水青山成为金山银山，是绿色发展的更高层次的目标，关键在于让绿水青山、优美生态真正成为自然生产力，促进经济增长。

浙江安吉和丽水等地先行先试，在绿水青山转化为金山银山的实践方面进行了有益的探索。丽水市积极利用原生态的自然资本，发展生态旅游，形成了古堰画乡、云和梯田等一批生态旅游景区，与此同时，推动"丽水山耕"等生态农业的农产品品牌创建，产生了良好的品牌溢价效应。安吉县在余村等地推动绿水青山成为金山银山的基础上，筹划建立"两山银行"，把山水林田湖草等自然资源和需要集中保护开发的耕地、园地、林地、湿地以及可集中运营的农村宅基地、农房等碎片化的生态资源，进行规模化的收储、专业化的整合、市场化的运作，由低效散漫的开发模式转向集中集约的开发模式，拓宽了将生态资源变成资产资本的转换途径，实现了"两山"正规优质高效的转化。浙江省两山转化的实践探索表明，如果方向正确、措施得当，绿色生态可以变得有利可图，使绿水青山真正成为自然生产力，促进经济增长。

1.4.3　中国经济绿色发展需解决的关键问题

中国经济绿色发展，当前需围绕经济增长与资源环境负荷脱钩、绿水青山成为金山银山两大命题，重点解决好以下几个关键问题。

（1）如何发挥自然承载力的硬约束作用，倒逼产业转型，推动绿色发展？

首先，要正确认识自然资本的作用。在强可持续发展范式的指导下，对于人造资本不可替代的自然资本，要加强保护，确保其存量不减少。其次，要强调自然资本和生态环境的极限性和硬约束，即自然承载力，强调经济增长不能超越自然承载力的硬约束，目的是通过自然承载力约束，倒逼产业绿色转型，减轻经济增长带来的资源环境负荷，最终实现经济增长与资源环境负荷脱钩。本书将这一政策思路定义为环境底线政策。

（2）如何正确认识人造资本投入的作用和意义？

弱可持续发展范式认为，自然资本和人造资本之间是可以相互替代的，即使自然资本减少了，也可以用人造资本替代自然资本，通过技术进步和知识创新，克服自然资本减少带来的增长极限，实现可持续发展。对于可以替代的自然资本来说，在一定的条件下，技术进步、知识创新可以克服自然资本减少带来的增长极限，因此，技术研发和知识创新等人造资本投入对于绿色发展是具有积极意义的。此外，人造资本投入的作用还体现在生态产品价值实现上，原生态的自然资本要转化为经济优势，需要加强基础设施建设等人造资本投入，将自然资本和人造资本有机结合起来，才能将生态优势转化为经济优势，使绿水青山成为金山银山。因此，人造资本投入的作用一方面在于替代自然资本，克服自然资本减少带来的增长极限，另一方面在于与自然资本相结合，促进自然资本保护和生态产品价值转化。

（3）如何建立市场化的激励机制，推动经济系统的绿色转型？

经济绿色化包括产业发展的绿色转型和能源系统的绿色转型，产业发展的绿色转型又包括发展绿色产业和传统产业的绿色改造。首先，要加快发展绿色产业。狭义的绿色产业主要有8个行业：新能源（包括太阳能、风能、生物质能等）产业、节能环保产业、信息产业、绿色制造业（包括新材料产业、先进装备制造业、新能源汽车产业等）、文化传媒产业（包括文化产业、传媒产业、教育培训产业、旅游产业等）、生物医药医疗保健产业、生产性服务业（金融业、物流业等）、现代农业（包括观光农业、设施农业、休闲农业等）。由于绿色产业往往面临成本高、利润率低、盈利周期长、融资难等问题，因此，需要制定相应的激励机制和补贴政策，推动绿色产业发展。其次，要加快传统产业的绿色改造。传统产业的绿色改造几乎涵盖所有的产业领域，涉及面广，在经济系统中所占份额大。可以说，没有传统产业的绿色改造，就难以全面实现中国经济的绿色发展。对于传统产业的绿色改造而言，主要是要抓好绿色技术的研究开发和推广应用，促使传统产业向绿色生产转型。绿色技术的经济性是推广和应用绿色技术的关键。要重视研发具有经济性的绿色技术，鼓励具有经济性的绿色技术优先产业化，进入生产领域。再次，要制定绿色技术的激励机制，让绿色生产有利可图。最后，要加快发展可再生能源，推动能源系统的绿色转型。可再生能源的经济性是制约可再生能源发展的关键因素。随着技术进步，风力发电和光伏发电的度电成本已经大幅下降，但仍高于煤电，缺乏成本优势。应该研究通过环境税、碳市场等手段，将煤电的外部性内部化，增强可再生能源的成本优势。如果电力市场饱和，风力发电和光伏发电就会面临与火力发电竞争市场的挑战。可以考虑实施可再生能源配额制，通过强制性的可再生能源配额，鼓励和引导可再生能源的发展。

（4）如何发挥环境治理主体的作用？

环境治理主体包括政府、企业、个体和社会组织。中共中央办公厅和国务院办公厅转发的《关于构建现代环境治理体系的指导意见》明确指出，以坚持党的集中统一领导为统领，以强化政府主导作用为关键，以深化企业主体作用为根本，以更好地动员社会组织和公众共同参与为支撑，实现政府治理和社会调节、企业自治良性互动，完善体制机制，强化源头治理，形成工作合力，为推动生态环境根本好转、建设生态文明和美丽中国提供有力的制度保障。首先，地方政府要发挥主导作用，承担领导责任。其中，省级党委和政府对本地区环境治理负总体责任，市县党委和政府承担具体责任。要深入研究地方政府行为及其对环境治理的影响。这是因为在当前的国家治理体系中，地方政府作为相对独立的利益主体，会根据当地实际制定政策目标，地方政府的政策目标及其优先顺序，会对环境治理和绿色发展造成影响。其次，企业要发挥环境治理的主体作用。作为市场主体，企业对环境规制的行为响应对于环境治理具有更加直接的作用。企业对环境规制的行为响应受到诸多因素的影响，需要深入研究企业对环境规制的行为响应的影响因素和作用机制。我们在研究中发现，空间集聚的正负外部性会影响企业对环境规制的行为响应。在不同的空间集聚水平下，由于正负外部性的此消彼长，企业对环境规制的行为响应会表现为污染避难所效应、波特假说等多种方式。最后，要探讨空间差异化的环境规制。空间异质性既影响到地方政府的政策目标和优先顺序，又影响到污染型企业对环境规制的行为响应，应当考虑实施空间差异化的环境规制。经济发达地区经济总量规模大，资源环境负荷重，实施严厉的环境规制的条件相对成熟，环境规制的主线应当是对资源环境负荷的总量进行控制，强调经济增长带来的资源环境负荷不得超越自然承载力的硬约束。然而，欠发达地区实施严厉的环境规制要比经济发达地区更困难。由于我国的欠发达地区大多分布在中西部，地处大江大河的上游区域，或经济发达地区的上风向区域，欠发达地区加强环境规制，维护绿水青山，是关系到全国国土生态安全的国家大事。兼顾绿水青山和金山银山是欠发达地区实施环境规制的主要目标。鉴于欠发达地区的企业技术效率相对较低，导致环境效率较低，欠发达地区的环境规制应当更多地考虑技术准入的环境规制，以提高企业环境效率为主要目标。

（5）如何深化绿色发展的制度创新和政策创新？

在推动经济绿色化、实现经济增长与资源环境负荷脱钩方面，我国已经建立了相对比较完整的法律法规体系，在推动绿色经济化、使绿水青山成为金山银山方面，制度和政策的缺位仍然比较突出，必须深化绿色发展的制度创新。下一步绿色发展制度创新的重点有以下几个：一是突出强可持续发展范式在政策体系中的指导地位，完善环境底线政策体系，推进环境治理体系和治理能力的现代化。二是完善绿色产业的制度设计，通过环境外部性的内部化，强化绿色技术、绿色生产的经济激励机制，促进绿色技术、绿色生产的推广应用，使之成为新的经济增长点。三是完善生态产品价值实现的制度设计，要让绿色、生态成为新的生活消费导向，使绿色、生态成为产品和服务的附加价值的组成部分，从而使得绿水青山真正成为促进经济增长的自然生产力。四是完善绿色金融的制度设计，使金融系统成为经济系统绿色转型的支撑平台。

本章小结

本章在认真梳理绿色发展理念的历史脉络和国际经验的基础上，提出了中国经济绿色发展的理论内涵。绿色发展不是不要发展，而是既要绿色，又要发展。围绕这一核心理念，中国经济绿色发展的理论内涵包括两个方面：第一，经济绿色化，实现经济增长与资源环境负荷的脱钩。强调经济活动要遵循自然，改善资源环境可持续性，使得天更蓝、山更绿、水更清。第二，绿色经济化，使绿色生态有利可图，蓝天碧水的优美生态成为促进经济增长的新动能，推动绿水青山转化为金山银山。

国际社会对于绿色发展的关注点主要集中在应对气候变化和低碳发展上。中国经济绿色发展要考虑应对气候变化，推动低碳发展，更要打好污染防治攻坚战，特别是优先解决好突出的生态环境问题，保护自然资源，改善环境可持续性。与国际上绿色发展强调经济增长与资源环境负荷的脱钩有所不同，中国经济绿色发展在这个基础上还要使绿色生态成为促进经济增长的生产力。

第 2 章　中国经济绿色发展态势评价

当前，中国经济发展仍未从根本上摆脱对资源环境的依赖。据世界银行统计，2016 年中国经济占全球经济总量的比重为 15% 左右；根据《BP世界能源统计年鉴》，同期中国能源消费量占全球的 23%。资源消耗多、环境污染重、生态损失大，制约着中国经济绿色发展，也成为全面建成小康社会进程中的突出"短板"。

全面建成小康社会，让人民从发展中获得幸福感，绝不能以牺牲资源环境和生态为代价。只有树立和践行"绿水青山就是金山银山"的理念，形成绿色发展方式和生活方式，着力解决突出的环境问题，打好污染防治攻坚战，加强生态保护和修复，加快建设美丽中国，才能推动中国经济进入高质量发展轨道。

如前所述，中国经济绿色发展的理论内涵包括两个方面：一是经济增长与资源环境负荷脱钩；二是资源环境可持续性成为生产力。前者是要使经济活动遵循自然规律，改善资源环境可持续性，促进经济发展绿色化；后者是要让绿水青山成为金山银山，发挥自然生产力的作用，促进经济发展。此外，推动中国经济绿色发展，需要培育绿色发展能力。

为了切实践行"绿水青山就是金山银山"的理念，平衡经济增长与可持续性，推动绿色发展，建设美丽中国，有必要科学评价、深刻认识中国经济绿色发展的现状，诊断绿色发展中存在的问题，进而探讨中国经济绿色发展的实现路径。

2.1 绿色发展评价：平衡经济增长与可持续性的关系

绿色发展着眼于发展的永续性，是新时代中国特色社会主义建设新发展理念的重要组成部分。习近平总书记在十九大报告中明确指出，我们要建设的现代化是人与自然和谐共生的现代化，既要创造更多物质财富和精神财富以满足人民日益增长的美好生活需要，又要提供更多优质生态产品以满足人民日益增长的优美生态环境需要。绿色发展是生态文明建设的治本之策，也是构建高质量现代化经济体系的必然要求。绿色发展不是不要发展，而是既要绿色、又要发展。兼顾绿色和发展，才是绿色发展的完整内涵；平衡经济增长与可持续性，是绿色发展的核心命题。

绿色发展评价必须基于绿色发展的理论内涵，以绿色发展为价值导向，贯彻绿色发展理念，实现对绿色发展现状与问题的准确把握和深刻认识。鉴于绿色发展的完整内涵要兼顾绿色和发展，平衡经济增长与可持续性的关系，绿色发展评价应当构建体现二者平衡关系的逻辑框架，进而组织相应的指标体系，实现对经济增长与可持续性的平衡关系的评价。

首先，平衡经济增长与可持续性的关系意味着任何放弃经济增长或者无视可持续性的极端观点都是错误的，所以，对绿色发展进行评价的指标体系应该既考虑经济发展，又考虑可持续性，二者应该得到同等程度的重视。

其次，平衡并不意味着静态的绝对均等，在特定阶段和特定地域，二者可以根据当地发展阶段及主要矛盾有所侧重，以协调为导向，实现长期动态平衡。因此，绿色评价应强调因地制宜，因时制宜，以长期动态平衡为导向。

再次，在价值导向层面，经济增长与可持续性皆所欲也，但二者能否兼得的深层基础却在于发展能力。发展能力决定了实现二者平衡发展的可能性，也体现了未来平衡发展的潜力。所以，在经济增长和可持续性之外，还应该包含发展能力评价。

最后，平衡经济增长与可持续性不仅是一国、一省的目标，而且应该成为每个城市的发展方向。不同城市虽然在产业层面存在分工，但都面临如何处理经济与可持续性的平衡关系的问题。所以，绿色发展评价应该从省级评价进一步细化到城市尺度，以将平衡发展理念贯彻到城市尺度。

综上，本章将根据绿色发展的理论内涵，从平衡经济发展与可持续性的目标出发，构建省区尺度和城市尺度的绿色发展评价体系以及绿色发展的具体指标，并实现绿色发展综合评价。

2.2　绿色发展评价体系与绿色发展指数

本节将在梳理绿色发展评价的研究进展的基础上，总结绿色发展评价方法中存在的问题，创新绿色发展评价方法，改进绿色发展评价。我们将根据绿色发展内涵，确立绿色发展的逻辑框架，并设计绿色发展评价体系和指标。

2.2.1　绿色发展评价的研究进展

绿色发展评价是判断绿色发展水平、趋势，并制定相应发展政策的重要手段（Dizdaroglu，2017）。绿色发展评价方法主要有以下几类：环境投入产出效率型评价（生产前沿分析）（杨志江和文超祥，2017）、综合绩效型评价、经济和环境协调型评价（耦合协调与脱钩分析）（孟秀萍，2019）。针对特定国家和地区的绿色发展评价，国际上的代表性研究主要有：（1）耶鲁大学和哥伦比亚大学联合发布的环境绩效指数（EPI）（Wendling et al.，2020），该指数综合了 11 个类别下的 32 个指标，对 180 个国家的环境健康程度和经济活力进行了排序。但该数据无法形成时间序列数据或者面板数据，因为年份之间存在方法和数据变化，无法进行动态比较。（2）经济合作与发展组织（OECD）构建的涵盖经济、环境、社会、技术和发展的综合框架以及提出的一组绿色增长指标（OECD，2011，2017）。（3）联合国环境规划署的 GEI 指标（UNEP，2012）和基于 DPSIR 的评价框架，以及构建的人类发展和环境指标（UNEP，2019）。（4）欧洲环境署（EEA）的绿色经济指标（European Environment Agency，2012）。

我们可以看出，已有的绿色发展评价有的侧重于环境可持续性的评价，有的强调经济增长与环境可持续性的协调。从方法论看，大多数绿色发展评价采用了综合指数方法，但是在指标选取、权重设定等方面仍然存在分歧。在指标选取、权重设定的背后，是受绿色发展的理念和认知影响的深层次价值导向。最重要的是弱可持续发展范式与强可持续发展范式两种可持续发展范式对于自然资本与人造资本之间替代性的认知存在分歧

（Neumayer，2003；Brand，2009）。弱可持续发展范式认为，人造资本和自然资本可以完全替代，在绿色发展评价的实践中，指标选取和权重设定往往表现为二者的线性替代关系；强可持续发展范式认为，二者不可以完全替代，在绿色发展实践中，往往将部分指标设定为不可替代的强约束"红线"。

中国学者对绿色发展评价也进行了有益的尝试和实践。代表性的研究主要有：国家统计局发布的《2016 年生态文明建设年度评价结果公报》（国家统计局，2017）。该公报采用绿色发展指数，重点对各省区生态环境保护的绩效进行了年度评价。北京师范大学经济与资源管理研究院发布的《2017/2018 中国绿色发展指数报告——区域比较》（关成华和韩晶，2019）评价了 30 个省份、100 个城市的绿色发展水平。在城市绿色发展评价方面，代表性研究主要有：中国科学院与埃森哲（中国）有限公司联合发布的《迈向新资源经济：推动中国城市和谐转型——埃森哲中科院新资源经济城市指数报告》（石敏俊和陈旭宇，2013）、中国人民大学国家发展与战略研究院发布的《绿色之路——中国经济绿色发展报告 2018》（石敏俊和徐瑛，2018a）、中国科学院生态环境研究中心发表的《中国城市的绿色发展评价》（欧阳志云等，2009）。

国内绿色发展评价大部分采用综合指数方法，研究焦点主要集中于指标体系构建和评价方法选择。欧阳志云等（2009）提出了 7 项用于度量城市绿色发展的指标。《2017/2018 中国绿色发展指数报告——区域比较》涉及省级指标 60 项、城市指标 44 项，国家统计局的绿色发展指数则由 6 大分类指数和 55 项个体指数构成（国家统计局，2017）。也有少数学者构建了 81 个海选指标进行选择（杜永强等，2020）。从指标体系看，指标选取存在分歧，有的学者侧重资源与环境保护（黄羿等，2012；石敏俊和刘艳艳，2013；国家发展和改革委员会，2016），有的学者强调经济与环境的均衡（黄跃和李琳，2017；杜永强等，2020），有的学者认为指标覆盖类别应该尽可能宽泛，但是指标数量应该尽可能精简（Tanguay et al.，2010），也有的学者认为指标选取需提前确立框架或者标准，应根据内部和外部挑战进行筛选（Verma and Raghubanshi，2018；Shen and Zhou，2014）。综合指数方法的另一个核心问题是权重设定。有的研究采用客观赋权方法，例如，因子分析法、主成分分析法（Lu et al.，2015；Mascarenhas et al. , 2015）等多元统计方法是应用最广泛的客观赋权法，熵权法、投影寻踪模型（黄跃和李琳，2017）、循环修正法（杜永强等，2020）也是基于数据驱动进行客观赋权的方法。有的研究采用主观赋权法，即通过主观判断，保证指标的重要性得到正确体现，包括专家会议法、德尔菲法等（李晓西等，2014）。绿色发展指标体系就是人为设定三类指标的权重比为 3：2：1（国家发展和改革委员会，2016）。如前所述，主观赋权法的深层次价值导向取决于绿色发展的理念和认知，特别是指标之间是否可以替代受到弱可持续发展范式与强可持续发展范式两种可持续发展范式的影响。

总体上看，已有的城市绿色发展评价还停留在静态评价层面，缺乏动态评价。在权重设定方面，将客观赋权和主观赋权相结合的讨论不多，尤其鲜有研究考虑专家意见之外的居民个体的真实感受，导致绿色发展评价与公众的感知存在偏离。最后，现有评价方法也未能考虑如何平衡、折中处理弱可持续发展范式和强可持续发展范式两种范式的分歧。

我们认为，绿色发展评价方法的改进需要考虑以下几个方面：

第一，绿色发展评价方法必须符合绿色发展的理论内涵，要基于绿色发展的理论内涵构建绿色发展评价的概念框架。如前所述，中国经济绿色发展的理论内涵包括两个方面：一是经济增长与资源环境负荷脱钩，二是资源环境可持续性成为生产力。前者是要使经济活动遵循自然规律，改善资源环境可持续性，后者是要让绿水青山成为金山银山，促进经济发展。推动中国经济绿色发展，还需要培育绿色发展能力。为了体现绿色发展既要绿色又要发展的理念，本书构建了三位一体的概念框架，把绿色发展分为经济发展、可持续性和绿色发展能力三个维度进行考察，形成绿色发展的三维模型，在此基础上构建绿色发展评价指标体系。

第二，绿色发展评价必须克服综合指数法的缺陷，避免指标之间的可替代性所导致的"一俊遮百丑"的弊端。绿色发展既要绿色又要发展，因而绿色发展评价要避免绿色替代发展或发展替代绿色。以往的综合指数法，由于指标之间的可替代性，容易出现绿色替代发展或发展替代绿色的问题。本书尝试采取效用函数合成的方法，突出"短板"因素的制约作用，可以规避综合指数法"一俊遮百丑"的弊端，使得评价结果更加符合公众对绿色发展的个体感受。我们将采用效用函数合成法改进绿色发展评价。

第三，绿色发展评价需要克服静态比较的局限，实现绿色发展的动态评价，尤其应该注重绿色发展的动态趋势预测。我们将用机器学习方法训练预测模型，实现动态预测。

2.2.2 绿色发展评价的指标体系和评价方法

本章根据绿色发展的内涵设计了三级指标评价体系，利用各类公开发布的数据来源，搜集整理了 2010 年、2015 年两年的数据，并对缺失值进行了相应处理。

2.2.2.1 指标体系

如前所述，中国经济绿色发展的理论内涵包括：一是经济发展与资源环境负荷脱钩，二是资源环境可持续性成为生产力。经济发展和资源环境可持续性构成彼此的结果，也是彼此的约束与支撑。具体来讲，包括以下两方面：

（1）资源环境可持续性直接受人类活动影响，经济发展水平、经济结构、经济发展动力会对资源环境可持续性产生直接的影响。

经济发展水平：一方面，经济规模直接决定经济体的资源环境消耗量；另一方面，在不同的经济发展阶段，环境的污染和治理将经历不同的过程。

经济结构：除经济规模外，经济结构是影响经济体资源环境消耗量的另一重要因素。经济结构的转型升级是否以资源节约和环境友好为导向，也将对未来的资源环境可持续性产生直接影响。

经济发展动力：经济发展水平和经济结构决定了当下的资源环境可持续性，经济发展动力则对资源环境可持续性的未来图景产生影响。新技术、新产业、新经济形态是中国经济绿色发展的新动力。

（2）绿色发展能力既直接影响经济发展和资源环境可持续性，又影响二者之间相互作用的方式、强度和方向。

具体来说，基础设施为经济发展提供基本的物质基础，内源性增长能力体现了经济体的内在增长动能，资源环境管理水平体现了社会管理者对经济活动的资源环境消耗量进行规范和规制的能力。

基于以上认识，本章构建了三位一体的逻辑框架，对中国经济绿色发展现状进行评价。中国经济绿色发展评价包括三个维度：

● 经济发展。它包括经济发展水平、经济增长动力、产业结构转型、收入分配与社会保障，主要表征经济发展的绩效，也就是俗称的金山银山。

● 可持续性。它包括生态健康（包括环境质量）、污染控制（环境负荷和环境效率）、低碳发展、资源节约，主要表征可持续发展的绩效，也就是俗称的绿水青山。

● 绿色发展能力。它包括基础设施、内源性增长能力、资源环境管理，主要表征各地践行绿水青山就是金山银山的能力。

本章采用三级指标体系评价城市绿色发展（具体指标详见附录），基于绿色发展既要绿色、又要发展的基本认识，从经济发展、可持续性和绿色发展能力三个维度进行评价，其中绿色发展能力构成可持续性与经济发展的支撑。绿色发展评价的三维逻辑框架如图 2-1 所示。

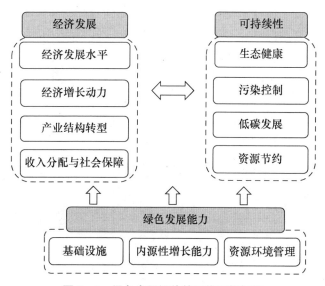

图 2-1　绿色发展评价的三维逻辑框架

本章分省区尺度和城市尺度两个尺度对绿色发展现状进行评价。省区尺度评价和城市尺度评价采用相同的逻辑框架，一级指标和二级指标相同，三级指标的设置有差异。城市绿色发展动态评价测度了城市尺度指标的动态变化，为了保证历年指标选取的一致性，对指标体系略有调整。

省区尺度的评价指标体系如表 2-1 所示。城市尺度绿色发展评价指标体系见表 2-2。城市绿色发展动态评价指标体系见表 2-3。

表 2-1 省级尺度绿色发展评价指标体系

一级指标	二级指标	权重	三级指标	单位	年份	权重
1. 经济发展	1.1 经济发展水平	25%	人均GDP（+）	元	2016	25%
			GDP增长率（+）	%	2017	25%
			人均可支配收入（+）	元	2016	25%
			人均存款余额（+）	元	2015	25%
	1.2 经济增长动力	25%	研究与试验发展（R&D）经费投入强度（+）	%	2015	33.3%
			固定资本形成占GDP的比重（+）	%	2016	33.3%
			经济集聚程度（+）	亿元/平方公里	2016	33.3%
	1.3 产业结构转型	25%	第三产业增加值占GDP的比重（+）	%	2016	25%
			高能耗产业增加值占GDP的比重（-）	%	2015	25%
			高技术产业主营业务收入占工业增加值的比重（+）	%	2015	25%
			生产性服务业城镇单位从业人员数占比（+）	%	2016	25%
	1.4 收入分配与社会保障	25%	城乡收入比（-）		2016	33.3%
			三险覆盖率（+）		2015	33.3%
			最低生活保障（+）		2015	33.3%
2. 可持续性	2.1 生态健康	25%	空气质量指数（AQI）（-）		2017	16.7%
			PM2.5年均浓度（-）	微克/立方米	2016	16.7%
			分省水质优良水体所占比例（+）	%	2017	33.3%
			生态环境质量指数（EI）（+）		2015	33.3%

续表

一级指标	二级指标	权重	三级指标	单位	年份	权重
2. 可持续性	2.2 污染控制	25%	单位面积二氧化硫 (SO₂) 排放量 (-)	吨/平方公里	2015	12.5%
			单位面积氮氧化物 (NOₓ) 排放量 (-)	吨/平方公里	2015	12.5%
			单位面积化学需氧量 (COD) 排放量 (-)	吨/平方公里	2015	12.5%
			单位面积氨氮排放量 (-)	吨/平方公里	2015	12.5%
			SO₂ 排放强度 (-)	吨/亿元	2015	12.5%
			NOₓ 排放强度 (-)	吨/亿元	2015	12.5%
			COD 排放强度 (-)	吨/亿元	2015	12.5%
			氨氮排放强度 (-)	吨/亿元	2015	12.5%
	2.3 低碳发展	25%	碳排放强度 (-)	百万吨/亿元	2015	25%
			人均碳排放量 (-)	百万吨/万人	2015	25%
			可再生能源发电量占比 (+)	%	2015	25%
			太阳能、风能发电量占比 (+)	%	2015	25%
	4. 资源节约		单位 GDP 能耗 (-)	万吨标准煤/亿元	2015	33.3%
			单位 GDP 水耗 (-)	亿立方米/万亿元	2016	33.3%
			单位 GDP 用电量 (-)	亿千瓦时/亿元	2016	33.3%
3. 绿色发展能力	3.1 基础设施	33.3%	供水管道密度 (+)	公里/平方公里	2015	12.5%
			排水管道密度 (+)	公里/平方公里	2015	12.5%
			建成区绿化覆盖率 (+)	%	2015	25%
			"互联网+" 指数 (+)		2016	25%
			市区人均公共交通客运量 (+)	万人次/万人	2015	25%

续表

一级指标	二级指标	权重	三级指标	单位	年份	权重
	3.2 内源性增长能力	33.3%	创新能力1 000强企业个数（+）	个	2017	20%
			国内专利申请授权数（+）	件	2016	20%
			技术市场成交额（+）	万元	2016	20%
			每百万人高校数量（+）	所/百万人	2016	20%
3. 绿色发展能力	3.3 资源环境管理	33.3	人力资本水平（+）	年	2015	20%
			环境监测经费（+）	万元	2015	25%
			环境管理体系认证（ISO14001）（+）	份	2016	12.5%
			有机产品认证（+）	份	2016	12.5%
			环保产业市值（+）	亿元	2017	25%
			环保服务业企业（规模）固定资产原值（+）	万元	2014	12.5%
			环保服务业企业（经营状况）营业利润（+）	万元	2014	12.5%

说明：EI由生物丰度指数、植被覆盖指数、水网密度指数、土地胁迫指数、污染负荷指数、环境限制指数等综合而成。

表 2-2　城市尺度绿色发展评价指标体系

一级指标	二级指标	权重	三级指标	单位	统计范围	年份	权重
1. 经济发展	1.1 经济发展水平	25%	人均 GDP（+）	元	全市	2015	25%
			人均可支配收入（+）	元	全市	2015	25%
			人均储蓄余额（+）	元	全市	2015	25%
			GDP 增长率（+）	%	全市	2015	25%
	1.2 经济增长动力	25%	工业研发投入占产出的比重（+）	%	全市	2013	33.3%
			固定资产投资占 GDP 的比重（一）	%	全市/全市	2015	33.3%
			集聚经济程度（城区经济密度）（+）	亿元/平方公里	市辖区/市辖区	2015	33.3%
	1.3 产业结构转型	25%	第三产业增加值占比（+）	%	全市	2015	33.3%
			生产性服务业从业人员数占比（+）	%	全市/全市	2015	33.3%
			高能耗产业产值占工业总产值的比重（一）	%	全市/全市	2013	33.3%
	1.4 收入分配与社会保障	25%	城乡收入比（一）	%	全市	2015	50%
			三险覆盖率（+）	%	全市/市辖区	2015	50%
2. 可持续性	2.1 生态健康	25%	AQI 优的天数（+）	天	全市	2017	16.7%
			空气质量达标天数占比（+）	%	全市	2017	16.7%
			EI（+）		全市	2015	50%
			PM2.5 年均浓度（一）	微克/立方米	全市	2016	16.7%
	2.2 污染控制	25%	单位面积 SO₂ 排放量（一）	吨/平方公里	全市	2015	10%
			单位面积 NOx 排放量（一）	吨/平方公里	全市	2015	10%
			单位面积 COD 排放量（一）	吨/平方公里	全市	2015	10%
			单位面积氨氮排放强度（一）	吨/平方公里	全市	2015	10%
			SO₂ 排放强度（一）	吨/亿元	全市	2015	10%

续表

一级指标	二级指标	权重	三级指标	单位	统计范围	年份	权重
2. 可持续性	2.2 污染控制	25%	NOx 排放强度 (−)	吨/亿元	全市	2015	10%
			COD 排放强度 (−)	吨/亿元	全市	2015	10%
			氨氮排放强度 (−)	吨/亿元	全市	2015	10%
			生活垃圾无害化处理率 (+)	%	全市	2015	20%
	2.3 低碳发展	25%	碳排放强度 (−)	万吨/元	全市	2015	33.3%
			人均碳排放量 (−)	万吨/万人	全市	2015	33.3%
			低碳试点城市 (+)		全市	2017	33.3%
	2.4 资源节约	25%	单位 GDP 能耗 (−)	吨标准煤/万元	全市	2015	25%
			单位 GDP 水耗 (−)	吨/万元	全市	2015	25%
			单位 GDP 用电量 (−)	万千瓦时/亿元	市辖区	2015	25%
			工业固体废弃物综合利用率 (+)	%	全市	2015	25%
3. 绿色发展能力	3.1 基础设施	33.3%	供水管道密度 (+)	公里/平方公里	全市	2015	12.5%
			排水管道密度 (+)	公里/平方公里	全市	2015	12.5%
			建成区绿化覆盖率 (+)	%	建成区	2015	25%
			互联网普及率 (+)	万户/万人	全市/全市	2015	12.5%
			"互联网+"指数 (+)		全市	2016	12.5%
			每万人拥有公共汽车数 (+)	辆/万人	全市	2016	25%
	3.2 内源性增长能力	33.3%	创新能力1 000强企业个数 (+)	个	全市	2016	33.3%
			高校数量 (+)	所	全市	2015	33.3%
			科教支出占 GDP 的比重 (+)	%	全市	2015	33.3%
	3.3 资源环境管理	33.3%	生态保护与建设示范区个数 (+)	个	全市	2015	33.3%
			监测点位数 (+)	个	全市	2017	33.3%
			环保产业市值占比 (+)	亿元	全市	2017	33.3%

表 2 - 3　城市绿色发展动态评价指标体系

一级指标	二级指标	权重	三级指标	单位	统计范围	权重
1. 经济发展	1.1 经济发展水平	25%	人均 GDP（+）	元	全市	25%
			人均可支配收入（+）	元	全市	25%
			人均储蓄余额（+）	元	全市	25%
			GDP 增长率（+）	%	全市	25%
	1.2 经济增长动力	25%	工业研发投入占产出的比重（+）	%	全市	33.3%
			固定资产投资占 GDP 的比重（−）	%	全市/全市	33.3%
			经济集聚程度（城区经济密度）（+）	亿元/平方公里	市辖区/市辖区	33.3%
	1.3 产业结构转型	25%	第三产业增加值占比（+）	%	全市/全市	33.3%
			生产性服务业从业人员数占比（+）	%	全市/全市	33.3%
			高能耗产业产值占工业总产值的比重（−）	%	全市/全市	33.3%
	1.4 收入分配与社会保障	25%	城乡收入人比（−）		全市	50%
			三险覆盖率（+）		全市	50%
2. 可持续性	2.1 生态健康	25%	EI（+）		全市	50%
			PM2.5 年均浓度（−）	微克/立方米	全市	50%
	2.2 污染控制	25%	单位面积 SO₂ 排放量（−）	吨/平方公里	全市	10%
			单位面积 NOₓ 排放量（−）	吨/平方公里	全市	10%
			单位面积 COD 排放量（−）	吨/平方公里	全市	10%
			单位面积氨氮排放量（−）	吨/平方公里	全市	10%
			SO₂ 排放强度（−）	吨/亿元	全市	10%
			NOₓ 排放强度（−）	吨/亿元	全市	10%
			COD 排放强度（−）	吨/亿元	全市	10%
			氨氮排放强度（−）	吨/亿元	全市	10%
			生活垃圾无害化处理率（+）	%	全市	20%

续表

一级指标	二级指标	权重	三级指标	单位	统计范围	权重
2. 可持续性	2.3 低碳发展	25%	碳排放强度（一）	万吨/元	全市	50%
			人均碳排放量（一）	万吨/万人	全市	50%
	2.4 资源节约	25%	单位 GDP 能耗（一）	吨标准煤/万元	全市	25%
			单位 GDP 水耗（一）	吨/万元	全市	25%
			单位 GDP 用电量（一）	万千瓦时/亿元	市辖区	25%
			工业固体废弃物综合利用率（+）	%	全市	25%
3. 绿色发展能力	3.1 基础设施	33.3%	排水管道密度（+）	公里/平方公里	全市	12.5%
			供水管道密度（+）	公里/平方公里	全市	12.5%
			建成区绿化覆盖率（+）	%	建成区	25%
			互联网普及率（+）	万户/万人	全市/全市	25%
			每万人拥有公共汽车数（+）	辆/万人	市辖区	25%
	3.2 内源性增长能力	33.3%	高校数量（+）	所	全市	50%
			科教支出占 GDP 的比重（+）	%	全市	50%
	3.3 资源环境管理	33.3%	监测点位数（+）	个	全市	50%
			财政节能环保支出（+）	万元	全市	50%

2.2.2.2　数据来源与缺失值处理

绿色发展评价各项指标数据主要综合以下三类数据来源整理得到：（1）公开发布的年鉴，如《中国城市统计年鉴》、《中国环境年鉴》、《中国城市建设统计年鉴》、各个地级市统计年鉴和统计公报等。（2）各类数据库，如中国工业企业数据库、EPS 数据库和中国资讯行数据库等。（3）政府网站及各类组织、机构网站，如原环保部、统计局、国家发改委、绿色和平组织等的官方网站。因为要进行动态比较，所以必须重视两年数据的可比性。比如，2010 年常住人口指标来自第六次人口普查；2015 年常住人口指标则综合各省统计公报、统计年鉴多渠道整理得到，所以需要对数据进行检查确认①，以保证可比性。对于缺失数据，按照优先程度依次用该城市临近年份数据、所在省份各城市均值、全国各城市均值进行补充。

2.2.2.3　指标计算与合成

（1）标准化处理。

对于不存在合格标准的指标，以正态标准化法进行无量纲处理，并求累积概率×100 作为分值；对于存在合格标准的指标，采用目标渐近法，即满足或者超过标准的都赋值 100，不满足标准的按照100×指标/标准，计算得分。指标分为正向指标和逆向指标，逆向指标也通过正向处理换算成正向得分。

（2）权重与合成。

三级指标体系中，上级指标通过下级指标加权求和得到；对于权重的设定体现了各指标的相对重要性。考虑到以往研究中，主观判断都来自专家或者研究者，没有体现居民个体效用感受，我们希望能综合主观判断和客观标准，确定合理的权重。另外，综合指数评价方法存在一定缺陷。由于指标体系中的不同指标之间可以相互替代，所以如果某一项指标得分奇高，会掩盖其他指标得分低的不足，甚至使得整体综合得分偏高，导致出现"一俊遮百丑"的现象，本质上，这是弱可持续发展范式导致的评价偏差问题。我们希望借鉴经济学中效用函数的非完全替代特征，体现对弱可

---

① 数据检查流程如下：（1）2010 年：户籍人口/常住人口＝A。（2）2015 年，户籍人口/A＝2015 年常住人口估计值。（3）比较 2015 年常住人口估计值和某个来源的 2015 年常住人口实际值，保证二者差别不大。如果出现差别较大的情况，比如克拉玛依的人口数据，再结合统计公报进一步确认。

持续发展范式和强可持续发展范式两种范式的平衡与折中。

基于以上考虑，本书提出采用效用函数法确定权重并合成。基本思想是：处于不同绿色发展阶段、具有不同发展矛盾的城市，居民对经济与环境的偏好存在差异。经济发展水平高的城市，其社会成员会更注重环境质量问题；而经济发展滞后的城市，其社会成员会更渴求经济发展。从个体效用视角衡量绿色发展，能充分考虑各城市的特殊矛盾，使评价结果更符合公众对绿色发展的微观个体感受。

设居民个体效用函数为：$U = E^{\alpha}C^{\beta}A^{\gamma}$，其中 $\alpha+\beta+\gamma=1$。E、C、A 分别代表经济发展、可持续性和绿色发展能力三个一级指标。对每个地区分别计算本地区的 α、β、γ，然后按照效用函数形式合成绿色发展综合指标。以城市 1 为例，α、β、γ 及 U 的计算过程如下：

首先，计算城市 1 三项指标与得分最高的城市的差距，$\Delta E_1 = \max - E_1$，$\Delta C_1 = \max - C_1$，$\Delta A_1 = \max - A_1$。

其次，根据城市 1 三项指标的"短板"程度赋予权重，$\alpha = \dfrac{\Delta E_1}{\Delta E_1 + \Delta C_1 + \Delta A_1}$，$\beta = \dfrac{\Delta C_1}{\Delta E_1 + \Delta C_1 + \Delta A_1}$，$\gamma = \dfrac{\Delta A_1}{\Delta E_1 + \Delta C_1 + \Delta A_1}$。

最后，计算城市 1 的总得分，$U_1 = E_1^{\alpha}C_1^{\beta}A_1^{\gamma}$。

根据以上算法进行指标加权求和，我们会发现，各城市因经济发展、可持续性和绿色发展能力不同，将获得差异化的一级指标权重。城市某项"短板"越突出，该指标的权重越高。这种赋权方法体现了绿色发展要强调因地制宜，顺应当地发展阶段，关注当地主要发展矛盾的思想。效用函数合成法中，根据居民对"短板"指标的强烈"主观"偏好，进行客观计算，赋予权重，体现了主观赋权与客观赋权的结合。另外，三个一级指标之间存在非完全替代关系，体现了弱可持续发展范式与强可持续发展范式两种可持续发展范式的折中和平衡。

（3）机器学习方法。

回归树方法采用均方误差（MSE）标准，对样本空间进行分割，并对样本空间内样本取均值作为预测值。主要原理是寻找特征 x_j 和分割标准 s，实现样本空间分割：$R_1(j,s) = \{X/X_j < s\}$，$R_2(j,s) = \{X/X_j > s\}$。J、s 的选择标准是：

$$\min_{j,s} \sum_{i:x_i \in R_1(j,s)} (y_i - \hat{y}_{R_1})^2 + \sum_{i:x_i \in R_2(j,s)} (y_i - \hat{y}_{R_2})^2$$

因为动态评价中，可能后期数据全面超越前期样本，但是回归树取均值的预测会低估后期得分，所以在样本训练中，我们加入了得分为 100 的理想城市，该理想城市的各项指标都为所有城市中的最优值。

2.2.2.4 本书对绿色发展态势的评价的特色和创新

(1) 强调两山理论的指导意义。本书基于中国经济绿色发展的理论内涵，从经济发展、可持续性和绿色发展能力三个维度对绿色发展进行考察，基于绿色发展的三维模型，构建绿色发展评价指标体系，分析金山银山和绿水青山之间的动态关系，揭示经济发展与可持续性之间的动态关系的阶段性特征和区域性特征。

(2) 基于效用函数合成法计算绿色发展指数，避免基于加权平均的综合指数法"一俊遮百丑"的弊端，突出"短板"因素的制约作用，体现绿色发展既要绿色又要发展的理念，使得评价结果更加符合公众的个体感知，也为各地区指出了绿色发展的努力方向和实现路径。

(3) 强调多尺度多维度的绿色发展评价，为认识中国经济绿色发展提供更清晰、更全面的图景。本书采用基于三维模型的绿色发展评价指标体系，同时开展省区尺度和城市尺度的绿色发展评价。省区尺度包含除港澳台之外的 31 个省（市、区），城市尺度以 100 个地级市为对象。

(4) 关注空间集聚与可持续性之间的动态关系，分析空间集聚是否存在负外部性，并进一步考察城市群发展对于缓解空间集聚与可持续性之间的冲突的作用。

(5) 注重多源数据融合，尽量采用最新数据，力求反映中国经济绿色发展的最新动向。大部分指标为 2016 年数据，部分指标如 GDP 增速和 AQI 等已更新为 2017 年数据，少量指标为 2015 年或 2013 年数据。

2.3 从省区尺度和城市尺度对中国经济绿色发展态势的评价

省域绿色发展构成全国绿色发展的主要图景，通过省区尺度绿色发展评价，我们可以掌握全国绿色发展的整体情况，把握绿色发展的整体区域差距，初步总结中国绿色发展的总体进度及存在的主要问题。城市是绿色发展的空间载体，也是绿色发展的主要引擎。城市绿色发展既是城市可持续转型的方向，也是推进绿色发展的主战场，是构建高质量现代化经济体系的时代诉求。因此，本节将从省级和城市两个尺度进行绿色发展评价。

2.3.1　2015年省区尺度绿色发展评价

2.3.1.1　省区尺度绿色发展排名

各省份绿色发展综合得分及排名结果显示：浙江和广东两个省份明显领先于其他省份，是绿色发展最突出的省份，而部分西部省份绿色发展滞后严重，比如甘肃、新疆和宁夏（见图2-2）。

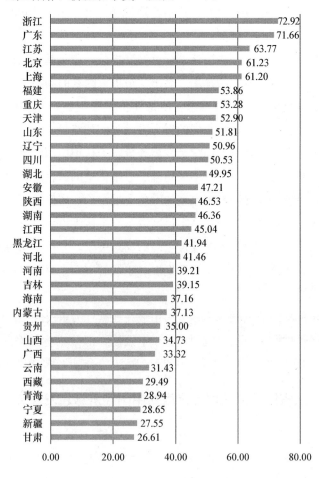

图2-2　各省（市、区）绿色发展得分及排名

　　绿色发展一级指标经济发展、可持续性和绿色发展能力的得分及排名如图 2-3 至图 2-5 所示。从一级指标来看,经济发展得分高的省份,发展能力得分也相对高,两个指标相关性较强,而可持续性得分则和经济发展水平相关性不大。比如,可持续性指标排名中,经济发展相对滞后的西藏、海南、云南分列第一名、第五名、第六名。

　　2.3.1.2　与国家统计局发布的绿色发展指数的比较

　　与国家统计局发布的绿色发展指数相比,本书的绿色发展评价结果具有以下几个特点:

　　第一,绿色发展评价的指标体系不同。国家统计局的绿色发展指数偏重"绿色",大部分指标集中在生态环境方面;本书的绿色发展评价则强调经济发展、可持续性、绿色发展能力三个维度的协调与平衡。譬如,关

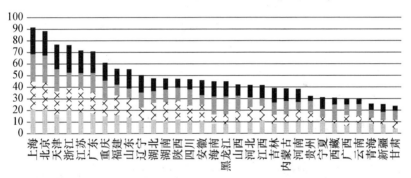

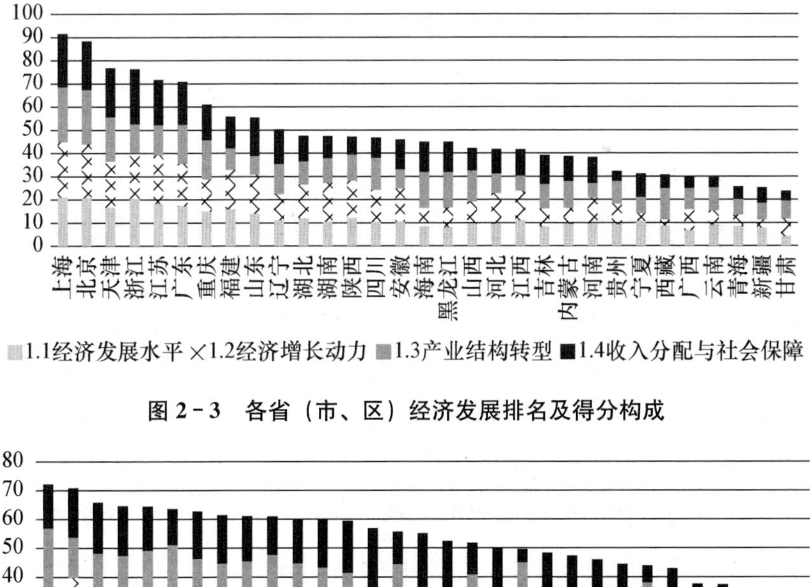

图 2-3　各省(市、区)经济发展排名及得分构成

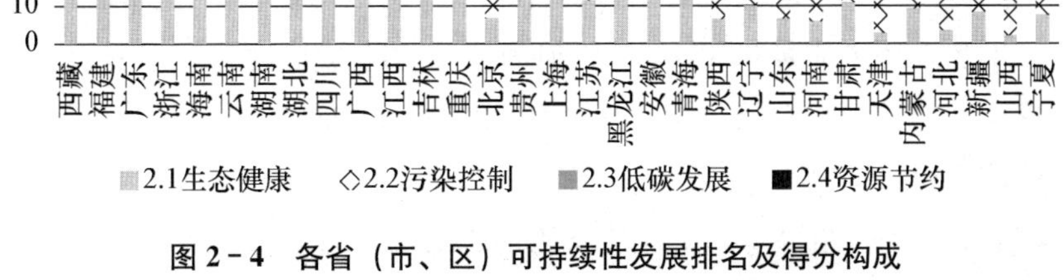

图 2-4　各省(市、区)可持续性发展排名及得分构成

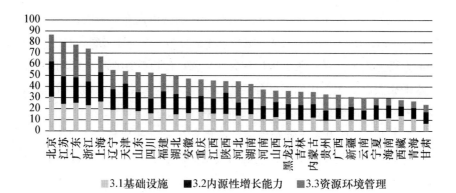

图2-5　各省（市、区）绿色发展能力排名及得分构成

于经济发展，国家统计局的绿色发展指数只有（经济）增长质量1个一级指标，下设5个二级指标；本书中经济发展为一级指标，下设4个二级指标，14个三级指标。在国家统计局的绿色发展指数中，福建排第2名，本书中福建排第6名，究其原因，就在于福建的"绿色"排名明显优于"经济"排名。

第二，指标合成方法不同。本书使用效用函数合成法，对3个一级指标进行合成，突出了"短板"因素的制约作用。根据效用函数合成法，3个一级指标均衡发展的地区会被赋予相对高的得分；而"短板"明显的地区，"短板"因素的权重将变大，导致综合得分下降。效用函数合成法可以避免某个单项指标过于突出而带来"一俊遮百丑"的弊端。在国家统计局的绿色发展指数排名中，北京、福建、浙江三省份位列前三名；在本书中，排名前三的省份分别为浙江、广东、江苏，北京下滑到第4名。分析北京排名变化的原因后我们发现，北京的绿色发展不平衡问题突出，经济发展与绿色发展能力分别排名第2和第1，但可持续性排名第14，可持续性的"短板"效应明显拉低了北京的综合得分。在国家统计局的指标体系中，北京的各单项指标也存在类似的分化，譬如增长质量排第1名，环境质量排第28名，但因为加权平均法允许"取长补短"，可持续性的"短板"被经济发展和绿色发展能力的光芒掩盖了，所以北京的综合得分仍然排名第1。

本书的评价结果与国家统计局的评价结果差异较大的省份如表2-4

所示。差异较大的原因是：国家统计局的绿色发展指数过于偏重"绿色"，而本书更倾向于绿色和经济的协调与平衡。其中，天津、辽宁、广东的可持续性得分都过低，经济发展得分明显优于可持续性得分，所以在国家统计局的绿色发展指数排名中靠后，在本书中排名前移。广西、海南、云南、甘肃则是经济发展滞后，但可持续性得分较高，所以与国家统计局的绿色发展指数相比，在本书中排名向后移了。

表 2 - 4 排名变化显著的省份

地区	按本书中的绿色发展指数 （效用函数合成法）排名	按国家统计局的 绿色发展指数排名
天津	8	28
辽宁	10	27
广东	2	13
广西	25	12
海南	21	6
云南	26	10
甘肃	31	16

第三，浙江是唯一在两类排名中都稳定居于前三名的省份。与北京、天津、山东、江苏、上海等地不同，浙江的经济发展对可持续性未造成冲击，经济发展和资源环境的协调度高，二者已实现了一定程度的脱钩。此外，浙江的各项指标相对平衡，经济发展、可持续性和绿色发展能力都排名第4，没有"短板"制约，效用函数合成法对于浙江这样平衡发展的省份更有利。

2.3.1.3 绿色发展在空间上不平衡

第一，各省份间绿色发展不平衡突出。

绿色发展综合得分最低值与最高值的差距高达46.31分（见表2-5）。三个一级指标中，经济发展的不平衡程度最高，可持续性的不平衡程度最低。经济发展差距是导致地区间绿色发展不均衡的主要原因。

表 2 - 5 绿色发展不平衡度量

指标	极差	变异系数
绿色发展总得分	46.31	0.28
经济发展	67.72	0.38
可持续性	47.75	0.24
绿色发展能力	62.69	0.36

第二，四大板块间绿色发展差距大。

绿色发展指数以及三个一级指标呈现出按东、中、西依次递减的格局（见表2-6），东北地区绿色发展水平与中部地区接近。东部地区绿色发展优势明显，绿色发展三个方面均领先于其他地区，尤其是经济发展具有突出优势。由于四大板块同样表现出，三个一级指标中经济发展的区域差异最大，可持续性发展的区域差异最小，所以经济发展也是导致四大板块之间绿色发展差距的主要原因。另外，西部地区不仅绿色发展能力弱，而且区域内部各省份之间的差异也突出。中部地区和东北地区区域内部的差距相对较小。

表2-6　四大板块绿色发展得分均值及区域内部的差距

地区	平均值				区域内部的差距	
	绿色发展总得分	经济发展	可持续性	绿色发展能力	变异系数	极差
东部地区	56.80	67.30	55.64	61.82	0.21	35.76
中部地区	43.75	43.80	50.81	43.24	0.13	15.22
西部地区	35.71	35.15	50.28	34.69	0.26	26.67
东北地区	44.02	44.74	52.99	42.21	0.14	11.81

2.3.1.4　绿色发展各维度均表现出非平衡特征，"短板"因素的制约作用显著

从一级指标看，各地区绿色发展均存在差异化"短板"因素。其中，10个省份存在经济发展"短板"，11个省份存在可持续性"短板"，10个省份存在绿色发展能力"短板"（见表2-7和表2-8）。

表2-7　各省份二级指标"短板"

省份	二级指标"短板"	省份	二级指标"短板"
北京	2.1 生态健康	湖北	1.3 产业结构转型
天津	2.1 生态健康	湖南	3.2 内源性增长能力
河北	2.1 生态健康	广东	2.3 低碳发展
山西	2.1 生态健康	广西	1.4 收入分配与社会保障
内蒙古	3.3 资源环境管理	海南	3.3 资源环境管理
辽宁	2.1 生态健康	重庆	3.2 内源性增长能力
吉林	3.1 基础设施	四川	1.4 收入分配与社会保障

续表

省份	二级指标"短板"	省份	二级指标"短板"
黑龙江	3.1 基础设施	贵州	1.4 收入分配与社会保障
上海	2.3 低碳发展	云南	1.4 收入分配与社会保障
江苏	2.3 低碳发展	西藏	3.3 资源环境管理
浙江	2.3 低碳发展	陕西	3.3 资源环境管理
安徽	1.3 产业结构转型	甘肃	1.4 收入分配与社会保障
福建	3.2 内源性增长能力	青海	1.2 经济增长动力
江西	1.3 产业结构转型	宁夏	2.4 资源节约
山东	2.1 生态健康	新疆	1.2 经济增长动力
河南	3.1 基础设施		

表 2-8　各"短板"的省份个数统计

经济发展		可持续性		绿色发展能力	
1.1 经济发展水平	0	2.1 生态健康	6	3.1 基础设施	3
1.2 经济增长动力	2	2.2 污染控制	0	3.2 内源性增长能力	3
1.3 产业结构转型	3	2.3 低碳发展	4	3.3 资源环境管理	4
1.4 收入分配与社会保障	5	2.4 资源节约	1		
合计	10	合计	11	合计	10

　　从二级指标看,最普遍的"短板"主要是生态健康、收入分配与社会保障、低碳发展、资源环境管理等,没有一个省份存在经济发展水平和污染控制的"短板"。这表明,各省份对于经济发展水平和污染控制普遍比较重视。

　　在经济发展的二级指标中,"短板"主要集中在产业结构转型、收入分配与社会保障上。安徽、江西、湖北的"短板"是产业结构转型,广西、四川、贵州、云南、甘肃的"短板"是收入分配与社会保障。青海和新疆的"短板"是经济增长动力。存在经济发展"短板"制约的省份均分布在中西部地区,这些省份需要加快推进产业结构转型,在发展中保障和改善民生。

　　在可持续性的二级指标中,"短板"主要集中在低碳发展和生态健康上。上海、江苏、浙江、广东的"短板"是低碳发展,这些省份均分布在东部沿海地区,是我国经济最为发达的地区,但是经济发展模式面临低碳发展的挑战。北京、天津、河北、山西、山东、辽宁的"短板"是生态健康,这些省份均分布在中国北方地区。生态健康对公众生态环境满意度的影响最大,也是本评价中出现"短板"的地区较多的指标,应该给予更多的重视。

　　绿色发展能力构成了经济发展和可持续性的基础，也将影响绿色发展的方向和潜力。在绿色发展能力的二级指标中，相对于硬件方面的基础设施而言，内源性增长能力与资源环境管理等软实力方面的"短板"制约更突出。福建、湖南、重庆的"短板"是内源性增长能力，内蒙古、陕西、海南、西藏的"短板"是资源环境管理。增强绿色发展能力，是这些省份的当务之急。

　　2.3.1.5　经济发展与可持续性：两个维度勾勒的四类地区的绿色发展图景及其发展路径

　　根据经济发展与可持续性两个一级指标得分的关系，可以将所有省份分为四类区域（见表2-9和表2-10）：

- 经济先导区域：金山银山得分远高于绿水青山得分。
- 绿色坚守区域：金山银山得分远低于绿水青山得分。
- 协调发展区域：金山银山得分和绿水青山得分均较高且接近。
- 低位开发区域：金山银山得分和绿水青山得分均较低且接近。

表2-9　四类区域分布

地区	经济发展	可持续性	分类	地区	经济发展	可持续性	分类
河北	41.73	37.35	低位开发区域	吉林	39.06	59.91	绿色坚守区域
内蒙古	38.64	37.57	低位开发区域	云南	29.52	63.69	绿色坚守区域
山西	42.13	26.59	低位开发区域	湖北	47.46	61.33	绿色坚守区域
黑龙江	44.92	51.75	低位开发区域	湖南	47.42	62.81	绿色坚守区域
辽宁	50.24	47.31	低位开发区域	四川	46.71	61.06	绿色坚守区域
安徽	45.88	49.81	低位开发区域	西藏	30.78	72.11	绿色坚守区域
河南	38.28	44.42	低位开发区域	北京	88.27	56.8	经济先导区域
陕西	47.08	48.29	低位开发区域	天津	76.79	42.91	经济先导区域
宁夏	31.11	24.36	低位开发区域	上海	91.42	55.07	经济先导区域
甘肃	23.7	43.8	低位开发区域	江苏	71.6	52.36	经济先导区域
新疆	25.24	27.17	低位开发区域	山东	55.35	45.94	经济先导区域
青海	25.61	49.46	低位开发区域	浙江	76.32	64.67	协调发展区域
江西	41.63	59.92	绿色坚守区域	福建	55.68	70.86	协调发展区域
广西	30.19	60.92	绿色坚守区域	广东	70.9	65.92	协调发展区域
海南	44.94	64.55	绿色坚守区域	重庆	60.99	59.31	协调发展区域
贵州	32.2	55.55	绿色坚守区域				

表 2 - 10　四类区域得分均值统计

四类地区	样本数	综合得分	经济发展	可持续性	绿色发展能力	可持续性/经济发展
低位开发区域	12	37.58	37.88	40.66	37.49	1.07
绿色坚守区域	10	39.74	38.99	62.19	38.04	1.59
协调发展区域	4	62.93	65.97	65.19	62.49	0.99
经济先导区域	5	58.18	76.69	50.61	68.06	0.66

（1）低位开发区域：以新疆、宁夏、内蒙古、河北为代表。这类地区的经济发展与可持续性的得分均较低，从得分均值上看，经济发展是更迫切的问题。这些地区经济发展面临的"短板"主要是经济增长动力和产业结构转型，并导致生态健康、资源节约等方面的表现不佳。这类地区绿色发展的关键是从转变经济增长方式和调整产业结构入手，实现经济发展和可持续性的同时改善。低位开发区域在东、中、西、东北四大板块都有分布，经济规模、经济发展阶段分化比较明显。

这一区域的省份按照经济规模可以分成三组：第一组，GDP 总量达 2 万亿元以上的 4 个省份，即河北、辽宁、安徽、河南，其面临的主要问题是产业结构转型滞后；第二组，GDP 总量为 1 万亿～2 万亿元的 4 个省份，即山西、内蒙古、黑龙江、陕西，其面临的主要问题是经济发展水平低下，经济增长动力不足；第三组，GDP 总量在 1 万亿元以下的 4 个省份，即甘肃、青海、宁夏、新疆，其面临的主要问题是经济增长动力不足。尽管同是低位开发区域，都需要迫切加快经济发展，但绿色发展的着力点是不同的。在可持续性方面，前两组省份的主要"短板"是生态健康，第三组省份的主要"短板"是资源节约。

据此，对于经济规模大的低位开发区域，绿色发展路径应当以产业结构调整为着力点，促进经济发展，通过经济结构优化改善生态健康。对于经济规模中等的低位开发区域，需要通过转变经济增长动力，通过技术、集聚等增长动力取代投资拉动，以内涵式增长取代外延式扩张，既实现经济发展水平的提升，又减少经济活动对于环境的压力，实现环境质量改善。经济规模小的低位开发区域本身就是生态环境脆弱区，又存在突出的资源节约"短板"，这类地区对投资拉动的依赖较深，在产业结构中高能耗产业产值占比太高。这些省份虽然具有资源优势，但因为生态环境脆弱，不宜过于依赖高能耗高排放产业，需要转变增长方式，调整产业结构，降低对高能耗产业的依赖。

（2）绿色坚守区域：可持续性得分平均较高，但经济发展滞后。按照经济发展得分高低，这一区域的省份可以分为两组。相对高分组包括吉林、江西、湖北、湖南、海南、四川，这些省份经济发展的二级指标平均得分较为均衡，都在40～50分。这些省份经济发展已有一定基础，需要继续提升经济发展实力。相对低分组包括广西、贵州、云南、西藏，都是经济发展相对滞后的西部省份，在收入分配与保障方面存在突出"短板"，首先需要解决贫困人口的基本生存问题，提高社会保障水平，比如改善最低生活保障和三险覆盖率等。

对比西北地区和西南地区可以发现，二者分属低位开发区域和绿色坚守区域。虽然它们都面临经济发展问题，但是又有所不同。第一，二者的可持续性存在显著差别。西北地区生态脆弱，资源、环境问题突出，西南地区的可持续性普遍较好。第二，二者的经济发展问题不同。西北地区的"短板"在于经济增长动力和产业结构转型，西南地区的"短板"在于收入分配与社会保障。因此，这两类地区的绿色发展路径应该有所区别，西北地区要重视增长方式转变和产业结构转型，以实现可持续发展，西南地区则要在资源环境承载力容许的条件下，在保持可持续性的基础上，以合理方式发展经济，适当强调当地居民的基本生存权和发展权。

（3）经济先导区域：北京、天津、上海、山东、江苏。这些省份在经济发展方面具有明显优势，是我国的经济发达地区。但是这类省份的可持续性指标得分低，主要原因是二级指标中的生态健康和低碳发展表现不佳。

第一，这些省份的经济发展对生态环境造成了破坏。国家统计局的公众满意度调查显示，这些省份的人民群众对于生态环境状况存在明显不满。北京、天津、上海的公众满意度分别排在第30名、第29名、第23名。三个直辖市虽然具有突出的经济优势，但是因为生态环境承载力有限，生态环境保护和经济发展的矛盾十分尖锐。绿色发展应该回归到以人为本的原点，充分考虑当地居民的绿色生活需求。

第二，这五个省份分属环渤海地区和长三角地区，两个地区的自然资源条件、生态环境容量不同，可持续性具有不同表现。北京、天津、山东这几个北方省份得分最低的可持续性指标都是生态健康，而上海和江苏的共同"短板"是低碳发展。所以，北京、天津、山东的当务之急是治理生态环境，尤其是水和空气，通过改善生态环境提升可持续性，满足当地群众的环境质量改善诉求。上海和江苏则要践行低碳发展，尤其在可再生能源开发方面提高低碳发展水平。

（4）协调发展区域：和经济先导区域相反，协调发展区域的生态健康指标是可持续性的二级指标中得分最高的指标。生态健康指标是区分经济先导区域和协调发展区域的重要指标。也可以说，改善生态健康，是经济先导区域向协调发展区域跨越的重要路径。综合得分分别排名第 3、第 4、第 5 的江苏、北京、上海，由于经济发展和可持续性的协调度不够，不能列入协调发展区域。

2.3.1.6　经济发展与可持续性：经济密度的 U 形影响和产业结构的资源环境意义

从经济发展与可持续性这两个一级指标看，两者的关系不具备明显的规律性。我们进一步选取经济密度指标（单位 GDP/行政区面积）和环境负荷指标（污染排放/行政区面积），分析两个指标之间的关系。从图 2-6 可以看出，经济密度与环境负荷之间的 U 形曲线基本成立，即经济发展程度上升，污染负荷呈现增加的态势，但是北京市开始出现新的趋势。

从图中可以看出，总体来讲，经济密度增大，环境负荷增加，环境负荷指标得分下降。也就是说，经济发展会导致资源环境代价增大。但是，随着经济密度进一步提高，北京、天津、上海等省份出现了分化的趋势。天津和上海仍然延续代价模式，即随着经济密度的增加，环境负荷上升，但北京却出现了相反的趋势，即随着经济密度的增加，环境负荷下降。这一趋势的分化，可能与北京、天津、上海的产业结构调整方向有关。图中左边其他省份未来是延续以天津、上海为代表的传统发展模式，还是转向以北京为代表的 U 形转折模式，目前尚难断定，需要进一步观察各个省份后续产业结构转型方向、经济发展动力调整情况等。

基于以上产业结构可能影响环境负荷的猜测，我们进一步利用产业结构和资源、环境指标，分析产业结构转型的资源环境效应，发现：

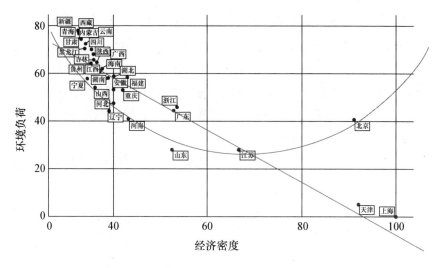

图2-6 经济密度与环境负荷之间的U形曲线

说明：图是按指标得分做出的。环境负荷指标得分与指标实际值是反向关系。

第一，产业结构转型对于可持续性中的二级指标资源节约有显著影响，二者的相关系数为0.525（显著性水平＝0.002）。产业结构转型成功的地区，资源节约明显。

第二，产业结构转型结合经济密度和环境负荷，对环境质量（以空气和水为代表）产生正向影响。即，各地区产业结构转型越成功，环境质量越好。

产业结构不是唯一影响环境质量的因素，如果直接考察二者的关系，会发现二者的相关度很低，并不显著。那么对于一个地区的环境质量（以空气和水为代表）而言，影响因素应该有哪些呢？一般认为，环境质量取决于自然条件和人类活动强度，生态环境对人类活动强度（经济密度、经济结构）的敏感程度与当地环境容量（即环境承载力）有关。对于生态环境脆弱地区，较低的经济密度也有可能造成生态系统负担沉重，产业结构的些微不合理都有可能造成环境质量的严重退化。因此，需要考虑因环境容量差异带来的经济活动敏感性差异。

我们综合环境容量、经济密度（GDP/行政区面积），以及产业结构转型三因素，形成了三因素综合指标，并计算了其与环境质量的相关性。我们选取了环保部的EI来表征环境容量，因为EI的构成具有环境容量的内涵。三因素综合过程尤其强调了环境容量的影响。三因素综合指标的具体计算过程如下：

$$C=\left[S^{\left(1-\frac{EI}{100}\right)}L^{\frac{EI}{100}}\right]^{EI/100}$$

S 为"短板"指标，即经济密度和产业结构转型中得分低的指标，而 L 为优势指标，即得分高的指标。合成算式中，$S^{\left(1-\frac{EI}{100}\right)}L^{\frac{EI}{100}}$ 部分显示，环境容量越小，"短板"指标的影响越突出。具体说来，环境容量（EI）低于 50 分，则"短板"指标的影响大于优势指标，即环境容量低的地区对于"短板"指标敏感。此处，EI 的作用是根据当地环境容量挑选敏感指标。而 $\left[S^{\left(1-\frac{EI}{100}\right)}L^{\frac{EI}{100}}\right]^{EI/100}$ 以 $EI/100$ 为指数意味着，环境容量小，三因素综合得分也低，反之亦然。以 $EI/100$ 为指数体现了环境容量对经济活动强度的加成效应：环境容量低的地区，经济活动更容易对环境产生负面影响。综上，三因素综合指标体现了经济对环境的影响：综合指标得分越低（经济密度越高，产业结构转型越差，环境容量越低，综合指标得分越低），经济对环境的负面影响越大。

表 2-11 显示，该综合指标和环境质量存在显著正相关关系，而单独的产业结构转型指标和环境质量的相关性却不显著。因此，逻辑推理和数据结论都表明：产业结构不能孤立地影响环境质量，经济密度和环境容量两个因素共同对环境质量产生影响。

表 2-11 相关性分析

		环境质量	产业结构转型	三因素综合指标
环境质量	皮尔逊相关性	1	−0.126	0.536**
	Sig.（双尾）		0.5	0.002
	样本数（个）	31	31	31

** 在 0.01 级别（双尾），相关性显著。

研究影响生态环境质量的两大经济指标——经济结构转型和经济密度——可以发现，不同地区经济发展造成环境质量下降的原因存在显著差别。比如京津冀地区，北京和天津的问题是经济密度太大，河北的主要问题是产业结构转型滞后（见表 2-12）。

表 2-12   京津冀地区经济密度与产业结构转型得分

地区	经济密度	产业结构转型
北京	9.03	94.26
天津	8.02	76.25
河北	60.14	34.37

2.3.1.7 绿色发展能力的支撑作用有待增强

第一，绿色发展能力对经济发展形成了有力支撑，但对可持续性的支撑作用有待加强。

绿色发展能力与经济发展高度相关（相关系数为 0.904），但与可持续性的相关性弱（相关系数为 0.240）。在经济发展上，绿色发展能力显著影响经济发展水平、经济增长动力和收入分配与社会保障三方面（见表 2-13）。在可持续性上，绿色发展能力仅对资源节约产生了明显的正向影响（见表 2-14）。绿色发展能力尚未切实转化为可持续发展的推动力。

表 2-13   绿色发展能力与经济发展及其二级指标得分的相关性

统计指标		经济发展水平	经济增长动力	产业结构转型	收入分配与社会保障	经济发展
绿色发展能力	皮尔逊相关性	0.905**	0.883**	0.580**	0.837**	0.904**
	Sig.（双尾）	0	0	0.001	0	0
	样本数（个）	31	31	31	31	31

** 在 0.01 级别（双尾），相关性显著。
* 在 0.05 级别（双尾），相关性显著。

表 2-14   绿色发展能力与可持续性及其二级指标得分的相关性

统计指标		生态健康	污染控制	低碳发展	资源节约	可持续性
绿色发展能力	皮尔逊相关性	−0.071	0.359*	−0.197	0.649**	0.240
	Sig.（双尾）	0.705	0.047	0.287	0	0.193
	样本数（个）	31	31	31	31	31

** 在 0.01 级别（双尾），相关性显著。
* 在 0.05 级别（双尾），相关性显著。

第二，绿色发展能力中的软实力的地区差距大于硬件基础的地区差距，各地区应充分重视软实力建设。

绿色发展能力中的硬件基础（3.1 基础设施）方面的地区差距较小，变异系数为 0.37；软实力（包括 3.2 内源性增长能力表征的知识创新与人力资本，以及 3.3 资源环境管理）的地区差距较大，尤其 3.3 资源环境管理，变异系数达到 0.46。因此，欠发达地区尤其要重视软实力的提升。

　　考虑到绿色发展能力与经济发展的高度相关性，我们认为，绿色发展能力的积累同样依赖经济发展。尤其是基础设施建设、人才和技术储备，都和经济发展密切相关。但是，绿色发展能力不应该局限于经济发展的阶段，基础设施建设可适当先行，在吸引人才方面也可以在经济领域之外进行更多维度的竞争，例如，可考虑通过提升城市管理水平、建设宜居城市环境与文化、设计合理的户籍与人口管理政策等措施，实现错位竞争，提升对人才的吸引力。

　　第三，依据软实力和硬件基础，全国可分为三类地区，第一类地区（包括北京、上海、江苏、浙江、广东）的软实力和硬件基础远超过第二类和第三类地区。而且，从图 2 - 7 可以判断，软实力和硬件基础存在正相关关系。图 2 - 7 清晰地显示出 31 个省份聚集为三类。

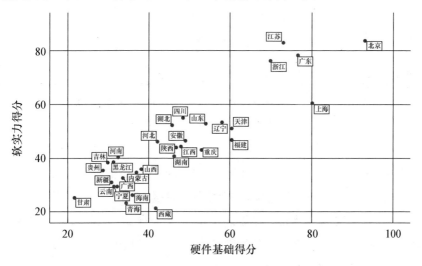

图 2 - 7　绿色发展能力中软实力与硬件基础的关系

　　第四，四类地区的绿色发展能力分化，优势项目存在互补。低位开发区域和绿色坚守区域的绿色发展能力接近，得分都不超过 40，这两类区域都是绿色发展能力较弱的地区（见表 2 - 15）；协调发展区域和经济先导区域的绿色发展能力接近，得分都超过 60，这两类区域是绿色发展能力优势地区。绿色发展能力的区域间差距明显。

　　同样是绿色发展能力优势地区，协调发展区域和经济先导区域的绿色发展能力优势项目存在互补关系。协调发展区域最弱势的绿色发展能力项目是3.2内源性增长能力，这恰好是经济先导区域最强势的项目。经济先导区域最弱势的项目是3.3资源环境管理，而这恰好是协调发展区域最强势的项目。这一结论启发我们，这两类区域可以取长补短，相互合作，实现绿色发展能力的协同发展。低位开发区域和绿色坚守区域的各项绿色发展能力普遍落后，需要全面提升。

另外，可持续性相对较好的协调发展区域和绿色坚守区域，绿色发展能力优势项目都是3.3资源环境管理，说明资源环境管理能力是实现可持续发展的关键所在。

表2-15　四类区域的绿色发展能力得分

	基础设施	内源性增长能力	资源环境管理	绿色发展能力
低位开发区域	37.75	40.09	34.64	37.49
绿色坚守区域	39.01	35.71	39.41	38.04
协调发展区域	64.84	55.25	67.39	62.49
经济先导区域	72.05	73.46	58.66	68.06
四类区域平均	47.19	46.01	44.28	45.83

2.3.1.8　绿水青山和金山银山的关系：从脱钩走向内在统一

习近平总书记指出："我们既要绿水青山，也要金山银山。宁要绿水青山，不要金山银山，而且绿水青山就是金山银山。"中国经济绿色发展的理论内涵包括两部分内容：一是经济增长与资源环境负荷脱钩，二是使绿水青山成为生产力。两山理论与中国经济绿色发展的理论内涵是一致的。

所谓"宁要绿水青山，不要金山银山"，就是说当经济增长与资源环境负荷尚未实现脱钩时，即使牺牲部分短期经济利益，也要选择资源环境可持续性，使经济增长与资源环境负荷实现脱钩。所谓"既要绿水青山，也要金山银山"，则是指当经济增长与资源环境负荷实现脱钩时，就可以兼顾二者，通过技术改造，减少能耗、污染物排放，实现经济增长与可持续性的双赢。所谓"绿水青山就是金山银山"，是指绿水青山成为生产力，可以带来经济效益，此时就超越了关注经济增长能否与资源环境脱钩的绿色发展初级阶段，达到追求绿水青山与金山银山内在统一的绿色发展高级阶段。在这个阶段，经济增长与资源环境可持续性是内在统一的。生态环境就是生产力，保护生态环境就是保护生产力，改善生态环境就是发展生产力。生态环境保护可以带来经济效益，促进经济增长，因此就实现了"绿水青山就是金山银山"。实现"绿水青山就是金山银山"的关键是生态产品转化为生态资产，即生态服务实现市场化、价值化。这需要通过强化资源环境管理，推动生产和生活方式转变来实现。

从绿色发展的实践来看，各个地区金山银山与绿水青山的关系存在巨大差异，不同的地区处于不同的绿色发展阶段。本书以污染物排放强度（单位 GDP 的污染物排放）作为间接指标，来衡量经济增长与资源环境负荷的脱钩状况。污染物排放强度体现了环境效率，环境效率高，有利于经济增长与资源环境负荷的脱钩；环境效率低，则难以实现经济增长与资源环境负荷的脱钩。因此，环境效率可以作为衡量脱钩的间接指标。绿色发展评价指标体系中的二级指标资源环境管理可以反映资源环境管理的水平，尤其是环保行业上市公司市值和环境服务业营业利润等指标体现了生态服务市场化、价值化，体现了绿水青山向金山银山的转化，因此，可以把资源环境管理作为衡量绿水青山和金山银山内在统一的指标。

两个指标都以 60 分作为分界线，将所有省份划分到四个象限，如图 2-8 所示。总体而言，随着资源环境管理能力的提高，环境效率是不断提升的，两者是正相关的。由于脱钩是绿色发展低级阶段的目标和任务，内在统一是绿色发展高级阶段的目标和任务，从逻辑上判断，不应该出现脱钩指标得分低而内在统一指标得分高这一超越发展阶段的情况。所以，除了四川以外，30 个省份都分布在第一、第三、第四象限。其中，处于第三象限的省份数量最多，说明大多数地区没有实现经济增长与资源环境负荷的脱钩，更没有实现经济增长与可持续性的内在统一。位于第一象限的有 4 个省份，它们已经实现了经济增长与资源环境负荷的脱钩，而且在绿水青山和金山银山内在统一的道路上也居于全国前列。这 4 个省份恰好是绿色发展综合得分排名前四的地区。

位于第四象限的有 6 个省份，包括上海、天津、山东、福建、重庆和湖北，其中四个省份来自东部发达地区。这些省份在经济增长与资源环境负荷的脱钩方面表现不错，但尚未实现绿水青山和金山银山的内在统一。这些省份的环境效率和位于第一象限的省份相差不多，但是资源环境管理

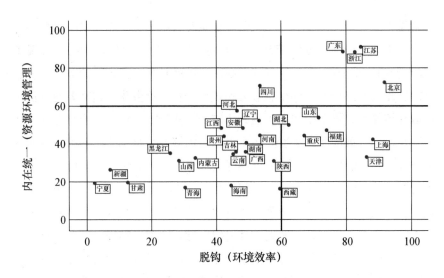

图2-8 经济增长与可持续性的脱钩与内在统一的关系

水平较低，导致在绿色发展综合排名上落后于位于第一象限的省份。其中，上海和天津已经基本实现经济增长与资源环境负荷的脱钩，有条件而且应该加强资源环境管理，积极推动向绿水青山与金山银山内在统一的质变。

以上分析表明，当前全国只有4个省份已经逐步走向绿水青山和金山银山的内在统一；6个省份在经济增长与资源环境负荷的脱钩方面表现不错，但尚未实现绿水青山和金山银山的内在统一；大多数省份仍然没有实现经济增长与资源环境负荷的脱钩，更没有实现绿水青山就是金山银山的内在统一。践行绿水青山就是金山银山的理念，全面推进绿色发展，我们依然任重道远。

2.3.2 2015年城市尺度绿色发展评价

城市是绿色发展的主战场，我们利用三级指标体系对100个城市进行了综合评价，并得出了以下结论：

2.3.2.1 城市绿色发展不平衡不充分

从城市尺度上看，绿色发展具有以下几个特征：

（1）绿色发展不平衡，空间分布呈现从东南沿海向西向北逐渐递减的态势。

评价结果显示，不同城市之间绿色发展水平的差异较大。100个城市绿色发展综合得分参差不齐，最大值为73分，最小值仅28分，差距达

45 分（见表 2-16）。其中，60 分以上的城市仅 10 个，50～60 分的城市 24 个，40～50 分的城市 45 个，低于 40 分的城市 21 个。也就是说，66% 的城市的绿色发展综合得分低于 50 分，21% 的城市的得分不到 40 分，分值低的城市占据大多数。

绿色发展水平的空间分布呈从东南沿海向西向北逐渐递减的态势，得分高的城市主要分布在沿海地区，得分低的城市大多分布在北方内陆地区。沿海城市的绿色发展走在全国前列，北方内陆城市在绿色发展中面临严峻的挑战。

表 2-16　100 个城市绿色发展水平的统计分布

样本统计量	绿色发展综合得分	一级指标得分		
		经济发展	可持续性	绿色发展能力
平均值	47	49	57	45
最大值	73	91	78	80
最小值	28	19	23	29
最大值与最小值之差	45	71	54	51

（2）绿色发展不充分。

根据《2016 中国环境状况公报》，2016 年，全国 338 个地级及以上城市中，84 个城市环境空气质量达标，仅占全部城市数的 24.9%；254 个城市环境空气质量超标，占 75.1%；全国地表水 1 940 个评价、考核、排名断面（点位）中，Ⅰ类、Ⅱ类、Ⅲ类、Ⅳ类、Ⅴ类和劣Ⅴ类分别占 2.4%、37.5%、27.9%、16.8%、6.9% 和 8.6%，Ⅴ类和劣Ⅴ类合计占 15.5%。2017 年，全国 338 个地级及以上城市中，只有 99 个城市环境空气质量达标，占 29.3%。这还是在"大气国十条"和《水污染防治行动计划》（简称"水十条"）的指导下经过艰苦努力取得的环境治理成果，可见我国绿色发展依然任重道远。

（3）城市绿色发展的格局大体稳定。

表 2-17 为 100 个城市的绿色发展评价结果。无论是基于效用函数合成的绿色发展指数，还是等权平均的绿色发展指数，排名前 4 的城市均为深圳、杭州、北京和上海，只是四者的排序略有变化而已。这表明，这些城市在全国绿色发展中的引领作用是毋庸置疑的。

　　排名前 20 的城市中，除了成都、武汉、长沙、合肥和西安外，其余均为沿海地区城市。排名 81～100 的城市中，资源型城市或以资源型产业为主的城市居多。这一基本格局与已有研究得出的结论相比，没有太大变化，只是进入前 20 名的城市和位列后 20 名的城市的名单及排序略有变化而已。

表 2-17　100 个城市的绿色发展指数及排序

城市	综合得分	城市排序	城市	综合得分	城市排序	城市	综合得分	城市排序
深圳市	72.64	1	扬州市	49.20	35	柳州市	41.47	69
杭州市	71.50	2	沈阳市	48.64	36	西宁市	41.45	70
北京市	66.59	3	湘潭市	48.19	37	三门峡市	40.82	71
上海市	64.25	4	泉州市	47.78	38	兰州市	40.75	72
成都市	63.44	5	中山市	47.69	39	开封市	40.67	73
珠海市	62.84	6	南昌市	46.80	40	济宁市	40.67	74
广州市	62.67	7	绵阳市	46.71	41	包头市	40.38	75
苏州市	60.92	8	哈尔滨市	46.58	42	连云港市	40.09	76
武汉市	60.23	9	乌鲁木齐市	46.36	43	宜宾市	40.09	77
天津市	59.84	10	齐齐哈尔市	46.17	44	日照市	39.83	78
长沙市	58.89	11	湛江市	46.05	45	南宁市	39.81	79
宁波市	58.45	12	九江市	46.03	46	焦作市	39.24	80
无锡市	57.06	13	潍坊市	46.02	47	鞍山市	39.23	81
湖州市	57.02	14	海口市	45.94	48	平顶山市	38.31	82
佛山市	56.65	15	昆明市	45.89	49	攀枝花市	38.22	83
厦门市	56.52	16	烟台市	45.81	50	桂林市	38.16	84
南京市	56.29	17	株洲市	45.62	51	洛阳市	38.09	85
青岛市	55.63	18	徐州市	45.33	52	银川市	38.00	86
合肥市	55.38	19	秦皇岛市	45.28	53	长治市	37.93	87
西安市	54.66	20	芜湖市	45.04	54	淄博市	37.74	88
福州市	54.46	21	韶关市	44.50	55	枣庄市	37.28	89
台州市	54.29	22	德阳市	44.44	56	大同市	36.74	90
大连市	54.23	23	太原市	44.34	57	邯郸市	36.58	91
嘉兴市	54.03	24	长春市	44.01	58	安阳市	35.83	92
南通市	53.55	25	呼和浩特市	43.90	59	唐山市	35.52	93
常州市	53.52	26	宜昌市	43.80	60	咸阳市	35.13	94
郑州市	53.49	27	重庆市	43.58	61	吉林市	34.10	95
温州市	52.84	28	汕头市	43.54	62	临汾市	33.88	96
济南市	52.50	29	石家庄市	43.25	63	阳泉市	33.74	97
绍兴市	52.49	30	泰安市	43.10	64	赤峰市	32.53	98
镇江市	51.63	31	荆州市	43.02	65	渭南市	28.84	99
威海市	50.32	32	遵义市	42.69	66	石嘴山市	27.69	100
贵阳市	50.11	33	常德市	42.21	67			
克拉玛依市	49.56	34	马鞍山市	41.88	68			

　　说明：表中数据只列出了小数点后两位，但排序是按实际数据得出的。

（4）绿色发展的"短板"明显，制约作用突出。

绿色发展不平衡不充分也表现为不同维度的发展不平衡，"短板"因素的制约作用较为明显。如果把绿色发展分解为经济发展、可持续性和绿色发展能力三个一级指标来看，那么不少城市存在某个方面的"短板"因素，或经济发展滞后，或可持续性较差，或绿色发展能力得分较低。譬如，长沙、绍兴、镇江、中山等地，由于绿色发展能力得分较低，"短板"制约明显，导致利用效用函数法合成的综合得分远低于等权平均的综合得分；南昌、常德、株洲、南宁、柳州、桂林、湛江、海口等地，尽管可持续性得分较高，但由于经济发展滞后，拖了绿色发展的后腿，最终导致利用效用函数法合成的综合得分远低于等权平均的综合得分。

（5）可持续性与经济发展的相关性弱，绿色发展能力与经济发展的相关性强。

从经济发展、可持续性和绿色发展能力三个一级指标的得分看，可持续性得分与经济发展得分的相关性较弱，但绿色发展能力得分与经济发展得分的相关性较强。这表明，经济发展与可持续性尚未表现出必然的相关性，而绿色发展能力对经济发展的依赖较大，经济发展得分高的城市往往绿色发展能力得分也高。

2.3.2.2 经济发展与可持续性的不协调导致绿色发展的空间分化

如图 2-9 所示，经济发展与可持续性之间存在不协调的现象，金山银山和绿水青山之间并非必然重合。经济发展与可持续性之间的关系在不同城市呈现出不同的状态。

（1）城市绿色发展的类型分化。

依据经济发展与可持续性的关系，100 个城市可以分为四种类型。

● 低位开发城市：经济发展和可持续性得分均较低。人均 GDP 较低，环境质量退化，可持续性受到损害。这类城市共 35 个，主要分布于华北、东北和西北地区。代表性城市有石家庄、沈阳、兰州、西宁、乌鲁木齐、淄博、洛阳、大同、石嘴山等。

● 绿色坚守城市：经济发展得分远低于可持续性得分，可持续性得分与协调发展城市相仿，经济发展得分远低于经济先导城市和协调发展城

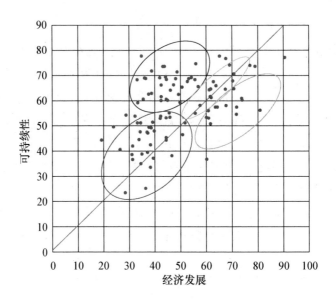

图 2-9　经济发展与可持续性的关系

市。这类城市共 30 个，其经济发展相对滞后，但重视生态环境保护，可持续性较好，主要包括长江流域和珠江流域以及胶东半岛的中等城市。代表性城市有南昌、重庆、昆明、桂林、宜昌、威海、贵阳等。

● 协调发展城市：经济发展和可持续性得分较高且接近，经济发展水平高于绿色坚守城市，可持续性不输于绿色坚守城市，在兼顾绿水青山和金山银山方面做得较好。这类城市共 20 个，主要是沿海地区的次级中心城市。代表性城市有厦门、青岛、长沙、中山、绍兴、南通等。

● 经济先导城市：经济发展得分远高于可持续性得分，经济发展得分最高，可持续性得分低于绿色坚守城市和协调发展城市。这类城市经济发达，但环境污染问题突出，可持续性受到一定的损害。这类城市共 15 个，主要分布在沿海地区，或者为中西部地区的发达省会城市。代表性城市有北京、上海、深圳、南京、天津、武汉、成都、郑州、苏州等。

表 2-18 总结了四个城市类型的绿色发展特征。

表 2-18 四个城市类型的绿色发展特征

城市类型	城市个数（个）	平均得分	一级指标得分			经济发展与可持续性得分比值
			经济发展	可持续性	绿色发展能力	
低位开发城市	35	39.24	37.56	44.68	40.70	0.84
绿色坚守城市	30	44.43	42.43	65.85	43.70	0.64
协调发展城市	20	54.88	63.86	67.11	47.35	0.95
经济先导城市	15	58.84	68.66	57.66	56.42	1.19

（2）经济发展与可持续性的关系。

图 2-10 显示，经济发展与可持续性的关系呈现出倒 U 形曲线的格局，实际上，倒 U 形曲线是一种假象。究其原因，主要是经济密度的差异和产业结构转型的差异。

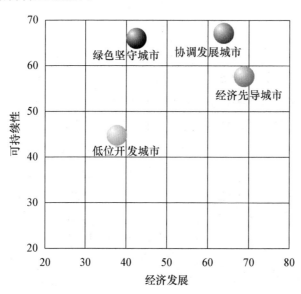

图 2-10 四个城市类型的经济发展与可持续性的关系

● 经济密度的差异的影响。经济密度与可持续性的关系和经济发展与可持续性的关系非常相似。绿色坚守城市与协调发展城市之间经济密度的差异比较明显，而产业结构转型的差异不大，可以认为，经济集聚是导致这两类城市经济发展差异的关键因素，但协调发展城市的经济密度没有超过阈值，可持续性并未出现下降。经济先导城市的经济密度过高，资源环境负荷超过了阈值，导致可持续性下降（见图 2-11）。

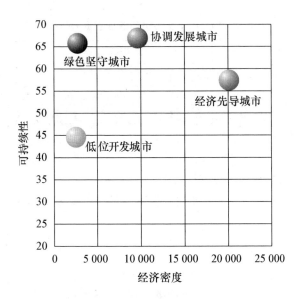

图 2 - 11　四个城市类型的经济密度与可持续性的关系

● 产业结构转型的差异的影响。低位开发城市与绿色坚守城市之间经济密度的差异并不大，但产业结构转型的差异明显。可以认为，产业结构转型的差异是造成两类城市之间可持续性差异的主要原因。正是因为低位开发城市偏重资源型产业和高能耗产业，所以其在经济密度不高的情况下提前进入了可持续性下降的通道。如果考虑到产业结构转型的差异的影响，低位开发城市和其他三类城市实际上不在同一条曲线上（见图 2 - 12）。

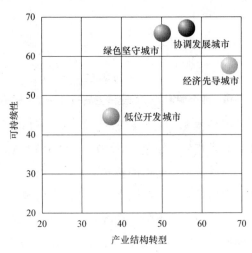

图 2 - 12　四个城市类型的产业结构转型与可持续性的关系

（3）四类城市绿色发展的影响因素。

四类城市的绿色发展处于不同的状态。导致绿色发展空间分化的影响因素具体如下。

● 低位开发城市：人均 GDP 与绿色坚守城市相差无几，但可持续性得分差异较大。在经济发展的二级指标中，主要是产业结构转型的得分与绿色坚守城市差异较大（见表 2 - 19）。这反映出，低位开发城市的经济发展偏重资源型产业和高能耗产业，资源环境负荷大，导致环境质量退化，可持续性受到损害，产业转型压力大。

表 2 - 19　四个城市类型的绿色发展二级指标得分统计

一级指标	二级指标	低位开发城市	绿色坚守城市	协调发展城市	经济先导城市
经济发展	经济发展水平	35.8	38.1	71.6	73.9
	经济增长动力	39.6	40.7	58.1	65.2
	产业结构转型	37.4	50.0	56.3	67.2
	收入分配与社会保障	37.4	40.9	69.4	68.4
	综合得分	37.6	42.4	63.9	68.7
可持续性	环境质量	35.1	72.1	64.7	42.5
	污染控制	56.1	68.4	66.9	59.6
	低碳发展	36.7	58.2	65.2	63.0
	资源节约	50.9	64.7	71.6	65.6
	综合得分	44.7	65.8	67.1	57.7
绿色发展能力	基础设施	40.7	43.5	56.2	60.2
	内源性增长能力	39.5	45.4	46.8	62.4
	资源环境管理	41.8	42.2	39.1	46.7
	综合得分	40.7	43.7	47.3	56.4
城市样本数		35	30	20	15

● 绿色坚守城市：与协调发展城市相比，主要是经济发展滞后，可持续性和绿色发展能力的得分相差无几。在经济发展的二级指标中，与协调发展城市差异较大的指标是经济发展水平、经济增长动力、收入分配与社会保障，其中，经济集聚程度的差异尤为显著。可以认为，绿色坚守城市经济发展滞后的原因主要有两个：一是经济集聚效应较弱，导致人均 GDP 相比协调发展城市落后许多；二是区位条件处于劣势，协调发展城市大多为沿海地

区的次级中心城市，邻近沿海发达的经济中心，有利于形成经济集聚效应，而绿色坚守城市大多地处中西部地区，不利于经济集聚效应的形成和发挥。

● 协调发展城市：经济发展与可持续性的协调性较好的一个重要原因是空间集聚程度适中，在污染控制、环境质量、低碳发展等方面做得较好，但在产业结构转型、收入分配与社会保障、内源性增长能力、资源环境管理等方面与经济先导城市相比仍有较大差距。作为沿海地区的次级中心城市，邻近沿海发达的经济中心为这类城市发挥经济集聚效应同时又保持适中的空间集聚程度提供了条件。

● 经济先导城市：这类城市是经济发展与可持续性失衡问题最为突出的城市。究其原因主要是经济活动的空间集聚程度过高。经济集聚促进了经济发展，使得经济增长动力、产业结构转型以及人均GDP、收入分配与社会保障等均居全国前列，但由于经济密度过高，污染控制压力较大，环境质量远逊于协调发展城市。这类城市的绿色发展能力二级指标如基础设施、内源性增长能力、资源环境管理等均属全国的翘楚，未来可望通过发挥内源性增长能力加快产业转型，加大环境治理力度，在改善环境质量、增强可持续性方面较快取得进展。

图2-13展示了四个城市类型的人均GDP与可持续性的关系。图2-14展示了四个城市类型的经济发展与绿色发展能力的关系。

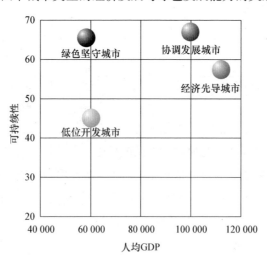

图2-13 四个城市类型的人均GDP与可持续性的关系

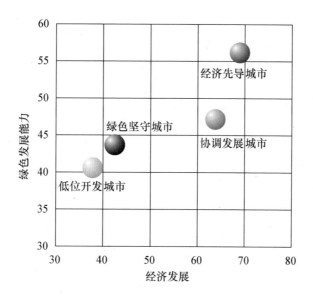

图 2 - 14　四个城市类型的经济发展与绿色发展能力的关系

（4）四类城市绿色发展与主体功能区的关系。

对四类城市的分析表明，主体功能区具有合理性，但也存在一些问题。

28 个优化开发区域中有 10 个经济先导城市（见表 2 - 20），印证了优化开发的必要性；优化开发区域有部分城市已经转为协调发展城市和绿色坚守城市，但也要警惕少数低位开发城市。

表 2 - 20　四个城市类型与主体功能区的关系

	样本城市数（个）	经济发展	可持续性	绿色发展能力	综合得分
优化开发区域	28	64.5	62.2	50.3	55.7
低位开发城市	3	44.2	48.6	39.8	43.1
绿色坚守城市	2	52.0	67.0	43.6	49.8
协调发展城市	13	65.4	66.4	47.0	55.5
经济先导城市	10	72.0	59.7	59.2	60.9
重点开发区域	53	44.3	57.3	44.2	44.6
低位开发城市	20	36.5	44.9	41.6	39.1
绿色坚守城市	22	42.7	65.9	43.9	44.7
协调发展城市	7	61.0	68.4	48.0	53.8

续表

	样本城市数（个）	经济发展	可持续性	绿色发展能力	综合得分
经济先导城市	4	63.2	52.3	52.3	55.4
其他主体功能区	19	38.9	51.0	40.9	40.3
低位开发城市	12	37.7	43.3	39.4	38.5
绿色坚守城市	6	38.3	65.2	43.1	41.8
经济先导城市	1	57.6	58.2	45.3	52.5

重点开发区域中绿色坚守城市居多，表明资源环境承载力允许更大强度的发展。但重点开发区域中有大量低位开发城市，可持续性退化显著，发展失衡严重；还有少数经济先导城市，发展失衡现象突出，需引起高度警惕。重点开发区域绝不能走先污染后治理的老路。

其他主体功能区以低位开发城市居多，应加强生态环境保护，促使其转为绿色坚守城市。

（5）绿色发展的实现路径。

● 低位开发城市：不能走先污染后治理的老路，应当按照"宁要绿水青山，不要金山银山"的理念要求，加快产业转型，调整产业结构，转变发展方式，首先实现经济发展与可持续性的脱钩，然后逐步转向，实现"绿水青山就是金山银山"的目标。

● 绿色坚守城市：坚持践行"绿水青山就是金山银山"的理念，适度提高空间集聚程度，重视发展绿色产业，加快把绿水青山转化为金山银山的步伐，在保持绿水青山的前提下，提高经济发展水平。

● 协调发展城市：坚持践行"绿水青山就是金山银山"的理念，关键是增强绿色发展能力，尤其是培育和增强内源性增长能力，加快产业转型升级，实现"既要绿水青山，也要金山银山"的目标。

● 经济先导城市：坚定"宁要绿水青山，不要金山银山"的绿色发展理念，适度降低空间集聚程度，发挥绿色发展能力的优势，加大环境污染治理力度，加快改善环境质量，增强可持续性。

2.3.2.3　空间集聚与可持续性的冲突

（1）经济发展伴随着空间集聚。

经济集聚程度与经济发展的正相关性较强，是促进经济发展的重要因素。从低位开发城市和绿色坚守城市到协调发展城市，再到经济先导城市，经济密度不断增大，经济发展水平也不断提高。

（2）空间集聚与可持续性之间存在冲突，空间集聚的负外部性不容忽视。

从绿色坚守城市到协调发展城市，再到经济先导城市，随着经济密度的增大，环境质量呈现出明显的下降趋势（见图2-15）。这表明，经济密度与环境质量之间存在负相关性。

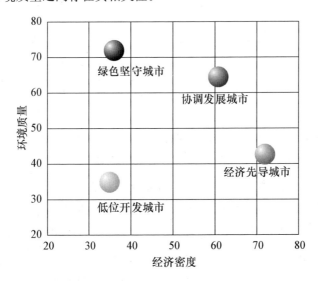

图2-15　四个城市类型的经济密度与环境质量之间的关系

经济密度与污染控制水平（单位面积污染物排放量控制）之间呈现出明显的负相关关系（见图2-16）。这表明，经济密度增大会使得环境污染控制的压力和难度增大，导致污染控制水平下降。

经济密度增大是空间集聚的显著标志。经济密度与污染控制水平、环境质量之间负相关，表明空间集聚存在显著的负外部性，值得引起高度重视。

（3）低位开发城市空间集聚的负外部性更突出。

低位开发城市的产业结构偏重于资源型产业和高能耗产业，产业发展带来的污染物排放量较大，经济集聚程度与环境质量的负相关性更显著，在经济密度不太大的阶段，环境质量就趋于下降，使得空间集聚的负外部

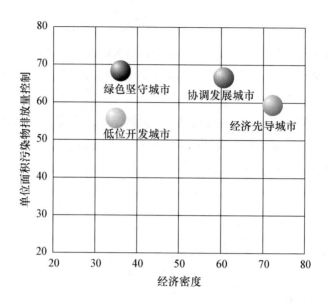

图 2 - 16　四个城市类型的经济密度与单位面积污染物排放量控制的关系

性较早显现出来。

　　已有的文献以基尼系数表征空间集聚，认为宏观尺度上适度空间集聚有助于污染物排放控制（陆铭，2017），但忽略了微观尺度上空间集聚规模过大导致的负外部性。在现实中，经济先导城市由于经济集聚规模过大，单位面积污染物排放量过大，导致污染控制效果减弱，环境质量下降；低位开发城市由于产业结构偏重资源型产业和高能耗产业，污染控制效果不佳，在经济集聚程度尚且不高的阶段就表现出环境质量退化、可持续性下降等负外部性。中国经济绿色发展必须充分认识并高度重视空间集聚的负外部性，把绿色发展与空间发展规划有机结合起来。

　　2.3.2.4　城市群是否可以缓解空间集聚与可持续性的冲突？

　　城市群是附属城市的组团式发展模式。从理论上讲，与单一的中心城市模式相比，城市群可以在发挥经济集聚效应的同时，规避经济集聚规模过大、密度过大带来的负外部性，从而缓解空间集聚与可持续性的冲突。表 2 - 21 汇总了主要城市群的绿色发展特征。

表 2 - 21　主要城市群的绿色发展特征

城市群	城市样本数（个）	绿色发展综合得分	一级指标得分		
			经济发展	可持续性	绿色发展能力
京津冀城市群	5	50.1	50.9	50.1	54.5
长三角城市群	13	56.9	65.6	61.8	50.7
珠三角城市群	5	60.5	75.9	68.1	54.1
山东半岛城市群	7	46.8	50.3	57.2	41.3
成渝城市群	5	47.7	46.1	64.7	48.3
武汉＋长株潭城市群	5	51.0	53.2	69.9	48.0
中原城市群	5	42.0	41.5	49.1	39.8
海峡西岸城市群	3	52.9	59.8	72.6	46.1
关中平原城市群	3	39.5	34.7	51.3	43.8
皖江城市群	3	47.4	44.6	57.1	48.2
昌九城市群	2	46.4	41.5	66.0	50.2
辽中南城市群	3	47.4	55.7	54.0	40.3
哈长城市群	4	42.7	42.3	60.2	37.7
非城市群城市	37	41.5	40.9	52.9	42.4

（1）城市群的经济集聚效应显著。

整体上看，与城市群以外的城市相比，城市群的经济集聚效应显著，促进了城市群的经济发展得分大幅提高，城市群的绿色发展能力得分随着经济发展得分的提高而提高，但城市群的可持续性得分的提高幅度较小，表明城市群对于改善可持续性的效果并不显著。

（2）南方城市群和北方城市群表现出不同的绿色发展特征。

南方城市群的可持续性得分均高于非城市群城市平均水平，也普遍高于北方城市群，经济发展得分也高于非城市群城市平均水平；北方城市群中只有部分城市群的经济发展得分高于非城市群城市平均水平，可持续性得分与非城市群城市平均水平相差不多，中原城市群、关中平原城市群以及京津冀城市群的可持续性得分甚至低于非城市群城市平均水平（见图2-17）。由此可以判断，北方城市群中大部分属于低位开发城市，绿色坚守城市和经济先导城市主要位于南方城市群中。

（3）南方城市群对于缓解空间集聚与可持续性之间的冲突起到了作用，但北方城市群尚未起到这样的作用。

南方城市群的经济密度均高于非城市群城市平均水平，环境质量得分

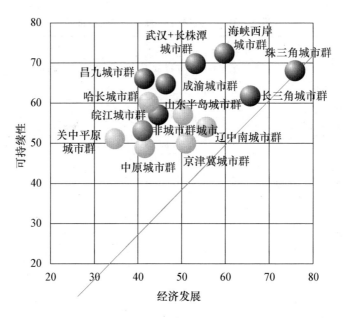

图 2-17   主要城市群的经济发展与可持续性的关系

除长三角城市群略低外，其他城市群都高于非城市群城市平均水平，且环境质量得分随着经济密度的提高而增加，表明南方城市群对于缓解空间集聚与可持续性之间的冲突发挥了作用。北方城市群除了哈长城市群外，经济密度都高于非城市群城市平均水平，环境质量得分均低于非城市群城市平均水平，且环境质量得分随着经济密度的提高而降低，表明北方城市群主要是产生了经济集聚效应，但没有起到缓解空间集聚与可持续性之间的冲突的作用（见图 2-18）。究其原因，主要在于北方城市群的经济密度提高未能提升污染控制水平。

（4）增强绿色发展能力可以促进城市群改善可持续性，也有助于缓解空间集聚与可持续性的冲突。

绿色发展能力得分与可持续性得分之间呈现正相关关系。除了京津冀城市群外，北方城市群的绿色发展能力得分均低于南方城市群（见图 2-19）。可以说，绿色发展能力得分低，是北方城市群的可持续性低于南方城市群的重要原因。增强绿色发展能力，包括改善基础设施、培育内源性增长能力，均可以促进北方城市群改善可持续性，有助于发挥城市群缓解空间集聚与可持续性之间的冲突的作用。

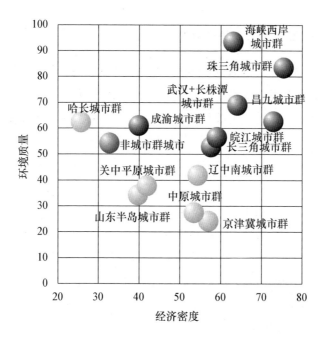

图 2-18 主要城市群的经济密度与环境质量的关系

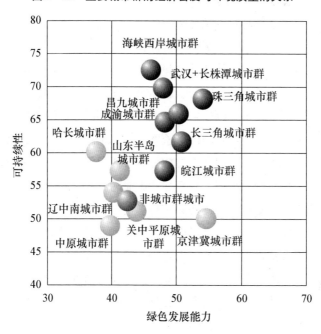

图 2-19 主要城市群的绿色发展能力与可持续性的关系

2.3.3 绿色发展态势评价的结论与启示

本节依据中国经济绿色发展的理论内涵，构建了三位一体的绿色发展评价逻辑框架，基于此逻辑框架构建了绿色发展评价指标体系，并采用效用函数合成法，突出"短板"因素的制约作用，计算了省区尺度和城市尺度的绿色发展指数，对全国31个省份、100个城市的绿色发展现状进行了评价。根据评价结果，中国经济绿色发展的现状特征可以归纳为以下几个方面：

第一，绿色发展不平衡。无论是省区尺度，还是城市尺度，绿色发展不平衡的问题都十分突出。绿色发展不平衡也呈现出地理特征，东部沿海地区的省份和城市绿色发展优势明显，绿色发展综合得分呈现从东南沿海向西向北逐渐递减的态势。得分高的省份和城市主要分布在沿海地区，得分低的省份和城市大多分布在北方内陆地区。在省区尺度上，浙江、广东、江苏名列前三；在城市尺度上，深圳、杭州、北京、广州、上海名列前五。

第二，绿色发展不充分。从全国整体看，绿色发展水平还不高。中国经济仍未从根本上减轻对资源环境的依赖。无论从省区尺度看，还是从城市尺度看，绿色发展的"短板"制约都较为突出。

第三，经济发展与可持续性之间的不协调现象突出，金山银山和绿水青山之间的冲突仍然存在，需要引起高度关注。经济密度和产业结构的差异是影响经济发展与可持续性之间的关系的主要因素。资源环境负荷会随着经济密度的提高而增大，当经济密度超过一定阈值时，环境负荷过大会导致可持续性受到损害。但产业结构差异会使得经济密度对环境负荷的影响发生变化，偏重资源型产业和高能耗产业的产业结构会使得经济密度的阈值提前到来，导致城市在经济集聚程度不高的条件下提前进入可持续性下降的通道；而产业结构转型可以减缓经济密度提高对资源环境负荷的影响，甚至使得经济发展与可持续性之间的关系出现逆转。

第四，经济发展与可持续性之间的关系在不同省份和不同城市呈现出不同的状态，导致绿色发展的空间分化。依据经济发展与可持续性之间的关系的不同，可以把31个省份和100个城市分为低位开发区域、绿色坚守区域、协调发展区域、经济先导区域四个类型。不同类型的区域应当制定不同的绿色发展路径。

第五，空间集聚与可持续性之间存在冲突，空间集聚的负外部性不容忽视。经济活动的空间集聚使得一定空间范围内的资源环境负荷加大，增大了环境管控压力，经济先导区域已经显现出可持续性受到损害的问题。低位开发区域空间集聚的负外部性更加突出，在经济密度不高的条件下提前进入了可持续性下降的通道。中国经济绿色发展必须充分认识并高度重视空间集聚的负外部性，把绿色发展与空间发展规划有机结合起来。

第六，南方城市群对于缓解空间集聚与可持续性之间的冲突起到了作用，但北方城市群尚未起到这样的作用。究其原因，主要是北方城市群的经济密度提高未能提升污染控制水平。此外，绿色发展能力得分低也是北方城市群可持续性得分低的重要原因。增强绿色发展能力，有助于发挥城市群缓解空间集聚与可持续性之间的冲突的作用。

第七，当前，全国只有 4 个省份已经在逐步走向绿水青山和金山银山的内在统一；6 个省份在经济增长与资源环境负荷脱钩方面表现不错，但尚未实现绿水青山和金山银山的内在统一；大多数省份仍然没有实现经济增长与资源环境负荷的脱钩，更没有实现绿水青山和金山银山的内在统一。

本节的评价结果表明，践行"绿水青山就是金山银山"的理念，推进中国经济绿色发展，建设美丽中国，我们依然任重道远。

2.4　绿色发展的动态评价与预测

城市绿色发展是构建高质量现代化经济体系的时代诉求，既是城市可持续转型的方向，也是推进绿色发展的主战场。然而，我们对城市绿色发展的认识仍然有待深化。一方面，过去城市绿色发展的评价绝大部分侧重于绿色生态和环境保护，未能充分体现既要绿色，又要发展的内涵；另一方面，城市绿色发展的评价绝大部分是某一时点的静态分析，缺乏对绿色发展这一过程的动态评价。为了全方位认识中国城市绿色发展现状与问题、及时总结绿色发展路径与经验，本书在静态评价之外，还对城市绿色发展进行了动态评价，重点回答了以下几个方面的问题：第一，在城市绿色发展的实践中，绿色和发展的矛盾是否得到了缓解？以环境为代价的发展方式是否得到了扭转？第二，哪些城市的绿色发展趋势更好？哪些城市的绿色发展面临较大的困难？第三，城市绿色发展的实现路径究竟是侧重于补"短板"还是强优势？第四，如何实现城市绿色发展的趋势预测？

本节我们收集了 2010 年和 2015 年两个年份、100 个城市的数据，进行了 100 个城市的绿色发展动态评价。然后，我们利用机器学习方法进行了预测，具体来讲，我们用两年中 100 个城市的 16 个指标的数据进行训练，得到预测模型，然后利用 2018 年 169[①] 个城市的数据，预测了这些城市的绿色发展得分。

2.4.1　2010—2015 年城市绿色发展动态评价

中国 100 个城市 2010—2015 年间绿色发展动态评价的主要结论如下：

（1）从整体上看，绿色发展理念正在转化为各地的实践，城市绿色发展取得了显著进展。具体来说，表现在以下几个方面（见表 2-22）：

表 2-22　城市绿色发展的地理差异变化

区域划分	2010				2015			
	经济发展	可持续性	绿色发展能力	综合得分	经济发展	可持续性	绿色发展能力	综合得分
北方城市	40.23	44.03	40.26	41.51	49.23	53.53	49.63	50.79
南方城市	46.49	60.22	42.47	49.73	58.45	68.97	54.27	60.56
东部地区	50.83	57.40	41.31	49.85	61.11	64.25	52.70	59.36
中部地区	37.30	46.14	40.18	41.21	48.76	57.98	52.71	53.15
西部地区	35.10	49.49	43.47	42.69	46.17	60.96	52.24	53.12
东北地区	47.19	54.70	39.48	47.12	54.81	60.71	45.52	53.68
京津冀城市群	47.82	42.02	49.70	46.51	53.67	49.57	59.11	54.12
长三角城市群	50.78	59.96	39.85	50.20	63.40	65.27	54.09	60.92
珠三角城市群	59.69	62.79	46.48	56.32	66.13	72.65	54.73	64.51
长江中游城市群	42.47	56.30	39.26	46.01	55.07	69.27	51.32	58.55
成渝城市群	35.26	59.75	45.61	46.87	51.57	70.26	55.65	59.16
山东半岛城市群	42.15	49.20	33.86	41.73	53.24	57.98	45.64	52.29
六大城市群平均	47.77	56.05	41.22	48.35	58.84	64.29	53.00	58.71
非城市群城市平均	38.18	48.24	41.70	42.71	48.11	58.42	50.92	52.49

---

① 我们从《中国城市统计年鉴 2019》列出的 294 个城市中删去数据缺失的城市，将剩下的 169 个城市作为我们的研究对象。

第一，从整体上看，绿色发展综合得分明显提高，所有城市都实现了绿色发展水平改善。100 个城市的平均值从 45.87 分提高到 55.97 分，增加了 10.12 分。其中，有 13 个城市的绿色发展综合得分增幅不到 6 分，12 个城市的增幅超过 14 分，其余 75 个城市的增幅为 6~14 分。这表明，绿色发展理念正在转化为实践，产生了较好的效果。

第二，从整体上看，城市绿色发展进入了脱钩阶段。除了极少数城市的可持续性下降以外，93％的城市实现了经济发展和可持续性的同步改善，体现出既要绿色，又要发展的绿色发展内涵。即使是经济绩效较差的城市，经济增长也没有以可持续性下降为代价，而是实现了经济发展和可持续性的同步改善。大部分欠发达地区摒弃了以环境换取发展的老路，是绿色发展理念转化为实践的又一证明。

第三，城市之间绿色发展水平差异趋于缩小。绿色发展综合得分的变异系数从 0.19 下降到 0.15，经济发展和可持续性得分的变异系数分别从 0.31 和 0.25 下降到 0.25 和 0.19。其中，可持续性的地理差异趋于缩小，南北方城市之间、东西部地区之间、城市群与非城市群城市之间可持续性得分差异趋于缩小。经济发展的地理差异呈现出不同的变动方向：东西部地区之间的差异趋于缩小，南北方城市之间的差异趋于扩大，城市群与非城市群城市之间的差异也趋于扩大。

（2）城市绿色发展呈现出类型分化，不同类型城市绿色发展的实现路径存在差异。

① 城市绿色发展出现了明显的类型分化。

按照经济发展和可持续性的关系，我们可以把 100 个城市分为 4 个类型（见表 2-23）：协调发展城市、经济先导城市、绿色坚守城市、低位开发城市。协调发展城市是指 2015 年经济发展和可持续性的得分较为接近的城市，这些城市的经济增长和可持续性呈现出协调发展态势。经济先导城市是指 2015 年经济发展得分明显高于可持续性得分的城市，存在经济增长和可持续性的失衡。绿色坚守城市是指 2015 年经济发展得分明显低于可持续性得分的城市，这些城市坚持生态优先，绿色发展表现突出，但经济发展滞后。低位开发城市是指经济发展得分和可持续性得分均处于低位的城市，这些城市绿色发展的压力较大。

表 2-23 城市绿色发展的类型分化

城市类型	样本数量（个）	2010		2015		2010—2015	
		经济发展	可持续性	经济发展	可持续性	经济发展	可持续性
经济先导城市	15	60.75	53.53	72.07	59.53	11.32	5.99
协调发展城市	20	55.39	64.36	67.67	70.62	12.28	6.26
低位开发城市	35	35.26	39.56	43.83	49.41	8.57	9.85
绿色坚守城市	30	36.73	59.54	48.11	71.21	11.37	11.66

从空间分布看，经济先导城市主要是沿海地区的特大城市和中西部地区的中心城市，协调发展城市主要是中心城市周边的城市群外围城市，绿色坚守城市主要包括湖南、湖北、四川、贵州、云南、广西等省份和黑龙江、吉林等东北省份，低位开发城市主要分布在北方，包括河南、山西、山东、河北、内蒙古、辽宁、陕西、甘肃等。

② 补"短板"策略在推动城市绿色发展方面取得了显著的成效。

对于绿色发展的实现路径选择，这些城市究竟应该补"短板"还是强优势？分析结果显示，2010 年经济发展得分低于可持续性得分的城市，2010—2015 年间经济发展增长率比可持续性增长率平均高 12 个百分点；可持续性得分低于经济发展得分的城市，经济发展增长率比可持续性增长率平均低 7 个百分点。可见，补"短板"是推动绿色发展的重要策略，也是城市绿色发展路径的普遍选择。

如果把 2010 年可持续性得分低于 51 的城市界定为可持续性"短板"城市，那么可以发现，这些城市的可持续性得分的增幅也高于自身经济发展得分的增幅（见表 2-24）。35 个低位开发城市中，有 15 个城市的可持续性改善更快。对于这些城市来说，可持续性"短板"得到了明显弥补。

表 2-24 补"短板"或强优势的效果

城市类型	2010		2015		2010—2015	
	经济发展	可持续性	经济发展	可持续性	经济发展	可持续性
2010 年可持续性得分低于 51 的城市	37.43	39.76	46.99	51.81	9.57	12.05
2010 年可持续性得分高于 60 的城市	49.82	65.68	61.57	72.09	11.75	6.41

续表

城市类型	2010		2015		2010—2015	
	经济发展	可持续性	经济发展	可持续性	经济发展	可持续性
2010 年经济发展得分低于 40 的城市	31.83	45.97	43.06	57.58	11.23	11.61
2010 年经济发展得分高于 48 的城市	59.09	57.76	68.75	64.23	9.66	6.47

对于 2010 年经济发展得分低于 40 的城市，经济发展和可持续性同步得到了明显改善。不同的是，在协调发展城市中，经济发展提升更快的城市数量较多；在绿色坚守城市中，经济发展提升更快的城市数量，与同步变化和可持续性改善更快的城市数量之和接近（见表 2-25）。特别是对于协调发展城市而言，2010 年经济发展得分普遍低于可持续性得分，经济增长滞后。补"短板"策略使其经济发展有了明显改善，进一步促进了它们经济增长和可持续性的协调。

表 2-25　不同类型城市的经济发展和可持续性的关系　（单位：个）

城市类型	经济发展提升更快的城市数量	可持续性改善更快的城市数量	同步变化的城市数量	合计
经济先导城市	10	4	1	15
协调发展城市	16	1	3	20
低位开发城市	15	15	5	35
绿色坚守城市	16	4	10	30
合计	57	24	19	100

③ 强优势主要体现在经济发展上，重经济轻生态的惯性思维难以根绝，部分城市经济发展与可持续性的失衡有所加剧。

对于可持续性较好（2010 年得分高于 60）的城市，经济发展的改善幅度远大于可持续性的改善幅度。对于经济发展较好（2010 年得分高于 48）的城市，经济发展的改善幅度也大于可持续性的改善幅度。这些城市大多是经济先导城市，具有区位条件好、经济密度高、经济集聚效应显著等优势，可持续性的基础也较好。这反映出，当城市没有可持续性的后顾之忧时，会毫不掩饰对经济增长的追求。其后果是，原先就存在经济增长和可持续性失衡的经济先导城市，在经济增长的惯性思维的作用下，经济发展得分增幅更大，导致经济增长和可持续性的失衡加剧。

特别值得注意的是，有 7 个城市的可持续性趋于下降。在这些城市中，有 4 个位于长三角城市群，它们的可持续性得分有小幅下降，但经济发展得分增加显著，经济发展与可持续性的失衡加剧了。其余 3 个属于低位开发城市，分别是阳泉、鞍山、银川，它们的经济发展有所改善，但付出了可持续性下降的代价。这 3 个城市的变化并非是因为它们采取了强优势策略，而是因为它们尚未摆脱以环境换发展的传统模式，所以它们的当务之急是转变发展方式，实现经济增长与可持续性的脱钩。

（3）绿色发展能力改善对于绿色发展水平提高具有重要意义。

如前所述，总体来讲，城市绿色发展已进入脱钩发展阶段，大多数城市同步实现了经济发展与可持续性的改善。我们通过计算得出的 2010—2015 年间经济发展与可持续性增长率的相关系数也显示，二者呈微弱的正相关关系。那么绿色发展能力在脱钩过程中发挥了什么作用呢？当所有城市都按照 2010 年发展能力得分是否大于平均值分成两组后，我们分别计算了每组的经济发展变化指标与可持续性变化指标的相关系数，发现两组的相关系数的符号相反（见表 2 - 26）。

表 2 - 26　经济发展变化与可持续性变化的指标的相关性

城市	数量（个）	增长率的相关系数	得分变化的相关系数
绿色发展能力得分低的城市	54	−0.02	−0.18
绿色发展能力得分高的城市	46	0.25	0.21

对于绿色发展能力低的城市，其经济发展变化和可持续性变化的指标之间负相关，即经济发展与可持续性的改善程度呈现此消彼长的抑制关系，经济发展高增幅需以可持续性低增幅为代价。绿色发展能力得分高的城市，二者之间呈现互相促进的正相关关系。可见，绿色发展能力得分有利于城市发展跳出增长代价模式，城市绿色发展能力对于协调经济发展与可持续性意义重大。

与 2010 年相比，2015 年经济发展、可持续性与绿色发展综合得分的相关系数有所减小，绿色发展能力与绿色发展综合得分的相关系数有所增

大，而绿色发展能力增幅与绿色发展综合得分增幅之间的相关系数达到
0.646。对于 2010 年经济发展得分低于 40 的经济发展滞后城市和得分高
于 48 的经济发达城市来说，绿色发展能力与绿色发展综合得分的相关系
数均是最高的（见表 2-27）。这表明，无论是补"短板"还是强优势，
增强绿色发展能力都可以有效提高城市绿色发展水平。

表 2-27　经济发展、可持续性和绿色发展能力的相关性

年份	相关系数	全部城市	2010 年可持续性得分低于 51 的城市	2010 年可持续性得分高于 60 的城市	2010 年经济发展得分低于 40 的城市	2010 年经济发展得分高于 48 的城市
2010	经济发展与绿色发展综合得分	0.846	0.792	0.924	0.250	−0.289
	可持续性与绿色发展综合得分	0.767	0.612	0.277	0.226	0.012
	绿色发展能力与绿色发展综合得分	0.564	0.607	0.645	0.602	0.720
	经济发展与可持续性	0.432	0.231	0.060	0.031	0.287
2015	经济发展与绿色发展综合得分	0.838	0.743	0.856	0.193	0.723
	可持续性与绿色发展综合得分	0.740	0.662	0.273	0.228	0.035
	绿色发展能力与绿色发展综合得分	0.583	0.578	0.647	0.542	0.654
	经济发展与可持续性	0.384	0.231	−0.084	0.339	0.426
2010—2015	经济发展与绿色发展综合得分	0.616	0.577	0.709	−0.319	−0.254
	可持续性与绿色发展综合得分	0.642	0.780	0.282	0.193	0.113
	绿色发展能力与绿色发展综合得分	0.646	0.630	0.739	0.672	0.746
	经济发展与可持续性	0.019	0.107	−0.154	0.019	0.048

（4）"短板"分析。

通过比较每个城市的三项一级指标，我们可以找出各城市绿色发展的
"短板"（见表 2-28）。

表 2-28　各城市绿色发展的"短板"

城市	2010	2015	城市	2010	2015
北京市	可持续性	可持续性	齐齐哈尔市	绿色发展能力	经济发展
天津市	可持续性	可持续性	上海市	可持续性	可持续性
石家庄市	可持续性	经济发展	南京市	可持续性	可持续性
唐山市	可持续性	可持续性	无锡市	绿色发展能力	绿色发展能力
秦皇岛市	经济发展	经济发展	徐州市	绿色发展能力	经济发展
邯郸市	经济发展	经济发展	常州市	绿色发展能力	绿色发展能力
太原市	可持续性	可持续性	苏州市	绿色发展能力	绿色发展能力
大同市	经济发展	经济发展	南通市	绿色发展能力	绿色发展能力
阳泉市	可持续性	可持续性	连云港市	经济发展	经济发展
长治市	可持续性	可持续性	扬州市	绿色发展能力	绿色发展能力
临汾市	经济发展	经济发展	镇江市	绿色发展能力	绿色发展能力
呼和浩特市	绿色发展能力	绿色发展能力	杭州市	绿色发展能力	绿色发展能力
包头市	绿色发展能力	绿色发展能力	宁波市	绿色发展能力	绿色发展能力
赤峰市	经济发展	经济发展	温州市	绿色发展能力	绿色发展能力
沈阳市	绿色发展能力	绿色发展能力	嘉兴市	绿色发展能力	绿色发展能力
烟台市	绿色发展能力	绿色发展能力	湖州市	绿色发展能力	绿色发展能力
潍坊市	经济发展	绿色发展能力	绍兴市	绿色发展能力	绿色发展能力
济宁市	绿色发展能力	绿色发展能力	台州市	绿色发展能力	绿色发展能力
泰安市	绿色发展能力	绿色发展能力	合肥市	绿色发展能力	经济发展
威海市	绿色发展能力	绿色发展能力	芜湖市	绿色发展能力	经济发展
日照市	绿色发展能力	经济发展	马鞍山市	经济发展	经济发展
郑州市	绿色发展能力	可持续性	福州市	绿色发展能力	绿色发展能力
开封市	绿色发展能力	绿色发展能力	厦门市	绿色发展能力	绿色发展能力
平顶山市	可持续性	经济发展	泉州市	绿色发展能力	绿色发展能力
安阳市	可持续性	经济发展	南昌市	经济发展	经济发展
焦作市	绿色发展能力	绿色发展能力	九江市	经济发展	经济发展
三门峡市	经济发展	经济发展	济南市	绿色发展能力	绿色发展能力
武汉市	可持续性	可持续性	青岛市	绿色发展能力	绿色发展能力
宜昌市	绿色发展能力	绿色发展能力	淄博市	绿色发展能力	可持续性
大连市	绿色发展能力	绿色发展能力	枣庄市	绿色发展能力	经济发展
鞍山市	绿色发展能力	绿色发展能力	荆州市	经济发展	经济发展
长春市	绿色发展能力	绿色发展能力	长沙市	绿色发展能力	绿色发展能力
吉林市	经济发展	绿色发展能力	株洲市	绿色发展能力	经济发展
哈尔滨市	绿色发展能力	绿色发展能力	湘潭市	经济发展	绿色发展能力

续表

城市	2010	2015	城市	2010	2015
常德市	经济发展	绿色发展能力	德阳市	经济发展	绿色发展能力
广州市	绿色发展能力	绿色发展能力	绵阳市	经济发展	经济发展
韶关市	经济发展	经济发展	宜宾市	经济发展	经济发展
深圳市	绿色发展能力	绿色发展能力	贵阳市	经济发展	经济发展
珠海市	绿色发展能力	绿色发展能力	遵义市	经济发展	经济发展
汕头市	绿色发展能力	绿色发展能力	昆明市	经济发展	经济发展
佛山市	绿色发展能力	绿色发展能力	西安市	经济发展	绿色发展能力
湛江市	经济发展	经济发展	咸阳市	经济发展	经济发展
中山市	绿色发展能力	绿色发展能力	渭南市	经济发展	经济发展
南宁市	经济发展	经济发展	兰州市	经济发展	经济发展
柳州市	绿色发展能力	经济发展	西宁市	经济发展	经济发展
桂林市	经济发展	经济发展	银川市	经济发展	可持续性
海口市	绿色发展能力	绿色发展能力	石嘴山市	可持续性	可持续性
重庆市	经济发展	经济发展	乌鲁木齐市	可持续性	绿色发展能力
成都市	绿色发展能力	绿色发展能力	克拉玛依市	可持续性	可持续性
攀枝花市	经济发展	经济发展			

我们发现：2015 年"短板"指标为可持续性的只有 14 个城市，而"短板"指标为经济发展的有 38 个城市，"短板"为绿色发展能力的有 48个城市。大多数城市的主要发展矛盾集中于绿色发展能力低下，直接关系到绿色发展的未来格局。2010—2015 年间，在一级指标层面，大多数城市的"短板"维持不变，"短板"发生转变的城市有 22 个。

各城市三个一级指标的极距（极大值－极小值）可以体现每个城市的"短板"程度，或者绿色发展失衡程度，2010 年、2015 年"短板"程度最大的十个城市部分发生了改变（见表 2 - 29）。

表 2 - 29　2010 年和 2015 年"短板"程度最大的十个城市

城市	2015 年极距	城市	2010 年极距
桂林市	36.78	九江市	37.46
南宁市	34.94	台州市	37.33
常德市	34.66	温州市	37.00
中山市	30.99	烟台市	35.96
泉州市	30.34	重庆市	35.43

续表

城市	2015 年极距	城市	2010 年极距
阳泉市	30.30	绍兴市	34.89
宜宾市	29.47	南宁市	34.19
温州市	29.14	泉州市	33.94
海口市	29.10	连云港市	33.58
重庆市	28.71	福州市	33.56

其中，重庆、温州、泉州、南宁四个城市在2010—2015年间持续表现出极大的发展失衡问题，重庆和南宁两个西部城市绿色发展的"短板"始终是经济发展，而两个东部城市温州和泉州绿色发展的"短板"始终是绿色发展能力。可见，促进经济增长、提升收入水平仍然是西部城市的主要任务，东部城市则要借助经济发展优势，积极进行绿色发展能力建设，为后面持续发展储备动力。

（5）排名进步最显著的城市的绿色发展策略。

我们按照等权排名和非等权排名选出了进步最显著的10个城市，其中有7个城市稳定出现在这个名单中（见表2-30），可以认为在两类排名下，这7个城市都属于进步显著的城市。我们通过分析这7个城市的指标可以得出以下结论：

表 2-30　排名进步最显著的城市

城市	等权	非等权	经济发展	可持续性	绿色发展能力	经济发展得分变化	可持续性得分变化	绿色发展能力得分变化	重点发展
马鞍山市	-18	-27	39.79	51.92	52.53	7.45	20.87	24.34	强化优势项目
湖州市	-21	-21	55.24	76.69	62.30	13.72	18.28	9.53	强化优势项目
九江市	-20	-23	37.85	69.87	66.65	9.28	12.99	25.40	强化次优项目
郑州市	-28	-23	61.99	56.47	65.24	18.96	14.11	20.42	强化优势项目
湘潭市	-26	-21	51.71	68.72	51.57	19.38	18.51	19.92	改善劣势项目
绵阳市	-22	-25	47.58	73.65	64.88	11.97	19.99	17.22	强化优势项目
贵阳市	-19	-27	52.96	67.18	62.91	18.10	15.13	16.17	改善劣势项目

第一，所有城市都遵循三大指标同步改善的路径。发展经验显示，发展不能偏科，三大指标可以实现共同改善。

第二，总体来讲，7 个城市的绿色发展能力得分改善较大，平均改善幅度为 19，经济指标改善幅度略低 (14.12)。

第三，选择强优势的城市多于补"短板"的城市，尤其郑州作为绿色发展能力改善最明显的城市，是选择强优势的代表。而贵阳和湘潭则通过补"短板"提升了绿色发展水平。

(6) 基于三大绿色发展指标的聚类分析。

根据 2015 年的数据，进行 K -均值聚类，将 100 个城市分成三类：第一类为经济发展、可持续性及绿色发展能力的得分均较高的城市；第二类为三个维度指标得分均较低的城市；第三类为可持续性得分高、经济发展和绿色发展能力得分低的城市（见表 2 - 31）。

表 2 - 31　2015 年城市聚类

第一类	第二类	第三类
北京市、天津市、呼和浩特市、大连市、上海市、南京市、无锡市、常州市、苏州市、南通市、镇江市、杭州市、宁波市、温州市、嘉兴市、湖州市、绍兴市、台州市、合肥市、福州市、厦门市、济南市、青岛市、郑州市、武汉市、长沙市、广州市、深圳市、珠海市、佛山市、中山市、成都市、西安市	石家庄市、唐山市、邯郸市、太原市、大同市、阳泉市、长治市、临汾市、包头市、赤峰市、鞍山市、吉林市、徐州市、马鞍山市、淄博市、枣庄市、潍坊市、济宁市、日照市、开封市、洛阳市、平顶山市、安阳市、焦作市、三门峡市、攀枝花市、渭南市、兰州市、西宁市、银川市、石嘴山市、乌鲁木齐市、克拉玛依市	秦皇岛市、沈阳市、长春市、哈尔滨市、齐齐哈尔市、连云港市、扬州市、芜湖市、泉州市、南昌市、九江市、烟台市、泰安市、威海市、宜昌市、荆州市、株洲市、湘潭市、常德市、韶关市、汕头市、湛江市、南宁市、柳州市、桂林市、海口市、重庆市、德阳市、绵阳市、宜宾市、贵阳市、遵义市、昆明市、咸阳市

对比 2010 年的聚类结果可以发现，有 28 个城市的类别发生了改变（见表 2 - 32），大多数城市类别稳定。类别发生变化的 28 个城市中，从第三类变为第一类的城市最多，其次是从第二类变为第三类的城市，这两种变化都体现了城市绿色发展水平的进步。总体来讲，2010—2015 年间，城市绿色发展趋势向好。

表 2-32　类别发生变化的 28 个城市

城市	2010	2015	城市	2010	2015
秦皇岛市	第二类	第三类	合肥市	第三类	第一类
呼和浩特市	第二类	第一类	福州市	第三类	第一类
沈阳市	第一类	第三类	济南市	第三类	第一类
鞍山市	第三类	第二类	泰安市	第二类	第三类
南京市	第二类	第一类	郑州市	第二类	第一类
徐州市	第三类	第二类	荆州市	第二类	第三类
常州市	第三类	第一类	湘潭市	第二类	第三类
南通市	第三类	第一类	韶关市	第二类	第三类
镇江市	第三类	第一类	柳州市	第二类	第三类
温州市	第三类	第一类	成都市	第三类	第一类
嘉兴市	第三类	第一类	宜宾市	第二类	第三类
湖州市	第三类	第一类	贵阳市	第二类	第三类
绍兴市	第三类	第一类	西安市	第三类	第一类
台州市	第三类	第一类	咸阳市	第二类	第三类

（7）三级指标改善情况。

三级指标数据变化率显示，大多数指标均有所改善，但 GDP 增长率、固定资产投资占 GDP 的比重、EI、监测点位数四个指标未改善，尤其 GDP 增长率下降明显，固定资产投资占 GDP 的比重明显提高。鉴于中国经济从高速增长阶段转向高质量发展阶段，处于转变发展方式、优化经济结构、转换增长动力的时期，GDP 增长率下降合乎经济发展新常态，但固定资产投资占 GDP 的比重大幅上升意味着经济增长对投资的依赖仍然较深，经济增长动力转换不理想。

改善最明显的指标依次为工业研发投入占产出的比重、每万人拥有公共汽车数、财政节能环保支出以及互联网普及率（见表 2-33）。这几个指标的巨大变化表明，互联网、技术研发等新兴力量在推动绿色发展进程中扮演了重要角色。每万人拥有公共汽车数、财政节能环保支出则体现出地方政府是促进绿色发展的重要力量。

表 2 - 33　三级指标改善情况

指标	增长率（%）	是否改善	指标	增长率（%）	是否改善
人均 GDP	62.02	是	NOₓ 排放强度	−55.79	是
人均可支配收入	61.51	是	COD 排放强度	−71.01	是
人均储蓄余额	64.49	是	氨氮排放强度	−74.88	是
GDP 增长率	−46.99	否	生活垃圾无害化处理率	7.72	是
工业研发投入占产出的比重	396.21	是	碳排放强度	−37.08	是
固定资产投资占 GDP 区的比重	21.92	否	人均碳排放量	−5.17	是
经济集聚程度（城区经济密度）	39.75	是	单位 GDP 能耗	−32.36	是
第三产业占比	14.98	是	单位 GDP 水耗	−35.92	是
生产性服务业从业人员数占比	6.82	是	单位 GDP 用电量	−27.90	是
高能耗产业产值占工业总产值的比重	−2.26	是	工业固体废弃物综合利用率	1.73	是
城乡收入比	−12.52	是	供水管道密度	2.65	是
三险覆盖率	23.70	是	排水管道密度	13.03	是
EI	−5.66	否	建成区绿化覆盖率	0.17	是
PM2.5 年均浓度	−10.50	是	互联网普及率	82.97	是
单位面积 SO₂ 排放量	−25.88	是	每万人拥有公共汽车数	157.91	是
单位面积 NOₓ 排放量	−43.65	是	高校数量	8.52	是
单位面积 COD 排放量	−39.77	是	科教支出占 GDP 的比重	26.69	是
单位面积氨氮排放量	−53.63	是	监测点位数	−6.32	否
SO₂ 排放强度	−48.98	是	财政节能环保支出	113.67	是

2.4.2　基于机器学习的城市绿色发展预测

评价是基于业已实现的指标，综合判断已发生的绿色发展进程。预测是根据指标的未来变化，预估将要产生的绿色发展方向。预测的基础是各可观测指标的可能变化。我们希望构建这样一个预测体系：（1）不必收集全部指标，仅基于少数可观测指标，即可实现综合指标的评价；（2）不必收集所有 100 个城市的指标，即可实现个别城市的绿色发展评价。我们也希望能用该模型评价 100 个城市之外的城市的绿色发展状况。我们选用基于数据驱动的机器学习方法进行预测，具体选用方法为随机森林回归树方法。

  具体而言，本书基于两年 100 个城市的样本，利用 bootstrap 方法进行样本训练，用 OOBSCOR（袋外得分）评价模型表现。进行随机森林调参后，随机森林回归树预测的 R^2 超过 0.8（见图 2-20），模型预测能力较令人满意。

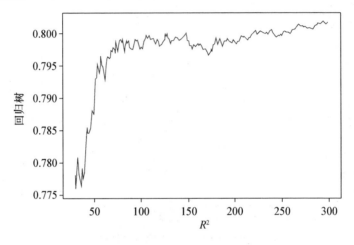

图 2-20 随机森林调参

  训练过程选用的特征一共有 14 个，包括：人均 GDP、GDP 增长率、工业研发投入占产出的比重、经济集聚程度（城区经济密度）、第三产业占比、三险覆盖率、PM 2.5 年均浓度、单位 GDP 水耗、单位 GDP 用电量、排水管道密度、科教支出占 GDP 的比重、单位面积 NO_X 排放量、NO_X 排放强度、建成区绿化覆盖率。各个特征的重要性见表 2-34。

表 2-34 特征重要性

编号	特征	重要性
1	人均 GDP	0.439
2	NO_X 排放强度	0.201
3	第三产业占比	0.117
4	三险覆盖率	0.053
5	经济集聚程度（城区经济密度）	0.040
6	工业研发投入占产出的比重	0.033

续表

编号	特征	重要性
7	单位 GDP 用电量	0.026
8	科教支出占 GDP 的比重	0.018
9	单位 GDP 水耗	0.015
10	排水管道密度	0.014
11	PM2.5 年均浓度	0.012
12	GDP 增长率	0.012
13	建成区绿化覆盖率	0.012
14	单位面积 NO_X 排放量	

在机器学习过程中，最重要的分枝变量是人均 GDP，它代表了经济发展程度，其次是 NO_X 排放强度，它代表了环境效率，也反映了经济发展带来的环境负荷。绿色发展能力指标的重要性相对小，说明在两年的数据中，这类指标对于分枝的意义不大，或者说对于降低预测 MSE 的作用较小。在后续研究中，如果有新年份的训练样本加入，可能发展能力指标的重要性会发生改变。

（1）185 个城市的绿色发展预测。

在得到训练好的预测模型后，我们将《中国城市统计年鉴》（2019）的数据纳入训练得到的随机森林回归树模型中进行预测，得到城市绿色发展得分预测值。预测所用的 14 个指标均可从《中国城市统计年鉴》中获取，删去数据缺失的城市，可得到 185 个城市的绿色发展预测值（见表 2-35）。

从预测结果来看，绿色发展得分预测值基本与预判吻合，这也表明该预测方法比较可靠。得分显示，深圳市和北京市得分明显高于其他城市，是绿色发展程度最高的两个城市。上海市、广州市、苏州市、长沙市、杭州市、厦门市、无锡市、武汉市和珠海市则属于绿色发展第二梯队。在这些城市中，除了长沙市和武汉市外，其余都是东部沿海城市，长沙市和武汉市是中西部城市中绿色发展水平最高的两个城市。而 10 个得分最低的城市都是中西部城市。利用 14 个指标进行的绿色发展预测突破了 100 个城市的限制，使我们得以看到更广阔空间中的城市绿色发展全景。

表 2 - 35 185 个城市的绿色发展得分预测值

城市	预测得分	城市	预测得分	城市	预测得分
深圳市	71.79	绍兴市	59.64	大庆市	53.56
北京市	70.73	湘潭市	59.63	北海市	53.41
上海市	67.20	洛阳市	59.52	南平市	53.06
广州市	66.85	徐州市	59.02	三明市	52.84
苏州市	66.27	淄博市	58.62	丽水市	52.82
长沙市	65.49	海口市	58.62	滨州市	52.77
杭州市	65.46	淮安市	58.42	焦作市	52.74
厦门市	65.43	漳州市	58.14	常德市	51.87
无锡市	65.17	兰州市	58.07	黄石市	51.78
武汉市	65.04	泉州市	57.58	三门峡市	51.76
珠海市	65.03	株洲市	57.57	铜陵市	51.67
南京市	64.92	东营市	57.54	德阳市	51.65
青岛市	64.26	盐城市	57.52	宁德市	51.54
宁波市	63.87	嘉兴市	57.41	荆门市	51.40
成都市	62.85	鄂尔多斯市	57.39	绵阳市	51.36
常州市	62.80	芜湖市	57.37	宿迁市	51.12
镇江市	62.70	温州市	57.27	江门市	51.07
济南市	62.68	惠州市	57.12	德州市	50.72
佛山市	62.54	重庆市	57.04	许昌市	50.71
郑州市	62.39	湖州市	56.58	济宁市	50.37
天津市	61.82	莆田市	55.15	景德镇市	50.31
三亚市	61.14	宜昌市	54.33	黄山市	50.20
威海市	60.85	克拉玛依市	54.32	连云港市	50.20
南通市	60.78	盘锦市	54.19	唐山市	50.18
大连市	60.38	龙岩市	54.09	濮阳市	50.06
贵阳市	59.84	柳州市	53.85	衡阳市	50.03
泰州市	59.76	日照市	53.77	南宁市	49.96
台州市	59.75	莱芜市	53.62	玉溪市	49.84

续表

城市	预测得分	城市	预测得分	城市	预测得分
防城港市	49.68	泸州市	47.36	六盘水市	45.57
汕头市	49.61	萍乡市	47.33	邢台市	45.56
益阳市	49.44	汕尾市	47.22	巴彦淖尔市	45.55
聊城市	49.41	牡丹江市	47.22	河池市	45.54
安阳市	49.32	永州市	47.17	鹤壁市	45.47
滁州市	49.09	张家界市	47.06	崇左市	45.33
十堰市	48.55	乐山市	46.78	梧州市	45.31
开封市	48.51	雅安市	46.71	商丘市	45.30
枣庄市	48.45	亳州市	46.67	庆阳市	45.24
桂林市	48.40	辽阳市	46.40	保山市	44.96
宣城市	48.26	晋中市	46.31	丽江市	44.93
淮北市	48.11	衡水市	46.24	营口市	44.93
自贡市	48.09	菏泽市	46.22	本溪市	44.86
韶关市	48.03	阳江市	46.15	达州市	44.73
茂名市	48.03	乌海市	46.12	金昌市	44.50
资阳市	48.02	安顺市	46.05	家口市	44.45
抚州市	47.89	秦皇岛市	46.05	临沧市	44.44
怀化市	47.88	邵阳市	46.02	邯郸市	44.34
酒泉市	47.87	承德市	45.99	伦贝尔市	44.27
孝感市	47.79	漯河市	45.93	安康市	44.23
平顶山市	47.79	驻马店市	45.92	梅州市	44.15
遂宁市	47.68	宝鸡市	45.92	平凉市	44.14
南阳市	47.63	张掖市	45.92	阜新市	44.00
汉中市	47.54	玉林市	45.90	贺州市	43.96
肇庆市	47.46	保定市	45.88	运城市	43.95
钦州市	47.45	周口市	45.87	芦岛市	43.94
宜宾市	47.45	天水市	45.78	嘴山市	43.82
随州市	47.45	池州市	45.64	来宾市	43.78
揭阳市	47.44	广元市	45.63	白银市	43.59

续表

城市	预测得分	城市	预测得分	城市	预测得分
曲靖市	43.51	昭通市	43.03	贵港市	41.69
固原市	43.44	海东市	42.95	朝阳市	41.26
武威市	43.29	定西市	42.39	渭南市	41.11
宜春市	43.24	百色市	42.33	吴忠市	37.99
陇南市	43.06	忻州市	41.97		

　　185个城市中，非城市群城市平均得分为49.78，而城市群城市平均得分为55.74，城市群明显提升了绿色发展水平（见表2-36）。可见，城市群作为组团式发展模式，有利于城市之间合理分工，充分发挥经济集聚效应，并避免过度集中带来的负外部性，整体上有利于促进城市绿色发展。

表2-36　城市群及非城市群城市的绿色发展水平比较

编号	城市群	城市数量（个）	平均得分
1	长三角城市群	7	63.40
2	山东半岛城市群	4	60.39
3	珠三角城市群	3	60.15
4	长株潭城市群	2	58.60
5	海峡西岸城市群	4	58.17
6	哈大长城市群	1	53.56
7	辽中南城市群	2	52.66
8	京津冀城市群	7	52.16
9	武汉城市群	1	51.78
10	南宁城市群	3	50.18
11	环鄱阳湖城市群	2	49.10
12	江淮城市群	1	49.09
13	成渝城市群	2	47.23
14	中原城市群	1	45.93
	城市群城市	40	55.74
	非城市群城市	145	49.78
	全部	185	51.07

　　虽然城市群从总体上提升了绿色发展水平，但是各个城市群之间的绿色发展水平存在明显差距。绿色发展水平得分最高的长三角城市群和绿色发展水平得分最低的中原城市群，二者得分相差 17.47。总体来讲，南方城市群得分高于北方城市群。

　　从得分最高的 10 个城市来看，深圳和广州带动了珠三角城市群的绿色发展，上海则与苏州、杭州推动了长三角城市群的绿色发展。而北京作为全国绿色发展排名第二的城市，却对所在的京津冀城市群的带动有限，京津冀城市群发展明显落后，甚至明显低于山东半岛城市群的绿色发展水平。

　　各城市群内部存在不同程度的发展差距。京津冀城市群内部差距明显，而且绿色发展滞后城市数量较多，比如承德、张家口、秦皇岛和保定的得分都比北京低 20 多。作为对比，同样是跨省级行政区的长三角城市群，城市绿色发展就非常均衡，差距非常小，得分相差不超过 8。京津冀城市群亟待实现绿色协同发展。珠三角城市群内，深圳绿色发展最充分，但是也存在江门等绿色发展相对滞后的城市，它与深圳的得分差 15。

　　（2）2020 年绿色发展态势预测——以北京市和上海市为例。

　　良好的预测不仅要求精准性，同时也要求时效性，能及时根据数据变化进行新的预测。我们以北京市和上海市 2020 年第一季度的经济和环境数据为例，利用训练好的机器学习模型预测疫情发生以来北京当前绿色发展态势。数据来源包括：北京市和上海市统计局公布的 2020 年第一季度经济数据；生态环境部公布的城市空气质量月报数据；北京市和上海市发布的 2019 年国民经济与社会发展统计公报。对于缺乏更新的数据的指标，我们采用 2018 年或者 2019 年的数据。数据整理在表 2-37 中。

　　基于以上数据，利用训练好的模型，预测北京市和上海市 2019 年和 2020 年的绿色发展得分如图 2-21 所示。

表2-37 北京市与上海市历年指标对比

指标	北京市					上海市				
	2010	2015	2018	2019	2020	2010	2015	2018	2019	2020
人均GDP（元）	75 943	118 198	140 211	164 000	153 176	76 074	116 562	134 982	143 080.9	133 494.5
GDP增长率（%）	10.30	6.80	6.60	6.10	-6.60	10.34	6.90	6.60	6.00	-6.70
工业研发投入占产出的比重	1.92	5.43	6.17	6.17	6.17	1.42	6.47	4.16	4.16	4.16
经济集聚程度（亿元/平方公里）	1.14	1.89	1.85	1.96	1.83	3.29	4.82	5.15	5.46	5.10
第三产业占比（%）	75.11	79.65	80.98	83.10	83.10	57.28	67.76	69.90	72.70	72.70
PM2.5年均浓度（微克/立方米）	83.20	80.40	51	42.00	39.21	52.20	53.90	36.00	35.00	30.26
单位GDP水耗（吨/万元）	11.22	7.93	3.82	13.02	13.02	18.13	12.43	7.45	7.45	7.45
单位GDP用电量（万千瓦时/亿元）	568.87	413.96	376.77	329.76	329.76	763.55	565.88	479.40	479.40	479.40
排水管道密度（公里/平方公里）	8.58	11.08	14.89	14.89	14.89	13.26	16.94	22.20	22.20	22.20
科教支出占GDP的比重（%）	4.46	4.97	19.44	19.44	19.44	3.61	4.14	16.10	16.10	16.10
建成区绿化覆盖率（%）	55.10	48.40	48.44	48.44	48.44	44.00	38.50	39.40	39.40	39.40
三险覆盖率	97.14	98.68	100.00	100.00	100.00	87.90	84.79	92.92	92.92	92.92
单位面积NOx排放量（吨/平方公里）	13.59	2.81	0.91	0.80	0.80	70.44	20.74	4.21	4.21	4.21
NOx排放强度（吨/亿元）	15.80	2.00	0.49	0.49	0.49	26.02	5.23	0.82	0.82	0.82

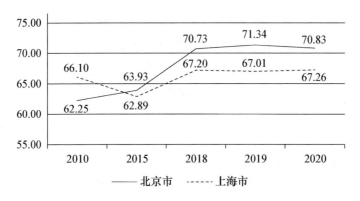

图 2-21　北京市、上海市绿色发展得分

从图 2-21 可以看出，北京市和上海市表现出不同的发展态势。北京市从 2010 年开始绿色发展持续改善，直到 2020 年因受疫情影响，开始呈现下降态势。疫情使得北京市一直以来的绿色发展进步趋势出现了第一次扭转。上海市的绿色发展趋势比较波折，在 2010—2015 年期间出现了下降，2018 年明显改善，但是自 2019 年开始趋于停滞。2020 年，因受疫情影响，上海市的绿色发展继续停滞不前。可见，2020 年，在疫情的影响下，总体绿色发展进步情况不容乐观。当然，利用这个方法，也可以将态势分析拓展到其他具备数据条件的城市，更新不同城市 2020 年的绿色发展态势，从而描绘中国整体绿色发展态势，为中国绿色发展提供及时的决策支持。对这些问题的讨论有待后续研究进一步展开。

2.4.3　动态评价和预测的结论与启示

本部分基于 2010—2015 年 100 个城市的真实指标，进行了城市绿色发展的动态评价，得出了以下几个结论：

（1）绿色发展理念已在各地生根发芽，并转换为地方政府的行动。绝大部分城市已经摒弃强调经济增长的传统模式，转向重视绿色发展，实现了经济增长和可持续性的同步改善。从整体判断，我国城市绿色发展进入了经济增长和可持续性的脱钩发展阶段。

（2）城市之间绿色发展水平的差异趋于缩小。这表明，绿色发展理念推动了各地的绿色发展，尤其是对于存在可持续性"短板"的城市，其可持续性得到了明显的改善。补"短板"策略直接推动了城市绿色发展水平的提高，也间接促进了城市之间绿色发展水平差异的缩小。绿色发展能力改善对于提高绿色发展水平具有重要的意义，尤其是对于经济发展落后的城市和经济发达城市来说，增强绿色发展能力都是推动绿色发展的有效手段。

（3）城市绿色发展出现了明显的分化，不同类型城市绿色发展的实现路径存在显著的差异。绿色坚守城市、协调发展城市、低位开发城市都针对各自的"短板"，采取补"短板"的策略，分别实现了经济发展或可持续性的显著改善；经济先导城市更多的是采取强优势的策略，利用区位优势和集聚经济效应以及可持续性方面的较好基础，实现了经济发展的大幅改善。

（4）城市绿色发展仍然存在一些需要引起警惕的问题。一是重经济轻生态的惯性思维难以根绝，部分城市的经济发展与可持续性的失衡有所加剧，这些城市仍应坚持生态优先，绿色发展不能松动。二是绿色发展的南北差异有所扩大，城市群与非城市群城市之间的差异也趋于扩大，这主要是由经济发展增幅的差异导致的，绿色发展既要绿色也要发展的内涵仍需进一步强调。三是极少数城市尚未摆脱以环境换发展的传统模式，亟须转变发展方式。

与此同时，我们还应用机器学习方法对绿色发展态势进行了预测，得出了以下几个结论：

（1）机器学习方法利用少量特征对绿色发展进行预测是可行的，有利于突破数据限制，实现更广泛的城市评价，并迅速更新绿色发展态势。但是早期训练样本的时滞性不利于后期评价，有待后续研究改进方法，提升预测准确度。

（2）对 185 个城市的最新绿色发展预测显示：深圳市和北京市的绿色发展程度明显领先于其他城市；城市群提升了绿色发展水平，但是某些城市群，比如京津冀城市群内部差距较大；南方城市群的绿色发展整体优于北方城市群。

（3）根据 2020 年第一季度的数据对 2020 年疫情影响下的绿色发展所做的预测显示，北京市自 2010 年以来的绿色发展持续上升趋势被扭转了，疫情对绿色发展的影响不容小觑，有待结合后续数据持续关注。

2.5　资源型城市绿色发展评价——以鄂尔多斯市为例

绿色发展是人类发展的共同追求，是新时代中国特色社会主义推动高质量发展的新发展理念之一。目前，关于绿色发展的理论内涵、绿色发展综合评价、绿色发展战略和路径选择等问题已经开展了大量的研究。由于测度和评价绿色发展水平有助于制定差异化的绿色发展战略，培育发展绿色动能，提高绿色发展水平，所以绿色发展评价已成为绿色发展研究的重要组成部分（北京师范大学科学发展观与经济可持续发展研究基地，2012；蔡绍洪等，2017；郭永杰等，2015；郝汉舟和周校兵，2018；黄跃和李琳，2017；李文正，2015；欧阳志云等，2009；任嘉敏和马延吉，2018；石敏俊和徐瑛，2018a；杨瑞和张然，2018；张欢等，2016）。

绿色发展评价的文献大多基于对绿色发展内涵的理解，构建绿色发展评价方法和指标体系。有的学者基于可直接获得的统计数据构建了城市绿色发展指数，强调环境治理的重要性（欧阳志云等，2009）。北京师范大学和国家统计局对全国 30 个省份的绿色发展水平进行了评价，指标体系涵盖经济增长绿化度、资源环境承载潜力、政府政策支持度三个方面（北京师范大学科学发展观与经济可持续发展研究基地，2012）。石敏俊和徐瑛基于经济发展绩效、环境可持续性和绿色发展能力三个维度，构建了中国经济绿色发展评价指标体系（石敏俊和徐瑛，2018b）。绿色发展评价方法主要有数据包络分析、主客观赋权的综合评价法等。研究对象区域的范围包括国家（北京师范大学科学发展观与经济可持续发展研究基地，2012；郝汉舟和周校兵，2018；黄跃和李琳，2017；欧阳志云等，2009；石敏俊和徐瑛，2018a）、区域（省域、城市群）（蔡绍洪等，2017；黄跃和李琳，2017；李文正，2015；任嘉敏和马延吉，2018；张欢等，2016）及城市（杨瑞和张然，2018）等。总体而言，绿色发展评价需要根据研究对象区域的绿色发展问题，构建具有针对性的评价体系，才能服务于研究对象区域绿色发展的问题剖析与方向探索。

资源型城市为国家经济发展做出了历史性贡献，但粗放型资源开发模式和经济发展方式积累了许多经济、社会与环境的矛盾，如转型发展内生动力不强、经济结构单一、就业与再就业问题严重、生态环境破坏、自然资源枯竭等（梁姗姗和杨丹辉，2018；张文忠等，2016）。促进资源型城市可持续发展，对于维护国家能源资源安全、推动新型工业化和新型城镇化、促进社会和谐稳定和民族团结、建设资源节约型和环境友好型社会具有重要意义（秦炳涛等，2019）。目前，随着中国经济进入新常态，资源产品的供求关系发生了变化，资源型城市的可持续发展面临严峻挑战，迫切需要统筹规划走绿色发展之路，促进资源产业升级，加快转型发展，从根本上解决发展方式与自然资源、生态环境之间的矛盾。

资源型城市的绿色转型具有与一般城市的绿色发展不同的特点，成长型资源型城市的绿色转型与其他类型的资源型城市又有不同的特点。因此，有必要针对资源型城市绿色发展的具体需求，构建具有针对性的绿色发展评价方法和指标体系。本节基于资源型城市绿色发展概念内涵的理论分析，以鄂尔多斯市为例，构建服务于资源型城市绿色转型的绿色发展评价体系，通过测度绿色发展的现状及变化特征，诊断绿色发展的障碍因素，探索资源型城市的绿色发展之路。

鄂尔多斯市位于内蒙古自治区西南部，蕴藏着丰富的煤炭、天然气、铁等矿产资源，又是太阳能资源、风能资源富集区，是国家五大综合能源基地之一。鄂尔多斯市是典型的成长型资源型城市。2017 年，全市地区生产总值为 3 579.81 亿元，在全国地级及以上城市排名中居前 60 位。鄂尔多斯市以煤为兴，但产业结构较为单一，能源结构和经济结构"一煤独大"，经济增长对资源产业的依赖较大，容易受到市场波动的冲击。鄂尔多斯又是北方重要的生态安全屏障，迫切需要探索以生态优先、绿色发展为导向的高质量发展新路子。因此，推动城市进行绿色转型，促进资源产业升级，提高能源综合利用效率，推进能源产业绿色转型，是鄂尔多斯市谋求转型发展的必然选择。

2.5.1　资源型城市绿色发展评价的"菱形模型"

资源型城市绿色发展具有普通城市绿色发展的共性，也有一定的特殊性。资源型城市高度依靠自然资源发展的特性造成了这类地区经济发展基础的单一性、对传统产业路径的依赖性、制约因素的复杂性以及生态环境的脆弱性等。因此，首先需要认识资源型城市绿色发展的内涵及转型发展的重点。

由于研究视角及资源型城市类型的不同，目前关于资源型城市绿色发展的内涵存在一定的差异。整体来看，资源型城市绿色转型强调转型过程中的可持续发展，重点探讨如何"减轻对自然资源的依赖"、有效"利用资源可持续发展"的问题。众多研究认为，资源型城市的成功转型需要创新发展目标，通过产业绿色转型和经济发展方式绿色转变，实现人与自然和谐共处、经济发展与生态环境保护双赢，并提出了诸如发展循环经济、调整产业结构、优化能源构成、培育环保产业、推动工业节能减排等实现途径（方琳和仇方道，2019；孙毅和景普秋，2012；张义丰等，2017）。2013 年国务院印发的《全国资源型城市可持续发展规划》也明确提出，以加快转变经济发展方式为主线，加强生态环境保护和治理，并从资源保障、经济活力、人居环境、民生改善四个方面提出了资源型城市可持续发展目标。

本书认为，处理好经济发展与资源环境之间的关系是绿色发展的本质要求，资源型城市绿色发展需要着重解决以下两大问题：第一，降低对传统资源产业的依赖，增强经济活力，改善经济增长的可持续性；第二，减轻对资源与环境的损害，提升环境效率，改善生态环境的可持续性。因此，资源型城市的绿色发展要同时实现经济可持续与环境可持续两大目标，妥善处理好两大目标之间的关系。而实现两大目标的核心在于促进结构转型、提升内源性增长动力（石敏俊等，2020）。这首先需要通过产业结构多元化和能源结构绿色化，降低对资源初级产品开采和加工行业的依赖，努力向产业链前端延伸，同时调整和优化能源结构，提高绿色能源的生产和消费比重，推动经济体系向绿色、高效的方向转变。此外，内源性增长动力是推动资源型城市绿色发展的不竭动力，对人才、资金等要素的集聚能力以及创新能力的培育可以转化为绿色发展能力，最终实现经济可持续性与环境可持续性协同发展的目标。

基于这一理论内涵，本书构建了适用于资源型城市绿色发展评价的"菱形模型"框架（见图 2-22）。该模型包含资源型城市绿色发展的四大要素，即经济可持续性、环境可持续性、结构转型和内源性增长动力。其中经济可持续性与环境可持续性是资源型城市绿色发展的两大子目标。结构转型与内源性增长动力两大要素是实现两大子目标的核心抓手，同时这两者之间也是相辅相成的。结构转型的深化可以进一步释放资源型城市绿色发展的内源性增长动力；通过自身内源性增长动力的提升，可以激发资源型城市的发展动能，进一步发展接续替代产业的支撑保障能力，促进结构转型。四个要素间的耦合协同即实现了资源型城市绿色发展这一总目标，某一要素的滞后则会造成制约绿色发展的障碍。不同类型的资源型城市面临的资源枯竭程度和经济发展的困难程度不同，所处的绿色发展阶段也有所差别，但是均可通过这一模型探寻其绿色发展路径。

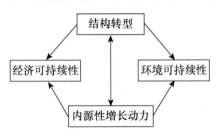

图 2-22　资源型城市绿色发展评价的"菱形模型"框架

2.5.2　资源型城市绿色发展评价的指标体系

（1）资源型城市转型的绿色发展评价指标体系。

依据资源型城市绿色发展评价的"菱形模型"框架，以鄂尔多斯市为例，将绿色发展水平分为经济可持续性、环境可持续性、结构转型和内源性增长动力四个方面进行考察。由于鄂尔多斯市辖伊金霍洛旗、达拉特旗、杭锦旗、准格尔旗、乌审旗、鄂托克旗、鄂托克前旗、东胜区和康巴什区7旗2区，各旗（区）的资源禀赋、经济结构差异较大，有必要从县域角度对发展路径进行深入探讨。

我们遵行指标选取的科学性、可行性、代表性和全面性原则，共选取12个二级指标40个三级指标，构建了服务于资源型城市转型的绿色发展评价指标体系（见表2-38）。其中，经济可持续性以全社会福利均等化与经济持续发展为目标，而非以经济增长为核心，指标包括经济发展水平、经济增长动力、收入分配与社会保障三方面。

环境可持续性通过提升政府的环境治理能力、转变居民生活方式，实现资源节约，提升环境效率，充分保护资源与环境，使之成为可持续的生产力，指标包括生态健康、污染控制、资源节约、绿色生活四方面。

结构转型包括产业结构转型与能源结构优化，推动工业节能减排，具体指标包括产业转型、低碳发展两方面。

内源性增长能力从经济集聚程度、创新能力、人才培育三个方面进行评价。

表2-38 鄂尔多斯市绿色发展指标评价体系

一级指标	二级指标	权重	三级指标	权重	单位
经济可持续性（E）	经济发展水平	36.1%	人均GDP增长率（+）	8.8%	%
			人均一般公共预算收入（+）	8.7%	元/人
			城镇化率（+）	10.0%	%
			居民人均可支配收入（+）	8.7%	万元
	经济增长动力	24.0%	社会消费品零售总额增速（+）	6.3%	%
			固定资产投资占GDP的比重（-）	10.6%	%
			城区经济密度（+）	7.2%	万元/平方公里
	收入分配与社会保障	39.9%	城乡收入比（-）	10.5%	
			在岗职工（就业人员）平均工资（+）	10.7%	元
			城乡医疗救助金额（+）	9.0%	元
			登记失业率（-）	9.7%	%
环境可持续性（C）	生态健康	21.8%	草原植被覆盖度（+）	7.6%	%
			空气质量优良天数达标率（+）	1.6%	%
			可治理沙化土地治理率（+）	6.6%	%
			矿山恢复治理面积占矿山面积的比例（+）	6.0%	%
	污染控制	34.2%	单位耕地面积化肥使用量（-）	7.2%	千克/公顷
			单位耕地面积农药使用量（-）	9.7%	千克/公顷
			污水集中处理率（+）	9.3%	%
			危险废物处置利用率（+）	8.0%	%
	资源节约	16.1%	单位工业增加值能耗降低率（+）	6.5%	%
			单位GDP建设用地面积降低率（+）	7.5%	%
			农田灌溉系数达标率（+）	2.0%	%
	绿色生活	27.9%	建成区绿化覆盖率（+）	7.3%	%
			农村卫生厕所普及率（+）	8.8%	%
			城镇每万人口公共交通客运量（+）	4.8%	辆/万人
			新能源汽车保有量增长率（+）	7.0%	%

续表

一级指标	二级指标	权重	三级指标	权重	单位
结构转型（S）	产业转型	74.1%	服务业增加值占 GDP 的比重（＋）	22.6%	%
			采矿业增加值占规模以上工业增加值的比重（－）	25.8%	%
			非采矿业投资占全部投资的比重（＋）	25.7%	%
	低碳发展	25.9%	非化石能源占能源消费总量的比重（＋）	10.9%	%
			单位 GDP CO_2 排放降低率（－）	15.1%	%
内源性增长动力（I）	创新能力	28.1%	研究与试验发展经费支出占 GDP 的比重（＋）	10.5%	%
			科研机构数（＋）	10.0%	个
			战略性新兴产业增加值占规模以上工业增加值的比重（＋）	7.5%	%
	人才培育	31.9%	专业技术人员数占就业人员的比重（＋）	11.4%	%
			科教文卫投资占总投资的比重（＋）	7.7%	%
			教育支出占公共财政预算支出的比重（＋）	12.8%	%
	经济集聚程度	40.0%	单位资本回报率（＋）	15.3%	%
			全员劳动生产率（＋）	15.0%	%
			工业园区单位面积产出率（＋）	9.7%	%

（2）数据来源与处理。

本节绿色发展评价采用综合指数法计算最终得分。为了消除不同指标量纲影响及实现年度间可比，本节采用 z-score 标准化（又名标准差标准化）法对各原始数据进行标准化处理。本节认为，资源型城市绿色发展的四大要素同等重要，故各一级指标按等权重处理，再采用熵值法对二级指标和三级指标权重进行赋值。在此基础上，以县域为单元，测算鄂尔多斯市 2012 年和 2017 年各旗（区）经济可持续性、环境可持续性、结构转型和内源性增长动力四个方面的评价值和综合评价值。本节所用数据来源于相关年份《鄂尔多斯统计年鉴》以及当地相关部门公布的资料。

（3）绿色发展的障碍因素识别。

资源型城市绿色发展评价主要是对区域绿色发展水平进行评判，更重要的是解析影响区域绿色发展的障碍因素，以便有针对性地制定区域绿色发展模式与政策，因地制宜地提高地区的绿色发展能力。因此，在鄂尔多斯市绿色发展水平评价的基础上，本书引入障碍度模型（任嘉敏和马延吉，2018），从因子贡献度、指标偏离度、障碍度三个方面识别绿色发展水平提高的障碍因素，公式如下：

$$M_j = \frac{U_j V_j}{\sum_{j=1}^{44} U_j V_j}$$

其中，因子贡献度（U_j）代表单个因素对总目标的影响程度，即单因素对总目标的权重（W_j）；指标偏离度（V_j）表示单项指标与区域整体绿色发展目标之间的差距，设为单项指标标准化值（p_{ij}）与 100% 之差；障碍度（M_j）表示单项指标和分类指标对区域绿色发展水平的影响值，该指标是区域绿色发展障碍诊断的目标和结果。

2.5.3　绿色发展评价结果

2.5.3.1　鄂尔多斯市绿色发展水平现状

根据前述指标体系，计算得到鄂尔多斯市 2017 年 9 个旗（区）的绿色发展指数得分及一级指标得分（见表 2 - 39）。2017 年鄂尔多斯市绿色发展指数平均得分为 48.37，四大要素间得分相对均衡，其中经济可持续性得分相对较高（12.36），内源性增长动力得分相对较低（11.82）。经济可持续性与环境可持续性两大要素间存在一定的线性关系（$R^2 = 0.64$），其斜率表明当前鄂尔多斯市经济可持续性水平的提升仍为发展主导（见图 2 - 23）。图 2 - 23 中对角线表示经济可持续性与环境可持续性的耦合协调发展线，从各旗（区）的分布可知，鄂尔多斯市域内两个目标之间总体较为协调，但部分地区协调性较差，以东胜区、准格尔旗和达拉特旗最为明显，其中东胜区与准格尔旗高度偏重经济可持续性，达拉特旗偏重环境可持续性。

表 2-39　2017 年鄂尔多斯市各旗（区）绿色发展指数得分

区旗	经济可持续性	环境可持续性	结构转型	内源性增长动力	绿色发展指数
东胜区	17.32	13.76	14.80	13.90	59.79
达拉特旗	11.21	13.32	14.06	10.41	49.00
准格尔旗	16.07	13.06	6.55	18.96	54.65
鄂托克前旗	10.31	9.05	8.57	8.24	36.17
鄂托克旗	11.84	11.99	13.27	11.67	48.77
杭锦旗	8.84	8.34	13.85	6.84	37.87
乌审旗	9.55	9.95	12.78	10.33	42.60
伊金霍洛旗	15.75	15.36	8.05	9.02	48.19
康巴什区	10.99	12.50	17.18	17.61	58.28
全市均值	12.36	11.98	12.21	11.82	48.37

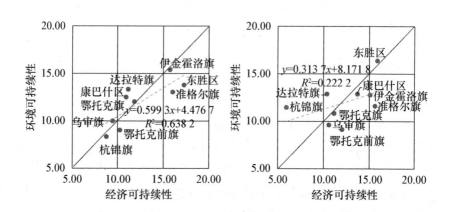

图 2-23　经济可持续性与环境可持续性的关系图
（左图为 2017 年，右图为 2012 年）

总体而言，各旗（区）间绿色发展不平衡性明显，不同地区四大要素间的"短板"效应明显。为了更直观地反映各旗（区）间绿色发展水平差异，以全市绿色发展平均值 A 及标准差 S 作为判断依据，对 9 个旗（区）的绿色发展水平进行等级划分（见表 2-40）。

表 2-40　2012—2017 年鄂尔多斯市各旗（区）绿色发展水平等级划分

等级	区间	2012 年	2017 年
低绿色发展水平	$(0, A-S]$	杭锦旗	鄂托克前旗、杭锦旗
中绿色发展水平	$(A-S, A]$	乌审旗、达拉特旗、鄂托克前旗、鄂托克旗、伊金霍洛旗	乌审旗、伊金霍洛旗
较高绿色发展水平	$(A, A+S]$	准格尔旗、康巴什	鄂托克旗、达拉特旗、准格尔旗
高绿色发展水平	$(A+S, 1)$	东胜区	康巴什区、东胜区

（1）高绿色发展水平，包括康巴什区和东胜区。这两个区构成的中心城区是鄂尔多斯市的发展核心，在本区域内具有重要的政治经济地位。区域内拥有大量优质生产要素，在绿色发展过程中具有得天独厚的优势，产业结构较优，经济发展水平高，居民绿色生活理念强，集聚了高水平科技与人才。

（2）较高绿色发展水平，属于该类型的旗（区）数量最多，包括鄂托克旗、达拉特旗和准格尔旗。鄂托克旗和达拉特旗在结构转型与环境可持续性方面得分高，经济可持续性也相对较好，整体绿色发展水平相对较高。准格尔旗虽然在经济可持续性和内源性增长动力方面得分较高，但结构转型的"短板"拉低了其绿色发展水平。

（3）中绿色发展水平，包括乌审旗和伊金霍洛旗。二者的绿色发展水平低于市平均水平，但面临的困难有所差异。乌审旗面临经济可持续性与环境可持续性两大压力，伊金霍洛旗面临结构转型与内源性增长动力两大压力。

（4）低绿色发展水平，仅包括鄂托克前旗、杭锦旗，该类型的旗在绿色发展中面临较为复杂的挑战。鄂托克前旗的内源性增长动力不足和结构转型滞后等极大地限制了区域发展，拉低了绿色评价水平。杭锦旗虽然结构转型相对领先，但经济可持续性和环境可持续性得分均较低。

2.5.3.2　鄂尔多斯市绿色发展水平动态变化

2017 年鄂尔多斯市绿色发展平均水平与 2012 年相当（48.36），基本保持不变。其中，经济可持续性得分提升最多（2.2%），内源性增长动力得分提高了0.6%；环境可持续性得分和结构转型得分都略有降低，降幅分别为0.4%和0.7%。比较经济可持续性与环境可持续性两大要素间的关系可知，2012年多数旗（区）的经济可持续性强于环境可持续性目标，仅杭锦旗等三个旗（区）的环境可持续性目标较强，且分布沿对角线散开，整体协调性较差；近五年来，明显可见两大子目标的协调程度不断提升。

分旗（区）来看，大多数旗（区）的绿色发展指数得分呈现上升趋势，以康巴什区（6.53%）、达拉特旗（6.17%）和鄂托克旗（5.24%）上升最为显著。东胜区由于环境可持续性得分与内源性增长动力得分下降明显，环境可持续性与经济可持续性的冲突不断加剧，绿色发展水平整体下降了3.16%；鄂托克前旗除环境可持续性得分下降缓慢外，其余三项要素得分均下降明显，绿色发展水平整体下降了21.94%。从绿色发展水平的空间分布变化来看，鄂尔多斯市高绿色发展水平、较高绿色发展水平的区域稳步增加；中绿色发展水平区域数量显著减少，其中鄂托克旗和达拉特旗的绿色发展指数升高，进入较高绿色发展水平行列；鄂托克前旗绿色发展水平降低，进入低绿色发展水平行列。目前，鄂尔多斯市已逐步形成以东胜—康巴什组成的城市核心区为中心的绿色发展空间格局。

2.5.3.3 鄂尔多斯市绿色发展的障碍因素

通过障碍度模型计算可以发现，各个指标对鄂尔多斯市绿色发展水平的障碍度影响及变化趋势不同（见表2-41）。

表2-41 2012年和2017年鄂尔多斯市各指标障碍度（%）

	指标	2012	2017
一级指标	经济可持续性（E）	25.39	25.32
	环境可持续性（C）	32.39	32.75
	结构转型（S）	25.97	26.07
	内源性增长动力（I）	26.53	25.93

续表

	指标	2012	2017
二级指标	经济发展水平	9.41	9.23
	经济增长动力	5.72	5.75
	收入分配与社会保障	10.26	10.35
	生态健康	5.37	5.46
	污染控制	5.50	5.56
	资源节约	4.12	4.04
	绿色生活	7.14	7.34
	产业转型	18.49	18.60
	低碳发展	7.48	7.47
	创新能力	7.47	7.65
	人才培育	8.50	8.31
	经济集聚程度	10.56	9.97

　　一级指标中，研究期内经济可持续性和内源性增长动力障碍度呈下降态势，内源性增长动力障碍度下降最多；环境可持续性和结构转型障碍度则呈持续上升态势，其中环境可持续性的障碍度上升最为明显。从作用强度看，经济可持续性始终是最小的障碍因素，环境可持续性一直为鄂尔多斯市的首要障碍因素，结构转型从排名第三的障碍因素上升到排名第二的障碍因素。未来，鄂尔多斯市绿色发展要保持良好的经济可持续性基础，聚焦增强区域生态健康和污染控制力度，强化绿色生活基础设施建设，推进区域内产业转型与低碳发展。

　　各旗（区）的障碍度变化存在不同程度的差异。从数量上看，环境可持续性障碍度的差异最为明显。2012 年有 3 个旗（区）的结构转型障碍度高于平均水平，2017 年已增加至 5 个，鄂托克旗和康巴什区的环境可持续性障碍度显著上升。从变化幅度来看，结构转型与内源性增长动力两大因素变化在各旗（区）间差异较大。

　　二级指标中，2012 年鄂尔多斯市排名前五位的障碍因素分别为产业转型、经济集聚程度、收入分配与社会保障、经济发展水平和人才培育；2017 年，经济集聚程度、经济发展水平和人才培育障碍度大幅下降，产业转型和收入分配与社会保障障碍度均有所上升。当前产业转型仍为首要障碍因素，这表明鄂尔多斯市非化石能源依然是区域能源消费的主流，产业转型任务艰巨。创新能力障碍度的升高表明，鄂尔多斯市对于研究与试验发展经费的投入还不能满足社会发展的需求，空间分布不均衡，主要投资集中在中心城区，若不及时提高其他地区的科技投入及成果转化能力，未来绿色发展水平提升可能会进一步受阻。绿色生活、生态健康与污染控制障碍度的提升显示出鄂尔多斯市环境质量恶化，公共基础设施建设有待加强，居民对于绿色生活理念的实践不足等问题。

2.5.3.4 绿色发展的实现路径

根据各旗（区）指标的障碍度排序，可以将鄂尔多斯市 9 个旗（区）分为四个类型：经济增长型区域、环境提升型区域、结构优化型区域和内源动力夯实型区域。

（1）经济增长型区域，主要为乌审旗。经济可持续性是其首要障碍因素，障碍度为 31.04%。未来应着重保障城乡居民收入，完善与保障社会福利，挖掘区域经济增长动力，促进区域经济活力。

（2）环境提升型区域，主要包括东胜区、康巴什区、鄂托克前旗、鄂托克旗和杭锦旗。这类区域的环境可持续性障碍度均位于首位。未来应向居民大力宣传绿色生活意识，健全城市垃圾、污水处理等基础建设，增加城市绿化带、公园等生态用地的面积，加强防沙治沙工程建设，改善人居环境；整顿当地高污染高能耗企业，避免引进高污染项目，督促企业控制污染，对采用高科技排污治污设备的企业给予财政补贴。

（3）结构优化型区域，主要为准格尔旗和伊金霍洛旗。这类区域的结构转型障碍度相对较高，未来应把产业结构转型和能源结构优化作为主要目标，尤其要以资源为依托，努力向产业链前端延伸，尽快提高天然气、可再生能源等绿色能源的生产和消费比重，降低传统化石能源消费，并结合矿区、工厂等资源型城市特色景观，建设景观公园，改造工业园区，吸引第三产业投入，加强地区吸引力。

（4）内源动力夯实型区域，主要为达拉特旗。这类区域的首要障碍因素是内源性增长动力，未来应着力于引进高新技术人才，抓住产业转型机遇，增加基础教育的投入以及科研机构建设，全面提高居民文化素养，为地区发展提供后备人才。同时，要通过政府规划引领，提高区域人才、资金的集聚效应，提高资本及劳动力的投入产出效率。

2.5.4　资源型城市绿色发展评价的结论与启示

本节认为，处理好经济发展与资源环境之间的关系是绿色发展的本质要求，资源型城市绿色发展需要着重解决以下两大问题：第一，降低对传统资源产业的依赖程度，增强经济活力，改善经济增长的可持续性；第二，减轻对资源与环境的损害，提升环境效率，改善生态环境的可持续性。因此，资源型城市绿色转型应以经济可持续性与环境可持续性为两大子目标，以结构转型与内源性增长动力为两大核心抓手，构建适用于资源型城市绿色发展的"菱形模型"评价框架。

本节采用综合指数法，结合资源型城市绿色发展的经济可持续性、环境可持续性、结构转型、内源性增长动力四大核心要素，构建了服务于资源型城市绿色转型的评价指标体系，并对 2012—2017 年鄂尔多斯市绿色发展的时空演变特征及障碍因素进行了分析，归纳了各旗（区）的绿色发展实现路径。分析结果可归纳如下：

（1）2017 年鄂尔多斯市绿色发展水平整体不高，各旗（区）间存在显著差异。其中东胜区和康巴什区的绿色发展水平明显高于其他地区，鄂托克前旗的绿色发展水平最低。各地区的经济可持续性目标明显强于环境可持续性目标，两个目标之间总体上较为协调，但部分地区协调性较差。总体而言，属于较高绿色发展水平类型的旗（区）数量最多，其余类型的旗（区）数量分布均匀。

（2）2012—2017 年间，鄂尔多斯市绿色发展水平略有提升，其中经济可持续性和内源性增长动力得分有所提高，环境可持续性和结构转型得分略有降低，且经济可持续性与环境可持续性目标的协调性逐步增加。目前，鄂尔多斯市逐步形成了以东胜—康巴什组成的城市核心区为中心的绿色发展空间格局。

（3）绿色发展障碍度分析表明，环境可持续性一直是鄂尔多斯市的首要障碍因素，经济可持续性的障碍度一直最低；近年来环境可持续性和结构转型障碍度呈持续上升态势，经济可持续性和内源性增长动力障碍度呈稳步下降态势。根据各旗（区）的障碍因素，可将全市分为经济增长型区域、环境提升型区域、结构优化型区域和内源动力夯实型区域四种类型，对应四种绿色发展路径。

本节提出的资源型城市绿色发展的"菱形模型"评价框架和绿色发展评价指标体系，可以为资源型城市绿色转型确定发展方向与实现路径提供科学参考。

本章小结

绿色发展不是不要发展，而是既要绿色，又要发展。兼顾绿色和发展，才是绿色发展的完整内涵；平衡经济增长与可持续性，是绿色发展的核心命题。本章基于绿色发展既要绿色，又要发展的基本认识，从经济发展、可持续性和绿色发展能力三个维度，构建了由三位一体的逻辑框架和三级指标体系构成的中国经济绿色发展评价体系，对31个省份和100个城市的绿色发展态势进行了评价，并尝试进行了绿色发展的动态评价和预测。

经济发展维度包括经济发展水平、经济增长动力、产业结构转型以及收入分配与社会保障四个方面的内容；可持续性维度包括生态健康、污染控制、低碳发展和资源节约四个方面的内容；绿色发展能力维度则包括基础设施、内源性增长能力、资源环境管理三个方面的内容。本章针对资源型城市绿色转型构建了"菱形模型"评价框架，以鄂尔多斯市为例进行了绿色发展评价。

本章采用效用函数合成法进行指标综合，强调绿色发展"短板"效应，以体现绿色发展既要绿色，又要发展的理念，克服综合指数法存在的指标间替代带来的"一俊遮百丑"的弊端，使得绿色发展评价结果更加贴近公众的个体感知。

本章的绿色发展评价结果表明：

第一，绿色发展理念已在各地生根发芽，并转换为地方政府的行动。大部分城市已经摒弃片面强调经济增长的传统发展模式，转向重视绿色发展，实现了经济增长和可持续性的同步改善。

第二，绿色发展不平衡不充分。从全国整体上看，绿色发展水平还不高。无论是省区尺度，还是城市尺度，绿色发展的"短板"制约都较为突出。绿色发展不平衡呈现出地理特征，综合得分呈从东南沿海向西向北逐渐递减的态势。动态来看，绿色发展不平衡程度总体趋于缩小，南北差异有所扩大，城市群与非城市群城市之间的差异也趋于扩大。

第三，绿色发展呈现出明显的类型分化。不同类型城市绿色发展的实现路径存在显著的差异。绿色坚守城市、协调发展城市、低位开发城市主要采取补"短板"的策略，经济先导城市则更多的是采取强优势的策略。

第四，资源型城市面临较大的绿色转型压力。环境可持续性是资源型城市转型的首要障碍因素，需要在改善环境可持续性的同时增强经济活力，推动产业结构转型和增强内源性增长动力是两大核心抓手。

第五，基于机器学习方法，可以利用少量特征指标对未来的绿色发展进行较为可靠的预测。该方法突破了数据限制，实现了更广泛的城市评价，并可根据最新数据及时更新绿色发展态势评价。

习近平总书记在全国生态环境保护大会上指出，我国生态文明建设正处于压力叠加、负重前行的关键期，已进入提供更多优质生态产品以满足人民日益增长的优美生态环境需要的攻坚期，也到了有条件有能力解决生态环境突出问题的窗口期。关键期、攻坚期、窗口期三期叠加，既是对生态文明建设现状的高度概括，也精准勾画出中国经济绿色发展的当前特点，并为下一步推进绿色发展指明了方向。

附表 2-1　省（区、市）绿色发展得分及排名

地区	经济发展得分	经济发展排名	可持续性得分	可持续性排名	绿色发展能力得分	绿色发展能力排名	绿色发展总分	总分排名
北京	88.27	2	56.80	14	86.77	1	61.23	4
天津	76.79	3	42.91	26	53.98	7	52.90	8
河北	41.73	19	37.35	28	44.86	16	41.46	18
山西	42.13	18	26.59	30	36.60	19	34.73	24
内蒙古	38.64	22	37.57	27	35.35	22	37.13	22
辽宁	50.24	10	47.31	22	55.00	6	50.96	10
吉林	39.06	21	59.91	12	35.47	21	39.15	20
黑龙江	44.92	17	51.75	18	36.18	20	41.94	17
上海	91.42	1	55.07	16	67.04	5	61.20	5

续表

地区	经济发展得分	经济发展排名	可持续性得分	可持续性排名	绿色发展能力得分	绿色发展能力排名	绿色发展总分	总分排名
江苏	71.60	5	52.36	17	79.52	2	63.77	3
浙江	76.32	4	64.67	4	74.11	4	72.92	1
安徽	45.88	15	49.81	19	47.33	12	47.21	13
福建	55.68	8	70.86	2	51.58	10	53.86	6
江西	41.63	20	59.92	11	45.51	14	45.04	16
山东	55.35	9	45.94	23	52.98	8	51.81	9
河南	38.28	23	44.42	24	37.52	18	39.21	19
湖北	47.46	11	61.33	8	49.99	11	49.95	12
湖南	47.42	12	62.81	7	42.52	17	46.36	15
广东	70.90	6	65.92	3	77.78	3	71.66	2
广西	30.19	27	60.92	10	32.89	24	33.32	25
海南	44.94	16	64.55	5	29.60	28	37.16	21
重庆	60.99	7	59.31	13	46.50	13	53.28	7
四川	46.71	14	61.06	9	52.69	9	50.53	11
贵州	32.20	24	55.55	15	33.26	23	35.00	23
云南	29.52	28	63.69	6	30.31	26	31.43	26
西藏	30.78	26	72.11	1	28.21	29	29.49	27
陕西	47.08	13	48.29	21	45.00	15	46.53	14
甘肃	23.70	31	43.80	25	24.08	31	26.61	31
青海	25.61	29	49.46	20	27.03	30	28.94	28
宁夏	31.11	25	24.36	31	30.08	27	28.65	29
新疆	25.24	30	27.17	29	30.91	25	27.55	30

附表 2-2　100个城市的绿色发展评价结果

城市	效用函数法合成的绿色发展指数		一级指标得分			等权平均的绿色发展指数	
	综合得分	城市排名	经济发展	可持续性	绿色发展能力	综合得分	城市排名
深圳市	72.64	1	90.65	77.03	72.32	80.00	1
杭州市	71.50	2	78.89	73.58	65.50	72.65	2
北京市	66.59	3	74.12	60.16	79.99	71.42	3

续表

城市	效用函数法合成的绿色发展指数		一级指标得分			等权平均的绿色发展指数	
	综合得分	城市排名	经济发展	可持续性	绿色发展能力	综合得分	城市排名
上海市	64.25	4	80.93	56.18	67.61	68.24	5
成都市	63.44	5	67.44	64.44	58.75	63.55	9
珠海市	62.84	6	73.63	60.91	57.13	63.89	7
广州市	62.67	7	76.99	73.95	54.74	68.56	4
苏州市	60.92	8	72.01	57.45	56.17	61.88	12
武汉市	60.23	9	63.41	57.23	59.20	59.95	15
天津市	59.84	10	60.74	56.05	63.41	60.07	14
长沙市	58.89	11	67.67	76.71	52.07	65.48	6
宁波市	58.45	12	70.28	67.89	49.32	62.49	11
无锡市	57.06	13	71.61	54.58	50.93	59.04	18
湖州市	57.02	14	62.00	61.33	50.49	57.94	23
佛山市	56.65	15	67.70	58.12	48.88	58.23	22
厦门市	56.52	16	69.10	74.07	47.93	63.70	8
南京市	56.29	17	60.96	52.90	54.48	56.12	26
青岛市	55.63	18	63.74	65.95	46.90	58.86	19
合肥市	55.38	19	52.90	67.43	54.78	58.37	21
西安市	54.66	20	55.84	55.12	52.82	54.59	31
福州市	54.46	21	56.06	74.55	50.90	60.50	13
台州市	54.29	22	62.97	67.49	45.27	58.58	20
大连市	54.23	23	70.59	64.79	43.95	59.78	16
嘉兴市	54.03	24	64.33	57.43	45.61	55.79	29
南通市	53.55	25	57.01	65.76	46.72	56.50	24
常州市	53.52	26	61.43	61.62	44.77	55.94	27
郑州市	53.49	27	61.66	50.81	48.96	53.81	35
温州市	52.84	28	65.37	77.62	45.26	62.75	10
济南市	52.50	29	57.64	58.22	45.33	53.73	36
绍兴市	52.49	30	61.74	64.60	42.98	56.44	25
镇江市	51.63	31	61.40	64.27	41.86	55.84	28
威海市	50.32	32	53.18	68.69	43.99	55.29	30
贵阳市	50.11	33	45.99	64.09	51.00	53.69	37
克拉玛依市	49.56	34	50.84	46.35	51.47	49.55	55
扬州市	49.20	35	50.76	65.32	43.26	53.11	41

续表

城市	效用函数法合成的绿色发展指数		一级指标得分			等权平均的绿色发展指数	
	综合得分	城市排名	经济发展	可持续性	绿色发展能力	综合得分	城市排名
沈阳市	48.64	36	49.81	59.06	43.00	50.62	52
湘潭市	48.19	37	48.08	68.59	44.20	53.62	38
泉州市	47.78	38	54.32	69.18	39.44	54.31	33
中山市	47.69	39	70.66	70.59	37.21	59.49	17
南昌市	46.80	40	44.32	69.22	45.77	53.11	42
绵阳市	46.71	41	44.51	68.19	44.95	52.55	45
哈尔滨市	46.58	42	47.42	66.26	41.19	51.63	49
乌鲁木齐市	46.36	43	51.88	51.05	39.14	47.35	63
齐齐哈尔市	46.17	44	45.00	60.20	42.14	49.12	58
湛江市	46.05	45	43.96	69.25	44.47	52.56	44
九江市	46.03	46	38.74	62.87	54.65	52.09	46
潍坊市	46.02	47	45.51	55.14	41.90	47.52	62
海口市	45.94	48	48.79	71.30	40.22	53.44	39
昆明市	45.89	49	42.02	69.00	46.97	52.67	43
烟台市	45.81	50	55.69	68.39	36.05	53.38	40
株洲市	45.62	51	43.92	73.57	45.41	54.30	34
徐州市	45.33	52	42.08	52.72	45.14	46.65	65
秦皇岛市	45.28	53	44.48	53.19	41.73	46.47	66
芜湖市	45.04	54	42.56	61.44	42.38	48.79	59
韶关市	44.50	55	37.59	62.59	50.70	50.29	53
德阳市	44.44	56	49.25	62.45	35.90	49.20	57
太原市	44.34	57	60.13	36.74	42.46	46.45	67
长春市	44.01	58	44.64	60.51	38.05	47.73	61
呼和浩特市	43.90	59	59.85	53.20	32.53	48.53	60
宜昌市	43.80	60	42.46	66.14	40.36	49.65	54
重庆市	43.58	61	36.12	68.99	58.03	54.38	32
汕头市	43.54	62	42.52	60.03	39.01	47.19	64
石家庄市	43.25	63	37.06	47.47	53.00	45.84	68
泰安市	43.10	64	45.83	53.38	35.99	45.07	71
荆州市	43.02	65	42.30	53.79	38.58	44.89	72
遵义市	42.69	66	36.57	68.70	48.74	51.34	50
常德市	42.21	67	43.12	73.36	38.90	51.79	48

续表

城市	效用函数法合成的绿色发展指数		一级指标得分			等权平均的绿色发展指数	
	综合得分	城市排名	经济发展	可持续性	绿色发展能力	综合得分	城市排名
马鞍山市	41.88	68	38.35	42.52	47.46	42.77	74
柳州市	41.47	69	38.87	71.66	41.57	50.70	51
西宁市	41.45	70	34.57	51.09	47.87	44.51	73
三门峡市	40.82	71	37.77	49.29	39.60	42.22	76
兰州市	40.75	72	38.62	49.10	38.35	42.03	77
开封市	40.67	73	39.16	51.25	36.94	42.45	75
济宁市	40.67	74	44.54	45.22	34.40	41.39	78
包头市	40.38	75	44.53	44.14	34.28	40.98	79
连云港市	40.09	76	35.52	60.53	39.73	45.26	70
宜宾市	40.09	77	33.40	59.30	43.91	45.54	69
日照市	39.83	78	37.35	47.17	38.21	40.91	80
南宁市	39.81	79	33.16	68.38	47.10	49.54	56
焦作市	39.24	80	39.63	47.80	34.13	40.52	83
鞍山市	39.23	81	46.58	38.19	34.04	39.60	86
平顶山市	38.31	82	33.72	44.45	40.66	39.61	85
攀枝花市	38.22	83	35.03	38.65	43.08	38.92	89
桂林市	38.16	84	34.94	77.53	43.61	52.03	47
洛阳市	38.09	85	33.28	51.05	38.06	40.80	81
银川市	38.00	86	37.23	39.30	37.84	38.12	92
长治市	37.93	87	34.37	35.06	52.21	40.55	82
淄博市	37.74	88	39.32	36.96	36.66	37.64	94
枣庄市	37.28	89	34.32	47.59	35.11	39.01	88
大同市	36.74	90	31.43	41.78	41.42	38.21	91
邯郸市	36.58	91	31.39	36.45	49.49	39.11	87
安阳市	35.83	92	31.05	38.41	41.73	37.06	95
唐山市	35.52	93	38.26	33.43	34.60	35.43	98
咸阳市	35.13	94	28.84	54.31	36.84	40.00	84
吉林市	34.10	95	32.25	53.83	29.34	38.47	90
临汾市	33.88	96	26.39	40.44	44.08	36.97	96
阳泉市	33.74	97	36.37	25.06	48.94	36.79	97
赤峰市	32.53	98	24.07	49.51	39.97	37.85	93
渭南市	28.84	99	19.35	44.34	41.76	35.15	99
石嘴山市	27.69	100	28.27	23.34	32.80	28.14	100

说明：表中得分数据只列出了小数点后两位，但排名是按实际数据来的。

附表 2 - 3 省区尺度绿色发展评价指标及其计算、来源与说明

一级指标	二级指标	三级指标	单位	年份	指标计算、来源与说明
1. 经济发展	1.1 经济发展水平	人均 GDP（＋）	元	2016	指标计算：人均 GDP。 来源：《中国统计年鉴》。 说明：内蒙古调整了人均 GDP 数据，核减了 2 900 亿元工业增加值。
		GDP 增长率（＋）	％	2017	指标计算：GDP 增长率 来源：2017 年 31 省 GDP "成绩单" 出炉：西部增速持续领跑全国. 中国经济网, 2018-01-31.
		人均可支配收入（＋）	元	2016	指标计算：人均可支配收入。 来源：《中国统计年鉴》。
		人均存款余额（＋）	元	2015	指标计算：金融机构存款余额/常住人口。 来源：《中国保险年鉴》。
	1.2 经济增长动力	研究与试验发展（R&D）经费投入强度（＋）	％	2015	指标计算：R&D 经费投入/GDP。 来源：EPS 数据库——中国科技数据库。
		固定资本形成占 GDP 的比重（－）	％	2016	指标计算：固定资本形成/GDP。 来源：《中国统计年鉴》。
		经济集聚程度（＋）	亿元/平方公里	2016	指标计算：非农产业（第二、第三产业）GDP/建成区面积。 来源：《中国统计年鉴》。 说明：内蒙古数据有所更改。
	1.3 产业结构转型	第三产业增加值占 GDP 的比重（＋）	％	2016	指标计算：第三产业增加值/GDP。 来源：《中国统计年鉴》。

一级指标	二级指标	三级指标	单位	年份	指标计算、来源与说明
1. 经济发展	1.3 产业结构转型	高能耗产业增加值占GDP的比重（一）	%	2015	指标计算：高能耗产业增加值/GDP。来源：《中国工业统计年鉴2016》。说明：高能耗产业包括石油加工、炼焦及核燃料加工、化学原料及化学制品制造业、非金属矿物制品业、黑色金属冶炼及压延加工业、有色金属冶炼及压延加工业、电力、热力的生产和供应业六个行业。利用《中国工业统计年鉴2016》中的工业销售产值乘以分行业增加值率可以得到工业增加值。其中分行业增加值率利用《2012年中国投入产出表》计算得到。
		高技术产业主营业务收入占工业增加值的比重（十）	%	2015	指标计算：高技术产业主营业务收入/工业增加值。来源：《中国高技术产业统计年鉴2016》。
		生产性服务业城镇单位从业人员数占比（十）	%	2016	指标计算：生产性服务业城镇单位从业人员数/城镇单位从业人员数。来源：《中国统计年鉴》。说明：生产性服务业包括交通运输、仓储和邮政业、信息传输、计算机服务和软件业、金融业、租赁和商业服务业、科学研究、技术服务和地质勘查业。用这五个行业的城镇单位从业人员以全市年末城镇单位从业人员数。
	1.4 收入分配与社会保障	城乡收入比（一）		2016	指标计算：城镇居民人均可支配收入/农村居民人均可支配收入。来源：《中国统计年鉴》。
		三险覆盖率（十）	%	2015	指标计算：分别为城镇职工基本养老保险年末参保人数（城镇基本养老保险参保人数）/常住人口，城镇基本医疗保险年末参保人数/常住人口，失业保险年末参保人数/常住人口三个指标。对三个指标各自计算标准化得分，并求平均。来源：EPS数据库。
		最低生活保障（十）	元/人	2015	指标计算：城市（农村）居民最低生活保障平均支出水平（元/人·年）分别求得标准化得分，并求两个得分的平均分。来源：EPS数据库。

续表

续表

一级指标	二级指标	三级指标	单位	年份	指标计算、来源与说明
2. 可持续性	2.1 生态健康	AQI（－）		2017	指标计算：对74个城市取各省AQI平均值，作为省级AQI数据。来源：环保部公布的74个城市的空气质量月报。
		PM2.5年均浓度（－）	微克/立方米	2016	指标计算：PM2.5年均浓度。来源：绿色和平组织。
		分省水质优良水体所占比例（＋）		2017	指标计算：分省水质优良水体所占比例。来源：《环境保护部通报2017年上半年各省（区、市）水质情况和水质下降断面》。
		EI（＋）		2015	来源：环保部发布的EI值。
	2.2 污染控制	单位面积SO$_2$排放量（－）	吨/平方公里	2015	指标计算：污染排放总量/行政区面积。来源：EPS数据库——中国环境数据库。
		单位面积NO$_x$排放量（－）	吨/平方公里	2015	同上。
		单位面积COD排放量（－）	吨/平方公里	2015	同上。
		单位面积氨氮排放量（－）	吨/平方公里	2015	同上。
		SO$_2$排放强度（－）	吨/亿元	2015	指标计算：污染排放总量/GDP。来源：EPS数据库——中国环境数据库。
		NO$_x$排放强度（－）	吨/亿元	2015	同上。
		COD排放强度（－）	吨/亿元	2015	同上。
		氨氮排放强度（－）	吨/亿元	2015	同上。

续表

一级指标	二级指标	三级指标	单位	年份	指标计算、来源与说明
2. 可持续性	2.3 低碳发展	碳排放强度 (-)	百万吨/亿元	2015	指标计算：碳排放总量/GDP。来源：碳排放数据来自研究：Shan Y.、Guan D.、Zheng H.，et al. China CO$_2$ emission accounts 1997~2015. Scientific Data，2018.
		人均碳排放量 (-)	百万吨/万人	2015	指标计算：碳排放总量/常住人口。来源：同上。
		可再生能源发电量占比 (+)	%	2015	指标计算：水力、风能、太阳能发电量/总发电量。来源：《中国电力年鉴》。
		太阳能、风能发电量占比 (+)	%	2015	指标计算：太阳能、风能发电量/总发电量。来源：《中国电力年鉴》。
	2.4 资源节约	单位 GDP 能耗 (-)	万吨标准煤/亿元	2015	指标计算：能源消费量/GDP。来源：EPS 数据库。
		单位 GDP 水耗 (-)	亿立方米/万亿元	2016	指标计算：用水总量/GDP。来源：《中国统计年鉴》。
		单位 GDP 用电量 (-)	亿千瓦时/亿元	2016	指标计算：电力消费量/GDP。来源：《中国统计年鉴》。
3. 绿色发展能力	3.1 基础设施	供水管道密度 (+)	公里/平方公里	2015	指标计算：供水管道密度。来源：EPS 数据库。
		排水管道密度 (+)	公里/平方公里	2015	指标计算：排水管道密度。来源：EPS 数据库。
		建成区绿化覆盖率 (+)	%	2015	指标计算：建成区绿化覆盖率。来源：EPS 数据库。

续表

一级指标	二级指标	三级指标	单位	年份	指标计算、来源与说明
3. 绿色发展能力	3.1 基础设施	"互联网+"指数（+）		2016	来源：腾讯研究院发布的《中国"互联网+"数字经济指数》。
		市区人均公共交通客运量（+）	万人次/万人	2015	指标计算：全年公共汽（电）车客运总量/常住人口。来源：EPS数据库。
	3.2 内源性增长能力	创新能力1000强企业个数（+）	个	2017	来源：中国人民大学中国经济改革与发展研究院和经济学院联合发布的《中国企业创新能力百万千万排行榜（2017）》。
		国内专利申请授权数（+）	件	2016	指标计算：国内专利申请授权数。来源：《中国统计年鉴》。
		技术市场成交额（+）	万元	2016	指标计算：技术市场成交额。来源：《中国统计年鉴》。
		每百万人高校数量（+）	所/百万人	2016	指标计算：普通高校数量（所）/常住人口。来源：《中国统计年鉴》。
		人力资本水平（+）	年	2015	指标计算：用六岁及以上人口的受教育程度数据计算人均受教育年限。来源：《中国教育统计年鉴》。
	3.3 资源环境管理	环境监测经费（+）	万元	2015	指标计算：环境监测经费。来源：EPS数据库。
		环境管理体系认证（ISO14001）（+）	份	2016	指标计算：ISO14001认证份数。来源：认证机构认可年报。

续表

一级指标	二级指标	三级指标	单位	年份	指标计算、来源与说明
3. 绿色发展能力	3.3 资源环境管理	有机产品认证（＋）	份	2016	指标计算：有机产品认证份数。来源：认证机构认可年报。
		环保产业市值（＋）	亿元	2017	指标计算：上市环保企业市值。来源：92家上市环保企业公开发布的信息。
		环保服务业企业（规模）固定资产原值（＋）	万元	2014	来源：环保部。
		环保服务业企业（经营状况）营业利润（＋）	万元	2014	来源：环保部。

附表 2 - 4　城市尺度绿色发展评价指标及其计算、来源与说明

一级指标	二级指标	三级指标	单位	统计范围	年份	指标计算、来源与说明
1. 经济发展	1.1 经济发展水平	人均GDP（+）	无	全市	2015	指标计算：全市GDP/全市常住人口。来源：全市GDP来自《中国城市统计年鉴》，常住人口指标来自各省统计公报、统计年鉴。
		人均可支配收入（+）	无	全市	2015	指标计算：城镇居民人均可支配收入。来源：各个地级市统计公报。
		人均储蓄余额（+）	无	全市	2015	指标计算：居民人民币储蓄存款余额/常住人口。来源：《中国城市统计年鉴》。
		GDP增长率（+）	%	全市	2015	指标计算：GDP增长率。来源：《中国城市统计年鉴》。
	1.2 经济增长动力	工业研发投入占产出的比重（+）	%	全市	2013	指标计算：工业企业研发费用/工业企业总产值。来源：工业企业数据库（2013）。
		固定资产投资占GDP的比重（-）	%	全市	2015	指标计算：固定资产投资/GDP。来源：《中国城市统计年鉴》。
		经济集聚程度（城区经济密度）（+）	亿元/平方公里	市辖区/市辖区	2015	指标计算：市辖区GDP/市辖区面积。来源：《中国城市统计年鉴》。
	1.3 产业结构转型	第三产业增加值占比（+）	%	全市/全市	2015	指标计算：第三产业增加值/GDP。来源：《中国城市统计年鉴》。
		生产性服务业从业人员数占比（+）	%	全市/全市	2015	指标计算：全市生产性服务业从业人员数/全市年末城镇单位从业人员数。来源：《中国城市统计年鉴》。说明：生产性服务业包括交通运输、仓储和邮政业、信息传输、计算机服务和软件业、金融业、租赁和商业服务业、科学研究、技术服务和地质勘查业这五个行业。

续表

一级指标	二级指标	三级指标	单位	统计范围	年份	指标计算、来源与说明
1. 经济发展	1.3 产业结构转型	高能耗产业产值占工业总产值的比重(一)	%	全市/全市	2013	指标计算: 高能耗产业产值/工业总产值(2013)。来源: 工业企业数据库。高能耗产业包括: 石油加工、炼焦及核燃料加工业, 化学原料及化学制品业, 非金属矿物制品业, 黑色金属冶炼及压延加工业, 有色金属冶炼及压延加工业, 电力、热力的生产和供应业。
	1.4 收入分配与社会保障	城乡收入比(一)		全市	2015	指标计算: 城镇居民人均可支配收入/农村居民人均可支配收入。来源: 各个地级市年鉴和统计公报。说明: 深圳数据缺失, 赋值1.3; 天津城市数据1.8。天津省级数据1.8。
		三险覆盖率(+)		全市/市辖区	2015	指标计算: (城镇参保人数+城镇基本医疗保险参保人数+城镇职工基本养老保险参保人数+失业保险参保人数)/(3×市辖区户籍人口)。来源: 三险参保人数和市辖区户籍人口来自《中国城市统计年鉴》。说明: 相当于求三个参保率的平均数。大于1的, 赋值1。
2. 可持续性	2.1 生态健康	AQI优的天数(+)	天	全市	2017	指标计算: AQI优的天数。来源: 由环保部网站查询获得, 绍兴数据缺失, 用《绍兴市环境质量公报》中2016年的数据予以补充。
		空气质量达标天数占比(+)	%	全市	2017	指标计算: 达标天数(优+良)/365。来源: 由环保部网站查询获得, 绍兴数据缺失, 用《绍兴市环境质量公报》中2016年的数据予以补充。
		EI(+)		全市	2015	来源: 从环保部发布的《2016中国环境状况公报》中的图表还原。

续表

一级指标	二级指标	三级指标	单位	统计范围	年份	指标计算、来源与说明
2. 可持续性	2.1 生态健康	PM2.5 年均浓度（一）	微克/立方米	全市	2016	指标计算：PM2.5 年均浓度。来源：绿色和平组织。说明：年均浓度＜35，赋值 100 分。其他按照正态标准化赋值。
	2.2 污染控制	单位面积 SO_2 排放量（一）	吨/平方公里	全市	2015	指标计算：污染排放总量/全市面积。来源：排放量数据来自《中国环境年鉴 2016》。说明：《中国环境年鉴》中嘉兴、威海、佛山、台州、中山五个城市的数据缺失。用各个城市年鉴以及省级年鉴补充。仍然缺失排放量数据的予以补充，仍然缺失数据的平均缺失度数据估算：（1）在 2012 年排放强度数据基础上，按照以下方法估算：2012—2015 年间排放强度数据的平均增速加以调整。（2）利用调整完的排放强度数据估算出城市的总排放量，再计算单位面积排放量。
		单位面积 NO_x 排放量（一）	吨/平方公里	全市	2015	同上。
		单位面积 COD 排放量（一）	吨/平方公里	全市	2015	同上。
		单位面积氨氮排放量（一）	吨/平方公里	全市	2015	同上。
		SO_2 排放强度（一）	吨/亿元	全市	2015	指标计算：污染排放总量/GDP。
		NO_x 排放强度（一）	吨/亿元	全市	2015	同上。

续表

一级指标	二级指标	三级指标	单位	统计范围	年份	指标计算、来源与说明
	2.2 污染控制	COD 排放强度（一）	吨/亿元	全市	2015	同上。
		氨氮排放强度（一）	吨/亿元	全市	2015	同上。
		生活垃圾无害化处理率（十）	%	全市	2015	指标计算：无害化处理量/生活垃圾处理量。来源：《中国城市统计年鉴》。
2. 可持续性	2.3 低碳发展	碳排放强度（一）	万吨/元	全市	2015	指标计算：各项能源消耗量×二氧化碳排放系数，并加总。来源：各个城市统计年鉴中规模以上工业企业相关数据。说明：武汉碳排放数据缺失。用 2012 年人均碳排放×2012—2015 年间各城市平均碳排放增长率估算得到 2015 年武汉市人均碳排放，然后再估算碳排放强度。
		人均碳排放量（一）	万吨/万人	全市	2015	同上。
		低碳试点城市（十）		全市	2017	指标计算：0 代表不是低碳试点城市，1 代表是低碳试点城市。来源：国家发改委于 2010 年 7 月 19 日发布的《关于开展低碳省区和低碳城市试点工作的通知》；2012 年 4 月 27 日国家发改委发布的《关于组织推荐申报第二批低碳省区和城市的通知》；2017 年 1 月 7 日国家发改委发布的《关于开展第三批国家低碳城市试点工作的通知》。
	2.4 资源节约	单位 GDP 能耗（一）	吨标准煤/万元	全市	2015	指标计算：全市 GDP 标准煤消耗/全市 GDP。来源：各个城市的统计年鉴。
		单位 GDP 水耗（一）	吨/万元	全市	2015	指标计算：供水总量/GDP。来源：供水总量数据来自《中国城市建设统计年鉴》，GDP 数据来自《中国城市统计年鉴》。

续表

一级指标	二级指标	三级指标	单位	统计范围	年份	指标计算、来源与说明
2. 可持续性	2.4 资源节约	单位 GDP 用电量（一）	万千瓦时/亿元	市辖区	2015	指标计算：市辖区全社会用电量/市辖区 GDP。来源：《中国城市统计年鉴》。说明：贵阳、昆明、银川数据缺失，用全国平均数予以补充。
		工业固体废弃物综合利用率（十）	%	全市	2015	指标计算：工业固体废弃物综合利用率。来源：《中国城市统计年鉴》。说明：西宁、银川、潍坊数据缺失，用 2014 年数据予以补充。
3. 绿色发展能力	3.1 基础设施	供水管道密度（十）	公里/平方公里	全市	2015	指标计算：供水管道长度/面积。来源：《中国城市建设统计年鉴》。
		排水管道密度（十）	公里/平方公里	全市	2015	指标计算：排水管道长度/面积。来源：《中国城市建设统计年鉴》。
		建成区绿化覆盖率（十）	%	建成区	2015	指标计算：建成区绿化覆盖面积/建成区面积。来源：《中国城市建设统计年鉴》。
		互联网普及率（十）	万户/万人	全市/全市	2015	指标计算：全市互联网接入户数/全市常住人口。来源：《中国城市统计年鉴》。
		"互联网＋"指数（十）		全市	2016	指标计算：互联网＋指数。来源：腾讯研究院发布的《中国"互联网＋"数字经济指数》。
		每万人拥有公共汽车数（十）	辆/万人	市辖区	2015	指标计算：市辖区公共汽车数/市辖区常住人口（万人）。来源：《中国城市统计年鉴》。
	3.2 内源性增长能力	创新能力 1 000 强企业个个数（十）	个	全市	2016	来源：中国人民大学中国经济改革与发展研究院和经济学院联合发布的《中国企业创新能力百千万排行榜（2017）》。
		高校数量（十）	所	全市	2015	指标计算：普通高等学校数（所）。来源：《中国城市统计年鉴》。

续表

一级指标	二级指标	三级指标	单位	统计范围	年份	指标计算、来源与说明
3. 绿色发展能力	3.2 内源性增长能力	科教支出占 GDP 的比重（+）	%	全市	2015	指标计算：（财政支出中（科学技术支出＋教育支出）/ GDP。来源：《中国城市统计年鉴》。
	3.3 资源环境管理	生态保护与建设示范区个数（+）	个	全市	2015	来源：国家发改委等发布的《关于印发生态保护与建设示范区名单的通知》。
		监测点位数（+）	个	全市	2017	指标计算：空气监测点位数＋地表水监测点位数。来源：中国环境监测总站国家环境空气监测网；国家地表水水质自动监测实时数据发布系统。
		环保产业市值占比（+）	亿元	全市	2017	92 家上市环保企业市值占全部上市企业市值的比例。

第3章 中国经济绿色发展的战略目标与实现路径

3.1 生态文明建设和绿色发展的战略目标

党的十八大报告首次提出了建设美丽中国的目标,要求把生态文明建设放在突出地位。党的十九大报告进一步指出,要加快生态文明体制改革,建设美丽中国。对从 2020 年到本世纪中叶的生态文明建设,党的十九大报告提出分两个阶段来安排:第一个阶段,从 2020 年到 2035 年,在全面建成小康社会的基础上,再奋斗十五年,基本实现社会主义现代化,生态环境根本好转,美丽中国目标基本实现。第二个阶段,从 2035 年到本世纪中叶,在基本实现现代化的基础上,再奋斗十五年,把我国建成富强民主文明和谐美丽的社会主义现代化强国。

2018 年 5 月,习近平在全国生态环境保护大会上详细描绘了生态文明建设的战略目标和路线图:到 2035 年,节约资源和保护环境的空间格局、产业结构、生产方式、生活方式总体形成,生态环境质量实现根本好转,生态环境领域国家治理体系和治理能力现代化基本实现,美丽中国目标基本实现。到本世纪中叶,建成富强民主文明和谐美丽的社会主义现代化强国,物质文明、政治文明、精神文明、社会文明、生态文明全面提升,绿色发展方式和生活方式全面形成,人与自然和谐共生,生态环境领域国家治理体系和治理能力现代化全面实现,建成美丽中国。

全面建成美丽中国,不仅要做到环境健康、生态优美、国土安全、人民幸福,同时也要共谋全球生态文明建设,推动构建人类命运共同体。习近平指出，生态文明建设关乎人类未来，建设绿色家园是人类的共同梦想，保护生态环境、应对气候变化需要世界各国同舟共济、共同努力。要深度参与全球环境治理，增强我国在全球环境治理体系中的话语权和影响力。要推进"一带一路"建设，让生态文明的理念和实践造福沿线各国人民。

2020年9月，习近平在第七十五届联合国大会上宣布，中国将提高国家自主贡献力度，采取更加有力的政策和措施，力争2030年前二氧化碳排放达到峰值，努力争取2060年前实现碳中和。2020年12月，习近平在气候雄心峰会上进一步宣布，到2030年，中国单位国内生产总值二氧化碳排放将比2005年下降65%以上，非化石能源占一次能源消费比重将达到25%，森林蓄积量将比2005年增加60亿立方米，风电、太阳能发电总装机容量将达到12亿千瓦以上。这是中国主动承担全球环境责任、深度参与和积极引领全球气候治理的行动体现，充分展现了中国作为一个负责任的大国的自觉担当。2021年3月，习近平主持召开中央财经委员会第九次会议并指出，我国力争2030年前实现碳达峰，2060年前实现碳中和，是党中央经过深思熟虑做出的重大战略决策，事关中华民族永续发展和构建人类命运共同体。要坚定不移贯彻新发展理念，坚持系统观念，处理好发展和减排、整体和局部、短期和中长期的关系，以经济社会发展全面绿色转型为引领，以能源绿色低碳发展为关键，加快形成节约资源和保护环境的产业结构、生产方式、生活方式、空间格局，坚定不移走生态优先、绿色低碳的高质量发展道路。

综上，我国生态文明建设和绿色发展可以归纳为两步走的战略目标和路线图。第一阶段是从2020年到2035年，生态环境根本好转，美丽中国目标基本实现。第二阶段是从2035年到2050年，绿色发展方式和生活方式全面形成，全面建成美丽中国，全面建成社会主义现代化强国。推进绿色发展，是建设美丽中国的根本途径和重要保障。中国经济绿色发展的战略目标就是要围绕生态文明建设的整体部署，制订两步走的长远规划，按照环境健康、生态优美、国土安全、人民幸福的要求，建设美丽中国。

《中共中央关于制定国民经济和社会发展第十四个五年规划和二○三五年远景目标的建议》提出："十四五"期间，生产生活方式绿色转型成效显著，能源配置更加合理，利用效率大幅提高；2035 年，广泛形成绿色生产生活方式，碳排放达峰后稳中有降，生态环境根本好转，美丽中国建设目标基本实现。2035 年前，在环境治理和生态建设方面，重点是打好污染防治攻坚战，解决突出生态环境问题，有效防范生态环境风险，生态环境质量实现根本好转。如前所述，当前局部地区突出生态环境问题仍然存在，环境治理和生态建设的任务依然十分艰巨，打好污染防治攻坚战，生态环境质量实现根本好转，是近期绿色发展的首要任务。习近平指出，加快形成绿色发展方式，是解决污染问题的根本之策。绿色发展的重点是调结构、优布局、强产业、全链条。在应对气候变化方面，我国要实现碳排放达峰，推动能源绿色转型。2035 年前我国应对气候变化的国家目标主要包括：2020 年，能源消费总量控制在 50 亿吨标准煤，非化石能源占一次能源消费量的比重达到 15％；单位国内生产总值的二氧化碳排放（碳排放强度）比 2015 年下降 18％；单位国内生产总值的能耗比 2015 年下降 15％。2030 年，能源消费总量控制在 60 亿吨标准煤以内，单位国内生产总值二氧化碳排放比 2005 年下降 65％以上，非化石能源占一次能源消费的比重将达到 25％，森林蓄积量将比 2005 年增加 60 亿立方米，风电、太阳能发电总装机容量将达到 12 亿千瓦，二氧化碳排放量力争在 2030 年前达到峰值。

2021 年 3 月，习近平主持召开中央财经委员会第九次会议并指出，"十四五"时期是碳达峰的关键期、窗口期，重点要做好以下几方面的工作：一是构建清洁低碳安全高效的能源体系，控制化石能源总量，着力提高利用效能，实施可再生能源替代行动，深化电力体制改革，构建以新能源为主体的新型电力系统。二是实施重点行业领域减污降碳行动，工业领域推进绿色制造，建筑领域提升节能标准，交通领域加快形成绿色低碳运输方式。三是推动绿色低碳技术实现重大突破，抓紧部署低碳前沿技术研究，加快推广应用减污降碳技术。四是完善绿色低碳政策和市场体系，完善能源"双控"制度，完善有利于绿色低碳发展的财税、价格、金融、土地、政府采购等政策，加快推进碳排放权交易，积极发展绿色金融。五是倡导绿色低碳生活，反对奢侈浪费，鼓励绿色出行，营造绿色低碳生活新时尚。六是提升生态碳汇能力，强化国土空间规划和用途管控，有效发挥森林、草原、湿地、海洋、土壤、冻土的固碳作用，提升生态系统碳汇增量。七是加强应对气候变化国际合作，推进国际规则标准制定，建设绿色丝绸之路。

到 2050 年，我国要进一步加大环境治理，提升生态环境质量，积极推进碳排放控制和能源转型，深度参与全球环境治理，增强我国在全球环境治理体系中的话语权和影响力。面向 2060 年的碳排放控制长期目标主要是能源消费总量基本稳定，非化石能源在一次能源消费中的比重超过一半，碳排放量大幅减少，努力争取 2060 年前实现碳中和。

3.2　绿色发展的实现路径

3.2.1　从经济绿色化到绿色经济化

经济绿色化和绿色经济化，是构成绿色发展理论内涵的两个侧面。两者强调的重点有所不同，经济绿色化是要按照绿色生态的目标，转变经济发展方式，推动经济系统的绿色转型，实现经济增长与资源环境负荷的脱钩，从而在实现经济增长的同时，改善资源环境可持续性，也就是所谓的既要金山银山，也要绿水青山。绿色经济化是要让绿色生态变得有利可图，使绿水青山成为金山银山。这是绿色发展的更高层次的目标。

从绿色发展的逻辑上看，应当先解决好经济绿色化的问题，绿色经济化则是绿色发展更高阶段的目标。经济绿色化需要从加法和减法两个方面努力，推动经济系统的绿色转型。所谓加法，是要探寻符合绿色发展导向的经济增长新动力。制定绿色发展的激励政策，加快绿色技术创新，加快发展绿色产业，用绿色技术改造传统产业，可以同时实现经济增长和资源环境可持续性的改善。所谓减法，是强调经济增长要遵循自然规律，按照绿色、生态的要求，转变经济发展方式，不增加或少增加资源环境负荷。在绿水青山和金山银山发生目标冲突时，一方面要强调资源环境负荷不得超越自然承载力，以自然承载力硬约束倒逼产业转型，另一方面要加大环境污染治理力度，打赢污染防治攻坚战，有效解决突出环境污染问题。

围绕经济绿色化的目标，推动经济系统的绿色转型，需要充分发挥绿色发展政策的作用，深入研究绿色发展政策的有效性，明确绿色发展政策在经济绿色化实现路径中的定位。一是利用自然承载力约束倒逼产业转型。二是利用环境规制推动环境污染治理。需要深入分析环境污染治理成本和环境治理主体的行为机制，把握环境治理政策的有效性。三是利用绿色发展激励政策鼓励绿色产业发展。需要深入分析绿色技术的经济性和产业绿色转型成本，把握绿色发展激励政策的有效性，建立绿色产业发展的激励机制。四是建立区域协同治理机制，推动大江大河流域和京津冀、长三角等大尺度区域的有效环境治理。

绿色经济化的关键是让绿色生态变得有利可图，绿色发展能够促进经济增长及企业竞争力提升。绿色经济化的主要途径是做加法，通过生态产品价值实现，把生态优势转化为经济优势，使绿水青山成为金山银山。要把生态产品价值转化为经济价值，一方面要加强生态基础设施建设，增加地方公共产品供给，改善绿色发展的硬环境，为生态产品价值实现提供物质基础保障；另一方面要加强绿色认证、绿色监管、绿色金融等制度设计，改善绿色发展的软环境，为生态产品价值实现提供制度环境的保障。例如，浙江的安吉和丽水、江苏溧阳、四川广元、贵州六盘水等地积极开展生态产品价值转化的实践探索并取得了有益经验，但总体来说，绿色经济化的政策体系仍然滞后于经济绿色化，亟须完善绿色经济化的制度和政策设计。

3.2.2 绿色发展实现路径的区域差异

由于不同地区的绿色发展处于不同阶段，绿色发展的实现路径也有所不同。绿色发展的动态评价结果显示，不同类型的城市和区域采取了不同的绿色发展策略。绿色坚守城市、协调发展城市、低位开发城市采取了补"短板"的策略。绿色坚守城市和协调发展城市在2010年面临的主要问题是经济绩效偏低，因而经济绩效提升更快的城市居多；低位开发城市面临的主要问题是环境可持续性偏差，因而可持续性改善更快，可持续性"短板"得到了明显弥补。经济先导城市则更多采取了强优势的策略，由于环境可持续性有较好的基础，在经济增长惯性思维的作用下，经济绩效得分增幅更大，导致经济增长和环境可持续性的失衡进一步加剧。然而，值得注意的是，少数低位开发城市尚未摆脱以环境换发展的传统模式，仍需努力实现经济增长与资源环境负荷的脱钩发展。

面向未来，不同类型的城市和区域应当因地制宜，制定不同的绿色发展目标和实现路径。按照绿色发展态势评价的类型划分，不同类型的城市和区域可根据当前面临的问题，采取以下路径，推进绿色发展。

低位开发城市：绝不能走先污染后治理的老路，而应按照产业生态化的要求，围绕经济绿色化的路径，加快产业转型步伐，调整优化产业结构，努力实现经济增长与资源环境负荷的脱钩，然后逐步转向，推动实现绿水青山就是金山银山。

绿色坚守城市：绿色经济化是当务之急。应适度提高经济密度，重视发展绿色产业，积极探索生态产业化之路，加强生态基础设施建设，加快绿水青山转化为金山银山的步伐，在保持绿水青山的同时提高经济发展水平。

协调发展城市：增强绿色发展能力，尤其是培育和增强内源性增长能力，加快产业转型升级，走生态产业化的道路，实现既要绿水青山也要金山银山的目标。

经济先导城市：当前要重视经济绿色化，适度降低空间集聚程度，降密度减规模，发挥绿色发展能力的优势，加大环境污染治理力度，加快改善环境质量，增强环境可持续性。

3.3　能源转型与碳排放控制

3.3.1　面向2050年的中长期经济发展与碳排放控制目标

3.3.1.1　化石能源供给约束与中长期经济发展和碳排放

中国经济中长期发展面临的重大挑战是：如何既确保人民生活水平不断提升，又不重复西方发达国家以牺牲环境为代价谋发展的老路？中国仍处于工业化、城市化快速发展阶段，未来一个时期内大规模的基础设施建设不可能停止，各地致力于改善和提高人民生活水平的发展欲望强烈，能源消费将会持续增长。然而，能源需求旺盛的中国将面临能源供给约束。李善同和何建武（2010）认为，在当时的发展方式下，中国经济中长期发展仍能保持较快速度，"十二五"期间GDP增速可保持7.9%，2016—2020年保持7%，2030年前保持6%，但能源消费总量将持续增加，按当

前的经济发展趋势，2030 年将达到 84 亿吨标准煤，这将导致能源特别是
石油的供给压力加大，经济安全风险增大。值得注意的是，该研究考虑了
能源进口的限制因素，但没有充分考虑国内能源供给的约束。

按照 2010 年化石能源的生产规模计算，我国煤炭、石油和天然气的
资源保有储量只能分别开采 50 年、15 年和 40 年，煤炭、石油和天然气
产量的峰值出现在 2050 年之前 (Lin and Liu，2010；Imam et al.，2004；
钱伯章，2009)。如果各省（市、区）不能大幅提高能源利用效率，那么
要实现未来的经济增长目标可能会面临困难。

与此同时，为应对气候变化，温室气体减排已成为国际社会的主流做
法。根据《巴黎协定》，各国提交了国家自主贡献目标，但各国提交的自
主贡献目标的碳排放量合计超过了《巴黎协定》确定的升温 2℃以内这一
温控目标的碳排放量，各国对于减排责任分担和发展空间争夺的激烈交锋
仍将持续。由于中国碳排放总量大、增加速度快，2020 年后中国的碳排
放前景、排放峰值、减排路径，已经成为国际社会高度关注的热点问题，
也是中国中长期发展必须应对的重大问题。

由于能源供给约束将给中国经济中长期发展带来深远的影响，碳排放
的长期前景分析也需要考虑能源供给约束的影响。迄今为止，关于中国碳
排放长期前景的研究主要有两种思路：一是在给定的能源需求控制和碳排
放约束下探讨对经济系统的影响或能源技术的选择（姜克隽和邓义祥，
2009a；Liu et al.，2009；Wang and Watson，2010；王克，2011)，二是
分析不同的社会经济发展情景下中国碳排放的可能趋势（姜克隽等，
2009b；UNDP 和中国人民大学，2010；IEA，2010；Zhou et al.，2010)。
已有研究主要是基于通过能源技术进步、能源结构转换或产业结构升级，
减少能源需求进而减少碳排放的思路，没有考虑能源供给约束尤其是化石
能源供给约束的影响。

基于上述背景，本节构建了包含资源耗竭模块的中国能源-经济-环
境政策模型，模拟资源约束下中国经济中长期发展前景，探讨在化石能
源供给约束下如何通过低碳发展实现经济发展和碳排放控制目标，以期
为中国制定中长期发展的战略目标和参与国际气候谈判提供科学参考。
本节注重回答几个问题：（1）在化石燃料供应约束下，中国 2050 年的经

济增长和碳排放量趋势如何？（2）如果进一步考虑低碳措施，这些趋势将如何改变？（3）中国能否实现 2030 年碳排放达到峰值和低碳增长的目标？（4）面对未来的低碳经济，中国政府应采取哪些低碳政策？

3.3.1.2　研究方法

（1）中国能源-经济-环境政策模型。

1）模型结构。

中国能源-经济-环境政策模型是基于动态 CGE 模型开发的，参考了 Lofgren 等（2002）、武亚军和宣晓伟（2002）、Paltsev 等（2005）等的研究，在生产技术模块中加入了能源模块。模型使用多层嵌套的模型结构，用固定替代弹性（CES）函数来描述能源之间，能源和资本、劳动之间，劳动和资本之间的替代关系。模型假设中间投入品之间、中间投入品与劳动力-资本-能源复合品之间的替代弹性为 0，此时 CES 函数转换为列昂惕夫（Leontief）函数形式。模型的生产结构如图 3-1 所示。

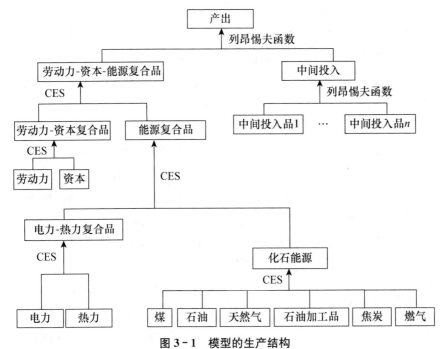

图 3-1　模型的生产结构

说明：该图为除煤炭开采和洗选业、石油开采业、天然气开采业、石油及核燃料加工业、炼焦业、燃煤发电、燃油发电和天然气发电外其他部门的生产结构。

模型包括 38 个行业、2 组居民家庭（城市和农村）、3 种生产要素（劳动力、资本和能源）。其中，电力部门按 8 项发电技术被拆分为 8 个发电部门（周晟吕等，2012），能源要素投入来自 8 个能源部门。例如，对于炼焦业和燃煤发电部门、石油加工业和燃油发电部门、天然气发电部门，它们的原材料分别是煤炭、石油、天然气，这些原材料很难被其他中间投入品或生产要素替代，因此，采用列昂惕夫函数形式来表征原材料与其他投入品之间的关系。

模型动态化通过资本积累、劳动力增长和要素技术进步来实现。模拟的基准年份为 2007 年。2007 年社会核算矩阵（SAM）基于 2007 年投入产出表以及相应的海关、税收、国际收支、资金流量等数据编制；能源消费数据来自《中国能源统计年鉴2008》，二氧化碳排放因子参考政府间气候变化专门委员会（IPCC，2006）；生产要素之间的替代弹性的设定参考武亚军和宣晓伟（2002）以及 Paltsev 等（2005）的参数设定，进口产品与国产商品之间的替代弹性参考全球贸易分析模型（GTAP）第六版的经验值设定；行业劳动力数据来自中国第五次人口普查数据，固定资产投资、人口等数据来自《中国统计年鉴2008》。模拟时间段为 2007—2050 年。2007—2013 年的相关经济参数根据基年的数据并基于经济发展实际值的拟合反演进行了校正。

2）耗竭资源供给模块。

模型纳入了可耗竭化石资源供给模块，以计算煤炭、原油和天然气等化石能源的每一期供给量。煤炭、原油和天然气分别是煤炭开采和洗选业、石油开采业和天然气开采业的生产要素之一，这些能源很难被其他生产要素和中间投入品替代，采用列昂惕夫函数来刻画化石能源与劳动力-资本-能源复合品以及中间投入品之间的关系（见图 3-2）。

我们参考 GREEN 模型（Burniaux et al.，1992），通过式（3-1）到式（3-5）的推导得到煤炭、原油和天然气资源的供应函数，即式（3-6）。化石能源供应量与开采率、基年储量与待探明储量的比例等有关，其中，文中假设新增探明储量与待探明储量的比例和能源价格相关，能源价格越高，则越有动力探明更多的储量［式（3-7）］。

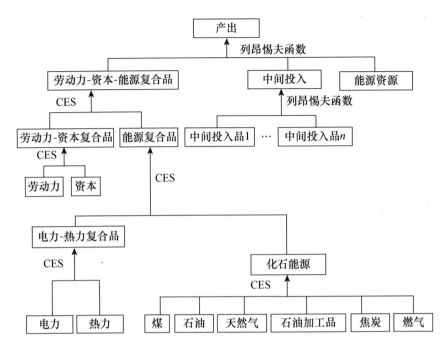

图 3 - 2　煤炭开采和洗选业、石油开采业和天然气开采业的生产结构图

$$QFF_{pec,n} = \mu_{pec} \cdot RES_{pec,n} \tag{3-1}$$

$$NRES_{pec,n} = \lambda_{pec} \cdot YTFR_{pec,n} \tag{3-2}$$

将上述两式代人可得：

$$RES_{pec,n} = (1-\mu_{pec}) \cdot RES_{pec,n-1} + \lambda_{pec} \cdot YTFR_{pec,n-1} \tag{3-3}$$

给定基年的已探明储量和待探明储量可得：

$$RES_{pec,n}/RES_{pec,0} = (1-\mu_{pec})^n + \lambda_{pec} \cdot L(\mu_{pec}, \lambda_{pec}, n)$$
$$\cdot (YTFP_{pec,0}/RES_{pec,0}) \tag{3-4}$$

$$L(\mu_{pec}, \lambda_{pec}, n) = \sum_{k=1}^{n} (1-\mu_{pec})^{n-k} \cdot (1-\lambda_{pec})^{k-1}$$
$$= [(1-\mu_{pec})^n - (1-\lambda_{pec})^n]/(\lambda_{pec} - \mu_{pec}) \tag{3-5}$$

将式 (3 - 4) 重新代入式 (3 - 1) 可得：

$$QFF_{pec,n} = \mu_{pec} \cdot (QFF_{pec,0}/\mu_{pec}) \cdot \{(1-\mu_{pec})^n + \lambda_{pec}$$
$$\cdot [(1-\mu_{pec})^n - (1-\lambda_{pec})^n]/(\lambda_{pec} - \mu_{pec})$$

$$\cdot (YTFP_{pec,0}/RES_{pec,0})\} \tag{3-6}$$

$$\lambda_{pec} = \alpha_{pec} \cdot (PQ_{pec})^{\omega_{pec}} \tag{3-7}$$

其中，QFF_{pec} 为化石能源供应量，RES_{pec} 为已探明储量，$NRES_{pec}$ 为新增探明储量，$YTFR_{pec}$ 为待探明储量，μ_{pec} 为开采率，即产量与已探明储量的比例，λ_{pec} 为转换率，即新增探明储量与待探明储量的比例，PQ_{pec} 为能源价格，n 为时间，α 和 ω 分别为化石能源供给函数中的规模和弹性系数。

投入产出表中的生产要素投入只包含劳动力和资本，基准年份煤炭开采和洗选业、石油开采业和天然气开采业的能源资源投入量需要从投入产出表中的资本投入项中根据外生设定的比例得到。参考王克（2011）和Sue Wing（2001）的研究，上述三个行业的资源投入量占资本投入的比例系数分别为 0.4、0.45 和 0.45。煤炭、石油和天然气供给函数的相关系数根据 2006—2010 年的数据校正，煤炭、石油和天然气的储量及产量来自历年《中国统计年鉴》《中国能源统计年鉴》《2011 中国矿产资源报告》以及 Burniaux 等（1992）（见表 3-1）。

表 3-1　化石能源供给函数中的相关系数

	煤炭	石油	天然气
α	0.000 237	0.001 39	0.004 8
w	0.51	0.7	1.43
μ	0.008	0.06	0.016
$RES_0/YTFP_0$	0.247	0.237	0.115

（2）情景设计。

1）基准情景：按现在的发展模式继续发展，不考虑经济政策的重大调整，资源供给约束较弱，能源利用效率提高速度处于正常水平。

考虑到未来的资源环境压力，GDP 增长率的设定比姜克隽等（2009b）和 UNDP 等（2010）的研究更为缓和，全要素生产率（TFP）根据外生的 GDP 反演得出（见表 3-2）。2014—2050 年劳动力设定参考马忠东等（2010）的研究，人口红利在 2015—2020 年间消失，劳动力人口趋于下降。2007—2020 年能源利用效率采用 AIM 模型的输出结果并结合《节能中长期专项规划》设定（石敏俊和周晟吕，2010）。由于若无重大技术突破，那么能源利用效率越高，能源技术进步的空间会越小，因此，参考国内外的能效水平差距，设定 2021—2030 年不同部门的能源利用效率水平相对于 2007—2020 年下降 20%，2031—2050 年相对于 2007—2020 年下降 40%。

表 3-2　基准情景下的 GDP 增长率和 TFP（%）

时间	2014—2020	2021—2025	2026—2030	2031—2035	2036—2040	2041—2045	2046—2050
GDP 增长率	6.83	5.60	4.70	3.90	3.30	2.70	2.00
TFP	3.20	2.77	2.48	2.29	2.07	1.78	1.46

2）资源约束情景：在基准情景的基础上考虑化石能源的供给约束。化石能源的供应量受到能源价格、剩余可采储量、开采速度、新增探明储量等因素的影响。为衡量资源约束对经济系统的影响，资源约束情景下的全要素生产率外生给定，采用基准情景下反演的结果，GDP 内生。

3）低碳情景：与资源约束情景相比，低碳情景下考虑了中国政府提出的一些低碳经济措施，包括进一步推动经济结构转型、降低煤炭消费、加快非化石燃料开发和提高能源效率。根据这些措施，我们在模型中对它们进行了具体设定，如表 3-3 所示。

表 3-3　低碳情景的政策设定

政策	具体设定
经济结构转型：产业结构和居民消费方式进一步升级[a]。	预计到 2040 年，未来工业中间投入的结构变化（包括减少能源密集型投入和增加服务业投入）将趋向于日本或美国目前的水平。家庭消费方式的变化率（主要包括减少农业、食品、纺织品等的消费，以及随着时间的推移增加服务和运输的消费）将比资源约束情景提高 10%。
煤炭消费下降：京津冀、长三角、珠三角力争到 2017 年实现煤炭消费负增长[b]。	根据陈潇君等（2015）的研究，这一政策可能会在 2020 年左右造成全国煤炭消费高峰。因此，预计全国煤炭消费量将在 2020 年达到峰值。该模型采用内生碳税对煤炭消费的碳排放进行约束。

续表

政策	具体设定
非化石能源发展：2020 年非化石能源比重达到 15%，2030 年达到 20%[c,d]。	通过增加补贴使非化石能源迅速发展，比重达到目标，并继续这一发展趋势直到 2050 年。
继续提高能效：加快技术改造，发展循环经济[b]。	假设在低碳情景下，从 2020 年到 2050 年，能源利用效率提高更快，比基准情景高 10%。

资料来源：a. 参见《国家应对气候变化规划（2014—2020 年)》。
b. 参见《大气污染防治行动计划（2013—2017)》。
c. 参见《能源发展战略行动计划（2014—2020 年)》。
d. 参见《中美气候变化联合声明》。

3.3.1.3 模拟结果分析

（1）基准情景的模拟结果。

在基准情景下，2050 年实际 GDP 将达到 214.3 万亿元（见图 3 - 3），比 2007 年增长了近 7 倍（按基准年 2007 年投入产出表计算，2007 年中国 GDP 为 27.2 万亿元）。第一产业增加值占 GDP 的比重 2050 年为 2.3%，2007 年为 10.6%；第二产业增加值占 GDP 的比重比 2007 年下降了 15.5 个百分点；第三产业增加值占 GDP 的比重到 2050 年将提高到 61.6%（见表 3 - 4）。

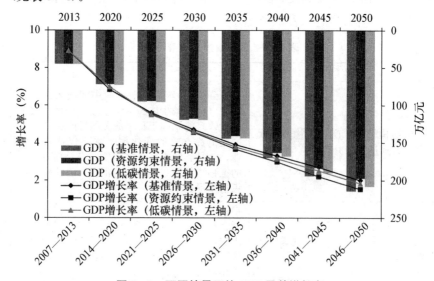

图 3 - 3 不同情景下的 GDP 及其增长率

表 3-4 不同情景下三次产业增加值占 GDP 的比重（%）

情景	部门	2007	2020	2030	2040	2050
基准情景	第一产业	10.6	6.0	4.1	2.9	2.3
	第二产业	51.6	42.2	40.1	37.8	36.1
	第三产业	37.9	51.8	55.9	59.2	61.6
资源约束情景	第一产业	10.6	6.0	4.2	3.2	2.6
	第二产业	51.6	42.1	39.6	36.8	35.3
	第三产业	37.9	51.9	56.2	60.0	62.0
低碳情景	第一产业	10.6	5.4	3.3	2.1	1.4
	第二产业	51.6	41.8	36.1	32.7	28.8
	第三产业	37.9	52.8	60.6	65.2	69.8

预测结果显示，在基准情景下，2050 年中国能源消费总量将达到 104 亿吨标准煤，这意味着，尽管 GDP 增长了近 7 倍，但能源消费总量比 2007 年增长了 2.7 倍。从 2010 年到 2050 年，二氧化碳总排放量预计将以每年 2.5% 的速度增长，到 2050 年将达到 164 亿吨（见表 3-5）。与 2007 年相比，2050 年煤炭占一次能源消费总量的比重将下降到 50.6%（见表 3-6）。煤炭主要由国内供应，预计 2050 年国内供应量将比 2007 年增长 135%。虽然石油总消费趋于增加，但 2050 年占一次能源消费总量的比重略有下降。2050 年，天然气总消费将比 2007 年增长 11 倍，国内供应量和进口量都将大幅增长。虽然天然气的对外依存度会随着时间的推移而增长，但国内供应量仍将大于进口量。非化石能源将增长 6 倍以上，其占一次能源消费总量的比重将从 2007 年的 7.0% 增长到 2050 年的 20.8%（见表 3-7）。

表 3-5 不同情景下的能源消费和二氧化碳排放

	情景	2007	2015	2020	2030	2040	2050
能源消费（十亿吨标准煤）	基准情景	2.8	4.2	5.1	6.9	8.7	10.4
	资源约束情景	2.8	4.1	5.1	6.3	7.0	7.7
	低碳情景	2.8	4.1	5.0	6.2	6.8	7.5
二氧化碳排放（十亿吨）	基准情景	5.6	8.2	9.7	12.4	14.5	16.4
	资源约束情景	5.6	8.1	9.6	11.2	10.8	10.3
	低碳情景	5.6	7.9	9.2	10.2	9.6	8.9

表3-6　不同情景下化石能源供应和消费情况

能源		情景	2007	2020	2030	2050
煤炭	国内供应量（亿吨标准煤）	基准情景	19.5	29.0	34.6	45.9
		资源约束情景	19.5	28.9	30.3	26.6
		低碳情景	19.5	28.1	28.0	23.8
	总消费（亿吨标准煤）	基准情景	19.4	31.2	38.3	50.6
		资源约束情景	19.4	31.0	33.9	31.2
		低碳情景	19.4	29.7	29.3	24.5
	占一次能源消费总量的比重（%）	基准情景	69.9	60.8	55.5	48.9
		资源约束情景	69.9	61.2	53.8	40.7
		低碳情景	69.9	58.7	47.3	32.5
石油	国内供应量（亿吨标准煤）	基准情景	2.9	6.9	8.9	11.0
		资源约束情景	2.9	6.5	7.3	2.6
		低碳情景	2.9	6.5	7.0	2.4
	总消费（亿吨标准煤）	基准情景	5.4	11.3	15.6	19.5
		资源约束情景	5.4	10.9	13.9	11.0
		低碳情景	5.4	10.9	13.6	10.7
	占一次能源消费总量的比重（%）	基准情景	19.5	22.1	22.6	18.8
		资源约束情景	19.5	21.6	22.1	14.3
		低碳情景	19.5	21.5	22.0	14.2
天然气	国内供应量（亿吨标准煤）	基准情景	1.0	2.3	3.4	6.7
		资源约束情景	1.0	2.2	4.2	6.1
		低碳情景	1.0	2.1	4.9	6.0
	总消费（亿吨标煤）	基准情景	1.0	2.4	4.6	12.0
		资源约束情景	1.0	2.3	5.4	11.3
		低碳情景	1.0	2.2	6.1	11.1
	占一次能源消费总量的比重（%）	基准情景	3.6	4.7	6.7	11.5
		资源约束情景	3.6	4.5	8.6	14.7
		低碳情景	3.6	4.3	9.8	14.8

表3-7　非化石能源占一次能源消费总量的比重（%）

	2007	2015	2020	2030	2040	2050
基准情景	7.0	10.1	12.5	15.2	18.1	20.8
资源约束情景	7.0	10.3	12.7	15.6	22.8	30.3
低碳情景	7.0	11.5	15.0	21.0	31.9	38.3

在基准情景下，二氧化碳排放总量不会达到峰值，这将给中国带来更大的国际压力。为了满足高能耗产业的需求，化石燃料供应将迅速增加。在这种情况下，未来经济发展将面临化石燃料供应的严重制约。

（2）资源约束情景和低碳情景的模拟结果。

1）经济影响。

如图 3-3 所示，在资源约束情景下，化石燃料供应约束对 GDP 有明显的负面影响，特别是在 2020 年之后。预计 2050 年 GDP 比基准情景低 7.9%，2041—2050 年 GDP 增长率比基准情景低 0.5 个百分点。在低碳情景下，与资源约束情景相比，经济增长对化石燃料消费的依赖性较小，有限的化石燃料供应对 GDP 增长的负面影响可以通过低碳措施得到缓解。到 2050 年，相比资源约束情景，在低碳情景下 GDP 会增加 5.5%。

表 3-4 显示了三种情景下三次产业增加值占 GDP 的比重。相比之下，第二产业，特别是能源密集型行业，受化石燃料供给约束的影响最大，与基准情景相比，在资源约束情景和低碳情景下，其增加值占 GDP 的比重的下降幅度比其他部门更大。在低碳情景下，社会对能源密集型行业的需求下降，对服务业的需求增加，因此第二产业增加值占 GDP 的比重将会减少，而第三产业将成为主导产业。

2）二氧化碳排放。

在资源约束情景和低碳情景下，化石燃料的有限供应有助于减少能源消费和二氧化碳排放。2050 年，能源节约率，即资源约束情景下（与基准情景相比）的能耗减少量除以基准能耗水平，接近 26%。在低碳情景下，节能效果相似，2050 年能源消费将接近 75 亿吨标准煤（见表 3-5）。

结果表明：在资源约束情景下，2034 年[①]二氧化碳排放量将达到峰值 112 亿吨；2050 年，在资源约束情景下，二氧化碳减排量（与基准情景相比）除以基准二氧化碳排放量后，二氧化碳减排率将达到 37.2%。在低碳情景下，二氧化碳排放量将在 2030 年达到峰值 102 亿吨（见表 3-5）。

---

① 表 3-5 中只列举了重点年份数据，实际碳达峰的时间是在 2034 年。

（3）能源供应与需求。

1）煤炭供应与消费。

如表3-6所示，在资源约束情景下，煤炭总消费量将在2027年达到峰值，2050年占一次能源消费总量的比重相比2007年大幅下降，降幅约为42%。煤炭主要由国内供应，2026年国内供应将显现约束效应。约束效应主要是源于新开采率和剩余储量的减少。在低碳情景下，煤炭总消费和国内供应量需要在2020年达到峰值，这是由该情景下的资源约束和政策约束引发的。在该情景下，煤炭消费占一次能源消费总量的比重也低于资源约束情景。

2）石油供应与消费。

在资源约束情景下，到2030年，石油总消费量将达到峰值13.9亿吨标准煤当量，然后维持适度下降。2030年，石油消费量将占一次能源消费总量的22.1%，到2050年这一比重将下降至14.3%。国内石油供应量将以4.1%的年均增长率在2028年前保持增长，但不是一直持续增长，在之后资源供应紧张的情况下年均下降5%。为了满足国内的石油消费需求，石油进口将发挥比国内供应更重要的作用，2050年对外依存度将达到75%。在石油供应和消费方面，低碳情景和资源约束情景几乎没有区别，只是低碳措施导致低碳情景下的相应需求略有减少。

3）天然气供应与消费。

在资源约束情景下，2050年天然气总消费量将比2007年增长11倍，占2050年一次能源消费总量的比重为14.7%。天然气进口将从2007年的2%增加到2050年的40%以上。与煤炭和石油消费的趋势不同，天然气总消费量不会在2050年前达到峰值，因为国内天然气供应将在2048年达到峰值，远迟于国内煤炭和石油供应的峰值。因此，随着煤炭和石油供应压力的增加，天然气消费量将从2030年开始大幅增加，煤炭和石油将被部分替代，但由于自身的供应限制，天然气总消费量将从2048年开始减少。在低碳情景下，由于低碳措施导致煤炭消费量进一步减少，2030年前后天然气消费量将比资源约束情景下增长更多。到2050年，低碳情景和资源约束情景下天然气的国内供应量几乎没有太大差别，总消费量也没有太大差别。

4）非化石能源需求。

与基准情景相比，在资源约束情景和低碳情景下，对非化石能源的需求更为强劲，2050 年将分别达到 23.2 亿吨标准煤和 28.7 亿吨标准煤。显然，在资源约束情景和低碳情景下，非化石能源消费量占一次能源消费总量的比重较基准情景下上升更为显著，2020 年分别达到12.7％和15.0％，2030 年分别达到 15.6％和 21.0％，2050 年分别达到 30.3％和 38.3％（见表 3-7）。然而，在资源约束情景下，非化石能源消费量占一次能源消费总量的比重 2020 年达 15％、2030 年达 20％的目标将无法实现，这意味着如果没有促进非化石能源发展的政策，这一目标很难实现。

（4）敏感性分析。

由于模型中部分参数的外生设定会给模拟结果和模型稳定性带来影响，为分析关键参数的影响程度，本节选取部分对经济增长和二氧化碳排放影响较大的关键参数进行敏感性分析。关键参数敏感性分析的情景设计见表 3-8。

表 3-8　关键参数敏感性分析的情景设计

AEEI in20％/de20％	所有行业的能源利用效率相对低碳情景提高/降低 20％
TFP in10％/de10％	每年的 TFP 相对低碳情景提高/降低10％
ELA cap-lab and ene in20％/de20％	劳动力-资本-能源复合品的替代弹性相对低碳情景提高/降低 20％
ELA ene and ene in20％/de20％	化石能源之间的替代弹性相对低碳情景提高/降低 20％

表 3-9 显示，能源利用效率（AEEI）提高，在有利于促进经济增长的同时，还能减少能源消费和二氧化碳排放，每万元 GDP 的能源消费和二氧化碳排放相比低碳情景有较大幅度的下降。TFP 提高（降低）能大大提高（降低）经济增长率，同时带来二氧化碳排放和能源消费增加（减少），每万元 GDP 的能源消费变化幅度不大。相比能源利用效率和 TFP，替代弹性（ELA）的影响则相对较小，化石能源之间的替代弹性的影响要大于劳动力-资本-能源复合品的替代弹性。

表 3-9　2050 年不同情景下 GDP、能源消费与二氧化碳排放
相对低碳情景的变化率（%）

	GDP	能源消费	二氧化碳排放
AEEI in20%	2.0	−5.2	−5.9
AEEI de20%	−2.3	5.8	6.0
TFP in10%	12.9	12.1	6.4
TFP de10%	−11.5	−10.4	−5.7
ELA cap-lab and ene in20%	0.3	0.6	0.1
ELA cap-lab and ene de20%	−0.2	−0.2	−0.1
ELA ene and ene in20%	0.1	1.8	2.4
ELA ene and ene de20%	−0.1	−1.8	−2.4

3.3.1.4　对模拟结果的讨论

从中长期尺度看，有限的化石能源会逐渐枯竭。本节着眼于长期的经济增长和节能减排路径研究，考察化石能源供应约束对中长期发展前景和路径的影响。模拟结果表明，不同情景下的长期经济增长和二氧化碳排放前景是不同的，这表明，化石能源供应约束的影响是不可忽视的。

在化石能源供应约束情景下，能源消费和二氧化碳排放比基准情景低得多，经济增长率也不会达到基准情景下的水平。如果不考虑化石能源供应约束，未来能源消费、二氧化碳排放和经济增长率可能被高估。因此，本书的研究结果强烈建议在分析中长期尺度的经济增长和二氧化碳排放控制时，考虑化石能源供应约束。当然，这并不意味着化石能源供应约束能使我们免于全球变暖的冲击，而是说明，仅考虑化石能源供应约束对碳减排进行被动调整是不够的。在化石能源供应约束情景下，2020 年二氧化碳排放强度目标（在 2005 年的基础上下降 40%～45%）、2030 年前后二氧化碳排放峰值目标以及 2020 年和 2030 年非化石能源消费量占一次能源消费总量的比重目标均无法实现，经济增长率也会趋于下降。因此，有必要寻求一种化石能源供应约束下的新的经济发展模式。

低碳发展是实现二氧化碳减排的有效途径。在低碳情景下，2020 年单位 GDP 的二氧化碳排放量将下降 41.1%，2030 年前后碳排放将达到峰值。这意味着中国在低碳情景下可以实现 2020 年和 2030 年的碳减排目标，同时还可以实现低碳增长。到 2050 年，低碳情景下 GDP 增长率可比

资源约束情景下高 0.3 个百分点，略低于基准情景。也就是说，低碳发展是克服化石能源供应约束的根本途径。

由于化石能源供应约束，从中长期尺度来看，经济增长和二氧化碳排放的基准线需要重新调整。本节在考虑影响化石能源耗竭的因素及相关供给函数和动态耗竭过程的基础上对化石能源供应约束进行了分析，结果表明：长期的碳减排战略可以促进能源系统的绿色转型，促使传统经济向新型低碳经济转变。但要实现这种经济结构调整，需要严格执行政府提出的低碳发展措施，促进低碳生产和消费的扩大。

本节关于长期经济增长和碳排放控制的模拟结果，可以为政府决策提供有益的参考信息。一方面，政府应制定合理适度的 GDP 增长目标，权衡经济增长与资源节约之间的关系，推动可持续发展。长期经济增长不应受到短期利益的损害。另一方面，中国的碳减排控制政策目标应基于全面评估，包括化石能源耗竭和 GDP 增长率的影响，而不能仅仅依据当前的碳排放水平或来自国际社会的压力。

3.3.1.5　结论和启示

本节基于中国能源-环境-经济 CGE 模型，模拟了化石能源供应约束下到 2050 年的长期经济增长和碳排放前景。根据模拟结果，在基准情景下，仅考虑能源利用效率提高，未来能源消费和碳排放将迅速增长。到 2050 年，能源消费和碳排放将分别达到 104 亿吨（标准煤）和 164 亿吨。由于未来经济增长将面临化石能源供应约束，分析中国的长期经济增长前景时应考虑到化石能源供应约束。化石能源供应约束有助于减少能源消费和碳排放。碳排放将在 2034 年达到峰值 112 亿吨。到 2050 年，能源消费和二氧化碳排放与基准情景相比将分别减少 27 亿吨（标准煤）和 61 亿吨。然而，经济增长也将受到化石能源供应约束的负面影响，预计 2050 年 GDP 将比基准情景下低 7.9%。因此，需要促进低碳发展，通过提升产业结构和居民消费方式，改善能源利用效率和能源结构，缓解化石能源供应约束对 GDP 的负面影响。

在低碳情景下，2050 年的 GDP 仅比基准情景低 2.83%。第三产业的比重将加快增长，2050 年将达到 70%。非化石能源消费量占一次能源消费总量的比重将从 2007 年的 7.0% 增长到 2050 年的 38.3%。二氧化碳排放将在 2030 年前达到峰值，约为 102 亿吨，2050 年降至 89 亿吨。这明显低于资源约束情景下的碳排放量。因此，在低碳情景下，中国可以实现 2020 年二氧化碳排放强度下降的目标和 2030 年二氧化碳排放达到峰值的目标，通过国内努力实现绝对减排，而且经济增长的长期目标不会受到太大影响。考虑到经济增长和二氧化碳减排之间的权衡，低碳情景似乎提供了一个较好的选择。绿色发展应加快技术进步、非化石能源发展和能源转型的步伐，促进产业结构和居民消费方式升级，实现低碳经济发展。

化石能源供应约束对于中长期经济增长和碳排放控制的预测起着至关重要的作用，甚至有可能成为决定中国经济绿色发展战略目标和碳减排目标能否实现的一个重要因素。本书提出的低碳情景，可以认为是一条通往低碳经济的道路。为了保持可持续的低碳增长，在考虑经济增长与碳减排之间的权衡时，适度的 GDP 增长率是更为可行的选择。无论来自国际社会的碳减排压力有多大，未来碳减排政策目标的制定，都应基于对化石能源供应约束和 GDP 增长率影响的综合评估。

3.3.2 能源转型与碳排放控制目标的达成路径

3.3.2.1 引言

截至本书写作时，我国已经向全世界公布了国家应对气候变化和能源发展的中长期目标。主要的数值目标包括：2020 年，能源消费总量控制在 50 亿吨标准煤以内，非化石能源消费量占一次能源消费总量的比重达到 15%；单位 GDP 的二氧化碳排放（碳排放强度）比 2015 年下降 18%；单位 GDP 的能耗（能耗强度）比 2015 年下降 15%。2030 年，能源消费总量控制在 60 亿吨标准煤以内，非化石能源消费量占一次能源消费总量的比重达到 25%，碳排放强度较 2005 年下降 65%，2030 年前二氧化碳排放量达到峰值，并争取尽早达峰。2016 年，国家发展和改革委员会与国家能源局发布的《能源生产和消费革命战略（2016—2030）》提出了面向 2050 年的长期目标，主要内容是：能源消费总量基本稳定，非化石能源消费量占一次能源消费总量的比重超过一半。这些中长期发展目标之间既存在一定差异，又有着紧密联系，具有较强的协同性（Duan et al.，2018）。部分目标属于强约束性目标，部分目标可协同实现，如何设计有效的政策体系，保证碳减排目标的达成，值得深入研究。

　　中国是碳排放最多的国家之一，中国的减排行动引起了国内外学者的广泛关注，探讨碳减排和能源转型目标的可行性与政策选择的相关研究很多，但在目标能否如期达成、需要什么样的政策、成本几何等方面依然存在分歧（Duan et al.，2018）。比较分析表明，不同的模型在经济增长率、技术进步率、经济结构等参数设置方面有所差异，但导致模型结果出现根本性差异的决定性因素是非化石能源技术多样性的设置及其长期发展趋势的假定（Duan et al.，2019）。例如，Tavoni 等（2014）基于多区域全球综合评估模型（IAM）的研究表明，中国的碳排放很难在 2030 年前达峰，但对应的政策情景并未讨论非化石能源消费量占一次能源消费总量的比重达 20％这一目标在中长期碳排放控制中所扮演的角色。Tavoni 的结论得到了 den Elzen 等（2016）的支持。后者对中国现行多种政策进行了集成分析，但对中国 2030 年非化石能源消费量占一次能源消费总量的比重为 20％的目标错误理解为 2030 年非化石能源供给量占一次能源供给总量的比重为 20％。2017 年，中国能源供给总量比能源消费总量少了 9 亿吨标准煤（国家统计局，2018）。碳定价被认为是实现 2030 年前碳排放达峰的重要政策选择。已有研究认为，中国要如期实现碳排放达峰，碳价要达到 100～500 美元／吨（Duan et al.，2019），宏观经济成本可能达到 GDP 的 0.04％～1.6％（Aldy et al.，2016）。这一碳价水平明显偏高，有可能削弱实现这一目标的经济和政治可行性，未充分考虑非化石能源技术发展的潜在红利和协同效应可能是导致该结果的主要原因（Krey et al.，2019）。

　　非化石能源的技术进步在碳排放控制中的重要作用在诸多研究中得到了证实（Glelen et al.，2019）。He（2015）指出，基于能源系统创新的非化石能源发展和能源革命是中国实现 2030 年碳达峰的重要保证。事实上，中国在 2035 年左右实现碳排放达峰的可行性最高，如果要将达峰时间点再提前 5 年，就必须依赖更为积极的能源变革，尤其是清洁能源技术的跨越式发展（Niu et al.，2016），以及以全面脱碳为目标的电力行业改革（Gallagher et al.，2019）。如果同时考虑我国经济转型、能源利用效率提升、可再生能源和核电的发展、碳捕获和碳封存技术，以及低碳生活方式的转变，中国能源活动相关的二氧化碳排放甚至有望在 2025 年前实现达峰（Jiang et al.，2018；Yu et al.，2018）。Green 和 Stern（2017）肯定了中国在 2030 年前实现碳排放达峰的可能性，但需充分考虑中国现阶段正在经历的巨大的经济结构转型，以及这一过程中能源供给、需求和技术发展的不断变化。从协同性角度考虑，达成非化石能源目标的努力有利于碳排放目标的实现，但这一过程仍需碳定价等其他政策的配合（Duan et al.，2018；Ding et al.，2019）。当然，气候变化政策也会对非化石能源的发展和能源系统低碳化转型产生重要的影响。碳定价等政策的引入会降低传统能源的竞争力，促进新能源技术向成熟阶段的转变，推动能源系统的清洁化发展（Zhou et al.，2012；Schumacher，2017）；碳排放控制政策的实施也有利于减少能源需求，促进供能系统多样化，提升国家能源安全水平（Duan and Wang，2018）。

充分利用政策的协同性对同时达成非化石能源发展和气候变化应对等多重目标十分关键。研究显示：协同实现气候和能源政策目标的总成本会显著小于分别实现两大政策目标的成本之和（Duan et al.，2018）。一般地，碳排放强度目标与碳达峰目标的实现具有高度的一致性，因为碳排放强度下降很大程度上依赖于能源利用效率的提高，后者对于削减碳排放具有较大的潜力，但与非化石能源目标的一致性程度不高（Wang and Zhang，2016）。Duan 等（2018）分析了不确定条件下气候和能源转型目标之间的关系，发现碳排放强度目标最容易实现，其次是碳达峰目标，2030 年非化石能源消费量占一次能源消费总量的比重目标相对难以实现。其研究指出，非化石能源消费量占一次能源消费总量的比重和碳排放达峰两大目标的实现过程是冲突还是协同取决于政策组合的优化和选择，而"组合拳"式的政策导向将有利于协同效应的发挥。

为实现中长期的能源转型目标，中国做出了很大的努力。2016 年，国家发改委先后出台了《电力发展"十三五"规划》（NDRC，2016a）、《可再生能源发展"十三五"规划》（NDRC，2016b）和《水电发展"十三五"规划》（NEA，2016）。这些努力对非化石能源投资和利基市场培育产生了重要的引导作用和激励性影响。水电、核电和风电消费量等占非化石能源消费量的比重已从 2011 年的 85.55% 上升至 2016 年的 89.50%，非化石能源消费量占一次能源消费总量的比重由 8.4% 上升到 13.3%。非化石能源目标设定时采用的测算方式为发电煤耗法，这与国际上使用的电热当量法存在一定的差异，导致对中国能源发展目标的集成分析和评估研究较少（Lewis et al.，2015）。发电煤耗法的核心是以当年单位火力发电能耗计算的转化系数，这一系数随着火力发电结构、技术进步率、热转换效率等的调整而变化，这些不确定性使得我们对非化石能源中长期目标的综合评估变得更为困难（Otto et al.，2015）。事实上，已有研究多聚焦于中国 2020 年非化石能源目标与碳排放的关系，如 Dai 等（2011）、Zhou 等（2012）和 Zhu 等（2018），关于中国 2030 年和 2050 年能源发展目标的研究很少。受模型结构的约束，多数研究工作假定该转换系数按照特定趋势外生递减（den Elzen et al.，2016），这种做法显然难以顾及未来火力发电技术发展过程中的诸多不确定性，以及能源和气候政策对发电煤耗转换系数的可能影响，从而引起政策评估结果的显著偏差（Gillingham et al.，2018）。

本节在丰富电力技术细节并考虑发电煤耗转换系数的不确定性的基础上，构建中国多区域动态可计算一般均衡模型（CGE），系统分析中国碳减排和非化石能源发展的政策选择。本节的边际贡献主要体现在以下几个方面：①试图突破传统 CGE 模型的技术处理瓶颈，将能源系统中的电力技术细分为 8 种，包括燃煤、燃油、燃气 3 种化石能源电力技术，以及水电、核电、风电、太阳能发电和其他发电技术 5 种非化石能源技术；②摒弃已有研究外生设定发电煤耗转换系数的传统思路，通过对火力发电技术的结构性细分内生出这一系数，并引入非化石能源技术扩散的内生学习机制，以纠正外生技术进步设定给模型结构带来的可能偏差；③考虑到非化石能源补贴政策的过渡性特征以及有限的补贴预算空间，从长远来看，投资结构的优化将在能源结构转型和非化石能源发展目标的实现中扮演重要的角色，因此，我们将重点分析电力投资结构的变化对能源发展和气候变化目标的影响；④创新性地考虑火力发电技术发展和发电煤耗转换系数的不确定性对实现能源发展和气候目标的影响，并给出可行的政策方案。

本节其余部分安排如下：首先，重点展示电力技术的结构性划分、发电煤耗转换系数和非化石能源技术进步的内生化及总体 CGE 模型的构建；

其次，进行数据介绍和情景设计安排；再次，从产出、能源（电力）技术演变和排放趋势三个维度对主要模型结果进行展示和分析；最后，对关键参变量进行敏感性分析，考察发电煤耗水平的变化对模型结果的影响，并给出了全文总结及相关政策启示。

3.3.2.2 理论发展与模型构建

（1）模型结构。

CGE 模型以其丰富的变量结构、灵活的参数设置、细致的产业划分等诸多优势而被广泛应用于国家或者区域层面多种政策冲击影响的模拟和分析（Babatunde et al.，2017）。近年来，大量有关气候变化研究议题的分析带动了许多全球尺度 CGE 模型的发展，如 EPPA、IMACLIM-R、IGSM 和 WorldScan（Babiker，2005；Sassi et al.，2010；Johannes and Corjan，2014），这些模型研究在多模型比较理论发展和稳定的气候政策制定方面发挥了至关重要的作用（Duan et al.，2019）。当然，CGE 模型也存在一定的局限性，其中包括对能源部门电力技术的单一考虑以及基于自发性能源效率改进的外生技术进步处理，前者难以分析发电煤耗转换系数变化的影响以及发电煤耗法测算的能源消费相关指标的变化，后者难以预估非化石能源技术的快速发展趋势。

本节构建的 CGE 模型中，非电力部门生产模块、收入支出模块、进出口模块、投资模块、宏观闭合模块和均衡模块与 Shi 等（2016）相同，模型基本框架见图 3-4。电力生产技术模块重点参考 Zhou 等（2012）的做法，将电力拆分为 8 种发电技术；但 Zhou 等（2012）将 8 种电力技术运用 CES 复合成电力产出束，所有电力技术均采用外生 AEEI 形式，且并未刻画发电煤耗系数，而本书电力技术市场份额的划分和技术进步机制参考了 Duan 等（2018）构建的技术驱动型综合评估模型（CE3METL），该模型利用技术学习曲线较好地内生化处理了技术进步和市场份额。

（2）多重电力技术的刻画。

1）电力生产结构解析。

电力部门是能源系统的核心，也是排放控制和能源体系低碳化转型的主要阵地，这实际上强调了对传统 CGE 模型中电力部门技术细化的重要性。本书建立的模型中电力部门的生产结构如图 3-4 所示。具体来说，

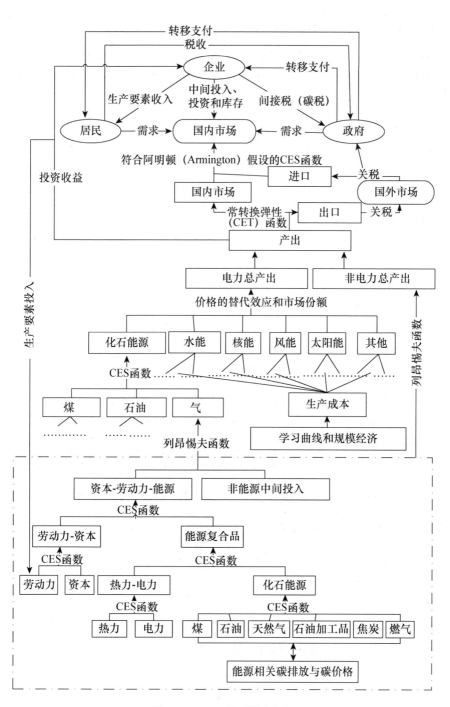

图 3 - 4 CGE 模型基本框架

电力部门包括燃煤、燃油和燃气 3 种化石能源发电技术部门，以及水电、核电、风电、太阳能发电和其他发电技术部门。其中，其他发电技术主要包括余温、余气、余压发电，垃圾燃烧发电和秸秆、蔗渣、林木质发电等，属于火力发电的范畴。燃煤、燃油和燃气发电技术通过常弹性替代函数方法复合为化石能源发电束。假定电力产出具有同质性，电力总产出等于 8 种电力技术的产出之和，价格等于其平均价格。

$$QX_e(t) = \sum_{i \in I} QE(i,t)$$

$$I = \{Coal, Oil, Gas, Hydropower, Nuclear, Wind, Solar, Other\}t$$

$$= \{2012 - 2050\} \tag{3-8}$$

$$PX_e(t) = APE(t)$$

$$= \sum_{i \in I} [PE(i,t) \cdot QE(i,t)] / \sum_{i \in I} QE(i,t) \tag{3-9}$$

其中，t 代表年份，$QX_e(t)$ 为 t 年电力部门产出，$QE(i,t)$ 为 t 年第 i 种发电技术的产出，$PE(i,t)$ 为第 i 种发电技术的价格，$PX_e(t)$ 为电力部门价格，$APE(t)$ 为电力部门的平均价格。

2）价格替代效应与市场份额。

不同技术成本竞争力的差异是影响技术间长期替代演变的关键，具体表现为价格弹性选择对供能市场份额的影响。模型中燃煤、燃油和燃气发电的市场份额由复合成化石能源发电束的 CES 函数确定，化石能源发电所占市场份额等于 1 减去非化石能源发电所占市场份额，即

$$MSF(t) = \sum_{fi \in FI} MS(fi,t) = 1 - \sum_{nfi \in NFI} MS(nfi,t)$$

$$FI = \{Coal, Oil, Gas\}$$

$$NFI = \{Hydropower, Nuclear, Wind, Solar, Other\} \tag{3-10}$$

其中，$MSF(t)$ 为化石能源所占份额，$MS(i,t)$ 为第 i 种发电技术所占市场份额。

水电、核电、风电、太阳能发电和其他发电技术占电力产出的份额则由其与化石能源发电的相对价格决定，具体见式（3-11）至式（3-13）。

$$MS(i,t) = \frac{PE(i,t) \cdot QE(i,t)}{\sum_{j \in I} PE(j,t) \cdot QE(j,t)} \tag{3-11}$$

$$MS(nfi,t) = MS(nfi,t-1) + a(nfi) \cdot MS(nfi,t-1)$$
$$\cdot \left[RP(nfi,t) - RP(nfi,t-1)\right] \cdot$$
$$\left\{MS(nfi,t-1) \cdot \left[1 - \sum_{i}^{NFI} MS(i,t-1)\right.\right.$$
$$\left.\left. + MS(nfi,t-1)\right] - MS(nfi,t-1)\right\} \quad (3-12)$$
$$RP(nfi,t) = PXF(t)/PE(nfi,t) \quad (3-13)$$

其中，$PXF(t)$ 为化石能源发电束的价格，$RP(nfi,t)$ 为非化石能源 nfi 相对于化石能源发电束的价格。$a(nfi)$ 为技术间的替代参数。式（3-12）将传统模型中 Logistic 份额关于时间的变化式修改为了技术份额关于相对价格的变化（Duan et al.，2015）。

能源投资结构直接影响能源产出及消费结构，技术成本与市场份额间的交互关系也通过能源投资连接起来。模型中电力行业总投资外生给定，价格下降速度越快（相对于化石能源）的发电技术，未来发展前景越好，其占供电市场的份额 $IS(i,t)$ 也应该越高，为此，根据式（3-12）可构造出投资份额分配系数，见式（3-14）至式（3-16）。

$$IS(nfi,t) = IS(nci,t-1) + \beta \cdot a(nci) \cdot IS(nci,t-1)$$
$$\cdot \left[RCP(nci,t-1) - RCP(nci,t-2)\right]$$
$$\cdot \left\{IS(nci,t-1) \cdot \left[1 - \sum_{i}^{NCI} IS(i,t-1)\right.\right.$$
$$\left.\left. + IS(nci,t-1)\right] - IS(nci,t-1)\right\}$$
$$nci \in NCI, \ NCI = \{Oil, Gas, Hydropower, Nuclear,$$
$$Wind, Solar, Other\} \quad (3-14)$$
$$IS(Coal,t) = 1 - \sum_{nci \in NCI} IS(nci,t) \quad (3-15)$$
$$RCP(i,t) = PE(Coal,t)/PE(i,t) \quad (3-16)$$

其中，$RCP(i,t)$ 为第 i 种发电技术相对于燃煤发电的相对价格，它的值越大，代表该发电技术越有发展潜力。$IS(i,t)$ 为第 i 种发电技术在 t 年的投资份额，该份额根据向前递推的两期发电技术的发展状况确定，相对于煤炭技术越有竞争力的发电技术，其获得的投资份额也越大。β 为推动非化石能源发电技术的投资力度，它与政策有关，也与市场预期相关。β 越大，对有发展潜力的非化石能源发电技术的投资力度也越大。

3）学习曲线和规模经济。

技术进步是降低新能源技术使用成本，提高其对传统能源的替代能力的关键驱动力，因此，以往外生的技术进步假设难以充分反映技术动态演变的内在逻辑，继而低估由此带来的新能源技术发展潜力及其在碳排放控制中的可能贡献（Nachtigall and Rubbelke，2016）。"干中学"曲线是代表性的刻画内生技术进步的方法，它描述了能源技术成本随着其生产或消费的累积而不断下降的过程。一般而言，累积生产或消费翻倍时技术成本下降的比率被定义为这种技术的学习率（Duan et al.，2018）。基于此，我们在模型中这样刻画非化石能源技术学习：

$$AC(nfi,t) = TC(nfi,t)/QE(nfi,t) = c(nfi) \cdot KS(nfi,t)^{-lx(nfi)}$$

$$\text{(3-17)}$$

$$KS(nfi,t) = (1-\delta) \cdot KS(nfi,t-1) + QE(nfi,t) \qquad \text{(3-18)}$$

其中，$AC(nfi,t)$ 为非化石能源发电 nfi 的平均发电成本；$TC(nfi,t)$ 为非化石能源发电 nfi 的总发电成本；$lx(nfi)$ 为技术学习指数；$KS(nfi,t)$ 为累积的知识存量，它随着生产或者消费的增长而不断累积，采用累积的生产量来表示；δ 代表知识资本的折旧率；$c(nfi)$ 代表学习曲线参数，可以通过技术初始成本和初始知识存量校准确定。

值得指出的是，在非化石能源发电技术中，水力发电的成本已然很低，且开发利用程度较高，未来经济可开发的资源潜力十分有限，故我们忽略了该技术的学习进步，即假定成本将维持在低位稳定状态，这一假定与 IRENA（2018）的研究结果保持一致。此外，由于其他发电技术所囊括的种类较多，无法具体到特定技术进行成本分析。由于生物质能技术发电在其他电力技术发电中所占份额较大，因此模型假设其他电力技术发电与生物质能技术发电的成本发展趋势一致。而 IRENA（2018）的研究认为，生物质能技术发电成本较为稳定，因此，我们在模型中也假定其他电力技术发电的成本保持不变。此处涉及的所有成本均以 2012 年价格测算。

4）发电煤耗转换系数。

发电煤耗转换系数即单位火力发电的能源消耗量，其计算公式如下：

$$CTR(t) = \sum_{ti \in TI} EC(ti,t) / \sum_{ti \in TI} QE(ti,t)$$

$$TI = \{Coal, Oil, Gas, Other\} \tag{3-19}$$

其中，$CTR(t)$ 为 t 年发电煤耗转换系数，$EC(ti,t)$ 表示火力发电技术 ti 在 t 年的能源消耗量。

（3）数据来源。

模型基础数据来自 2012 年的社会核算矩阵（SAM 表），包括 35 个行业，2 组居民家庭（城市和农村），3 种生产要素（劳动力、资本和能源）。其中，电力部门按发电技术拆分为 8 个，并基于 2012 年中国投入产出表以及相应的海关、税收、国际收支、资金流量等数据编制。能源消费数据来自《中国能源统计年鉴 2013》，行业劳动力数据来自《中国 2010 年人口普查资料》和《中国统计年鉴 2013》，固定资产投资、人口等数据来自《中国统计年鉴 2013》。二氧化碳排放因子取自联合国政府间气候变化专门委员会发布的排放因子报告（IPCC，2006）。模型的动态化主要通过资本积累、劳动力增长和要素技术进步来实现。2012—2017 年的结果根据这一阶段经济发展的各项实际指标和相应的投入产出关系进行了拟合校准。

除电力外的其他行业技术进步过程均通过外生 AEEI 值来实现（Li et al.，2017）；电力价格采用真实上网电价；不同发电技术发电量、新增装机容量、本年度完成的电力投资等数据来自中国电力企业联合会发布的电力统计数据一览表；技术学习率和技术替代率参见段宏波等（2015）；非化石能源发电成本数据来源于 IRENA（2018）。

3.3.2.3　情景设计：基准线

（1）GDP 增长率设定。

不同研究关于 GDP 增长率的设定存在较大的差异，如表 3-10 列出了部分研究设定的 2019—2050 年 GDP 增长率。Guo 等（2015）在一些研究的基础上设定了高、中、低三种情景。Li 等（2017）认为我国未来面临较强的能源供给约束，因而设定了较为保守的经济增长情景。能源研究所（2015）等对经济形势的设定较为乐观。本章 2012—2018 年 GDP 增长率根据实际情况设定，从 2012 年的 7.9% 下降到 2018 年的 6.6%（国家统计局，2019）。Li 和 Lou（2016）将中国"十三五"时期和"十四五"时期的 GDP 增长率分别设定为 6.5% 和 5.8%。本章根据对经济形势的短期预判，设定我国 2019—2020 年的 GDP 增长率为 6.5%。[1] Timilsina 等（2018）将 2021—2030 年间的年均 GDP 增长率设定为 4.6%。

表 3-10　不同研究对 GDP 增长率的设定与比较（%）

		2021—2025	2026—2030	2031—2035	2036—2040	2041—2045	2046—2050
能源研究所（2015）		5.5	5.5	4.0	4.0	3.0	3.0
Guo 等（2015）	中	5.7	5.7	4.0	4.0	2.5	2.5
	低	4.4	4.4	2.7	2.7	1.7	1.7
	高	6.6	6.6	4.8	4.8	3.0	3.0
Li 等（2017）		5.6	4.7	3.9	3.3	2.7	2.0
Li 等（2018）		6.2	5.3	4.4	4.4	3.5	3.5
本书		5.8	4.9	3.9	3.3	2.7	2.0

　　从中长期来看，由于我国面临能源供给约束，2030 年我国能源消费总量要控制在 60 亿吨标准煤，2050 年能源消费总量趋于稳定，以及经济发展面临的不确定因素增多，我们对中国未来经济的发展持较为保守的预期，对 2031—2050 年的 GDP 增长率的设定与 Li 等（2017）相同。

　　（2）火力发电技术进步与发电煤耗转换系数设定。

　　由于我国《能源生产和消费革命战略（2016—2030）》制定的能源和碳减排目标是按照发电煤耗法测算的，发电煤耗转换系数对于模型结果的解读非常重要。数据显示，发电煤耗转换系数从 2010 年的 320.8 克标准煤/千瓦时下降到 2015 年的 305.7 克标准煤/千瓦时，降幅达 4.71%。"十二五"期间，全国火电机组平均发电煤耗转换系数降至 315 克标准煤/千瓦时；煤电平均发电煤耗转换系数约为 318 克标准煤/千瓦时，均达到世界先进水平，发电煤耗转换系数五年累计降低 18 克标准煤/千瓦时（NDRC，2016a）。

　　苗韧（2013）较系统地研究了中国化石能源发电煤耗转换系数情况，其研究指出：在低碳情景下，中国 2020 年、2030 年和 2050 年燃煤发电的煤耗转换系数分别为 315 克标准煤/千瓦时、294.9 克标准煤/千瓦时和

---

[1]　本研究完成于 2019 年 6 月，数据设定主要用于对过去情况的拟合及对未来的情景设计。

282.3 克标准煤/千瓦时，燃气发电煤耗转换系数分别为 256.3 克标准煤/千瓦时、212.7 克标准煤/千瓦时和 181.1 克标准煤/千瓦时，而化石能源发电的平均煤耗转换系数分别为 308.0 克标准煤/千瓦时、282.6 克标准煤/千瓦时和 250 克标准煤/千瓦时。事实上，这一研究观点相对保守。我国《电力发展"十三五"规划》显示："十三五"期间，新建燃煤发电机组平均发电煤耗转换系数将低于 300 克标准煤/千瓦时，而现役燃煤发电机组经改造平均发电煤耗转换系数也已低于 310 克标准煤/千瓦时，这意味着 2020 年燃煤发电机组平均发电煤耗转换系数必然会在 310 克标准煤/千瓦时以下。就目前我国已经投入运行的先进煤电技术来看，隶属于申能集团的两台 100 万千瓦机组可满足上海全市 1/10 的电力需求，其年均发电煤耗转换系数仅为 276 克标准煤/千瓦时，且机组额定净效率超过 46.5%（含脱硫、脱硝）；尚未实施但已具有技术可行性的最先进燃煤发电技术的发电煤耗转换系数甚至可以降至 251 克标准煤/千瓦时。

由于未来火力发电技术发展存在一定的不确定性，我们通过改变火力发电的技术参数来设定多种发电煤耗转换系数，设 2050 年发电煤耗转换系数分别达到 215 克标准煤/千瓦时、230 克标准煤/千瓦时、240 克标准煤/千瓦时、250 克标准煤/千瓦时、260 克标准煤/千瓦时和 270 克标准煤/千瓦时（分别标注为情景 CTI_{215}、CTI_{230}、CTI_{240}、CTI_{250}、CTI_{260} 和 CTI_{270}），对应的 AEEI 设置值分别是 Li 等（2017）给定的 AEEI 水平的 1.20 倍、1.00 倍、0.85 倍、0.55 倍、0.42 倍和 0.17 倍。我们在分析多种政策的不同影响时以 CTI_{215} 为基准情景，其他情景主要是用于分析火力发电技术发展的不确定性对实现能源发展和碳减排目标的政策选择的影响。

（3）碳价设定。

碳价是控制碳排放、减少化石能源消费的重要政策手段之一（Harmsen et al.，2016；Duan et al.，2018）。理论上，最优的碳价等于碳排放的社会成本（SCC），后者应等价于边际气候损失（Nordhaus，2014）。现实中，碳价的设定要充分考虑实施的可能性，碳价过低无法反映真实的碳排放社会成本，因而达不到实现气候目标所需的碳减排效果，碳价过高则会高估减碳成本，不利于争取利益相关方提高政策可行性。由于碳排放的边际气候损失是趋势递增的，碳价路径也呈递增趋势（Duan et al.，2019）。

据此，本书设定碳价情景时也采取递增碳税的方式，且在上游征收，碳税路径可参照 Wilkerson 等（2015）给出，具体形式如下：

$$TAX_t = TAX_{2090} \cdot \left(\frac{t-2010}{2090-2010} \right)^{\alpha} \qquad (3-20)$$

式中，TAX_{2090} 为 2090 年的碳价，Wilkerson 等（2015）将其设定为 200 美元/吨。α 表征碳价的递增速度，考虑到我国的实际承受能力和可行性，本书设为 1。2015 年，中国碳排放权交易试点的平均碳价最高为北京（41.45 美元/吨），最低为重庆（18.76 美元/吨），"6+1"个碳市场试点的平均价格为 25.5 美元/吨，据此逆推可得到 2090 年碳价分别为 106.5 美元/吨、48.2 美元/吨和 65.5 美元/吨（按照 2015 年汇率）。基于此，我们设定了四种碳税情景，对应的 2090 年碳价分别为 30 美元/吨、60 美元/吨、90 美元/吨和 120 美元/吨，分别标注为情景 CP_{30}、CP_{60}、CP_{90} 和 CP_{120}。政策的实施时间为 2019 年，碳税收入归政府所有。

（4）政策情景：非化石能源投资。

向非化石能源电力部门投资是发展新能源发电技术，实现非化石能源比例目标的重要途径。式（3-14）中的 β 代表对非化石能源发电投资的支持力度，根据 2012—2016 年电力投资结构变化情况，得出 $\beta=0.5$。在式（3-14）至式（3-16）所示的投资结构下，基础情景下 2020 年和 2030 年的非化石能源比例目标均可达成。在乐观的发电煤耗技术情景 CTI_{215} 下，β 等于 1.0、1.2、1.3、1.4 和 1.45，分别标注为情景 $EI_{1.0}$、$EI_{1.2}$、$EI_{1.3}$、$EI_{1.4}$ 和 $EI_{1.45}$。

（5）组合政策情景。

根据碳税政策情景和非化石能源投资情景的模拟结果，以较小的 GDP 损失率达成能源专项以及碳减排目标的政策组合，标记为情景 CP_aEI_b。

3.3.2.4　模拟结果和分析

（1）实现政策目标对 GDP 的影响。

尽管不同研究估算的碳税政策对经济增长的影响存在较大差异，但几乎都得出了影响为负的结论（Duan et al.，2019）。本节的研究结果显示，实施碳税政策会对 GDP 造成显著的负向影响，征税力度越大，政策成本相应越高（见图 3-5）；到 2050 年，对应四种碳税政策情景的 GDP 变化率分别为－0.29％、－1.19％、－1.82％和－2.43％（相对于基础情景）；2019—2050 年累积 GDP 变化率分别为－0.15％、－0.6％、－0.93％和－1.23％（折现率为 5％）。

　　适度加大非化石能源投资政策力度对经济发展会产生一定的激励效应。如图 3-5 所示，在 $EI_{1.0}$ 情景下，所有年份的 GDP 相对于基准情景都有不同程度的上升，到 2050 年这一正效应达到了 GDP 的 1.55％。一般而言，适度的非化石能源投资不会改变既有的能源投资格局，难以对传统能源投资产生显著的挤出效应，这决定了该政策的有限负影响。非化石能源投资政策力度加大会激励相关技术创新，增加就业，这些都是促进经济增长的重要方面。

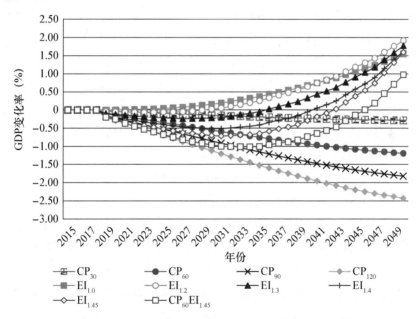

图 3-5　不同情景下政策选择对 GDP 的影响（相对于基准情景的 GDP 变化率）

　　在非化石能源发电技术尚未成熟的阶段，过度加大非化石能源投资政策力度，强力推动能源体系的低碳化转型，势必会增加在中短期内的能源总成本，对宏观经济增长产生负向影响。但从长期来看，在投资激励和"干中学"的技术进步的驱动下，非化石能源发电技术的成本竞争力会不断提高，甚至超过传统的化石能源发电技术，此时，非化石能源技术发展将成为经济增长的新引擎。这可以在很大程度上解释强化非化石能源投资政策对 GDP 影响的抛物线轨迹。从图 3-5 中可以看出，随着投资力度的增大，GDP 相对于基准情景的负向变化率持续的时间变长，程度加深。具体来说，情景 $EI_{1.2}$、$EI_{1.3}$、$EI_{1.4}$ 和 $EI_{1.45}$ 对应的 GDP 变化率分别在 2023 年、2027 年、2030 年和 2031 年达到最大，分别为 -0.07%、-0.24%、-0.51% 和 -0.72%；经济影响转正的时间点分别为 2029 年、2036 年、2040 年和 2042 年，对应 2050 年的正向影响分别为 1.92%、1.77%、1.63% 和 1.59%。尤其是在情景 $EI_{1.2}$ 下，投资政策对经济的正向影响最早出现在 2029 年，此后正向影响快速加强，于 2042 年超过低投资情景 $EI_{1.0}$。在情景 $EI_{1.0}$、$EI_{1.2}$、$EI_{1.3}$、$EI_{1.4}$ 和 $EI_{1.45}$ 下，如按照 5% 的折现率测算，2019—2050 年累积 GDP 变化率分别为 0.37%、0.32%、0.10%、-0.16% 和 -0.32%，情景 $EI_{1.0}$ 下最高；如果不考虑折现率，2019—2050 年累积 GDP 变化率分别为 0.64%、0.66%、0.42%、0.13% 和 -0.05%，情景 $EI_{1.2}$ 下最高。考虑折现率和不考虑折现率的累积 GDP 变化率差异很大，其主要原因是：增加非化石能源投资对 GDP 的促进作用主要体现在中长期，尤其是从长期看，降低能源使用成本等能显著带动 GDP 增长，且 β 越大，这种效果越显著。

组合政策情景 $CP_{60}EI_{1.45}$ 下的 GDP 变化率与单独的投资情景 $EI_{1.45}$ 类似，但损失率更高，其在 2034 年达到最高，为 -1.01%（相对于基础情景）；相应地，政策的正向影响出现的时间点也更晚，需到 2045 年，2050 年时正向影响最大，达 0.97%；2019—2050 年累积 GDP 变化率也较高，达到了 -0.60%（折现率为 5%）。组合政策情景与单纯碳税情景 CP_{60} 下的 GDP 变化率在 2038 年处相交，即非化石能源投资政策的引入可在一定程度上缓解单纯碳税政策带来的一致的负向影响，尤其是在较长期尺度上政策实施的中后期。

（2）政策选择对碳排放的影响。

基准情景和 10 种政策情景下，2020 年碳排放强度较 2015 年的降幅都超过了 18%，2030 年的碳排放强度较 2005 年的降幅也都超过了 60%，均达到了中国《能源生产和消费革命战略（2016—2030）》设定的目标。其中，情景 CP_{120} 和组合情景 $CP_{60}EI_{1.45}$ 下的碳排放强度下降幅度最大，

2030 年相对于 2005 年分别下降了 62.05% 和 62.30%。

　　碳税政策和非化石能源投资政策都会对碳排放产生显著负向影响，随着政策力度的增强，碳排放强度和峰值均会降低。基准情景下碳排放在 2033 年达峰，峰值排放为 117.26 亿吨二氧化碳。在碳税情景 CP_{30}、CP_{60}、CP_{90} 以及主要的非化石能源投资情景下，碳排放都将在 2030 年达峰。这些情景下达峰年份虽然并未随着碳税税率的提高或者非化石能源投资政策力度的加大而更早出现，但与峰值接近的年份，也就是碳排放高峰期有明显提前（见表 3-11）。在强化的政策情景 CP_{120} 和 $EI_{1.45}$ 下，达峰时间可提前至 2029 年，对应的峰值降至 110.36 亿吨和 112.35 亿吨二氧化碳。在组合政策 $CP_{60}EI_{1.45}$ 情景下，碳排放达峰时间可提前至 2028 年，二氧化碳峰值为 109.69 亿吨。由此可见，各种政策情景下均可实现 NDC 的碳排放强度下降和 2030 年左右碳排放达峰的目标，且随着碳税税率的提高和非化石能源投资政策力度的加大，峰值排放有显著下降，排放高峰期有所提前，但要在 2025 年甚至更早的年份实现碳排放达峰则有一定的难度，需依赖于力度更大的碳税及非化石能源投资政策的作用。

表 3-11　主要情景下的碳排放指标

情景	碳排放强度		碳排放高峰		
	2020 年比 2015 年下降（%）	2030 年比 2005 年下降（%）	排放峰值（亿吨二氧化碳）	达峰年份	碳排放高峰期
基准情景	18.83	60.05	117.26	2033	2030—2034
CP_{30}	19.46	60.67	115.28	2030	2030—2032
CP_{60}	19.88	61.05	113.70	2030	2029—2032
CP_{90}	20.42	61.52	111.99	2030	2028—2032
CP_{120}	20.86	62.05	110.36	2029	2027—2031
$EI_{1.0}$	18.86	60.38	116.47	2030	2030—2032
$EI_{1.2}$	18.91	60.68	115.43	2030	2029—2031
$EI_{1.3}$	18.97	60.92	114.44	2030	2029—2031
$EI_{1.4}$	19.03	61.19	113.32	2030	2028—2030
$EI_{1.45}$	19.11	61.46	112.35	2029	2028—2030
$CP_{60}EI_{1.45}$	19.11	62.30	109.69	2028	2026—2030

说明：碳排放高峰期是指排放量与排放峰值非常接近的年份区间。

（3）政策选择对能源消费的影响。

能源消费变化是国家实现能源发展目标（能耗强度目标和非化石能源占比目标）的晴雨表。研究结果显示，在所有情景下，2020年的能耗强度较2015年的下降幅度均超过了15%；非化石能源占一次能源消费总量的比重在2020年均达到了15%，在2030年均达到了20%，且2020年的能源消费总量控制在了50亿吨标准煤以内，均达到了政策目标，但2030年能源消费总量控制和2050年的非化石能源占比目标的达成存在一定难度，见表3-12。

表3-12　主要情景下能源消费主要指标

情景		基准情景	CP$_{30}$	CP$_{60}$	CP$_{90}$	CP$_{120}$	EI$_{1.0}$	EI$_{1.2}$	EI$_{1.3}$	EI$_{1.4}$	EI$_{1.45}$	CP$_{60}$ EI$_{1.45}$
2020年能耗强度比2015年下降（%）		15.9	16.6	17.3	17.9	18.3	15.9	16.1	16.2	16.4	16.5	16.5
发电煤耗转换系数（克标准煤/千瓦时）	2015	305.7	305.7	305.7	305.7	305.7	305.7	305.7	305.7	305.7	305.7	305.7
	2020	292.6	292.1	291.5	291.0	290.7	292.6	292.5	292.3	292.2	292.1	292.1
	2030	267.9	266.3	264.6	263.4	262.7	267.3	266.6	265.8	264.8	264.2	261.7
	2050	214.2	209.4	203.0	199.1	196.2	209.1	202.6	194.3	183.6	178.8	171.0
非化石能源占比（%）	2020	15.3	15.4	15.5	15.7	15.7	15.3	15.4	15.5	15.6	15.6	15.6
	2030	20.4	20.6	20.7	21.4	21.5	21	21.5	21.9	22.4	22.8	23.1
	2050	35.1	35.6	36.0	37.7	38.0	40.1	43.7	46.1	48.8	50.8	50.4
能源消费总量（亿吨标准煤）	2020	49.7	49.3	48.8	48.4	48.2	49.7	49.6	49.5	49.3	49.2	49.2
	2030	61.9	60.8	59.5	58.6	58	61.9	61.5	61.1	60.6	60.1	58.5
	2050	64.3	61.9	59.4	57.7	56.6	65.7	65.3	64.1	62.8	62.3	59.2

碳定价政策对能源消费的影响体现在量和质两个方面：从量的角度看，碳定价政策的引入会减少化石能源的消费，增加非化石能源发电需求；从质的角度看，碳税政策有助于化石能源发电部门生产效率的改进，降低单位火力发电煤耗转换系数，同时一定程度上促进非化石能源发电技术进步。从表3-12可以看出，在代表性的碳税情景下，2030年中国的能源消费总量较基准情景均有显著下降，降幅最大达到6.3%，对应CP$_{120}$情景；且能源消费总量均控制在60亿吨标准煤以内，达到了《能源生产和消费革命战略（2016—2030）》设定的目标。就非化石能源投资政策对能源消费的影响而言，一方面，投资政策会通过降低非化石能源技术

成本促进其快速发展，继而导致总能源消费有一定的增长；另一方面，投资政策也会通过相对价格作用来降低单位火力发电煤耗，继而引起能源消费总量的下降。因此，非化石能源发电投资政策对总能源消费的影响取决于两方面因素共同作用的结果。整体上看，加大对非化石能源投资政策力度会降低总能源消费，且政策作用力度越强，能源消费的降幅也越大，尽管对应下降幅度的绝对量不大（见表3-12）。在设定的5种非化石能源投资政策情景下，2030年的能源消费总量均超过60亿吨标准煤，未能达到《能源生产和消费革命战略（2016—2030）》设定的政策目标，且直到2050年，能源消费仍将维持稳定的增长态势，在情景 $EI_{1.45}$ 下，2050年的能源消费将达到62.3亿吨标准煤。碳定价政策与能源投资政策相互作用的降能效果更为明显，在组合政策 $CP_{60}EI_{1.45}$ 情景下，2050年的能源消费总量降至59.2亿吨标准煤，低于单独的能源投资情景下的结果，且帮助实现了国家《能源生产和消费革命战略（2016—2030）》设定的能源消费控制目标。

从表3-12的结果可以看出，碳税在提升非化石能源占一次能源消费总量的比重方面效果有限，这一结论与 Duan 等（2019）的研究基本一致。虽然随着碳税税率的提高，非化石能源占比呈上升趋势，但升高幅度较小。在设定的四种碳价情景下，2050年非化石能源占比均未达到既定的政策目标，最高也仅为38%，对应 CP_{120} 情景。非化石能源投资政策对相应技术的激励效果较为显著，随着投资支持力度的增强，非化石能源占比会大幅度提升，在情景 $EI_{1.45}$ 下将达到50.8%，可实现2050年的政策目标。由于发电煤耗转换系数降低，在组合政策情景 $CP_{60}EI_{1.45}$ 下非化石能源占比虽然比 $EI_{1.45}$ 略有下降，为50.4%，但可以达到政策目标。

（4）对电力部门的影响。

电力部门是能源系统低碳化转型的主战场，也是实现国家碳排放总量达峰的排头兵，因此对电力部门政策效果的考察十分重要。碳税政策会在一定程度上促进总发电量的增加，但这一促增速度远低于非化石能源发电投资政策。具体地，到2050年，碳税政策下发电量最高为141 886亿千瓦时，对应强化的碳定价情景 CP_{120}，这一数值甚至低于最弱的非化石能源投资政策情景 $EI_{1.0}$ 下的结果147 015亿千瓦时，而在更强的政策力度下，总发电量最高可达 168 941 亿千瓦时，较基准情景高出 22%，对应 $EI_{1.45}$（见表 3-13）。

终端能源消费的电力化是能源消费结构调整的重要途径，相应的电力占终端能源消费的比重是衡量能源消费重构程度的主要指标。在基准情景下，2015 年电力占终端能源消费的比重约为 21.3%（按照电热当量法），到 2030 年，这一数值增至 25.9%，2050 年进一步达到 32.4%。随着碳定价和非化石能源投资政策力度的增强，终端能源消费的电力化程度会越来越高，且较之碳定价政策，投资政策对终端能源电力化的影响效果更为显著。表 3-13 中的结果表明，在最严格的碳税政策下，2050 年电力占终端能源消费的比重为 37.1%，而在最强的投资政策下这一比重达到 38.1%。在组合政策下，电力占终端能源消费的比重最高可达 39.4%。

表 3-13 不同情景下发电结构与终端能源消费的电力化程度

		发电结构（%）							总发电量（十亿千瓦时）	电力占终端能源消费的比重（%，按照电热当量法）
		E01	E03	E04	E05	E06	E07	E08		
情景	2015	67.9	2.9	19.4	3.0	3.2	0.7	2.8	5 739.9	21.3
基准情景	2030	47.4	7.4	16.5	8.9	9.5	6.8	3.5	10 020.5	25.9
CP_{30}	2030	47.7	7.4	16.4	8.8	9.5	6.7	3.5	10 040.1	26.5
CP_{60}	2030	47.5	7.5	16.6	8.8	9.4	6.7	3.5	10 072.0	27.3
CP_{90}	2030	47.4	7.6	16.6	8.8	9.4	6.7	3.5	10 089.4	27.9
CP_{120}	2030	47.2	7.6	16.8	8.8	9.4	6.8	3.5	10 102.3	28.2
$EI_{1.0}$	2030	45.9	7.5	16.3	9.7	10.2	6.9	3.5	10 042.9	25.9
$EI_{1.2}$	2030	44.8	7.6	16.4	10.1	10.5	7.0	3.6	10 064.8	26.2
$EI_{1.3}$	2030	43.8	7.8	16.6	10.3	10.7	7.0	3.6	10 088.2	26.4
$EI_{1.4}$	2030	42.9	8.0	16.9	10.5	10.9	7.1	3.6	10 106.7	26.7
$EI_{1.45}$	2030	42.1	8.2	17.2	10.7	11.0	7.2	3.6	10 097.0	26.9
$CP_{60}EI_{1.45}$	2030	42.6	8.1	17.0	10.6	10.9	7.1	3.6	10 129.6	27.8
基准情景	2050	18.3	13.9	11.8	10.3	24.8	16.0	4.8	13 842.9	32.4
CP_{30}	2050	18.9	13.8	11.7	10.2	24.6	15.9	4.8	13 879.7	33.6
CP_{60}	2050	17.7	14.4	12.4	10.3	24.4	16.0	4.7	14 034.6	35.3
CP_{90}	2050	17.1	14.7	12.7	10.4	24.2	16.1	4.7	14 118.1	36.4
CP_{120}	2050	16.2	14.9	13.3	10.5	24.1	16.3	4.7	14 188.6	37.1

续表

		发电结构（%）							总发电量 十亿 千瓦时	电力占终端能 源消费的比重 （%，按照电 热当量法）
		E01	E03	E04	E05	E06	E07	E08		
$EI_{1.0}$	2050	11.7	10.5	9.9	12.8	33.7	16.5	4.9	14 701.5	33.4
$EI_{1.2}$	2050	7.4	8.3	9.4	14.4	38.8	16.7	4.9	15 307.5	34.6
$EI_{1.3}$	2050	4.5	6.7	9.3	15.6	42.0	17.0	4.9	15 798.1	35.8
$EI_{1.4}$	2050	1.7	4.1	9.1	17.0	46.0	17.2	4.8	16 425.0	37.2
$EI_{1.45}$	2050	0.5	2.0	8.8	17.9	48.8	17.2	4.8	16 894.1	38.1
$CP_{60}EI_{1.45}$	2050	1.1	3.3	8.9	17.5	47.4	17.1	4.7	16 839.3	39.4

说明：（1）E01—E08 分别代表燃煤发电、燃油发电、燃气发电、水电、核电、风电、太阳能发电和其他发电；（2）由于燃油发电（E02）占比没有超过 0.1%，所以在表中未标注。

在基准情景下，火力发电（E01＋E02＋E03）占比延续了近些年持续下降的趋势，将从 2015 年的 70.8% 降至 2030 年的 54.8%；2050 年进一步降到 32.2%。火力发电量占比的快速下降主要得益于燃煤发电量占比的紧缩。表 3-13 的结果显示，相对于 2015 年，2050 年燃煤发电量占比下降了近 73%，这一紧缩效应甚至完全抵消了中短期燃气发电量占比的上升趋势。从政策情景看，非化石能源投资政策在促进电力部门清洁化转型中的作用效果要显著大于碳定价政策；在最严格的碳定价情景下，燃煤发电的占比依然达 16.2%，而在投资政策下，相应的占比最低仅为 0.5%。

此外，在所有政策情景下，核电、风电和太阳能发电量在总发电量中所占的比重均逐年上升，其中 2050 年风电占比最高可达 48.8%，对应情景 $EI_{1.45}$；核电和太阳能发电所占比重相近，均为 17% 左右；水电则由于可开发资源潜力的约束和成本的限制，占比整体呈下降趋势，尤其在新能源投资政策下，水电的投资预算将被风能、太阳能等非化石能源发电技术挤占，其占比下降得更为明显，到 2050 年，水电在总发电量中的占比最低仅为 8.8%。

3.3.2.5 火力发电技术进步与发电煤耗转换系数的敏感性分析

发电煤耗转换系数的预期是影响发电结构动态演变的关键因素，可通过改变火力发电的技术参数来设定；为进一步考察发电煤耗转换系数的变化对经济、排放、能源消费和发电结构等主要模型结果的影响，我们设计了除基本情景CTI_{215}之外的另外5种发电煤耗转换系数情景，即CTI_{230}、CTI_{240}、CTI_{250}、CTI_{260}和CTI_{270}，分别对应2050年230克标准煤/千瓦时、240克标准煤/千瓦时、250克标准煤/千瓦时、260克标准煤/千瓦时和270克标准煤/千瓦时的发电煤耗转换系数。通过模型优化和政策选择，我们得到5种发电煤耗转换系数情景下达成国家《能源生产和消费革命战略（2016—2030)》设定的目标所需的政策组合，即$CP_{60}EI_{1.3}$、$CP_{90}EI_{1.2}$、$CP_{90}EI_{1.1}$、$CP_{120}EI_{1.0}$和$CP_{120}EI_{0.9}$。结果显示，火力发电技术进步水平越低，发电煤耗转换系数越高，实现既定政策目标要求的碳价也越高；同时，非化石能源投资政策力度越小，对应的政策成本（以GDP变化率衡量）也越大。表3-14的结果显示，当发电煤耗转换系数为270克标准煤/千瓦时时，需要引入CP_{120}的碳税才能保证2030年各个能源发展和碳排放达峰目标的如期达成，此时的GDP损失率为0.7%，2019—2050年累积GDP损失率高达0.57%；而当发电煤耗转换系数降至230克标准煤/千瓦时时，只需CP60的碳税配合积极的非化石能源投资政策即可达成既定的各个政策目标，对应2030年的GDP损失率降至0.55%。由于投资政策的激励效果，到2050年GDP甚至会上涨1.33%，2019—2050年累积GDP相对于基准情景略有下降，降幅为0.14%，同时碳排放达峰时间提前到2028年。

从2019—2050年累积GDP变化率来看，在情景$CTI_{230}CP_{60}EI_{1.3}$下达到所有目标的政策成本最低。发电煤耗转换系数越高，则控制能源消费总量的力度必须越大，从而需要实施的碳税越重，使得累计GDP损失率也越高。如果发电煤耗转换系数低，则需要加大非化石能源投资政策力度以实现非化石能源占比目标，从而在短中期提高了GDP损失率，虽然在长期尤其是2050年以后GDP增长率会快速提高，但由于折现率的存在仍然会导致累积GDP损失率加大。从累积GDP损失率的角度来看，CTI_{230}是较优的火力发电技术发展路径。

从能源消费结果来看，当不考虑能源发展或排放控制政策时，火力发电煤耗转换系数的增加会显著增大能源消费总量。表3-15显示，随着发电煤耗转换系数的增长，2050年的能源消费总量将从66.0亿吨标准煤增

表 3 - 14　碳排放指标与 GDP 变化率

情景	CTI230		CTI240		CTI250		CTI260		CTI270	
	基准情景	$CP_{60}EI_{1.3}$	基准情景	$CP_{90}EI_{1.2}$	基准情景	$CP_{90}EI_{1.1}$	基准情景	$CP_{120}EI_{1.0}$	基准情景	$CP_{120}EI_{0.9}$
碳排放强度　2020 年比 2015 年下降 (%)	18.50	20.02	18.46	20.34	18.42	20.15	18.40	20.74	18.40	20.74
碳排放强度　2030 年比 2005 年下降 (%)	63.81	65.89	63.79	65.84	63.78	65.66	63.82	66.02	63.88	66.03
碳排放达峰　峰值	118.1	110.8	118.2	110.9	118.2	111.5	118.1	110.2	117.9	110.1
碳排放达峰　年份	2032	2028	2032	2029	2032	2029	2031	2029	2033	2029
碳排放达峰　时期	2030—2034	2027—2030	2030—2033	2027—2031	2030—2033	2028—2030	2029—2033	2028—2030	2029—2034	2028—2030
GDP 变化率 (%)　2030	0.00	-0.55	0.00	-0.55	0.00	-0.54	0.00	-0.64	0.00	-0.70
GDP 变化率 (%)　2050	0.00	1.33	0.00	0.87	0.00	0.50	0.00	0.08	0.00	-0.36
2019—2050 年累积 GDP 变化率 (%, 折现率为 5%)	0.00	-0.14	0.00	-0.23	0.00	-0.29	0.00	-0.44	0.00	-0.57

表 3 - 15　火力发电煤耗转换系数变化对能源消费的影响

情景		CTI$_{230}$		CTI$_{240}$		CTI$_{250}$		CTI$_{260}$		CTI$_{270}$	
		基准情景	CP$_{60}$ EI$_{1.3}$	基准情景	CP$_{90}$ EI$_{1.2}$	基准情景	CP$_{90}$ EI$_{1.1}$	基准情景	CP$_{120}$ EI$_{1.0}$	基准情景	CP$_{120}$ EI$_{0.9}$
2020 年能耗强度比 2015 年下降（%）		15.6	17.1	15.4	17.4	15.3	17.1	15.3	17.7	15.3	17.7
火力发电煤耗转换系数（克标准煤/千瓦时）	2020	296.7	295.5	298.4	296.9	299.8	298.3	300.2	298.4	300.2	298.4
	2030	280.9	275.1	287.9	282.0	292.2	286.7	294.1	287.7	295.5	289.0
	2050	229.7	190.0	240.8	213.3	250.4	226.9	261.7	239.7	270.1	245.5
非化石能源占一次能源消费总量的比重（%）	2020	15.6	15.9	15.6	16.0	15.7	16.0	15.7	16.1	15.7	16.1
	2030	21.4	23.6	21.9	23.8	22.2	23.9	22.5	24.2	22.8	24.3
	2050	37.5	50.2	38.8	50.2	39.9	50.1	41.6	50.3	42.8	50.1
能源消费总量（亿吨标准煤）	2020	49.9	48.9	50.0	48.8	50.1	48.9	50.1	48.6	50.1	48.6
	2030	62.8	59.9	63.3	60.0	63.6	60.0	63.8	60.0	63.9	60.0
	2050	66.0	60.8	67.1	62.7	68.0	63.9	69.2	63.8	70.0	63.8

至 70.0 亿吨标准煤，同时非化石能源消费占总能源消费的比重也从 37.5% 增至 42.8%。这意味着在高发电煤耗转换系数情景下，国家实现能源总量控制的压力较大，需要配合较严格的碳税政策方可保证《能源生产和消费革命战略（2016—2030）》设定的目标如期达成。如表 3-15 中结果所示，在优化的政策选择下，各发电煤耗转换系数情景下 2050 年的能源消费将控制在 64 亿吨标准煤以内，非化石能源占比也普遍高于 50%，达到了非化石能源发展减排目标。

发电煤耗转换系数越高，意味着火力发电技术进步越缓慢，同等数量的非化石能源发电量折成的标准煤量越高，此时能源发展和碳减排目标主要依靠控制能源消费总量（尤其是电力消费总量）来实现。表 3-16 显示，当 2050 年发电煤耗转换系数为 230 克标准煤/千瓦时（$CTI_{230}CP_{60}EI_{1.3}$ 情景）时，2050 年的发电总量为 157 359 亿千瓦时，当这一系数升至 270 克标准煤/千瓦时（$CTI_{270}CP_{60}EI_{0.9}$ 情景）时，对应的发电量将降到 138 212 亿千瓦时，降幅超过 12%。此外，发电煤耗转换系数的增长将一定程度上激励非电力能源的需求，继而导致电力占终端能源消费的比重下降，这一结果在基础情景和政策情景下均成立；在基准情景下，从情景 CTI_{230} 到情景 CTI_{270}，2050 年中国的电力消费占比将从 31.6% 降至 30.4%，降幅达 3.8%，而在优化政策情景下，电力消费占比的下降速度更快，从 37.5% 降到 35.1%，对应的降幅达 6.4%。

表 3-16　发电煤耗系数变化对发电结构调整的影响

情景		时间	发电结构（%）							总发电量（十亿千瓦时）	电力占终端能源消费的比重（%）
			E01	E03	E04	E05	E06	E07	E08		
CTI_{230}	基准情景	2030	45.1	7.7	17.6	9.0	9.6	6.9	4.1	9 932.2	25.7
		2050	13.6	14.4	13.2	11.1	25.9	16.7	5.0	13 511.9	31.6
	$CP_{60}EI_{1.3}$	2030	41.3	8.2	17.8	10.5	10.8	7.2	4.2	9 999.1	27.3
		2050	1.4	4.0	10.0	17.2	44.7	17.7	4.9	15 735.9	37.5
CTI_{240}	基准情景	2030	44.2	7.7	18.1	9.1	9.7	7.0	4.1	9 848.4	25.5
		2050	12.7	13.4	13.9	11.5	26.4	17.1	5.0	13 349.4	31.3
	$CP_{90}EI_{1.2}$	2030	41.9	8.0	17.8	10.3	10.7	7.1	4.2	9 957.1	27.4
		2050	3.3	5.5	10.9	16.2	41.1	17.9	5.0	15 071.3	36.7

续表

情景		时间	发电结构（%）							总发电量（十亿千瓦时）	电力占终端能源消费的比重（%）
			E01	E03	E04	E05	E06	E07	E08		
CTI$_{250}$	基准情景	2030	43.8	7.7	18.4	9.2	9.8	7.0	4.2	9 800.3	25.4
		2050	12.5	12.3	14.4	11.7	26.7	17.4	5.1	13 226.9	31.1
	CP$_{90}$EI$_{1.1}$	2030	41.7	7.9	18.2	10.2	10.6	7.2	4.2	9 899.8	27.2
		2050	4.2	5.9	12.0	15.8	38.7	18.2	5.1	14 649.6	35.9
CTI$_{260}$	基准情景	2030	43.3	7.5	18.9	9.2	9.8	7.1	4.2	9 770.1	25.3
		2050	11.6	10.5	15.5	12.2	27.1	17.9	5.2	13 064.4	30.7
	CP$_{120}$EI$_{1.0}$	2030	42.0	7.6	18.5	10.0	10.4	7.2	4.2	9 863.5	27.4
		2050	5.5	5.9	13.2	15.4	36.3	18.5	5.2	14 146.1	35.6
CTI$_{270}$	基准情景	2030	42.8	7.3	19.4	9.3	9.9	7.1	4.2	9 742.7	25.2
		2050	10.9	9.3	16.3	12.5	27.5	18.2	5.2	12 945.4	30.4
	CP$_{120}$EI$_{0.9}$	2030	41.8	7.4	19.1	9.9	10.3	7.2	4.2	9 830.1	27.3
		2050	5.9	5.9	14.6	15.1	34.4	18.9	5.2	13 821.2	35.1

说明：同表3-13。

值得注意的是，随着发电煤耗转换系数的增长，基准情景下火电占比将随着电力占终端能源消费的比重的下降而下降，但在优化政策情景下，火电占比则成上升态势。具体来说，从情景CTI$_{230}$到情景CTI$_{270}$，2050年的火电占比将从5.4%增至11.8%。事实上，从优化政策情景的结果可以看出，高煤耗转换系数情景下政策目标的实现主要依靠严格的碳定价政策，而该政策对减碳的效果较显著，但对非化石能源发电技术发展的激励有限，故在此政策环境下经济增长对传统火力发电的依赖程度依然较高，继而引起火电占比一定程度的反弹。此外，政策情景下风电与核电占比将下降，而水电和太阳能发电占比会逐步上升。具体地，从情景CTI$_{230}$到情景CTI$_{270}$，2050年风电与核电占比分别从44.7%降至34.4%，从17.2%降至15.1%，而水电和太阳能发电占比将分别从10.0%增至14.6%，从17.7%增至18.9%。

表3-17提供了本章结果与两份最新的中国能源发展研究报告的对比，这两份报告分别为《中国可再生能源展望2018》和《能源转型趋势2018》（*Energy Transition Trends 2018*），为了简便，我们将前者简称为

《能源展望报告》，将后者简称为《能源转型报告》。与《能源展望报告》相比，《能源转型报告》在升温 2℃ 以内情景下的风力发电量略低，而太阳能发电量偏高，我们的模型尚未得出对应全球升温 2℃ 以内情景的结果。根据中国《可再生能源"十三五"规划》，预计 2020 年发电煤耗转换系数约为 295 克标准煤/千瓦时；这一数值与我们优化得到的组合情景 $CTI_{230} CP_{60} EI_{1.3}$ 下的发电煤耗转换系数基本持平；从总发电量和非化石能源发电量的发展状况来看，该组合情景与《能源展望报告》升温 2℃ 以内情景下的结果非常接近，而组合情景 $CTI_{270} CP_{120} EI_{0.9}$ 则与《能源展望报告》中情景"既定政策"（Stated Policies）下的结果基本一致。

表 3-17　代表性政策情景与其他主要研究结果的对比

单位：十亿千瓦时

	《能源展望报告》		《能源转型报告》	CTI_{270}	CTI_{230}	CTI_{215}
	升温 2℃ 以内	"既定政策"	升温 2℃ 以内	$CP_{120} EI_{0.9}$	$CP_{60} EI_{1.3}$	$CP_{60} EI_{1.45}$
总发电量	15 324	13 848		13 821	15 736	16 839
水力发电量	1 831	1 831		2 018	1 574	1 499
风力发电量	7 622	5 955	6 963	4 754	7 034	7 982
太阳能发电量	3 525	2 694	4 270	2 612	2 785	2 880
核能发电量	925	925		2 087	2 707	2 947
化石能源发电量	920	1 944		1 631	850	741

组合情景 $CTI_{230} CP_{60} EI_{1.3}$ 下的风电发展水平已基本达到两份报告中实现升温 2℃ 以内这一温控目标所要求的风电发展水平。此外，本书模拟结果中的水电和太阳能发展水平偏低，而核电发展水平较高。对水电而言，我们在模型中设定了发电成本不变，并对未来可开发的水能资源潜力持保守态度，这是结果中水力发电量偏低的原因。事实上，《能源展望报告》充分考虑了核电发展可能存在的安全隐患（包括核电站运行过程以及核废料的处理等伴随的安全问题），设定了核电发展的上限，而我们的模型在考虑核能发电成本时并未包含相应的安全成本，故核电发展较上述报告乐观。如果政府不主张大力发展核电，为达到上述总发电量和非化石能源占比的政策目标，应该在模拟结果的基础上加大非化石能源投资政策的力度，在水能资源潜力和水力发电成本约束下水力发电量难以有大的提升，而风力发电增速已经很高的情况下，大力发展太阳能发电就成了重要的政

策选择。

3.3.2.6　结论及政策启示

CGE 模型的优势是可以细致地刻画经济部门的生产和消费活动，劣势是缺乏自底向上的技术描述。基于此，本节拓展了传统 CGE 模型结构，创新性地将电力部门按传统能源和非化石能源进行了细分，刻画了 8 种代表性的能源技术，并考虑了技术学习驱动的非化石能源内生技术进步和发电煤耗转换系数表征的化石能源电力技术发展的不确定性。本节通过构建技术细化的中国多区域动态 CGE 模型，分析了中国到 2050 年达成的中长期能源转型和碳排放控制目标的可行性、实现路径和政策选择，并得出了以下几个结论：

碳税实施会对经济产生负面影响。初始碳价从 30 美元/吨二氧化碳增长到 120 美元/吨二氧化碳时，GDP 损失率将从－0.15％增至－1.23％。从更长的时间尺度看，随着可再生能源技术发展和能源结构转型深化，碳税对经济的负面影响将趋于减弱（Duan et al.，2018）。从本章的结果来看，这种效果难以在 2050 年之前达到。非化石能源投资政策对经济的影响与政策实施力度紧密相关，适度的投资政策将对经济发展产生一定的正向激励效果，这一效果最高可达 GDP 的 1.55％；过度强化的投资政策将对经济造成一定程度的负面影响，尤其在主要的非化石能源发电技术瓶颈尚未取得实质性突破的中短期。从长期尺度来看，随着投资激励效果的增强和"干中学"技术进步的驱动，非化石能源发电的成本竞争力会不断增强，甚至超过传统化石能源。此时，非化石能源发电技术的发展将会成为经济增长的新引擎。

从目标达成的可行性看，碳排放强度目标最容易实现，基准情景和各种政策情景下，2020 年和 2030 年能耗强度下降目标均可如期达成；碳排放达峰目标的实现需要借助一定的碳税政策干预，但与 Yu 等（2018）和 Gallagher 等（2019）等的乐观预期相比，我们认为，实现碳排放提早达峰的难度较大，这依赖于更严格的碳税政策（2090 年碳价高于 120 美元/吨）或更有效的组合政策（碳税与非化石能源补贴或投资政策）的作用。

非化石能源占比目标的达成难度较大，尤其是对于 2050 年非化石能源消费占比超过一半的长期目标，四种碳税情景下均无法保证该目标的达成，但能源消费总量可以控制在 60 亿吨以内。由此可见，碳税政策对碳排放控制和能源消费总量控制的效果显著，对于激励非化石能源发展的效果有限。这一结论也响应了 Duan 等（2018）的研究。非化石能源投资政策直接作用于非化石能源发电技术竞争力的提升，对于激励非化石能源快速发展有明显的效果。严格的投资政策可保证非化石能源占比长期目标的实现，尽管其对于控制能源消费总量的效果有限。因此，碳定价与非化石能源投资的组合政策可能是保障非化石能源占比目标和能源消费总量目标同时实现的有效政策途径。

碳税政策与非化石能源投资政策的差异化效果还体现在对电力部门的影响上。从能源消费的电力化程度看，投资政策的促进效果显著强于碳税政策，尽管后者也能在一定程度上促进发电总量的增长；从电力结构清洁化角度看，碳税政策的效果依然弱于非化石能源投资政策。具体来说，在 CP_{120} 的最严格碳税政策下，煤电占比将从 2015 年的 70.8% 降至16.2%，而在最强的投资政策下，对应的煤电占比仅为 0.5%。此外，非化石能源投资政策对可再生能源技术发展的激励效应十分显著，最乐观的情景下，风电占比可达 48.8%。

敏感性分析结果表明，发电煤耗转换系数对政策目标达成的可行性及政策选择具有关键性影响。首先，发电煤耗转换系数越高，说明火力发电技术进步水平越低，实现既定政策目标尤其是碳排放控制和达峰目标要求的碳价也越高，这一方面暗示着较大的 GDP 损失，另一方面降低了对非化石能源投资政策的要求。其次，在不考虑能源发展或碳排放控制政策时，更高的发电煤耗转换系数将显著增加能源消费总量，对非化石能源发电技术的市场竞争力的提高也产生一定的积极影响，但后者的影响小于前者的影响，这意味着在高发电煤耗转换系数的预期下，实现能源总量控制的压力将增大，中长期能源发展和排放控制目标的达成有赖于较严格的碳定价政策的实施。最后，高发电煤耗系数情景下对能源消费和排放总量的控制会产生对碳税政策的高度依赖。该政策的主要优势在于减少碳排放，而对非化石能源发电技术发展的激励作用有限，这使得经济增长依靠传统火力发电的程度依然较高，不利于电力部门的清洁化。

本节在建模技术方面仍有一些地方有待改进：①作为经典的自顶向下框架，要自底向上地大规模丰富 CGE 模型的技术细节存在较大的难度，通过拆分电力部门的方式无法刻画更多能源技术的动态演变。②火力发电技术水平的高低决定了 CGE 模型中发电煤耗转换系数的大小，而后者对政策目标评估和政策路径选择都有关键性影响。这一技术水平的刻画除了依赖于外生的 AEEI 值外，还可以尝试发展使技术进步内生化的途径。③不同技术的资源禀赋、发展的内在规律、成本的构成等存在较大差异，将这些差异程式化到技术路径的演变中极具挑战，尤其对核电而言，需要将可能的安全风险成本纳入考量，以真实反映其在长期能源结构转型中的地位。④完善的政策目标评估有赖于多样化政策体系的引入，且非化石能源投资政策本身也需要细化到价格补贴、税收优惠、投资补贴等方面。这些都为我们后续模型的改进和政策评估研究指明了方向。

3.3.3　大气污染治理与碳排放控制的协同效应

推进绿色发展，不仅要解决应对气候变化的碳减排等问题，还要解决打赢污染防治攻坚战。已有研究表明，碳减排与大气污染治理之间存在协同效应，这是因为两者都涉及能源消费量和能源结构问题，同根同源。大气污染治理与碳减排的协同效应为实现绿色发展的目标和政策制定提供了新的空间。近年来，城市"双达"（即城市碳排放达峰和空气质量达标）开始进入政策制定者的视野，被建议列入"十四五"生态环境领域重要攻坚战。

已有的文献大多是从减少碳排放或大气污染治理的某一个方面入手，考察对另一方的协同治理效果，只有少数文献从一开始就把大气污染治理与碳减排的协同效应作为研究对象。近 10 年来有 24 篇文献探讨了中国的空气污染治理和碳减排的协同效应，其中有 15 篇是从碳减排的视角入手考察碳减排对空气污染治理的协同效应，有 5 篇文章是从空气治理的视角入手考察空气污染治理对碳排放的协同效应，有 4 篇文章从研究设计开始就同等关注应对气候变化和空气污染治理。这些研究主要是基于模型的模拟分析，使用的模型包括自下而上技术模型、CGE 模型、GAINS 模型、多模型集成和综合评估模型等，模拟应对气候变化的碳减排政策或空气污染治理政策的协同效应。由于部分模型不含大气污染模块,不能模拟大气中污染物的输送、扩散、转化、干湿沉降等机制,只能模拟污染物排放的变化,无法估算相应的 PM2.5 浓度的变化,少数具备大气污染模块或空气质量模块的模型(WRF-Chem、CMAQ、Geos-Chem 和 TM5-FASST)则可以模拟分析空气质量变化,少数文献还涉及空气质量引发的健康效应分析。

3.3.3.1 碳减排对空气污染治理的协同效应

已有文献表明,应对气候变化的措施在减少碳排放的同时,可以带来空气污染治理的协同效应,但不同政策措施的协同效应存在差异。概括起来,提高能源效率对减少 SO_2 和 NO_X 排放的协同效应比较明显,对减少 PM 排放的协同效应相对较小;在电力和居民部门控煤对减少 NO_X 排放的协同效应大于对减少 SO_2 排放的协同效应;发展可再生能源对改善空气质量的协同效应有限;碳税对 CO 和 HC 等含碳空气污染物的减排有更强的协同效应。同一措施在不同地区的协同减排效果也存在差异。在中部和东部地区,交通部门的碳减排措施可以更明显地改善空气质量;在华北平原地区,对居民部门的控煤措施具有最大的降低 PM2.5 浓度的协同效应。

(1)碳减排目标的协同效应。

有的文献在研究碳减排措施时,参考了应对气候变化的政策目标,譬如,2020 年哥本哈根承诺目标(碳排放强度比 2005 年下降 40%~45%)、2030 年自主贡献目标(碳排放强度比 2005 年下降 60%~65%、2030 年前碳排放达峰),以实现这些目标为参考标准来设定碳减排的政策情景。Mao 等(2012)以实现哥本哈根承诺的 2020 年碳排放强度目标为参考标准,使用 CIMS 技术模型模拟了交通部门低碳发展政策的协同效应,发现 300 元/吨的碳税、高于 50% 的燃油税或能源税(约等同于 500 元/吨的碳税)对 CO 和 HC 有明显的减排效果(特别是燃油税),对 NO_X 和 PM 的减排效果相对小一些;清洁能源车补贴和公共交通票价降低对于减少空气污染物排放只有微弱的作用。Yang 和 Teng(2018a,b)以达成 2030 年自主贡献目标为参考标准,基于 China-MAPLE 技术模型分析了碳减排政策的协同效应,发现末端治理可使得 2030 年 SO_2(主要来自工业和电力部门)、NO_X(主要来自工业生产过程、电力和交通部门)和 PM2.5(主要来自居民部门和公共建筑部门）的排放分别降到 2010 年的 68.1%、61.4% 和 73.4%，但还不足以让空气质量达到国标 2 的要求。如果在末端治理之外叠加以电力部门控煤为主的碳减排措施，则既可让中国达成 2030 年自主贡献目标，又可以使 SO_2、NO_x 和 PM2.5 排放降至 2010 年的 21.2%、22.4% 和 16.7%，即空气质量达到国标 2 的要求。

（2）碳减排措施的协同效应。

有的文献研究了具体的碳减排措施对大气污染治理的协同效应，但没有明确以达到某个碳减排目标作为参考标准。Zhang 等（2014）基于 GAINS 模型发现，钢铁部门大力提高能效的措施可使得 2030 年 CO_2、SO_2 以及 PM 的排放分别比参考情景减少 27%、22% 和 3%。Zhang 等（2015）基于 GAINS 模型研究了水泥部门能效提升计划的协同效应，发现 2011—2030 年间可比参考情景累计减少碳排放 5%~8%、减少 SO_2 排放 15%~25% 、减少 NO_x 排放 12%~20%，减少 PM 排放 3%~5%。Ma 等（2016）基于 China-TIMES 模型发现，提高废铁回收率、采用高能效技术和征收碳税可分别使钢铁部门 2050 年碳排放比参考情景降低约 19%、11% 和 26%，2050 年 SO_2 减排量分别为 160 千吨、70 千吨和 170 千吨，NO_x 减排量分别为 40 千吨、60 千吨和 80 千吨，PM10 减排量分别为 40 千吨、20 千吨和 30 千吨。Peng 等（2018）基于 GAINS 和 WRF-Chem 模型模拟了交通部门和居民部门推广电气化的协同效应，当煤电只占发电量的一半时，2030 年碳排放可比参考情景低 14%~16%，推广电动汽车对东部和中部地区的空气质量改善有明显的效果，PM2.5 年均浓度可比参考情景分别低 1~4 微克/立方米（1%~8%）和 1~5 微克/立方米（1%~11%）；居民部门推广电暖器和电炉（煤改电）对需要供暖的华北平原地区来说可明显改善空气质量，PM2.5 年均浓度可比参考情景低 7~9 微克/立方米（10%~12%）；交通部门和居民部门同时推广电气化时，全国 PM2.5 年均浓度可比参考情景低 1~10 微克/立方米（1%~15%）。Yang 等（2018）基于 GAINS 和 WRF-Chem 模型模拟了发展光伏发电的协同效应，发现完成 400 吉瓦光伏装机容量（2030 年规划目标）时，在不同地区分布的情景下 CO_2、SO_2 和 NO_x 排放可比参考情景分别降低 4.60 亿~5.79 亿吨、27 万~45.3 万吨、27.5 万~30.6 万吨，各地 PM2.5 年均浓度可比参考情景降低 0.3～1.5 微克/立方米。在主要发展大型光伏电站且不允许太阳能发电跨省输送的情景下，空气质量改善的协同效应最小，在均衡发展大型光伏电站和分布式光伏且允许跨省输电的情景下，对于依赖煤电的地区（如陕西、宁夏和山东）具有显著的空气质量改善的协同效应。

（3）能源转型的协同效应。

部分文献重点关注以碳减排为目标的能源转型对空气污染治理的协同效应。Rafaj 等（2013）基于 POLES 模型得出了 2050 年升温 2℃ 以内这一温控目标的能源转型路径，再用 GAINS 模型模拟了能源转型情景及已有空气污染治理措施的政策效果，发现到 2050 年中国 SO_2、NO_X 和 PM2.5 排放将比 2005 年下降约 60%，但许多地区的 PM2.5 年均浓度仍将维持在 40 微克/立方米以上。Dong 等（2015）基于 AIM/CGE 模型模拟了各省达成 2020 年和 2030 年碳排放强度目标情景下的能源消费量，并使用 GAINS-China 模型估算了考虑和不考虑已有空气治理措施时的空气污染物排放量，发现碳减排目标对 SO_2 和 NO_X 减排的协同效应开始并不明显，但之后逐步增强，对 PM2.5 减排的协同效应相对较弱。在实现碳排放强度目标和考虑已有空气治理措施的情景下，2030 年 SO_2、NO_X 和 PM2.5 排放量分别是 2015 年水平的 80%、126% 和 100%。Cai 等（2018）基于 MESEIC 模型估算了中国 2030 年达到碳排放强度目标以及 2050 年碳排放比 2010 年下降 90% 情景下的 SO_2 和 NO_X 排放量，并用 CMAQ 模型模拟了 PM2.5 浓度的相应变化，发现 2030 年和 2050 年分别有 83% 和 84% 的地区空气质量能达到国标 2。Li 等（2018）基于 C-REM 模型分别模拟了 2030 年自主贡献目标和到 2100 年升温 2℃ 以内这一温控目标的能源消费量，并使用 GEOS-Chem 模型估算得出：2030 年中国的 PM2.5 浓度将比参考情景分别低 12% 和 19%，但与 2010 年相比仍分别上升 12% 和 3.5%。Tian 等（2019）基于 GAINS-China 模型和 IEA 深度减排报告的 2100 年升温 2℃ 以内这一温控情景（IEA，2016），模拟了在所有部门升温 2℃ 以内路径和仅道路交通部门升温 2℃ 以内路径的情景下，中国 2050 年 PM2.5 年均浓度将比参考情景分别降低 23.5 微克/立方米和 2.5 微克/立方米。在道路交通部门情景下，PM2.5 浓度下降最多的省份主要位于中部和东部地区，如河南（4.6微克/立方米）、安徽（4.4微克/立方米）、湖南（4.3微克/立方米）、上海（4.2微克/立方米）和湖北（3.9微克/立方米）等。Chang等（2020）使用C-REM模型分别模拟了在2025年和2030年碳排放达峰且有全国碳交易情景下的能源消费状况，然后使用CMAQ模型模拟了空气质量状况：2030年PM2.5浓度会比参考情景下降，但很多地区空气质量仍然达不到国标2的要求。

关于碳减排对空气污染治理的协同效应的已有文献，尽管有的明确报告了PM2.5浓度的变化，但对于碳减排措施是否能使空气质量达标，不同文献的结论存在差异。有些研究发现，PM2.5浓度相对于参考情景的下降幅度较小。譬如，Yang等（2018）得出，在发展光伏发电的情景下，PM2.5浓度会下降0.3～1.5微克/立方米；Tian等（2019）得出，在道路交通部门升温2℃以内路径情景下PM2.5浓度会下降0.5～4.6微克/立方米，可以判断碳减排措施对空气质量达标的促进作用几近于零。有些文献给出的信息可以判断达标和不达标的区域范围，如Rafaj等（2013）得出了全国PM2.5浓度范围和平均值，Chang等（2020）得出了PM2.5浓度渐变地理分布图，Cai等（2018）得出了达标省市百分比。Peng等（2018）给出的信息可结合参考情景下的PM2.5浓度（如中部和东部地区为50～80微克/立方米）及其变化范围（如推广电动车情景下的1～5微克/立方米），大致判断相应措施能否实现空气质量达标。Li等（2018）发现，PM2.5浓度虽比参考情景低，但空气质量却存在逐年恶化的可能性。

3.3.3.2 大气污染治理对碳减排的协同效应

大气污染治理措施对碳减排的协同效应取决于具体的政策措施，大多数大气污染治理措施具有碳减排的协同效应，但有的大气污染治理措施则没有明显的碳减排协同效应。譬如，煤改气可以有效降低PM2.5浓度，改善空气质量，但可能会带来碳排放的增加。Xu和Masui（2009）基于AIM/CGE模型研究了减少SO_2排放政策的协同效应，发现征收SO_2税（1998—2004年，210元/吨；2005—2020年，630元/吨）对SO_2、NO_x和CO_2的减排有协同作用，在假设SO_2排放总量从2005年起每年下降1.5%的情景下，2020年NO_x和CO_2排放将比参考情景分别低25%和

36％。Nam 等（2013）使用 CGE 模型模拟得出 SO_2 和 NO_X 排放量从 2010 年起每五年分别下降 8％和 10％的情景下，中国能同时达成 2020 年碳排放强度目标。

大气污染治理措施对碳减排的协同效应也与空气污染治理的技术措施有关。Liu 等（2013）使用 GAINS-City 模型研究了北京市电力、工业、交通和居民部门空气污染治理的效应，发现工业部门用天然气锅炉替代燃煤锅炉、在燃煤发电机组中使用 SCR 脱硝技术及在水泥生产过程中使用织物过滤器对降低 SO_2、NO_X 和 PM2.5 排放最有效，居民部门、工业部门的能源效率提升及工业部门用天然气锅炉替代燃煤锅炉对 CO_2 的协同减排效应最大。Lu 等（2019）基于 GAINS-China 模型发现，京津冀地区实施"大气国十条"的大气污染物减排措施时，SO_2、NO_X、PM2.5 和 CO_2 排放将分别比 2012 年低约 47.3％、32.5％、15.2％和 39.9％。其中，用天然气取代煤发电（煤改气）、居民部门和商业部门推广电气化（煤改电）对北京市碳减排有最大的协同效应，减少供暖和工业锅炉用煤对天津市碳减排有最大的协同效应，用天然气全面替代工业用煤（煤改气）及降低工业锅炉的能源消耗对河北省碳减排有最大的协同效应。

Qin 等（2017）使用 GAINS 和 WRF-Chem 模型研究了电力部门、工业部门和居民部门用煤制天然气替代煤的碳减排协同效应，发现煤制天然气用在煤利用效率最低的居民部门时对空气质量改善的效果最好，京津冀 2020 年 PM2.5 年均浓度可在参考情景（大约 70 微克/立方米）的基础上分别下降 19 微克/立方米、12 微克/立方米和 13 微克/立方米，其他地区 PM2.5 浓度下降幅度可达到 10％左右，但 CO_2 排放则会增加，最低也会比参考情景增加 2 800 万吨。

3.3.3.3　同等关注应对气候变化和空气污染治理的协同效应

Nam 等（2014）基于 CGE 模型研究了 SO_2 和 NO_X 排放量被控制在参考情景的 25％、50％、75％和 90％水平时对 CO_2 排放的协同效应，以及 CO_2 排放总量被控制在参考情景的 25％、50％、75％和 90％水平时对 SO_2 和 NO_X 排放的协同效应，研究结果揭示了不同情景下的协同减排弹性系数，但没有展示不同情景下的具体排放量。Wang 等（2016）用集成能源系统、水、农业和土地利用、经济和气候等多个模块的气候变化综合评估模型 GCAM 模拟了可再生能源发展和大气污染治理的协同效应，发现在中国实现可再生能源目标，SO_2 和 NO_x 排放量每五年分别降低 8% 和 10% 的约束下，2010—2050 年间累计碳减排量分别为 520 亿吨、162 亿吨和 93 亿吨，可再生能源发展对于减少 SO_2 和 NO_x 排放的协同效应有限。Peng 等（2017）使用 GAINS 和 WRF-Chem 模型研究了加大空气污染治理力度和不同部门实施气候政策的协同效应，发现工业部门能源效率提高 10% 可带来最大幅度的碳排放减少（4.1%）和 PM2.5 浓度降低（2.8%），淘汰 80% 的小煤电站及用液化石油气（LPG）取代 20% 的居民用煤炉都将带来小幅的碳排放减少（均为 0.5%）和较大幅度的 PM2.5 浓度降低（分别为 2.5% 和 2.4%），用小排量汽车取代大排量汽车可使 PM2.5 浓度降低一定幅度（1.4%），但碳排放会有些微增加。如果空气污染物治理和碳减排措施在工业部门、电力部门、居民部门和交通部门同时实施，全国各地 PM2.5 年均浓度和 CO_2 排放量将分别降低 3~22 微克/立方米和 5.4 亿吨。Li 等（2019）基于 China-TIMES 模型模拟了中国达到 2030 年自主贡献目标及达到 2050 年升温 2℃ 以内这一温控目标时的能源转型路径，然后用 GAINS-China 模型估算了实施不同力度的空气治理措施时的空气质量状况，发现在维持现有空气污染治理措施力度的前提下，即使在升温 2℃ 以内这一温控目标情景下也有约 10 个省份的空气质量达不到国标 2。如果加大空气污染治理力度，最大限度采用可行技术措施，在没有碳减排约束时只有京津冀地区空气质量达不到国标 2，在升温 2℃ 以内这一温控目标情景下全部省份的空气质量都可以达标，北京以 PM2.5 年均浓度 34 微克/立方米擦线达标。

已有研究的政策启示是，把城市"双达"（城市碳排放达峰和空气质量达标）纳入"十四五"规划时期绿色发展和生态环境保护的重要问题，制定相应的政策，推动部分城市率先实现"双达"目标，是现实可行的政策选择。

3.4　水资源约束与城市发展绿色转型

3.4.1　水资源约束对于绿色发展的作用

自然资本为经济体系中商品和服务的生产提供物质基础，对城市发展至关重要。自然资本能够深刻改变城市产业结构、生产体系、消费模式和整体福利的运行，成为一切关乎经济或发展的重要讨论中不可或缺的组成部分。随着经济发展过程中自然资本消耗的增加，世界许多城市和区域经历了经济发展与可利用资源之间的尖锐冲突。这引起了关于自然资本对可持续发展的作用的大量讨论。例如，有些人认为，通过提高效率、调整产业结构和有效管理自然资本或政策工具，经济制度将可以克服资源耗竭和环境退化（World Bank，1992；Beckerman，1992；López，1994；Panayotou，1995，1997；Stern et al.，1996；Andreoni and Levinson，2001）。另一些人则认为，自然资本不能轻易被人造资本替代，维持自然资本的存量不应以降低经济增长率甚至引发经济衰退为代价（Selden and Song，1994；Arrow et al.，1995；Stern et al.，1996；Barbier，1997；Cole et al.，1997；Ekins et al.，2003；Dietz and Neumayer，2007；Dedeurwaerdere，2014）。

关于自然资本对可持续发展的作用的认识的分歧涉及弱可持续发展和强可持续发展两种范式的讨论。弱可持续发展范式认为，技术进步和知识创新、生产力水平提高可以不断提高资源利用效率，发现新资源，因而自然资本对经济发展的制约是可以不断突破的。强可持续发展范式则认为，关键自然资本（譬如，地球的生命支持系统，包括洁净的空气和水；濒临灭绝的生物物种；危及生命健康的环境安全；等等）是不能用人造资本替代的。因此，人类社会必须高度重视关键自然资本的保护，确保关键自然资本的数量不减少、功能不减弱。

水资源由于具有两个重要的特性，在绿色发展中具有不可替代的地位。一是水资源具有不可替代性。水是生命之源，没有水就没有生命，洁净的水和空气一样，对于人类的生存和发展是不可或缺的，也是不可替代的。二是水资源具有有限的空间流动性。水资源在空间上的流动性是受限的，人们可以通过跨流域调水工程进行水资源的跨流域调配，但跨流域调水的数量是有限的，而不是无限的。这是因为，跨流域调水工程会引发一系列的生态环境风险，导致流域水生态乃至流域生态环境发生变化，因此，跨流域调水工程必须建立在生态环境风险评估的基础之上。

不可替代性和有限的空间流动性，使得绿色发展的空间维度必须考虑水资源的约束。一个地区的经济发展不能超越水资源的约束，经济系统的绿色转型必须考虑水资源的约束。尽管如此，但水资源的稀缺性在现实的经济系统中尚未得到充分体现。这也是需要强调水资源约束对于绿色发展的作用的一个重要原因。现行的水价体系分为农业用水价格、工业用水价格、服务业和生活用水价格等不同类型。从理论上讲，工业用水价格是参考市场机制定价，农业用水价格则是按非市场机制定价，服务业和生活用水价格介于市场机制定价和非市场机制定价之间。从实际情况看，现行用水价格往往低于水资源的影子价格。有研究发现，京津冀地区工业、农业、服务业等经济用水的现行价格只有影子价格的三分之一到四分之一（Li et al.，2019）。也就是说，现行水价体系未能充分体现水资源的稀缺性。为了让水资源约束起到倒逼经济系统绿色转型的作用，需要进一步发挥市场机制的作用。这就要求对现行水价体系进行适当调整和改革，使得水价体系更多地体现水资源的稀缺性。

尽管现行水价体系尚未充分体现水资源的稀缺性，但由于现实的水价与水资源影子价格偏离过大，在部分缺水城市和地区，水资源的影子价格仍然在一定程度上起到了促进经济系统绿色转型（譬如，推广节水技术、缩小高耗水产业的规模）的作用。接下来介绍的北京城市发展转型，就是这方面的典型案例之一。

需要指出的是，水资源的空间流动性既涉及看得见的水资源流动，也涉及看不见的水资源流动，即虚拟水流动。"虚拟水"是指在产品和服务的生产过程中所消耗的水资源量，即隐含在产品和服务中的水资源量（Allan，1993；Hoekstra et al.，2009）。由于产品和服务的空间流动性远远超过水资源的空间流动性，虚拟水流动使得受限的水资源的空间流动性得到了拓展，成为缓解缺水城市和地区的水资源约束的重要途径。据张卓颖等（Zhang et al.，2012）的分析，北京市多年的平均水资源量约为23亿立方米，2007—2012年间每年的用水总量在35亿立方米左右，但表征实际水资源消耗量的水足迹2012年却高达57亿立方米。水足迹与看得见的用水总量之间的缺口主要是由虚拟水流动来填补的。北京市的虚拟水流入量远高于南水北调工程分配给北京的水量，也就是说，对于北京来说，虚拟水流动比跨流域调水工程带来的看得见的水资源增量更重要。然而，虚拟水流动作为缓解缺水城市和地区水资源约束的手段也是有一定局限的。这是因为，虚拟水流动的实质是将水资源压力从一个城市或地区转移到另一个城市或地区。一方面，这种空间转移的规模不可能无限扩大；另一方面，虚拟水的供给区域也有可能是缺水地区。譬如，北京的虚拟水流动主要来自河北、山东、内蒙古等地，这些省份本身就是缺水地区，虚拟水流动加剧了这些地区的水资源短缺。

3.4.2　从效率应对到总量控制：水资源约束下北京的城市发展转型路径

3.4.2.1　引言

在过去的几十年里，许多文献探讨了城市对外部环境变化的适应性管理，气候变化适应性就是其中最常被引用的"外部环境的变化"（Kirshen et al.，2008；Hamin and Gurran，2009；Birkmann et al.，2010；Mota et al.，2010；Georgescu et al.，2014；Ribau and Ferreira，2014；Chu，2016；Hetz，2016）。应对气候变化的城市适应策略是大部分研究的焦点，许多人在城市规划的背景下讨论"应该做什么"和"如何做"。它们涉及广泛的战略，包括技术改进、经济调整、政策制定、城市管理和建立城市基础设施的建设（Birkmann et al.，2010；Chu，2016；Hetz，2016）。

除了气候变化外，资源环境承载力约束的变化也是城市规划需要适应的外部条件重大变化。关于城市适应资源环境承载力约束的讨论大多涉及经济调整，特别是产业结构调整（Peters et al.，2007；Weber et al.，2008；Guan et al.，2009；Zhang，2009；Minx et al.，2011；Tian et al.，2013）。产业结构是影响经济增长和资源利用的基本因素之一，因为产业是生产过程中使用资源的基本单元，并且不同的部门在资源利用强度和规模上存在差异。因此，确定合理的产业结构是一个调整各个部门的比例以满足一个或多个目标的优化问题。这导致最近的研究将优化产业结构作为应对资源环境约束的适应性措施（Cristobal，2010；Hristu-Varsakelis et al.，2010；Zhou et al.，2012；Mi et al.，2015；Chang，2015；Tian et al.，2014；Li et al.，2016）。但过去的研究很少认为水资源是对经济发展的制约因素之一，未充分认识到水资源的重要性。对于经济增长和水资源供给之间存在强烈冲突的城市来说，即使它们目前区域发展不一定会受到影响，长期的可持续发展也可能会受到重要影响。

本小节拟构建一个投入产出优化模型，以北京为例，对水资源约束下不同的产业结构调整政策进行评价。在不同的时间段，将三个不同的目标应用到优化模型中，通过投入产出优化得到各目标下的最优产业结构，并将实际的产业结构与优化得到的产业结构进行比较。北京是一个水资源短缺非常严重的超大城市。研究表明，1992年和2002年北京的产业结构远未达到最佳状态，2012年北京的产业结构非常接近模型预测的理想状态，预示城市走向可持续发展的健康态势。虽然本节关于城市发展转型路径的探讨还比较粗略，但可以深化水资源约束对城市发展转型的引导作用的认识，为政策制定者推动城市可持续发展提供有益的参考。

3.4.2.2　模型方法

本节基于列昂惕夫投入产出模型（Leontief，1936）构建了优化模型。具体思路如下：

（1）目标函数设定。

本小节设定了三个目标，分别是经济目标、用水量、水资源消耗强度。

①目标1：GDP最大化。

经济目标函数表示城市各部门的经济效益，是这些部门的增加值的总和（例如，北京GDP）。目标函数为：

$$\max \sum_{i=1}^{25} v_i x_i \tag{3-21}$$

其中，v_i 是各产业部门的增加值率（一个货币单位生产创造的增加值），x_i 是各部门的产出。

②目标2：用水量最小化。

用水量函数为城市各部门用水量的总和，其最小值为

$$\min \sum_{i=1}^{25} w_i x_i \tag{3-22}$$

其中，w_i 是各产业部门直接用水消耗系数，即生产一货币单位产出所需的直接用水量，x_i 是各部门的产出。

③目标3：水资源消耗强度最小化。

水资源消耗强度函数是生产一货币单位产出所需的平均耗水量，其最小值是用水总量除以所有部门的总产出。

$$\min \frac{\sum_{i=1}^{25} w_i x_i}{\sum_{i=1}^{25} x_i} \tag{3-23}$$

（2）约束条件。

约束条件主要有四种类型，分别是投入产出模型的基本线性方程、水资源约束、产业结构、农业生产基线。

①投入产出模型的基本线性方程。

投入产出模型是一种表示经济部门之间的货币交易的过程，并借此阐述它们在经济体系中的相互依赖程度的分析框架。它的基本数学结构由 n 个线性方程组成，描述了一个经济体的生产如何依赖部门间的关系和最终需求的形式。

$$x_i = \sum_{j=1}^{n} x_{ij} + y_i \tag{3-24}$$

其中，n 为经济部门的数量；x_i 为 i 部门的总产出；x_{ij} 表示从 i 部门到 j 部门的跨部门货币流动，y_i 是 i 部门的最终需求。式（3-24）可以改写成包含投入系数 a_{ij} 的式子，体现增加 j 部门一货币单位产出所需的 i 部门的投入：

$$x_i = \sum_{j=1}^{n} a_{ij} x_j + y_i \tag{3-25}$$

其中，

$$a_{ij} = \frac{x_{ij}}{x_j} \tag{3-26}$$

也可以用矩阵表示如下：

$$X = AX + Y \qquad\qquad (3-27)$$

其中，X、A、Y 分别表示产出、直接投入系数和最终产出矩阵。

②水资源约束。

水资源约束由下式表示：

$$\sum_{i=1}^{25} w_i x_i \leqslant WU_0 \qquad\qquad (3-28)$$

其中，WU_0 是目标年度的实际用水量。这一不等式的意思是，在满足其他条件的情况下，优化后的用水量少于目标年度的实际用水量。

③产业结构。

设定城市优化后的 GDP 不低于实际 GDP，在满足水资源约束的稳定（甚至日益提高）的经济增长水平下，观察产业结构的影响。

$$\sum_{i=1}^{25} v_i x_i \geqslant \sum_{i=1}^{25} v_{i0} x_{i0} \qquad\qquad (3-29)$$

其中，$\sum_{i=1}^{25} v_{i0} x_{i0}$ 为每个目标年度的实际 GDP。

④农业生产基线。

农业对发展中国家的国民经济和社会稳定具有重要意义。即使在纽约、伦敦、东京等国际大都市，农业在经济增长和城市发展中也仍然保持着重要地位（Mok et al.，2014；Campbell，2016）。模型中农业的优化生产有很强的趋近于零的倾向，因为农业用水强度高，用水量大，经济效益低。为了避免这种情况，我们采用了农业对 GDP 的基本贡献：

$$\frac{v_1 x_1}{\sum_{i=1}^{25} v_i x_i} \geqslant L_0 \qquad\qquad (3-30)$$

其中，$v_1 x_1$ 表示农业 GDP 产值，L_0 表示农业对 GDP 的基本贡献。

3.4.2.3　北京城市发展面临的水资源约束

（1）水资源与城市发展。

过去 20 年来，中国许多城市经历了前所未有的经济和人口增长，但代价是自然资源的严重稀缺，其中最典型的是北京。1990—2014 年，北京的 GDP 从 5 010 亿元增加到 2.13 万亿元，常住人口从 1 080 万增加到

2 150 万。与此同时，北京的水资源短缺日益严重。20 世纪 90 年代，水资源短缺还不算很严重，当时经济增长是城市发展的优先事项。21 世纪头十年，水资源短缺问题逐渐加剧，产业发展与水资源的矛盾开始显现。因此，提高用水效率被作为对水资源约束的适当响应，是缓解经济增长和水资源短缺之间的冲突的一种方式。

尽管过去 20 年里，北京几乎所有产业部门的用水效率都有显著的提高（见表 3-18），但一些研究得出的结论是：这未能抵消北京过去几十年来用水量的增加（Zhang et al.，2011）。例如，北京现有水资源（包括地表水和地下水）每年不超过人均 150 立方米，分别是全国和世界水平的 1/15 和 1/60，远低于人均 1 700 立方米的水资源短缺门槛（中国国家统计局，2014；Falkenmark，1995）。

表 3-18　各产业部门的用水强度　　　单位：立方米/万元

代号	产业部门	用水强度		
		1992	2002	2012
1—AGR	农业	2 359	627	235
2—MIN	矿业	277	50	7.7
3—FDP	食品加工业	220	39	6.1
4—MTX	纺织品制造业	151	27	4.2
5—TWL	纺织、服装和皮革制造业	29	5	0.8
6—PTF	木材加工和家具制造业	42	7	1.2
7—MPP	造纸及纸制品业	458	82	12.8
8—PPC	石油、炼焦和核燃料加工业	137	24	3.8
9—CMP	化工原料及化工产品制造业	239	43	6.7
10—NMP	非金属矿产品制造业	159	28	4.4
11—SPM	金属冶炼、压延加工和制造业	174	31	4.8
12—MSM	专用机械制造业	24	4	0.7
13—TPE	交通运输设备制造业	37	7	1
14—EME	电气机械和器材业	36	6	1
15—CCE	通信设备、计算机及其他电子设备业	23	4	0.6
16—MMO	测量仪器和机械制造业	27	5	0.7
17—OMS	其他制造业	14	2	0.4

续表

代号	产业部门	用水强度		
		1992	2002	2012
18—EHW	电力、热力、水的生产和供应业	1 013	187	36.4
19—CTR	建筑业	44	8	1.6
20—FTS	交通运输与仓储业	115	21	4.1
21—WRT	批发和零售业	64	12	2.3
22—HCS	住宿及餐饮业	522	96	18.7
23—SHD	居民服务业	147	27	5.3
24—EHS	教育、卫生和科学研究业	31	6	1.1
25—OSV	其他服务业	37	7	1.3

2011年，作物耗水量占灌溉系统总供水量的比例达到68%，比全国平均水平高出约40%，接近发达国家水平（北京水务局，2011）。当用水效率达到一定程度后，由于提高用水效率的边际成本上升，通过提高用水效率达到节水目的的潜力越来越小，进一步提高水资源利用率愈发困难。

随着北京经济和人口增长对水资源需求的增加，目前北京的水资源承载力已接近极限，水资源短缺将成为阻碍其未来发展的"瓶颈"。换句话说，水资源的缺乏已经成为影响产业发展的"硬约束"。在这种情况下，单纯依靠技术改进和调整产业结构将不足以维持可持续发展。中国政府似乎需要彻底调整产业结构，从根本上转变经济增长方式。这也与2012年十八大报告提出的未来形成资源节约和环境保护的生产方式和产业结构战略相适应。

（2）数据来源。

本部分内容以北京市投入产出表（北京市统计局，2016）为主要数据基础。这些数据每五年正式发布一次，更新至2012年。在此基础上，我们分析了1992年、2002年和2012年的年份表。考虑到这些表与部门用水数据之间的对应关系，原始投入产出表中的产业部门合计为25个。

产业部门用水是指生产过程中的用水量，不包括系统内水的循环再利用。每个产业部门每一货币单位产出的用水量参考Zhang等（2011），数

据基于每个目标年度（北京市水务局，1992，2002，2012）北京水资源公
报的用水信息进行校准。

　　根据北京市人民政府办公厅发布的北京城乡经济社会一体化发展规
划，农业对 GDP 的基准贡献率 L_0 定为 20%。

　　政府的政策支持是影响我国区域产业发展的重要因素。国家发改委
2011 年产业结构调整指导目录表明了政府对北京某些行业发展的基本
态度，将北京的产业分为鼓励型和限制型两类。基于此，我们使用区位
商（LQ）来区分这两类产业。LQ 是衡量某一地区某一产业相对于全国
的集中度的定量手段，能够反映该地区产业的比较优势，其计算公式
如下：

$$LQ_i^R = \frac{\left(\dfrac{x_i^R}{\sum\limits_{i=1}^{n} x_i^R} \right)}{\left(\dfrac{x_i}{\sum\limits_{i=1}^{n} x_i} \right)} \tag{3-31}$$

其中，LQ_i^R 是产业 i 在区域 R 中的区位商；X_i^R 是 R 地区 i 产业的产出；
$\sum\limits_{i=1}^{n} x_i^R$ 是 R 地区的总产出；X_i 是全国范围内 i 产业的产出，$\sum\limits_{i=1}^{n} x_i$ 是全国
所有行业的总产出。若 $LQ_i^R > 1$，则 R 地区 i 产业在该国具有比较优势和
较强的竞争力；若 $LQ_i^R < 1$，则 R 地区 i 产业在该国竞争力相对较弱。因
此，在优化模型中，鼓励型产业的 LQ 设置为大于 1 的数，限制型产业的
LQ 设置为小于 1 的数。

3.4.2.4　北京应对水资源约束的城市发展转型

（1）产业结构调整对节水和经济增长的贡献潜力。

　　图 3-6 对实际用水量与目标 1（GDP 最大化）下的优化用水量进行
了比较。从图中可以看出，两种情况下的用水量几乎相同，但优化 GDP
在每个目标年度都高于实际 GDP，并逐年上升。换句话说，在水资源短
缺的情况下，通过产业结构调整可以使经济增长的潜在效益不断提高；
1992 年，我国优化 GDP 与实际 GDP 的差距预计为 1 020 亿元，2002 年
和 2012 年分别扩大到 3 870 亿元和 22 770 亿元。

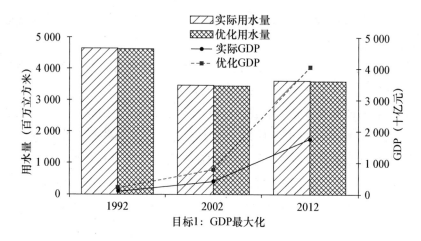

图 3-6　实际用水量与目标 1 下的优化用水量

图 3-7 对相同 GDP 结果下实际用水量与目标 2（用水量最小化）下的优化用水量进行了比较。从图中可以看出，通过产业结构调整，用水量会减少。然而，与目标 1 不同的是，为节约用水而进行的产业改革的潜力在 20 年间有所波动；1992 年预计节约水量为 27.32 亿立方米，2002 年下降到 16.87 亿立方米，2012 年上升到 19.98 亿立方米。

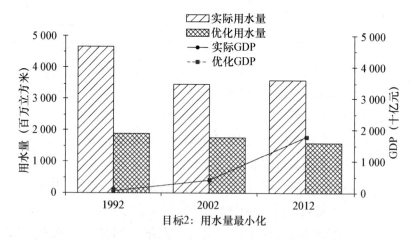

图 3-7　实际用水量与目标 2 下的优化用水量

说明：实际 GDP 与优化 GDP 两条线重合，在图上表现为一条线。

　　图3-8对相同GDP结果下实际用水量与目标3（水资源消耗强度最小化）下优化用水量进行了比较。从图中可以看出，其结果与目标2下的情况差不多。

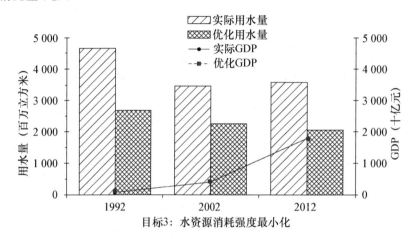

图3-8　实际用水量与目标3下的优化用水量

说明：实际GDP与优化GDP两条线重合，在图上表现为一条线。

　　表3-19对目标2与目标3下的结果进行了比较。

　　（2）目标2和目标3的区别。

　　比较目标2（用水量最小化）和目标3（水资源消耗强度最小化）可以发现，目标2对生产规模的控制更加严格，节约水量也更多（见表3-19）。1992年，根据目标2和目标3预测的优化GDP相差不大。然而，在目标2下的预测用水量比目标3要少得多（30%～40%）。因此，尽量减少用水量（而不是简单地提高用水效率）的策略对生产规模进行了更严格的控制，并大大节约了用水。

　　对于水资源利用强度较高的部门（如1-AGR，7-MPP，18-EHW和22-HCS），目标2预测的生产规模更小。例如，2012年第三产业中水资源消耗强度最大的住宿及餐饮业（22-HCS）的实际产值为1 193亿元，目标2和目标3预测的产值分别为724亿元和1164亿元。目标2的优化比例高于目标3，特别是服务业（如25-OSV）。这验证了目标2在生产规模控制和节水方面比目标3更严格。

表3-19 目标2和目标3下的结果比较

行业	优化GDP（十亿元）						优化用水量（百万立方米）					
	1992		2002		2012		1992		2002		2012	
	目标2	目标3	目标2	目标3	目标2	目标3	目标2	目标3	目标2	目标3	目标2	目标3
1—AGR 农业	1.6	1.6	5.0	5.0	7.5	7.5	385.4	385.4	312.8	312.8	176.9	176.9
2—MIN 矿业	0.4	0.4	1.3	1.3	28.6	28.6	10.3	10.3	6.3	6.3	22.2	22.2
3—FDP 食品加工业	10.1	16.5	46.5	64.2	265.5	426.9	221.6	364.4	182.7	252.7	163.3	262.5
4—MTX 纺织品制造业	9.4	15.4	29.3	40.4	111.0	178.5	142.0	233.5	79.2	109.3	46.9	75.5
5—TWL 纺织、服装和皮革制造业	3.8	113.5	353.7	29.3	91.7	147.5	10.7	323.8	180.0	14.9	7.3	11.7
6—PTF 木材加工和家具制造业	1.2	2.0	13.1	18.1	57.9	93.1	5.0	8.2	9.8	13.6	6.8	10.9
7—MPP 造纸及纸制品业	4.4	7.3	22.2	30.7	86.9	139.7	202.9	333.7	181.6	250.7	111.0	178.5
8—PPC 石油、炼焦和核燃料加工业	1.0	1.0	6.8	6.8	15.6	15.6	13.1	13.1	16.6	16.6	6.0	6.0
9—CMP 化工原料及化工产品制造业	2.8	2.8	9.8	9.8	30.2	30.2	68.0	68.0	41.7	41.7	20.2	20.2
10—NMP 非金属矿产品制造业	1.0	1.0	2.8	2.8	11.3	11.3	15.3	15.3	8.0	8.0	5.0	5.0
11—SPM 金属冶炼、压延加工和制造业	3.3	3.3	5.5	5.5	13.8	13.8	57.6	57.6	16.9	16.9	6.7	6.7
12—MSM 专用机械制造业	1.9	1.9	5.5	5.5	25.8	25.8	4.4	4.4	2.3	2.3	1.7	1.7
13—TPE 交通运输设备制造业	3.9	6.4	31.3	43.2	193.1	310.4	14.6	24.0	20.8	28.7	20.0	32.2
14—EME 电气机械和器材业	3.8	6.2	23.2	32.1	149.6	240.6	13.3	21.9	14.7	20.3	14.8	23.9
15—CCE 通信设备、计算机及其他电子设备业	2.6	4.2	41.4	543.1	193.1	3 132.4	5.8	9.5	16.7	218.9	12.2	197.5

续表

行业		优化GDP（十亿元）						优化用水量（百万立方米）					
		1992		2002		2012		1992		2002		2012	
		目标2	目标3	目标2	目标3	目标2	目标3	目标2	目标3	目标2	目标3	目标2	目标3
16—MMO	测量仪器和机械制造业	0.5	0.8	5.1	7.0	14.5	23.3	1.4	2.3	2.4	3.3	1.1	1.7
17—OMS	其他制造业	0.6	4.5	9.1	0.6	3.3	3.3	0.9	6.3	2.3	0.1	0.1	0.1
18—EHW	电力、热力、水的生产和供应业	0.7	0.7	2.8	2.8	76.6	76.6	68.6	68.6	51.9	51.9	279.0	279.0
19—CTR	建筑业	13.0	21.3	90.9	125.5	419.9	675.2	56.5	93.0	73.1	100.9	65.9	105.9
20—FTS	交通运输与仓储业	4.9	8.1	47.5	65.6	188.2	302.7	56.6	93.1	100.2	138.3	77.5	124.6
21—WRT	批发和零售业	13.8	22.7	55.6	76.7	217.2	349.3	88.5	145.6	65.6	90.6	50.0	80.4
22—HCS	住宿及餐饮业	2.0	3.4	23.2	32.1	72.4	116.4	106.7	175.5	223.3	308.2	135.7	218.2
23—SHD	居民服务业	5.1	8.4	24.2	33.5	67.6	108.7	75.3	123.9	65.8	90.8	35.8	57.5
24—EHS	教育、卫生和科学研究业	5.6	9.3	39.4	54.4	149.6	240.6	17.3	28.4	22.3	30.7	16.5	26.5
25—OSV	其他服务业	73.2	17.7	115.2	159	2 335.8	1 063.3	269.4	65.0	78.1	107.8	309.1	140.7
总计		171.6	280.4	1 010.4	1 395.0	4 826.7	7 761.3	1 911.2	2 674.8	1 775.1	2 235.8	1 591.7	2 066.0

（3）水资源约束下北京的城市发展转型。

我们应用产业结构相似系数（ISS）来评估实际产业结构在不同时期偏离优化结构的程度。ISS 代表两个系列的产业结构的相似程度，其计算公式如下：

$$ISS = \frac{\sum s_i \cdot \tilde{s_i}}{\sqrt{(\sum s_i^2)(\sum \tilde{s_i}^2)}}$$ (3 - 32)

其中，s_i 和 $\tilde{s_i}$ 分别是要比较的两种产业结构中第 i 个部门所占的百分比。ISS 值介于 0 和 1 之间，较高的 ISS 值表示两种产业结构之间有较大的相似性。ISS 值为 1 表示两种产业结构相同。

实际产业结构相似系数和优化产业结构相似系数的比较结果如图 3 - 9 所示。1992 年，北京的产业结构与目标 1 下的产业结构最接近，ISS 值为 0.607；2002 年，北京的产业结构与目标 3 下的产业结构最接近，ISS 值变化较小；2012 年 ISS 值大幅增加到 0.9 以上，北京只需对产业结构进行微小调整即可实现目标 2 和目标 3。

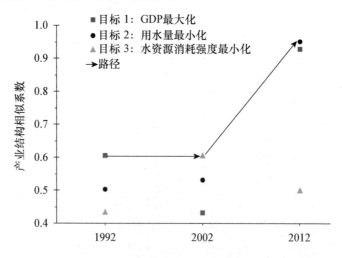

图 3-9　实际产业结构相似系数和优化产业结构相似系数

（4）讨论。

上述结果表明，产业结构调整在节水和经济增长方面具有巨大潜力，对面临水资源约束的北京的可持续发展具有重要意义。模拟结果表明，

1992—2012 年的 20 年间几乎所有产业都显著提高了用水效率，但正如已经指出的，在这种方式下，节水潜力往往由于边际成本上升到一定水平而减少，进一步提高的难度越来越大。因此，人们倾向于采用强调用水量最小化的产业结构，将其作为减少用水量的更有力手段，从而更有效地节约用水，在这一目标下的预测用水量一般比水资源消耗强度最小化目标下少 30%～40%。然而，预计减少用水量的产业结构调整策略也涉及更严格地控制生产规模。两种产业结构的选择取决于社会经济状况和水资源稀缺的严重程度。值得注意的是，到 2012 年，北京的产业结构相似系数<0.9，在用水量最小化和水资源消耗强度最小化目标下，更接近理想方案。这无疑对解决北京未来发展面临的水资源短缺问题是有利的。

3.4.2.5　结论和启示

本节提出了一个城市产业结构优化模型，评价了水资源约束和经济增长目标下的城市产业结构转型。通过回顾过去 20 年北京的城市发展转型路径，可以得出以下几个结论：

（1）产业结构调整可以在保持经济增长的同时显著降低产业用水量，或者说在保持当前产业用水量的同时显著提高经济增长的潜力。以用水量最小化或水资源消耗强度最小化为目标的产业结构调整可以有效减少用水量，前者严控生产规模，对两种政策的选择还取决于社会经济状况和水资源稀缺程度。

（2）北京 1992 年的经济发展优先策略（GDP 最大化）转变为 2002 年的用水效率最大化策略（水资源消耗强度最小化），到 2012 年转变为用水量最小化策略。虽然北京 1992 年和 2002 年的产业结构远未达到最佳状态，但 2012 年的产业结构已接近模型预测的最优化结果，预示着未来北京会走可持续发展路径。

（3）为了克服水资源约束，北京经历了从用水效率优先到用水总量控制的城市发展转型。这一转型路径预示着从弱可持续发展范式向强可持续发展范式的转换。

北京应对水资源约束的城市发展转型路径，不仅仅限于北京，也不仅仅限于水资源约束，而是带有规律性的普遍现象。从效率应对到总量控制，对于理解绿色发展的实现路径具有十分重要的启示意义。

需要指出的是，产业结构调整的政策实施，如推动部分产业向周边地区转移，不属于本节的讨论范围。农业中的高耗水部门的规模缩小会对其他产业部门造成影响，模型对农业基准约束的设定在模拟农业用水量变化时仍存在局限性，今后需要进一步完善。此外，各部门对供水变化的响应以及潜在的影响因素也需进一步分析，以便为决策提供更有针对性的建议。

本章小结

本章依据生态文明建设和美丽中国建设的总目标，分析了"两步走"的绿色发展战略目标。第一阶段是2035年前，绿色发展的重点是打好污染防治攻坚战，解决好突出生态环境问题，有效防范生态环境风险，生态环境质量实现根本好转，与此同时，推动能源绿色转型，力争2030年前实现碳排放达峰。第二阶段是到2050年，在进一步加大环境治理力度、提升生态环境质量的同时，积极推进碳排放控制和能源转型，深度参与和积极引领全球环境治理，增强我国在全球环境治理体系中的话语权和影响力，努力争取2060年前实现碳中和。

围绕"两步走"的战略安排，本章分析了面向2050年的中长期经济增长和碳排放控制目标，揭示了化石能源供给约束对中长期经济增长的制约以及低碳发展政策的重要作用。化石能源供给约束将对我国中长期经济增长造成一定的影响，同时也将影响碳排放的增加趋势，但仅有化石能源供给约束的作用还不足以保障中长期绿色发展目标的实现，需要加大低碳发展力度，在保持一定的经济增速的同时加快能源转型，实现2030年前碳排放达峰。从中长期看，能源转型和碳排放控制目标的达成路径是无法回避的问题。实现碳排放控制和能源转型的目标需要增强激励政策的针对性。对于控制能源消费总量和碳排放、推动碳排放尽早达峰来说，应采取碳交易或碳税等碳定价的政策手段；对于提高非化石能源占比、推动能源系统的绿色转型来说，应采取增加可再生能源投资的政策措施；采用碳定价与非化石能源投资的组合政策，可以增强绿色发展激励政策的有效性。本章还讨论了大气污染治理与碳减排的协同效应，认为把城市"双达"

纳入"十四五"规划时期绿色发展的重要课题，制定相应政策，推动部分城市率先实现"双达"目标，是现实可行的发展路径和政策选择。

本章也讨论了水资源约束对绿色发展的作用。水资源的不可替代性和有限的空间流动性决定了绿色发展的空间维度必须考虑水资源约束。由于水资源的稀缺性在现实的经济系统中尚未得到充分体现，因而更加需要强调水资源约束对于绿色发展的作用。在部分缺水城市和地区，水资源的影子价格已经在一定程度上起到了促进经济系统绿色转型的作用。北京应对水资源约束的城市发展转型为绿色发展的实现路径提供了重要启示意义。从效率应对到总量控制，不仅仅限于北京，也不仅仅限于水资源约束，而是带有规律性的普遍现象。

从绿色发展的逻辑看，应当先解决好经济绿色化的问题，绿色经济化则是绿色发展更高层次的目标。从经济绿色化到绿色经济化，也是绿色发展的实现路径。由于不同地区的绿色发展处于不同阶段，面向未来，不同类型的城市和区域应当因地制宜，制定不同的绿色发展目标和实现路径。

第4章 中国经济绿色发展的若干关键问题

4.1 自然承载力约束在绿色发展中的作用

4.1.1 自然承载力的概念和特性

按照强可持续发展的观点,经济增长不能超越自然承载力,自然承载力就是自然资本和生态环境能承受的极限和硬约束。自然承载力的理论基础是强可持续发展范式。强可持续发展范式认为,不同类型的生命攸关的自然资本之间不能相互替代,要求自然资本存量保持不减少,有关功能不受影响,但并不是要求保持自然状态原样不动。自然承载力的政策含义是,一个国家和地区的关键自然资本存量必须保持在一定的水平,关键自然资本的利用必须保持在可以再生或恢复的范围之内。只有以此为自然极限,关键自然资本所提供的生命支持功能和生态服务功能才能保持不减少。

与自然承载力密切相关的概念是资源环境承载力。资源环境承载力是指在一定的生产力水平下,某一区域的资源环境要素所能承载的符合可持续发展需要的社会经济活动的能力。从本质上讲,自然承载力和资源环境承载力是相通的。从强调自然资本存量保护的视角来看,自然承载力的概念更加符合强可持续发展范式。

自然承载力具有极限性、动态性、开放性和"短板"效应等特点。

(1)极限性。极限性是指自然承载力是客观存在的,尽管很难对自然承载力做出具体准确的测度,但在某一具体的历史阶段,一个区域的自然资源所能承载的社会经济活动存在客观上的极限性。因此，自然承载力实际上反映了一个区域的经济社会发展规模受资源环境制约的阈值范围。

（2）动态性。自然承载力是动态变化的。随着时间的推移和条件的变化，生产力水平逐步提高，一方面资源利用效率和环境效率不断提高，单位资源量和环境容量可承载的社会经济活动的规模会持续增大，另一方面人类开发利用资源的能力会日趋增强，可利用的资源会不断涌现，这会使得自然承载力不断发生变化。

（3）开放性。区域是一个开放的系统，一个区域和周边区域之间存在自然要素和社会经济要素的流动和交换，因此，一个区域的自然承载力会受到资源环境要素区际交换的影响。资源环境要素的空间流动性是有差异的。依据空间流动性的差异，资源环境承载力要素可以分为三类：第一类是在空间上可以流动的资源环境承载力要素。例如，能源可以通过区际运输实现区域之间的流动。第二类是在空间上流动受到局限的资源环境承载力要素。例如，水资源有一定的空间流动性，但整体上空间流动性是有限的，虽然可以进行跨流域调水，但调水规模受到各种因素的限制。第三类是在空间上不能流动的资源环境承载力要素。例如，环境要素在空间上不能流动，只能调整产业布局，分散环境负荷，去适应环境容量的要求。土地在空间上也是不能流动的，只能调整产业布局，去适应土地资源的约束。

（4）"短板"效应。自然承载力是资源环境要素对社会经济活动的承载能力的综合体现，但不同的资源环境要素的承载能力存在差异，而一个区域的自然承载力往往是由最稀缺的资源环境要素的承载力决定的。因此，自然承载力存在木桶效应，也就是"短板"效应。

综上可见，对经济社会发展起制约作用的自然承载力约束并不是包罗万象的，而是有重点的，主要是针对那些不可替代的生命攸关的自然资本，尤其是在空间上不可流动或流动受限的资源环境要素。具体来说，自然承载力约束的研究重点是环境承载力、水资源承载力以及部分生态系统服务功能的承载力。

由于自然承载力的动态性和开放性，如何测度自然承载力并非一件容易的事。联合国粮农组织（FAO）的土地资源承载力研究最早提出了自然承载力概念，以耕地资源可以承载的人口数量来测度（邓静中，1988；

陈百明，1989；封志明，1993）。后来出现的有关资源环境承载力的研究主要是针对水资源承载力（程国栋，2002），大多采用无量纲的指数评价方法，有的采用综合指数（刘佳骏等，2011），有的则采用多指标（段春青等，2010），但无量纲的指数难以体现资源承载力的物理内涵，只能用相对量及其变化来刻画资源承载力的变化。也有的学者仍然采用可以承载的人口数量作为水资源承载力测度指标（封志明等，2006；Feng et al.，2008；Gong et al.，2009；Zhang et al.，2010），但在测度单位人口所需水资源数量时遇到了困难。石敏俊等（2013）曾采用人均水足迹来表征单位人口所需的水资源数量。

4.1.2 自然承载力约束的理论分析

4.1.2.1 强可持续发展范式的必要性和适用性

自可持续发展概念提出之后，国际社会一直致力于推动可持续发展战略，但国际社会的主流范式主要是弱可持续发展范式。联合国和世界银行等国际组织提出的可持续性度量指标，如绿色 GDP、真实储蓄率、可持续经济福利指数等，都是基于弱可持续发展范式。由于不同国家的经济、社会和自然条件不同，可选取的可持续发展范式就有所不同。那么，什么情况下应该选择弱可持续发展范式，什么情况下应该选择强可持续发展范式呢？我们将强可持续发展范式和弱可持续发展范式的适用条件总结在表4－1中。

表4－1　强可持续发展范式和弱可持续发展范式的适用条件

弱可持续发展范式的适用条件	强可持续发展范式的适用条件
● 自然资本充分，污染远未达到环境容量，生态破坏远未达到极限 ● 在生产功能上人造资本替代自然资本的弹性等于或大于1，甚至在极其高的产出-资源比率的限度下也是如此 ● 技术进步能够克服资源限制	● 即将或已经达到生态资源环境容量极限 ● 某些提供基本的生命支持功能的关键自然资本即将或已经遭受不可逆转的损害 ● 自然资本已经成为经济发展极大的制约因素 ● 对于耗竭自然资本的有害后果，很大程度上并没有把握甚至不可知

对于欧美国家而言，由于它们本身仍具有较大的生态环境容量，资源和环境压力并未达到极限值或临界点，采用弱可持续发展范式并不会触及其资源环境底线，因此选择弱可持续发展范式具有较大的合理性。

对于中国和一些新兴经济体而言，弱可持续发展范式已经不再适用。改革开放以来，我国在取得经济增长成就的同时，也付出了资源过度消耗和生态环境严重破坏的代价，目前不少局部区域的大气、水、土壤、海洋等领域的环境污染程度已经超过自然的临界点。

表 4-2 列出了突破自然承载力约束的两个国内案例。就拿昆明滇池污染来说，无论从生态环境破坏程度、经济效率还是社会心理承受程度看，都已经突破了自然、经济和社会的底线。河南济源铅污染不仅严重损害了当地公众的健康，造成了巨大的经济损失，而且引发了公众恐慌和焦虑，将来的重金属污染治理还面临技术难题，以及较大的经济和社会成本。

表 4-2　国内有关超越环境底线的部分案例

案例名称	基本情况	生态破坏程度	污染损害和治理成本	对社会和公众心理的影响
昆明滇池污染	滇池水质恶化始于 20 世纪 80 年代后期，到 1994 年湖体为 V 类水质，到 1998 年变为劣 V 类水质，几乎丧失了湖水的各种使用功能，成为我国污染最严重的湖泊之一。	水体严重富营养化，水污染严重，湖面萎缩，湖水变浅，生物多样性丧失，生态系统受损严重。	污染损害：既影响到当地居民卫生健康，又影响到经济发展。研究结果表明，滇池水资源的饮用水源功能已丧失，渔业功能部分丧失（损失率达 90%），2010 年滇池水污染经济损失总计 72.75 亿元。治理成本：1996—2010 年，滇池污染治理费用已达 219 亿元，"十二五"时期继续投入 420 亿元。但治理效果不明显，2012 年滇池水质仍为劣 V 类。	水质混浊，有刺鼻的恶臭，对当地及旅游人群造成了不良心理影响。
河南济源铅污染	河南省济源市是全国重要的铅锌冶炼集中区域，素有"铅都"之称，多年的铅行业发展严重污染了当地的大气、水和土地，2009 年下半年，河南济源检测出中重度铅中毒儿童 1 000 多名。	当地的大气、水和土壤都不同程度地受到铅污染，进而又影响到当地植物、动物和人类健康。	污染损害：铅污染已经使当地空气质量下降，大量儿童血铅超标，土壤受污，庄稼减产，政府支付了大量医疗和补贴费用。治理成本：2010—2012 年，与国家环保专项资金配套的工业项目总投资就达到 5 亿元，土壤重金属治理项目也在筹划中，且存在技术难题。	血铅事件发生后，当地民众对血铅治疗及未来可能产生的后遗症等充满焦虑和担忧，甚至就此与当地铅冶炼企业发生冲突。

现实告诉我们，以绿色 GDP 为表征的弱可持续发展范式已不足以支撑我国的绿色发展，我国必须进一步引入强可持续发展范式来指导我国的经济发展和环境保护，强调以环境底线为刚性约束的强可持续发展范式。尽管弱可持续发展范式得到了许多经济学家的广泛支持，但强可持续发展范式才是当今中国乃至世界需要的发展范式。在强可持续发展范式下，环境和资源不仅是经济发展的内生变量，而且是经济发展规模和速度的刚性约束。经济发展的规模和速度必须控制在自然承载力的约束范围之内，超越自然承载力约束和环境底线，不仅不经济、不可持续，还将导致整个经济系统和人类生存系统的崩溃。当前，我国在许多资源环境领域都达到了临界点，亟须用强可持续发展范式来指导经济发展和环境保护工作。

4.1.2.2　强调自然承载力约束、建立环境底线政策的重要性和紧迫性

环境底线是强可持续发展范式和自然承载力约束的具体体现。我国要实施强可持续发展范式，就必须将关键自然资本存量保持在一定范围内，维持基本的生态和生命支持功能，这就需要划定并捍卫环境底线。因此，划定环境底线是发挥自然承载力的约束作用，实现社会、经济和环境协调健康发展的基础性保障。

第一，环境底线可以为自然资本和环境保护部门确立生态环境保护优先工作方向提供依据。划定环境底线有助于区分生态环境保护问题的轻重缓急，并可以根据问题严重程度的不同确立生态环境保护的优先工作领域，采取差别化行动力度和惩罚措施，将行政和财政资源集中投放到接近、达到和超出环境底线的领域和地方，并动员社会力量参与，打好环境底线保卫战。

第二，环境底线有利于自然资本和环境保护部门建立生态环境评估预警系统。目前，国内很少从自然、经济和社会角度对环境污染和生态破坏的领域或区域开展评估和预警，致使很多地方的生态和环境问题超越了环境底线，甚至引发了较为严重的社会问题。通过划定环境底线，可以根据接近或超过环境底线的程度对不同的领域或区域进行等级划分，在此基础上建立生态环境评估预警系统，对环境污染和生态破坏进行有效的早期预警。此外，通过对某一区域的生态环境评估预警，确定某一区域适合发展的工业行业和限制、禁止发展的工业行业，将为区域限批制度提供科技支

撑，有利于通过区域限批和环境准入条件，从源头上控制新增污染。

第三，环境底线有利于经济发展部门在自然承载力边界内实现绿色增长。目前我国正在开展生态红线的划定工作，其中部分内容涉及环境质量安全底线，但生态红线主要是从自然环境的角度来考量，忽略了社会公众对环境质量的可接受程度。环境底线的设置只考虑环境因素是远远不够的，还必须考虑经济和社会因素，在确定的绿色边界内，实现社会经济效益最大化。

第四，环境底线有利于从根本上对环境问题引起的社会矛盾进行管控。当前我国正处于社会经济发展转型、环境污染和生态破坏严重、多种社会矛盾集中爆发的特殊时期。2012 年以来，四川什邡的钼铜项目、江苏启东的污水排海项目、大连的 PX 项目、昆明的石化项目等引发的环境群体性事件激起了社会强烈反响，已经严重威胁到社会稳定和社会发展，给政府环境治理和社会治理带来了严峻挑战。如果要减少、避免和预防类似事件的发生，就需要通过划定环境底线，从环境、经济和社会角度了解清楚各地区各领域接近或突破环境底线的程度，特别是当地公众对环境质量的最低可接受程度。

第五，环境底线有利于推动我国环境治理体系和治理能力现代化。环境底线作为自然承载力边界，可以成为环境治理的质量目标或底线目标，在此基础上将环境质量目标转换为污染物排放量控制目标，通过环境规制倒逼产业转型，为环境治理提供有效的政策抓手。

4.1.3　自然承载力约束对于绿色发展的作用

强调自然承载力的约束作用，一方面要重视对自然资本的保护，确保关键自然资本存量保持在可以再生或恢复的范围之内；另一方面要承认自然承载力对经济社会发展的硬约束，形成对产业绿色转型的倒逼机制。如前所述，自然承载力具有不可替代性、不可流动性和不可超越性，因此，自然承载力往往会对一个区域的经济社会发展形成硬约束，这种硬约束通过制度和政策设计，就可以起到鼓励和引导产业转型、产业转移的作用，通过产业结构优化和产业布局优化，推动经济系统的绿色转型。

可以说，自然承载力约束是强可持续发展范式的最有力的政策抓手，基于自然承载力，建立量化的环境底线政策体系，划定社会经济可持续发展的绿色边界，有利于推动经济系统的绿色转型。我国绿色发展的政策实践已逐步引入自然承载力约束。目前已经引入的自然承载力约束主要体现为资源环境生态红线管控政策、生态环境空间管控"三线一单"政策、水资源三条红线政策、主体功能区规划等。

2012年1月，国务院发布《关于实行最严格水资源管理制度的意见》，提出了水资源管理三条红线：确立水资源开发利用控制红线，到2030年全国用水总量控制在7 000亿立方米以内；确立用水效率控制红线，到2030年用水效率达到或接近世界先进水平，万元工业增加值用水量（以2000年不变价计）降低到40立方米以下，农田灌溉水有效利用系数提高到0.6以上；确立水功能区限制纳污红线，到2030年主要污染物入河湖总量控制在水功能区纳污能力范围之内，水功能区水质达标率提高到95%以上。水资源管理三条红线与18亿亩耕地红线都是较早引入自然承载力约束的政策措施，标志着强可持续发展范式被纳入我国的可持续发展政策体系。

2016年5月，国家发改委等9部门联合发布的《关于加强资源环境生态红线管控的指导意见》明确提出：要合理设置红线管控指标，构建红线管控体系，健全红线管控制度，倒逼发展质量和效益提升；树立底线思维和红线意识，设定并严守资源环境生态红线，与空间开发保护管理衔接，实行最严格的管控和保护措施。资源环境生态红线管控是指划定并严守资源消费上限、环境质量底线、生态保护红线，强化资源环境生态红线指标约束，将各类经济社会活动限定在红线管控范围以内。其主要内容包括：一是设定资源消费上限。设定全国及各地区资源消费"天花板"，对能源、水、土地等战略性资源消费总量实施管控，强化资源消费总量管控与消耗强度管理的协同，涉及能源消费总量控制、煤炭消费量及其占比控制、用水总量控制、建设用地总量控制、耕地占补平衡等。二是严守环境质量底线。分阶段、分区域设置大气、水和土壤环境质量目标，强化区域、行业污染物排放总量控制。环境质量达标地区要努力实现环境质量向更高水平迈进，不达标地区要尽快制订达标规划，实现环境质量达标；提出了大气环境质量、水环境质量、土壤环境质量的具体目标。三是划定生态保护红线。依法在重点生态功能区、生态环境敏感区和脆弱区等区域划定生态保护红线，确保生态功能不削弱、面积不减少、性质不改变。

2017 年 2 月，中共中央办公厅、国务院办公厅印发《关于划定并严守生态保护红线的若干意见》，对生态空间和生态保护红线做出了明确界定。生态空间是指具有自然属性、以提供生态服务或生态产品为主体功能的国土空间，包括森林、草原、湿地、河流、湖泊、滩涂、岸线、海洋、荒地、荒漠、戈壁、冰川、高山冻原、无居民海岛等。生态保护红线是指在生态空间范围内具有特殊重要生态功能、必须强制实行严格保护的区域，是保障和维护国家生态安全的底线和生命线，通常包括具有重要水源涵养、生物多样性维护、水土保持、防风固沙、海岸生态稳定等功能的生态功能重要区域，以及水土流失、土地沙化、石漠化、盐渍化等生态环境敏感脆弱区域。生态保护红线的总体目标是：2017 年，京津冀区域、长江经济带沿线各省（直辖市）划定生态保护红线；2018 年，其他省（自治区、直辖市）划定生态保护红线；2020 年，全面完成全国生态保护红线划定，勘界定标，基本建立生态保护红线制度。到 2030 年，生态保护红线布局进一步优化，生态保护红线制度有效实施。

2016 年 7 月，环境保护部印发了《"十三五"环境影响评价改革实施方案》，要求以生态保护红线、环境质量底线、资源利用上线和环境准入负面清单（简称"三线一单"）为手段，强化空间、总量、准入环境管理。2017 年 12 月，环境保护部又印发了《"生态保护红线、环境质量底线、资源利用上线和环境准入负面清单"编制技术指南（试行）》。"三线一单"现已成为生态环境空间管控的重要政策抓手。目前，重庆、四川、浙江、湖南、海南等多个省份已经编制了"三线一单"生态环境分区管控方案。

2010 年 12 月，《全国主体功能区规划》正式发布。主体功能区规划就是要根据不同区域的资源环境承载力、现有开发密度和发展潜力，将国土空间划分为优化开发、重点开发、限制开发和禁止开发四类，确定主体功能定位，明确开发方向，控制开发强度，规范开发秩序，完善开发政策，逐步形成人口、经济、资源环境相协调的空间开发格局。

综上可见，在划定社会经济可持续发展的绿色边界、推动经济系统绿色转型的政策实践中，已经体现了自然承载力约束的思想，然而，自然承载力的研究仍然有待完善，具体表现为：环境容量本底尚不清楚；对水资源承载力与经济社会发展之间关系的认识有待深化；区域生态系统服务功能对经济社会发展的支撑作用尚未与市场机制形成有机衔接；等等。需要深化绿色发展的制度和政策创新，充分发挥自然承载力约束对于绿色发展的正向促进作用。

4.1.4 水资源承载力约束倒逼产业结构优化：以京津冀地区为例

本节拟以京津冀地区为例，讨论水资源承载力约束如何作用于产业结构优化，使得京津冀城市群发展适应水资源承载力约束。

4.1.4.1 引言

2015年，我国发布了《京津冀协同发展规划纲要》，目的是使京津冀地区产业结构更加合理、生态环境更加良好，建设具有国际竞争力和影响力的世界级城市群。与国内其他城市群相比，京津冀城市群的发展规模和速度都位居前列（Haas and Ban，2014），2017年城市化率达到64.9%（国家统计局，2018），但水资源可利用量明显低于其他城市群。从全球角度来看，北京的人口规模和面积超过日本太平洋沿岸城市群，但水资源总量和人均水资源却远远低于东京。目前，京津冀城市群的资源环境状况尚未从根本上扭转恶化趋势，其中北京的城市空间扩张过快，面临空气质量差、植被覆盖率低、水资源短缺等资源环境挑战（Wang et al.，2017）。特别需要强调的是，京津冀城市群面临严重的水资源约束。京津冀地区以大陆性季风气候为主，降水量少，且降水时间分布不均。水资源总量约为201.4亿立方米，仅占全国的0.7%（国家统计局，2016）。京津冀地区人均可用水量不到200立方米/年，分别约为中国和世界平均水平的1/10和1/40，远低于1700立方米/年的缺水区域门槛值（国家统计局，2016；Falkenmark，1995）。由于经济增长和人口增加所带来的用水需求日益增长，京津冀地区水资源被过度开发，许多河流已经干涸，地下水位急剧下降。此外，水污染减少了可利用淡水量，加剧了水资源短缺（Liu et al.，2016；Uche et al.，2015；Veldkamp et al.，2015）。由于可利用的淡水资源与人口集中之间存在空间上的不匹配，这使得稀缺水资源的可持续管理成为城市面临的一项基本公共服务挑战（Stavenhagen et al.，2018）。

可以毫不夸张地说，水资源承载力约束是京津冀城市群可持续发展的首要制约。

　　缓解水资源约束的途径不外乎开源和节流。开源主要包括跨区域调水、虚拟水流动和海水淡化等。节流主要是通过水资源管理和产业结构优化等措施，控制和压缩用水需求。开源的渠道受到各种因素的制约，除了南水北调工程以外，短期看，缺乏其他可行的途径。关于京津冀地区水资源管理已经有大量的研究：京津冀地区水资源压力评价是了解水资源稀缺严重程度的基础（Li et al.，2017；Liu et al.，2017；Zhang et al.，2010）。作为北京的主要供水地区，河北省的地下水资源开采已经超过资源量，地下水位随之下降（Fu et al.，2012）。京津冀地区农业用水占水资源消耗总量的 70% 左右，减少或调整当前的高耗水种植结构（如冬小麦）是节约水资源的重要途径（Luo et al.，2018）。除了实体水资源以外，"虚拟水"流动（Hoekstra，2003）也被纳入地区水资源核算之中。根据 Wang 等（2014）的研究，京津冀地区大约 16% 的淡水生态服务足迹处于高度的淡水约束情景之下，主要分布在中北部地区以及周边的东部和南部低洼地区。Zhao 等（2017）基于多区域投入产出表测算了京津冀 2010 年水足迹和虚拟水流动，发现北京、天津是绿水、蓝水和灰水的净调入地区，这些虚拟水主要来源于河北省和其他地区；河北省则向北京和天津输入各种水足迹；60% 的水足迹是以虚拟水的形式输出的。

　　产业结构是联系经济增长与资源利用的基本元素之一，不同资源强度的产业组合在资源利用总量上存在明显差异。因此，确定合理的产业结构可以看作一个优化问题，即调整不同类型产业的比例，以满足一个或多个目标（Zhang et al.，2018）。有不少研究关注水资源约束下的产业结构优化问题，在丰富水资源管理和产业发展理论及政策制定方面具有重要意义，但也存在一些不足。首先，城市层面的多区域产业结构优化很少被涉及。现有研究大多局限于单区域，由于数据限制，基于投入产出的多区域产业结构优化的已有研究均是省级层面的。由于京津冀地区 13 个城市在经济发展水平和水资源禀赋上存在明显差异，停留在省级层面的研究缺乏准确性和针对性。其次，多目标优化分析技术在水资源配置方面的使用较少。现有的研究大多是单目标优化，如国民生产总值的最大化（Zhang et al.，2018）

或就业机会最大化（Davijani et al.，2016）等。考虑经济效益和用水量，相比单目标优化，多目标优化更符合实际水资源管理和可持续发展的要求。

本节拟通过建立一个多城市多目标的优化模型来弥补这些差距，进一步探讨水资源约束下京津冀地区的产业结构优化。由于投入产出优化模型能够充分反映生产过程中各部门之间的相互联系以及生产与需求之间的相互制约，因此采用投入产出优化模型。本节试图回答以下两个问题：（1）京津冀地区的产业结构调整会带来哪些影响？（2）如何实现最优的产业结构？为寻找这两个问题的答案，优化模型的目标被设定为三个——区域 GDP 最大化、水资源使用总量最小化、水资源消耗强度最小化，通过求解优化模型确定区域内各城市的最优产业结构。本书的结果可以为京津冀地区产业调整和具体政策的制定提供参考。

4.1.4.2 区域概况和水资源约束

京津冀地区包括北京市、天津市以及河北省的保定、唐山、廊坊、石家庄、邯郸、秦皇岛、张家口、承德、沧州、邢台、衡水 11 个地级市。地处渤海腹地，面积占中国国土面积的 1.9%，人口占全国的 8.1%，GDP 占全国的 10.2%（国家统计局，2017）。京津冀地区经济快速发展，人口猛增。2000—2016 年间，GDP 由 9 958.6 亿元上升到 75 624.9 亿元，年均增长率为 13.66%。人口由 9 039 万人增加到 11 205 万人，年均增长率为 1.41%（国家统计局，2017）。工业集聚和人口激增使得京津冀地区的水资源需求也在同步上升，这对水资源匮乏的京津冀地区的经济可持续发展造成了巨大压力。

京津冀地区内部各个城市之间经济发展水平和水资源禀赋具有明显的异质性。2016 年，北京人均 GDP 和收入最高，其次为天津和河北。从河北内部来看，中部城市（保定除外）的经济发展水平最高而水资源最为缺乏。具体到各城市来看，沧州的人均水资源量最低，仅为 86.6 立方米，除石家庄以外的其他三个南部城市的经济发展水平和水资源量较低，人均 GDP 和人均收入低于全省平均水平，人均水资源量基本上低于 200 立方米。水资源对于河北北部城市的约束是最小的，该地区人均水资源量基本上在 500 立方米以上，远高于京津冀地区的其他城市（见表 4-3）。考虑到经济发展和水资源在城市层面的明显差异，对水资源约束下城市层面的京津冀协同发展的研究显得尤为重要。

表 4-3　2016 年京津冀地区各地市经济发展水平、水资源量对比

城市/地区		人均GDP（元/人）	农村居民人均纯收入（元）	城镇居民人均可支配收入（元）	水资源总量（亿立方米）	人均水资源量（立方米/人）
北京		118 132	22 310	57 275	35.1	161.5
天津		114 493	20 076	37 110	18.9	121.0
河北北部	张家口	33 129	9 241	26 069	17.8	402.3
	承德	40 744	8 736	24 856	24.0	679.5
	秦皇岛	43 592	11 621	30 348	21.5	694.8
	小计/平均	39 155	9 866	27 091	63.3	592.2
河北中部	廊坊	58 938	14 286	34 633	7.1	153.9
	沧州	47 232	11 340	28 605	6.5	86.6
	唐山	81 021	15 023	33 725	22.4	285.6
	保定	29 885	11 612	25 680	24.8	213.2
	小计/平均	54 269	13 065	30 661	60.8	184.8
河北南部	石家庄	54 967	12 345	30 459	32.0	296.7
	邯郸	35 406	12 153	26 603	17.9	188.6
	邢台	26 995	10 006	23 913	25.6	349.7
	衡水	31 888	10 069	23 787	6.5	146.0
	小计/平均	37 314	11 143	26 191	82.0	245.2
区域合计/平均		55 109	12 986	31 005	260.1	290.7

资料来源：《河北经济年鉴 2017》；2016 年北京市、天津市和河北省的水资源公报。

4.1.4.3　数据来源与模型方法

（1）数据来源。

本节基于 2012 年京津冀城市间投入产出模型建立水资源约束下的产业优化模型。其中，2012 年京津冀城市间投入产出表是在 Chenery-Moses 框架下基于各城市 2012 年投入产出表编制而成，基础表来源于北京市统计局、天津市统计局、河北省统计局和河北省投入产出协会，具体结构见表 4-4。根据产业情况和研究目的，为进一步简化运算，将 42 个部门合并为 16 个部门（见表 4-5）。各城市不同产业的直接用水量分别来自《北京市水资源公报 2012》《天津市水资源公报 2012》《河北省水资源公报 2012》《北京市第一次水资源普查数据 2013》《天津市第一次水资源普查

数据2013》《河北省第一次水资源普查数据2013》《河北经济年鉴2013》。

表4-4 京津冀城市间投入产出表结构

			中间使用				最终使用	流出(国内京津冀外)	流入(国内京津冀外)	出口(国外)	进口(国外)	总产出
投入 产出			城市1	…	城市13		城市1,…,城市13					
			部门1	…	部门42	…	部门1	…	部门42				
中间投入	城市1	部门1										
		…										
		部门42										
	…	…										
	城市13	部门1										
		…										
		部门42										
增加值												
总投入												

表4-5 部门合并对照表

42部门		16部门	
1	农林牧渔产品和服务	1	农业
2	煤炭采选产品	2	采矿业
3	石油和天然气开采产品		
4	金属矿采选产品		
5	非金属矿和其他矿采选产品		
6	食品和烟草	3	食品制造业
7	纺织品	4	轻工业
8	纺织服装鞋帽皮革羽绒及其制品		
9	木材加工品和家具		
10	造纸印刷和文教体育用品		
11	石油、炼焦产品和核燃料加工品	5	石油炼焦和化学工业
12	化学产品		
13	非金属矿物制品	6	非金属矿物制品业
14	金属冶炼和压延加工品	7	金属冶炼及压延加工业

续表

42 部门		16 部门	
16	通用设备		
17	专用设备	8	机械设备制造业
18	交通运输设备		
19	电气机械和器材	9	电气机械和电子通信业
20	通信设备、计算机和其他电子设备		
15	金属制品		
21	仪器仪表		
22	其他制造产品	10	其他制造业
23	废品废料		
24	金属制品、机械和设备修理服务		
25	电力、热力的生产和供应		
26	燃气生产和供应	11	电力、热力及水的生产和供应业
27	水的生产和供应		
28	建筑	12	建筑业
30	交通运输、仓储和邮政	13	交通运输业
29	批发和零售	14	批发和零售业
31	住宿和餐饮	15	住宿和餐饮业
32	信息传输、软件和信息技术服务		
33	金融		
34	房地产		
35	租赁和商务服务		
36	科学研究和技术服务		
37	水利、环境和公共设施管理	16	其他服务业
38	居民服务、修理和其他服务		
39	教育		
40	卫生和社会工作		
41	文化、体育和娱乐		
42	公共管理、社会保障和社会组织		

（2）模型构建。

1）目标函数设定

本书基于 2012 年京津冀城市间投入产出表建立多目标优化模型，其中目标函数涉及水资源总量、水资源利用效率以及经济发展三类，也就是说，模型的最终满意解是三者权衡的结果。

目标 1：区域 GDP 最大化。

经济目标函数是指京津冀地区整体的经济收益，以地区内各城市所有产业增加值之和来表示。目标函数的数据表达式如下：

$$f_1 = \max \sum_{r=1}^{m} \sum_{i=1}^{n} v_i^r X_i^r$$

其中，v_i^r 表示 r 城市 i 部门的增加值率，X_i^r 则表示 r 城市 i 部门的产出。

目标 2：水资源使用总量最小化。

水资源使用量指的是区域内 13 个城市所有部门的水资源使用总量，其优化目标函数表达式如下：

$$f_2 = \min \sum_{r=1}^{m} \sum_{i=1}^{n} w_i^r X_i^r$$

其中，w_i^r 表示 r 城市 i 部门的直接用水系数。

目标 3：水资源消耗强度最小化。

本书中的水资源消耗强度是指区域内每单位产出的平均水资源消耗量，通过生产用水总量与总产出之比来表示，实际上是用水效率的倒数。其优化目标函数如下：

$$f_3 = \min \frac{\sum_{r=1}^{m} \sum_{i=1}^{n} w_i^r X_i^r}{\sum_{r=1}^{m} \sum_{i=1}^{n} X_i^r}$$

2）约束条件。

① 投入产出约束。

投入产出模型是能够表示不同部门之间互相投入的一种分析方法（Leontief，1936），城市间的投入产出表不仅能够刻画本城市内部不同部门之间的生产联系，还可以体现不同城市各部门之间的经济联系。基本模型结构包含 $m \times n$ 个线性方程，可以用来描述经济发展对区域内各部门以及城市之间的联系以及最终需求的依赖程度。具体数学表达式如下：

$$X_i^r = \sum_{s=1}^{m} \sum_{j=1}^{n} x_{ij}^{rs} + \sum_{s=1}^{m} y_i^{rs}$$

其中，n 表示生产部门数量，m 表示城市数量，X_i^r 表示 r 城市 i 部门的产出，x_{ij}^{rs} 表示 s 城市 i 部门对 r 城市 j 部门的中间投入量，y_i^{rs} 表示 s 城市 i 部门的最终需求。

通过引入直接消耗系数 a_{ij}^{rs} 可以进一步改写上述等式，具体结果如下：

$$X_i^r = \sum_{s=1}^{m} \sum_{j=1}^{n} a_{ij}^{rs} X_j^r + \sum_{s=1}^{m} y_i^{rs}$$

其中，直接消耗系数 a_{ij}^{rs} 表示增加 r 城市 j 部门的单位产出要求 s 城市 i 部门的投入量，计算公式如下：

$$a_{ij}^{rs} = \frac{x_{ij}^{rs}}{X_j^r}$$

在优化模型中，投入产出恒等式将转变为不等式，以此确保各部门产品的需求不超过产出，不等式如下：

$$\sum_{s=1}^{m} \sum_{j=1}^{n} a_{ij}^{rs} X_j^r + \sum_{s}^{m} y_i^{rs} \leqslant X_i^r$$

② 产业结构约束。

产业结构约束是指对水密集型产业部门产出设置上限，使其不能超过 2012 年的实际产出比例。其中涉及的具体部门包括：采矿业、石油炼焦和化学工业、非金属矿物制品业、金属冶炼及压延加工业。

$$\frac{X_i^r}{\sum_{i=1}^{n} X_i^r} \leqslant \bar{L}_i^r$$

其中，X_i^r 表示 r 城市 i 部门的最优产出，$X_i^r / \sum_{i=1}^{n} X_i^r$ 则表示 r 城市 i 部门的最优产出比例，$\bar{L}_i^r$ 表示 2012 年 r 城市 i 部门的实际产出比例。

③ 农业产出基准线设置。

京津冀地区是我国重要的粮食产区，其小麦和谷物产量分别占全国的 12% 和 9.5%。考虑到该地区农业生产对于我国国民经济和社会稳定的重要意义，农业产出必须确保在一定的水平上。然而，过高的农业用水强度导致农业的最优产出趋近于 0，为避免这种情况的出现，对各城市的农业产出设置上下限。上下限的设置主要是基于各城市过去五年的平均产出变动率。数学表达式如下：

$$\underline{X_1^r} \leqslant X_1^r \leqslant \overline{X_1^r}$$

其中，$\underline{X_1^r}$、$\overline{X_1^r}$ 分别表示 r 城市的农业部门的上下限。上下限根据近五年各城市不同产业部门增加值的变动率确定（唐志鹏等，2012），基础数据来自 2012—2017 年各地区统计年鉴。

④ 水资源约束。

水资源约束旨在确保最优产业结构的用水量不超过实际水平。水资源总量约束的数学表达式如下：

$$\sum_{i=1}^{n} w_i^r X_i^r \leqslant W^r$$

其中，w_i^r 表示 r 城市 i 部门的直接用水系数，W^r 表示 2012 年 r 城市的实际生产用水总量。

考虑到农业部门的重要性，各城市农业用水范围分别设置，具体表达式如下：

$$w_1^r X_1^r \leqslant W_1^r$$

其中，w_1^r 表示 r 城市农业部门的直接用水系数，W_1^r 表示 2012 年 r 城市的实际农业用水量。该约束条件意味着各城市的最优农业用水量不能超过其 2012 年的实际用水量。

4.1.4.4　模拟结果

（1）产业结构调整的经济影响。

通过实际 GDP 与最优 GDP 的对比可以发现，最优 GDP 超过实际 GDP 3 013 亿元，换句话说，京津冀地区通过产业结构调整可以实现 3 013 亿元的"额外收益"。然而，产业结构调整所带来的经济影响对于区域内部各城市并非完全一致。具体来讲，北京、天津两大直辖市的 GDP 能够得到较大幅度的提高，而河北省 GDP 的上升空间较小，有些地市甚至可能出现负增长。河北南部地区通过产业结构调整可以使 GDP 提高 5.29%，其中石家庄的上升潜力最明显（18.04%）；相反，北部和中部地区的 GDP 则可能分别下降 2.9% 和 0.39%，其中张家口和保定分别是两个区域 GDP 下降最明显的城市（见表 4－6）。

表 4－6　京津冀各城市实际 GDP 与最优 GDP 对比

城市/地区		实际 GDP（亿元）	最优 GDP（亿元）	GDP 变动率（%）
北京		17 879	19 898	11.29
天津		12 894	13 510	4.78
河北北部	张家口	1 139	1 163	－9.91
	承德	1 234	1 111	－0.38
	秦皇岛	1 182	1 177	2.07
	小计	3 555	3 452	－2.90
河北中部	廊坊	1 762	1 936	9.92
	沧州	2 812	2 735	－2.74
	唐山	5 862	6 003	2.40
	保定	2 934	2 644	－9.89
	小计	13 370	13 318	－0.39
河北南部	石家庄	4 500	5 312	18.04
	邯郸	3 062	2 906	－5.09
	邢台	1 532	1 660	8.37
	衡水	1 011	761	－24.72
	小计	10 104	10 638	5.29
区域合计		57 803	60 816	5.21

（2）产业结构调整的节水效应。

产业结构调整可以使用尽可能少的水资源产生最大的经济效益。京津冀地区通过产业结构调整可以实现产业用水的节约，其中节水效应用实际用水和最优产出产生的最优用水的差值来表示，具体如图 4－1 所示，其中负值表示生产用水的减少，是真正的节水效应，正值表示生产用水的增加。从图中可以看出，产业结构调整可以为京津冀地区节约 87.60 亿立方米生产用水，其中河北省节约 75.49 亿立方米用水，占节水总量的 86.2%。具体到各产业部门来看，节水效果最明显的部门是农业，采矿业，电力、热力及水的生产和供应业，三者节水量分别为 81.97 亿立方米、4.02 亿立方米和 2.49 亿立方米，分别占节水总量的 93.57%、4.59% 和 2.84%。与此同时，生产效率高、增加值率高的部门的生产用水有不同程度的增加，其中比较明显的是机械设备制造业、电气机械和电子通信业、轻工业。

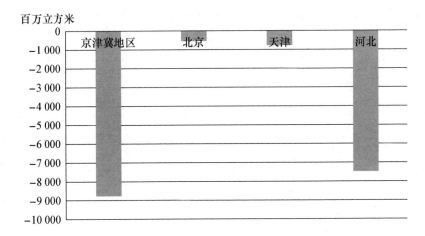

图 4-1 京津冀地区产业结构调整的节水效应

说明：图中的数字为优化用水减去实际用水的结果，负数表示产业结构调整节约了水资源，正数表示产业结构调整后需要消耗更多的水资源

北京、天津在生产节水方面具有很大的相似性，生产节水量分别为5.28亿立方米、6.84亿立方米，节水贡献显著的部门是农业，电力、热力及水的生产和供应业，石油炼焦和化学工业，而机械设备制造业、电气机械和电子通信业两个部门生产用水量出现了明显增加。

各城市的节水潜力见表4-7。在河北省内部，南部地区的节水潜力最大（34.57亿立方米），潜在节水量占河北省潜在节水总量的45%左右。具体到城市层面来看，河北省省会石家庄的节水潜力最大（11.48亿立方米），其次为邯郸（8.32亿立方米）和邢台（7.57亿立方米）。中部地区通过产业结构调整可以节约生产用水29.62亿立方米，其中保定的潜在节水量为12.94亿立方米，占中部地区潜在节水总量的43.7%。河北北部地区水资源相对丰富，产业结构调整带来的潜在节水效应较小，潜在节水总量仅为11.30亿立方米（其中，张家口的潜在节水量为4.61亿立方米）。从河北省全省来看，虽然各地市的潜在节水效应有所不同，但其节水效应明显的生产部门主要集中于农业，采矿业，电力、热力及水的生产和供应业等。

（3）产业结构调整路径。

整体来看，京津冀地区通过产业结构调整可以使总产出增长，即通过降低6个高耗水部门的产出、提高其他低耗水及高附加值部门的产出可以

表 4-7　京津冀地区通过产业结构调整带来的各部门生产节水潜力

单位：百万立方米

部门	区域合计	北京	天津	河北北部				河北中部					河北南部				
				张家口	承德	秦皇岛	小计	廊坊	沧州	唐山	保定	小计	石家庄	邯郸	邢台	衡水	小计
农业	-8 197	-465	-585	-401	-317	-299	-1 017	-334	-494	-794	-1 215	-2 837	-1 165	-759	-697	-672	-3 293
采矿业	-249	1	-1	-22	-33	-11	-67	-2	-9	-97	-13	-122	-14	-23	-23	0	-59
食品制造业	-6	2	-16	2	2	1	4	-1	1	1	3	4	1	0	-1	0	1
轻工业	49	-7	-14	0	1	-1	0	41	8	1	-24	25	39	16	1	-11	45
石油炼焦和化学工业	-203	-40	-65	-1	1	-4	-5	-5	-30	10	-23	-48	-39	16	-13	-8	-44
非金属矿物制品业	9	-9	-5	-1	1	2	-2	2	2	8	-4	8	7	10	1	-2	17
金属冶炼及压延加工业	38	1	5	-11	2	19	10	-27	10	110	-26	67	37	-65	-14	-3	-45
机械设备制造业	96	43	16	1	0	5	6	1	3	2	17	22	6	2	0	1	9
电气机械和电子通信业	51	15	21	1	0	0	1	0	2	1	6	10	4	2	0	0	4
其他制造业	26	7	3	0	0	0	0	0	1	1	4	7	5	4	0	0	9
电力、热力及水的生产和供应业	-402	-136	-53	-28	-9	-16	-53	-14	-14	-34	-10	-71	-27	-21	-19	-21	-88
建筑业	-11	0	0	2	4	-7	-1	0	0	0	0	0	0	-13	5	-3	-11
交通运输业	-3	-13	2	-2	0	1	-1	0	0	2	0	3	4	1	2	0	6
批发和零售业	18	9	2	0	1	1	2	0	0	0	0	1	5	0	0	0	5
住宿和餐饮业	-32	24	2	-2	-5	-5	-11	-5	-2	-14	-10	-32	-11	-3	1	-2	-15
其他服务业	57	42	4	1	3	1	5	0	0	1	1	2	3	0	1	0	4
合计	-8760	-528	-684	-461	-350	-318	-1 130	-345	-521	-802	-1 294	-2 962	-1 148	-832	-757	-720	-3 457

说明：（1）表中数据为各城市实际用水量减去最优用水量的差值，其中负值表示产业结构调整带来的生产用水量的减少，而正值则表示产业结构调整带来的生产用水量的增加。

（2）由于数据四舍五入的关系，表中合计数与各项之和有些微出入。

提高区域总产出（见图 4-2），增长空间高达 12 458 亿元。根据优化结果，石油炼焦和化学工业部门产出的潜在下降程度最大（5 048 亿元），占其实际产出的 38%。与此相反，机械设备制造业、电气机械和电子通信业的产出增长潜力最大，分别为 8 522 亿元和 5 576 亿元。

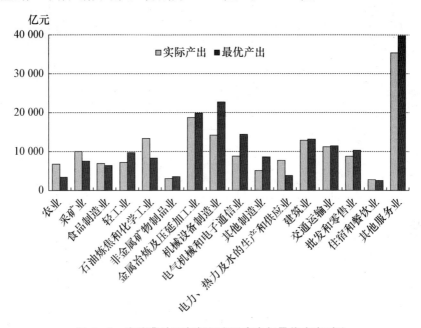

图 4-2 京津冀地区各部门实际产出与最优产出对比

作为我国首都和京津冀地区的经济中心，北京具有独特的人才优势、雄厚的资本以及先进的服务业，因此北京的产业结构调整方向应该是大力提高低耗水、高技术含量的部门的产出，其中，产出上升潜力较大的部门是机械设备制造业、电气机械和电子通信业以及其他服务业。作为北方的经济中心，北京面临着严重的缺水问题，虽然北京的生产效率高，平均水资源消耗低，但无法摆脱部门固有的生产特性，降低高耗水部门的产出，可以将节约下来的水资源转移到技术含量更高、附加值更高的部门，从而使地区产出进一步增加。根据模型结果，产出下降的高耗水部门有电力、热力及水的生产和供应业，石油炼焦和化学工业，其潜在产出下降量分别为 1 880 亿元和 1 156 亿元。值得注意的是，北京市的农业也会面临产出下降 198 亿元的压力（见表 4-8）。

表4-8 京津冀地区通过产业结构调整带来的各部门产出变动潜力

单位:亿元

部门	区域合计	北京	天津	河北北部				河北中部					河北南部				
				张家口	承德	秦皇岛	小计	廊坊	沧州	唐山	保定	小计	石家庄	邯郸	邢台	衡水	小计
农业	-3 403	-198	-188	-183	-159	-137	-479	-181	-288	-409	-517	-1 395	-394	-359	-210	-180	-1 143
采矿业	-2 539	178	-275	-158	-385	-66	-609	-21	-103	-1 051	-80	-1 255	-134	-259	-186	0	-579
食品制造业	-539	146	-1 039	61	100	24	185	-62	38	42	113	130	54	19	-33	-2	38
轻工业	2 508	-393	-491	-12	26	-12	2	1 603	334	41	-575	1 403	1 484	735	17	-249	1 988
石油炼焦和化学工业	-5 048	-1 156	-1 712	-24	24	-70	-70	-144	-918	295	-373	-1 140	-1 060	514	-295	-130	-970
非金属矿物制品业	490	-290	-148	-19	23	-35	-31	71	73	286	-79	351	234	369	39	-34	608
金属冶炼及压延加工业	1 076	44	220	-153	49	211	107	-530	220	2 312	-303	1 699	708	-1 446	-220	-36	-994
机械设备制造业	8 522	4 356	1 645	67	24	242	333	50	289	212	894	1 444	543	174	-24	50	743
电气机械和电子通信业	5 576	1 934	2 518	37	20	23	79	12	229	88	349	677	166	172	26	3	367
其他制造业	3 498	903	420	6	21	-19	8	34	221	153	381	789	701	627	21	30	1 380
电力、热力及水的生产和供应业	-3 846	-1 890	-443	-158	-86	-77	-321	-114	-119	-294	-47	-574	-213	-192	-126	-98	-628
建筑业	281	33	24	185	129	-123	192	10	4	1	0	15	2	-291	378	-72	17
交通运输业	250	-503	259	-148	3	1	-145	4	56	61	10	130	165	77	261	4	508
批发和零售业	1 491	584	294	73	35	59	168	1	14	26	3	44	373	0	21	7	401
住宿和餐饮业	-241	146	28	-24	-20	-42	-87	-36	-40	-67	-53	-197	-78	-60	20	-13	-131
其他服务业	4 383	2 543	701	122	135	106	364	9	77	53	27	166	215	66	348	-21	609
合计	12 458	6 447	1 814	-329	-61	85	-304	706	85	1 748	-251	2 288	2 768	148	37	-740	2 213

说明:(1)表中数据为实际产出减去最优产出的差值,其中负值表示通过产业结构调整后产出下降,而正值表示产出增加。

(2)由于数据四舍五入的关系,表中合计数与各项之和有些微出入。

天津市是北方重要的制造业生产基地，具有相对丰富的资本以及较高的生产率，天津市的产业结构调整应将重点放在低耗水、高技术的先进制造业部门上。根据模型结果，天津市总产出的增长潜力为 1 814 亿元，约占京津冀地区增长潜力的 15%。其中，具有较高上升潜力的部门为技术密集型部门和生产性服务部门，如机械设备制造业、电气机械和电子通信业以及其他服务业；高耗水、低附加值的资源密集型部门会面临不同程度的产出下降潜力，比如食品制造业、石油炼焦和化学工业（见表 4 - 8）。

河北省是京津冀地区水资源量最大的地区，同时也是京津两地的水资源保障区，但河北省生产方式较为粗放，技术落后，生产效率低下，水资源浪费现象严重，因此，河北省应该根据各地市的水资源禀赋以及技术、资本等条件大幅削减高耗水的资源密集型部门产出。根据模型结果，河北省通过产业结构调整可以实现总产出的提升，其提升空间为 4 197 亿元。其中，农业部门产出下降程度接近 50%，由实际产出 6 035 亿元下降到最优产出 3 017 亿元。此外，高耗水的重工业部门（如采矿业、石油炼焦和化学工业）面临的产出下降压力最大，而轻工业和机械设备制造业等部门的产出则有不同程度的上升（见表 4 - 8）。

具体到河北内部，产业结构调整给各地市总产出带来的影响也不尽相同，各地市的实际产出与最优产出对比情况见图 4 - 3。与河北北部各地市相比，河北中部和南部地市的产出受产业结构调整的影响较明显。

河北北部地区通过产业结构调整，总产出有一定的下降压力。其中，需要较大幅度缩减产出的部门是农业，采矿业，石油炼焦和化学工业，电力、热力及水的生产与供应业，住宿和餐饮业。从城市层面来看，张家口和承德的总产出具有一定的缩减压力，其中农业和采矿业的缩减幅度较大；秦皇岛的总产出具有一定的上升空间，其中机械设备制造业的上升幅度最大。河北北部地区需要大力支持、提升产出的部门有食品制造业、机械设备制造业、电气机械和电子通信业、建筑业、批发和零售业以及其他服务业（见附表 4 - A）。

河北中部地区通过产业结构调整，总产出具有一定的上升空间。需要较大幅度缩减产出的部门为农业，采矿业，石油炼焦和化学工业，电力、

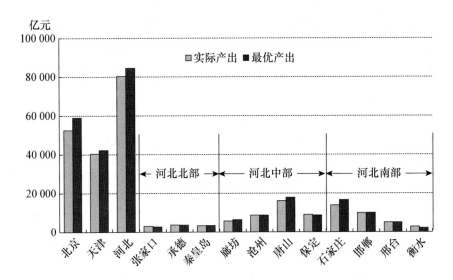

图 4-3　京津冀地区各个城市实际产出与最优产出的对比

热力及水的生产和供应业，住宿和餐饮业；需要较大幅度提升产出的部门为轻工业、非金属矿物制品业、金属冶炼及压延加工业、机械设备制造业、电气机械和电子通信业、其他制造业。具体到城市层面，中部地区除唐山以外的其余三个城市在需要缩减产出的部门方面与整个河北中部地区基本保持一致，而唐山的石油炼焦和化学工业以及金属冶炼及压延加工业的产出具有明显的上升潜力，这与其自身以重工业为主的产业发展模式密切相关。在提升产出方面，各城市具有明显差异，其中产出上升幅度较大的部门有廊坊和沧州的轻工业，沧州和保定的机械设备制造业、电气机械和电子通信业以及其他制造业等高新技术部门（见附表 4-B）。

河北南部地区通过产业结构调整实现的总产出上升幅度最大。其中，需要较大幅度缩减产出的部门是农业，采矿业，石油炼焦和化学工业、金属冶炼及压延加工业，电力、热力及水的生产和供应业，住宿和餐饮业；需要大幅提高产出的部门有轻工业、非金属矿物制品业、机械设备制造业、电气机械和电子通信业、其他制造业、交通运输业、批发和零售业以及其他服务业。从城市层面来看，除邯郸以外的三个城市需要较大幅度缩减产出的部门与河北南部地区基本保持一致，而邯郸的石油炼焦和化学工业、金属冶炼及压延加工业的产出需要进一步提升，这与邯郸以钢铁为主的产业基础密切相关。在提升产出方面，各城市具有明显的差异，表现较突出的有石家庄和邯郸的轻工业、机械设备制造业、电气机械和电子通信业、其他制造业，邢台的建筑业、交通运输业和其他服务业（见附表4-C）。

（4）产业结构调整潜力。

我们采用产业结构相似系数来刻画实际产业结构与最优产业结构的接近程度。以 ISS 表示实际产业结构与最优产业结构的相似系数，具体计算公式如下：

$$ISS = \frac{\sum x_i \cdot \tilde{x}_i}{\sqrt{\left(\sum x_i^2\right)\left(\sum \tilde{x}_i^2\right)}}$$

其中，x_i、$\tilde{x}_i$ 分别表示部门 i 实际产出占实际总产出的比例、最优产出占最优总产出的比例。ISS 的数值在 0 和 1 之间，其数值越大表示对比的两个产业结构之间的相似程度越大，ISS＝1，表示对比的两个产业结构完全一致。

京津冀地区各个城市的实际产业结构与最优产业结构相似系数的计算结果见表4-9。北京市的产业结构相似系数最大（0.976），这表明北京的实际产业结构与水资源约束下的最优产业结构最为接近。其次为天津，河北省（作为整体来看）的产业结构相似系数最小。从河北省内部来看，北部地区各地市的产业结构相似系数总体上较高，而南部地区各地市的产业结构相似系数总体上较低，说明在水资源约束下，南部地区各城市的产业结构调整潜力较大。

表4-9　各城市实际产业结构与最优产业结构相似系数

城市/地区		结构相似系数	相似系数排名
北京		0.976	1
天津		0.962	4
河北北部	张家口	0.951	6
	承德	0.966	3
	秦皇岛	0.962	5
河北中部	廊坊	0.720	13
	沧州	0.907	8
	唐山	0.969	2
	保定	0.900	10

续表

城市/地区		结构相似系数	相似系数排名
河北南部	石家庄	0.901	9
	邯郸	0.831	11
	邢台	0.751	12
	衡水	0.945	7

说明：表中数据只列出了小数点后三位，但排名是按实际数据得出的。

4.1.4.5 结果讨论

本节的研究结果表明，通过产业调整可以实现经济发展和节约水资源的双赢效果。具体来看，京津冀地区通过产业结构调整能够使 GDP 提高 3 013 亿元，同时节约生产用水 87.60 亿立方米。作为中国经济活动最活跃的三大经济带之一，京津冀地区已经走过了工业化中期，在产业用水总量控制以及产业用水效率等方面取得了重大进步。然而，在高耗水产业结构和水资源短缺之间依然存在巨大的矛盾，因此，一个具备"水资源适应性"的产业结构对于社会经济可持续发展至关重要。

从整个区域来看，产业结构的优化主要通过调整高耗水部门的产出来实现，这些部门主要包括采矿业、石油炼焦和化学工业以及电力、热力及水的生产和供应业，根据优化结果，这些部门的产出应该分别下降 25%、38% 和 50%。此外，高耗水企业应该考虑重新安置在近海地区，充分利用海水，以达到节约淡水资源的目的。

从区域内部来看，尽管京津冀三地地理位置临近，但其产业结构和经济发展水平具有明显的差异，这意味着它们的产业结构并不十分互补，生产链也存在一定程度的分离。因此，它们在水资源约束下的产业结构调整目标和具体对策也是各有千秋。作为首都，北京的产业结构主要是以第三产业为主，这限制了产业结构调整的节水效果。优化结果显示，北京市的节水潜力为 5.28 亿立方米，仅占京津冀地区节水潜力的 6.0%。在产业结构调整过程中，北京市应该转移其现存的高耗水制造业（比如，轻工业、石油炼焦和化学工业以及电力、热力及水的生产和供应业），充分利用自身的软实力（比如科学技术创新、国际交流）发展高科技产业，引领区域产业发展，尤其是推动河北省的产业转型。

天津市的节水效果也不十分明显。优化结果显示，天津市的节水潜力为 6.84 亿立方米，仅占京津冀地区节水潜力的 7.8%。其中，食品制造业以及石油炼焦和化学工业的产出下降压力较大。与此同时，考虑到天津市临海的地理位置，应该大力研发、推广海水淡化技术，鼓励相关产业的发展，以缓解水资源短缺对经济的约束。

河北省通过产业结构调整可以节约水资源 75.49 亿立方米，占京津冀地区潜在水资源节约总量的 86.2%。其中，农业节水量占全省各产业节水总量的 94.68%，因此，控制河北省农业用水对于京津冀地区各产业节水具有至关重要的作用。提高水资源使用效率是减少农业用水的重要手段之一，近些年来，虽然提高农业用水效率的工程技术取得了长足发展，但随着技术的进一步提升，节水也遇到了重大瓶颈。目前，更有效地提高农业用水效率的途径是将工程、农艺、生物等节水途径结合起来，最大限度地利用土壤水、雨水、循环水，逐步减少地表水和地下水的使用。值得注意的是，河北省作为国家粮食生产基地，其农业生产关系到国家粮食安全，为此，河北省必须调整农业结构，减少水稻、小麦等耗水作物的种植面积，发展优质节水的经济作物和饲料作物。

作为一个水资源严重短缺的地区，河北省需要对粮食生产基地的传统定位进行重新考量。同时，河北省还可以考虑实施虚拟水战略（Allan，1993；Yang et al.，2006），通过进口虚拟水节约消费品在当地生产可能消耗的水资源量。

4.1.4.6　结论和启示

本节利用京津冀城市间投入产出模型与多目标优化相结合，研究了水资源约束下京津冀地区的产业结构调整问题。主要研究结论如下：

（1）京津冀地区通过产业结构调整可以同时实现经济增长和节约用水两方面的收益。产业结构调整可以给本地区带来 3 013 亿元的潜在经济效益。北京和天津的 GDP 提高幅度较大，而河北的 GDP 提高空间相对较小，其中一些地市的 GDP 甚至可能下降。京津冀地区通过产业结构调整可节约水资源 87.60 亿立方米，其中河北省节约水资源 75.49 亿立方米，占全区水资源节约总量的 86.2%，是节水量最多的地区。

（2）如果通过产业结构调整达到最优状态，京津冀地区总产出将增加 12 458 亿元，其中北京的 GDP 将增加 6 447 亿元，河北的 GDP 将增加

4 197 亿元，天津的 GDP 将增加 1 814 亿元。北京的实际产业结构与最优产业结构的相似系数最高，说明其在水资源约束下的产业结构调整空间最小，而河北的产业结构相似系数普遍较低，意味着河北在水资源约束下的产业结构调整空间较大，尤其是河北南部地区。对于整个区域而言，应缩减高耗水部门（例如采矿业，石油炼焦和化学工业，电力、热力及水的生产与供应业）的规模；大力支持技术密集型产业（如机械设备制造业、电气机械及电子通信业等）。

（3）河北农业用水量的控制在京津冀地区的节水中起着举足轻重的作用，因为河北通过产业结构调整实现的节水中 90% 以上是通过减少农业用水来完成的。在粮食需求下降的背景下，应大力调整农业种植结构，减少水稻、小麦等高耗水作物的种植面积，发展优质节水的经济作物和饲料作物。此外，还可以从其他地区进口农产品，从而降低河北的水资源压力。

4.2　绿色技术的经济性与产业绿色转型成本

党的十九大报告提出要加快生态文明体制改革，建设美丽中国，并明确要求构建市场导向的绿色技术创新体系。绿色技术创新体系是我国第一次针对具体技术领域提出的创新体系建设，充分反映了我国对生态文明建设的高度重视。传统工业化模式已经很难适应高质量发展要求，加强绿色技术创新是建设绿色低碳循环发展经济体系的内在要求，也是解决我国突出生态环境问题的重要支撑。当前我国生态环境保护形势仍不容乐观，任务繁重，以科技创新推进绿色发展是解决突出生态环境问题的根本途径，有助于打赢污染防治攻坚战，为经济社会向绿色生产方式和生活方式转变提供基本动力。

当前对绿色技术内涵的理解尚存在一定的分歧，具体表述和范畴各有侧重，但从总体上看，都具有服务于绿色发展、服务于人和自然和谐共生的属性。从广义上讲，面向绿色发展和生态文明建设的技术都属于绿色技术。同时，对绿色技术的具体内容界定具有较为明显的动态特征，不同阶段绿色技术的内涵存在一定的差异。例如，2014 年以前，我国政府和企业更关注节能技术；自 2014 年起，开始关注低碳技术的推广。

绿色技术是指立足于目前的技术和经济发展阶段，结合现实工作需要，降低消耗、减少污染、改善生态，促进生态文明建设、实现人与自然和谐共生的新兴技术，涉及节能环保、清洁生产、清洁能源、生态保护与修复、城乡绿色基础设施、生态农业等领域，涵盖产品设计、生产、消费、回收利用等环节。

绿色技术创新是引领绿色发展的第一动力，但长期以来，我国绿色技术创新难以满足实际需要，成为绿色发展的瓶颈制约。构建市场导向的绿色技术创新体系，是要在绿色技术领域，以市场机制为基础，以促进绿色技术研发、扩散和应用为目的，依靠市场力量，追求经济效益、社会效益、生态效益的全面提高。坚持市场导向是绿色技术创新的基本要求。基于此，本节拟构建可扩展的绿色技术经济评价模型，动态追踪评价各类绿色技术，综合研判绿色技术的经济效益、社会效益和生态效益，为充分发挥市场在绿色技术创新领域、技术路线选择中的决定性作用提供决策依据，以推动绿色技术创新与现实需求的结合。

4.2.1 绿色技术经济性分析的意义和方法

4.2.1.1 绿色技术经济性的研究进展

对绿色技术特别是新兴技术进行评价的文献主要分为两大类：一类是对单一技术进行技术评价，另一类是对某一行业内多项技术的技术表现和经济表现进行综合评价。前者根据技术的生产工艺、流程、所使用设备、所消耗的能源，测算其节能减排的效率，并结合经济评价指标（通常以净现值或内部收益率等动态指标为主）对该技术的可行性进行分析。此类评价方法适用于单一技术的技术经济可行性研究，在进行关键技术初选时，作为对众多技术进行摸底评价的方法。后者的研究目的主要是对储备技术进行优选，多从技术、环境、经济三方面来完成关键技术的排序工作。如Wang等（2018）为了协助制定关键低碳技术（LTC）在中国的短期政策，对中国火电行业、水泥行业和钢铁行业三大高能耗行业低碳技术（LCT）的性能进行了评估。根据环境绩效、技术绩效和经济绩效等标准，为这三个行业确定了31个LCT；在专家评估的基础上，选择10大LCT作为中国短期技术扩散应优先考虑的关键LCT。温宗国等（2018）根据行业技术特性、环境控制目标和数据可得性等条件，开发了多属性层次分析、生命周期评价、成本效益分析等多种适用性较强、可灵活组合和相互验证的技术评估方法。

已有研究往往更关注绿色技术的环境效益分析，忽略了经济效益分析，或者仅用几个定性或定量的成本指标来替代绿色技术的经济效益分析。已有文献中，经济效益指标一般包括投资成本、投资回收期、对财政可持续性的贡献、最有利/不利条件下的成本变化、资本成本、运营和维护成本、使用寿命终止成本、燃料成本、排放成本和经常性成本等单一静态指标。这样的技术经济性评价既不客观也不全面，没有体现绿色技术在完整的生命周期内的综合价值，常常导致技术表现好但经济效益差的项目被推荐给企业，而企业却没有动力去推动绿色技术创新成果的转化，从而导致了绿色技术创新与企业生产实际脱节的现象。

一方面，任何一项绿色技术从开工建设到投入商业性生产形成稳定的产出通常都需要1～3年甚至更长的过程，单纯地使用静态评价指标而不考虑资金的时间价值，不足以真实反映项目的经济情况，无法指导下游的相关企业来进行最佳的技术选择。而绿色技术落地实施进而产生价值主要依赖于企业的选择和使用。企业是以营利为目的来组织生产的，在选择新技术时，不仅关注技术的社会价值和环境价值，而且关注这些技术的经济表现。

另一方面，通常来说，技术分析侧重于最大化技术的环境价值，如能源利用效率、减排效果等，而经济分析侧重于最大化经济效益，运用这两种方法获得的结果通常是矛盾的。研究者们在处理这些矛盾时，通常通过减少其中一部分指标特别是经济指标的权重来缓和矛盾。在日益重视生态环境建设的当下，学者们更看重一项绿色技术的减排潜力而非经济表现。这与企业管理者在选择绿色技术时的目标是不一致的。这种不一致不仅使决策变得复杂，而且会影响绿色技术的进一步扩散。因此，需要站在绿色技术使用者的角度，对各类技术的经济性进行动态评价，以帮助企业管理人员遴选出生态效益好且经济上可行的绿色技术，使绿色技术能够真正落地生根，进而推动绿色技术创新成果的转移和转化。

技术经济评价方法已经比较成熟且应用广泛，常用的动态经济评价指标包括净现值、内部收益率、动态投资回收期等。这些考虑资金时间价值的评价指标已被越来越多地用于对各类新技术的经济评估。Leme（2018）

采用净现值、内部收益率等指标分析了不同投资情景下利用木炭生产中裂解气进行发电的技术的经济表现。Fukai（2017）采用成本效益分析即净现值指标评估了俄亥俄州二氧化碳强化采油技术的经济可行性。

本节以国家发改委 2014—2017 年发布的《国家重点推广的低碳技术目录》（以下简称《目录》）中的指标数据为标准数据接口，以技术经济评价为核心构建可扩展的绿色技术经济性评价模型，以《目录》列出的 88 项绿色技术项目为研究样本，进行技术经济性的跟踪评价和不同政策情景下的技术比选研究。

4.2.1.2　绿色技术经济性的评价模型

我们在考虑资金的时间价值的前提下，测算绿色技术的经济性；以净现值、内部收益率等指标来衡量单个技术项目的经济表现，以净现值率、单位生态环境价值等经济指标来对绿色技术进行排序、优选。

（1）技术经济评价指标。

1）净现值。

净现值（Net Present Value，NPV）是未来资金流入（收入）现值与未来资金流出（支出）现值的差额，即在项目生命周期内，按行业基准折现率或其他设定的折现率计算的各年净现金流量现值的代数和。净现值能够反映项目投资获利的能力。其计算公式如下：

$$NPV = \sum_{t=0}^{N} (CI - CO)_t (1+i)^{-t}$$

其中，NPV 为净现值，CI 为现金流入，CO 为现金流出，t 为项目评价期，$(CI-CO)_t$ 为第 t 年的净现金流量，i 为基准收益率，$(1+i)^{-t}$ 为第 t 年的折现系数。

在经济性评价中，作为评价对象的各个项目的现金流是独立的，不具有相关性。对于单一项目而言，可选用绝对效果检验的方法对项目进行经济评价，即如果项目的净现值 $NPV \geqslant 0$，则应接受该项目；如果 $NPV < 0$，则应拒绝该项目。

净现值指标考虑了资金的时间价值，因而增强了投资的经济性评价；考虑了技术项目生命周期全过程的净现金流量，体现了流动性与收益性的统一；考虑了投资风险，风险大则采用高折现率，风险小则采用低折现率；考虑了项目在整个生命周期内收回投资后的经济效益状况，是更为全面、科学的技术经济性评价方法。

在实际评价过程中，净现金流量和折现率较难确定，在一定程度上会影响技术项目的实际收益水平。

2）内部收益率。

内部收益率是资金流入现值总额与资金流出现值总额相等、净现值等于零时的折现率。内部收益率是使得下面的等式成立的收益率：

$$\sum_{t=0}^{N} (CI - CO)_t (1 + IRR)^{-t} = 0$$

等式中 CI 为现金流入，CO 为现金流出，$(CI-CO)_t$ 为第 t 年的净现金流量，IRR 为内部收益率，$(1+IRR)^{-t}$ 为以 IRR 作为折现率的第 t 年的折现系数，N 为项目评价期。

对于单一项目而言，如果项目的 IRR 大于或等于基准收益率 i，那么项目在经济上可被接受；如果项目的 IRR 小于基准收益率 i，那么项目在经济上不可被接受。

IRR 被普遍认为是项目投资的盈利率，反映了投资的使用效率。IRR 的突出优点就是在计算时不需事先给定基准折现率，从而避开了这一既困难又易引起争论的问题。内部收益率不是事先外生给定的，而是内生决定的，即由项目现金流计算出来的，当基准折现率不易确定其准确取值而只知其大致的取值区间时，使用 IRR 指标就较容易对项目进行取舍。可以将某个项目的 IRR 与同行业基准投资收益率对比，确定这个项目是否值得投资。但由于 IRR 是比率，不是绝对值，所以一个 IRR 较低的项目可能会由于规模较大而有较大的净现值，因而更值得投资。所以在对各个项目进行比选时，必须将内部收益率与净现值结合起来考虑。

3）净现值率。

净现值率（Net Present Value Rate，NPVR）又称净现值比、净现值指数，是指项目净现值与原始投资现值的比率。净现值率是一种动态投资收益指标，用于衡量不同投资项目的获利能力大小，说明某技术单位投资现值所能实现的净现值大小。净现值率低，单位投资的收益就低；净现值率高，单位投资的收益就高。净现值率的具体计算公式如下：

$$NPVR = \frac{NPV}{CO_{invest}}$$

其中，CO_{invest} 为项目投资现值，NPV 为项目的净现值。

净现值率的优点是可以从动态角度反映项目投资的资金投入与净产出之间的关系，缺点是无法直接反映投资项目的实际收益率水平。

（2）技术经济评价的基本假设。

我们基于如下假设对绿色技术项目的净现值、内部收益率、净现值率等指标进行评价。

①企业现金流入项包括经济效益、节能效益和减排效益。

$$CI = CI_{prod} + CI_{save} + CI_{CP}$$

其中，CI_{prod} 为应用该低碳技术生产的产品为企业带来的经济效益；CI_{save} 为应用该低碳技术所节约的投入（节能效益）；CI_{CP} 为考虑碳价情景下待评估绿色技术的减排效益。

②企业现金流出项包括投资、成本和税费。

$$CO = CO_{invest} + CO_{cost} + CO_{tax}$$

其中，CO_{invest} 为应用该低碳技术的初始投资额；CO_{cost} 为应用该低碳技术每年发生的成本费用；CO_{tax} 为应用该低碳技术生产每年应缴纳的综合税费。

各项技术的初始投资数据在《目录》中已对外公布。在项目成本、税费等相关数据难获得的情况下，评价时可根据投资、经济效益数据按一定比例估算，估算所采用的比例可在评价模型的基础数据接口处进行调整。测算中的成本费用数据按照初始投资额的10%进行估算；综合税费按照年经济效益的10%进行估算。

③项目的初始投资额发生在建设期第一年；项目建成后再将经济效益、减排效果纳入评价。

④假定评价周期为10年，含项目建设期和商业生产期。

3. 绿色技术优选的方法和步骤

（1）绿色技术的经济表现指数和技术表现指数。

绿色技术的优选不仅要考虑技术表现，而且要关注经济表现，需要对这些绿色技术项目的经济表现和技术表现进行综合分析。

绿色技术的经济表现指数根据某项技术的 NPV 与评价期内累计二氧化碳减排量的比值进行测算，即企业使用该技术每减排 1 万吨二氧化碳所能为企业带来的价值。其计算公式如下：

$$EBR_n = \frac{NPV}{Q_{ER}(N-T_C)}$$

其中，EBR_n 为第 n 项绿色技术的经济表现指数，NPV 为第 n 项技术的净现值，Q_{ER} 为第 n 项技术的年减排量，N 为项目评价期，T_C 为项目建设期。我们根据《目录》提取典型项目的数据。这里仅计算建设期小于 10 年的项目，即 $N-T_C>0$ 的项目。若该项目在评价期的 NPV 大于零，则 $EBR_n>0$，说明该技术的经济表现能够被接受，在评价期内，企业使用该项技术能够获得新增价值。

绿色技术的技术表现指数是根据某项技术评价期内累计二氧化碳减排量和投资总额的比值进行测算，即企业使用该技术每单位投资能够带来的环境效益。其计算公式如下：

$$TBR_n = \frac{Q_{ER}(N-T_C)}{CO_{invest}}$$

其中，TBR_n 为第 n 项绿色技术的技术表现指数。在前述假设下，TBR_n 始终大于零。TBR_n 值越大，说明该技术单位投资的环境效益越好，技术表现越容易被接受。

（2）绿色技术经济性评价步骤。

第一步，根据《目录》中提供的典型项目投资、经济效益等数据，基于前述假设，估算成本、税收等项目基础数据。

第二步，构建绿色技术经济性评价模型，计算各技术项目的净现金流量，进而计算项目的 NPV、$NPVR$ 和 IRR 等经济性评价指标。

第三步，基于不同情景，对技术项目的经济表现和技术表现进行测算、排序和优选。

由于绿色技术的作用主要体现在碳减排上，因而碳定价会影响绿色技术的成本和收益。因此，我们在其他条件不变的前提下设定不同的情景，模拟不同碳价水平下绿色技术的经济表现指数。情景一假设碳价为

0 元/吨；情景二假设碳价为 50 元/吨；情景三假设碳价为 70 元/吨；情景四假设碳价为 100 元/吨。

绿色技术经济性评价模型的基础数据接口对接国家发改委官方公布的各项拟推广技术典型案例中的投资额、经济效益、建设期、碳减排量等指标。

4.2.2　绿色技术经济性评价：以低碳技术为例

本小节测算了目录中所列出的 88 项绿色技术的经济表现指数和技术表现指数（见表 4－10）。结果表明，如果没有进行碳定价或碳价为零，那么企业使用该技术每实现 1 万吨碳减排量给企业带来的净现值（经济表现指数）大于零的绿色技术只有 45 项，约占二分之一。如果碳价达到 70 元/吨，那么经济表现指数大于零的绿色技术就有 57 项，比例提升到约 65%。

表 4－10　2014—2017 年国家重点推广技术的技术表现和经济表现

序号	项目编号	项目名称	技术表现	经济表现			
				情景一	情景二	情景三	情景四
1	2015－24	利用 CO_2 替代 HFCs 发泡生产挤塑板技术	109 687.50	0.03	0.30	0.41	0.58
2	2014－26	等离子体焚烧处理三氟甲烷（HFC－23）技术	35 100.00	0.00	0.25	0.35	0.50
3	2014－27	HFC－23 高温焚烧分解技术	16 000.00	－0.01	0.24	0.34	0.50
4	2015－22	六氟化硫（SF6）气体循环再利用技术	11 336.67	0.02	0.29	0.39	0.55
5	2017－22	制冷剂回收与循环利用技术	8 216.67	0.00	0.27	0.38	0.54
6	2014－25	降低铝电解生产全过程全氟化碳（PFCs）排放技术	6 750.00	－0.02	0.23	0.33	0.49
7	2014－28	应用副产四氯化碳制备含氟单体三氟丙烯技术	5 526.32	0.01	0.29	0.40	0.57
8	2015－15	利用废聚酯类纺织品生产再生涤纶短纤维技术	4 012.52	1.17	1.45	1.56	1.72
9	2017－23	水稻节水减肥低碳高产栽培技术	2 047.78	15.73	15.99	16.10	16.26
10	2015－25	低充灌量 R290 空调压缩机技术	1 975.61	0.30	0.58	0.69	0.86

续表

序号	项目编号	项目名称	技术表现	经济表现			
				情景一	情景二	情景三	情景四
11	2015—21	煤层瓦斯增透解吸技术	1 458.33	0.65	0.93	1.04	1.20
12	2015—04	基于二次燃烧的高效生物质气化燃烧技术	1 058.67	2.02	2.30	2.41	2.58
13	2017—18	建筑垃圾中微细粉再生利用技术	712.50	0.29	0.56	0.66	0.82
14	2015—01	风电场、光伏电站集群控制技术	692.89	1.95	2.09	2.14	2.23
15	2015—20	餐厨废弃物资源化利用生产生物腐植酸技术	416.67	−0.29	−0.03	0.07	0.22
16	2015—17	环保型 PAG 水溶性淬火介质淬火技术	411.54	5.66	5.93	6.04	6.21
17	2015—16	PH 型智能化扩容蒸发器技术	390.81	0.97	1.24	1.35	1.51
18	2015—29	秸秆清洁制浆及其废液肥料资源化利用技术	313.60	0.01	0.19	0.26	0.36
19	2014—23	罐式煅烧炉密封改造技术	296.88	0.76	1.02	1.13	1.29
20	2014—21	废聚酯瓶片回收直纺工业丝技术	251.43	1.50	1.69	1.77	1.88
21	2015—03	生物质气化燃气替代窑炉燃料技术	237.50	0.19	0.45	0.56	0.72
22	2014—08	生物质成型燃料规模化利用技术	192.86	0.89	1.14	1.24	1.39
23	2014—31	秸秆生物质炭农业应用技术	186.67	−0.15	−0.01	0.04	0.13
24	2014—24	低浓度瓦斯真空变压吸附提浓技术	186.07	1.68	1.95	2.06	2.23
25	2017—17	环氧锌基聚酯复合涂层钢构件腐蚀防护技术	182.26	0.38	0.64	0.75	0.91
26	2017—11	多阶螺杆连续脱硫制备颗粒再生橡胶成套技术	168.12	5.02	5.29	5.39	5.56
27	2014—18	电石渣制水泥规模化应用技术	163.33	−0.28	−0.02	0.08	0.24
28	2017—27	竹林固碳减排综合经营技术	130.12	−0.04	0.06	0.10	0.16
29	2014—17	低水泥用量堆石混凝土技术	130.06	−0.36	−0.09	0.01	0.18
30	2015—11	粘度时变材料可控灌浆技术	121.46	3.24	3.49	3.59	3.75

续表

序号	项目编号	项目名称	技术表现	经济表现			
				情景一	情景二	情景三	情景四
31	2015—26	低碳低盐无氨氮分离提纯稀土化合物新技术	117.56	2.52	2.78	2.89	3.05
32	2017—06	卧式循环流化床锅炉技术	103.58	−0.70	−0.45	−0.34	−0.19
33	2015—28	公益性人工林小林窗疏伐经营技术	102.21	−0.72	−0.47	−0.37	−0.22
34	2017—10	铁合金冶炼专用炭电极替代电极糊技术	93.10	0.04	0.30	0.41	0.57
35	2014—10	农作物秸秆规模化收集装备技术	90.00	−0.27	−0.01	0.09	0.24
36	2015—19	基于能源作物蓖麻的全产业链高值化利用技术	86.73	2.90	3.15	3.25	3.40
37	2015—10	乙烯氧化生产环氧乙烷高性能银催化剂技术	86.04	12.48	12.75	12.86	13.02
38	2017—25	农作物秸秆热压制板技术	73.33	−0.49	−0.27	−0.18	−0.05
39	2014—22	沥青混凝土拌合站天然气替代燃油改造技术	71.22	1.25	1.53	1.64	1.81
40	2017—26	干旱区高效固碳树种筛选与全生长季育苗造林技术	70.72	−0.42	−0.19	−0.10	0.03
41	2014—33	油料植物能源化利用过程的CO_2减排技术	64.17	0.65	0.79	0.85	0.93
42	2017—15	中厚板不清根高效焊接技术	63.40	9.69	9.97	10.08	10.25
43	2014—14	有机废气吸附回收技术	54.19	11.01	11.29	11.40	11.56
44	2014—11	生物质热解炭气油联产技术	42.50	−1.32	−1.10	−1.01	−0.88
45	2014—01	基于微结构通孔阵列平板热管的太阳能集热器技术	37.59	2.74	3.01	3.12	3.28
46	2014—06	直驱永磁风力发电技术	35.15	−0.54	−0.28	−0.17	−0.01
47	2015—27	半碳法制糖工艺技术	34.62	2.45	2.70	2.80	2.95
48	2015—07	基于亚临界水热反应生物质废弃物资源化利用技术	32.92	11.25	11.47	11.56	11.69
49	2015—12	新型干法水泥窑无害化协同处置污泥技术	32.50	−1.85	−1.60	−1.50	−1.35
50	2017—14	大弹性位移非接触同步永磁传动技术	31.98	2.30	2.55	2.65	2.80

续表

序号	项目编号	项目名称	技术表现	经济表现			
				情景一	情景二	情景三	情景四
51	2017—03	新型智能太阳能热水地暖技术	31.86	−0.18	0.09	0.20	0.37
52	2014—30	二氧化碳捕集生产小苏打技术	31.43	−1.42	−1.17	−1.07	−0.91
53	2015—14	竹缠绕复合压力管技术	29.75	−2.95	−2.70	−2.60	−2.45
54	2015—08	工业生物质废弃物能源化（热解）利用集成技术	25.59	−1.32	−1.06	−0.96	−0.81
55	2014—09	生物燃气高效制备热电联产技术	25.20	−0.86	−0.61	−0.51	−0.36
56	2015—06	基于无机械搅拌厌氧系统的生物天然气制备技术	24.00	−1.94	−1.69	−1.59	−1.43
57	2017—04	基于厌氧干发酵的生活垃圾/秸秆多联产技术	21.57	−0.54	−0.35	−0.27	−0.16
58	2015—09	基于双膨胀自深冷分离的石油化工尾气高效回收技术	21.00	4.27	4.52	4.62	4.77
59	2014—13	生活垃圾焚烧发电技术	20.83	−3.16	−2.97	−2.89	−2.78
60	2017—01	微电网储能应用技术	20.59	−0.24	0.03	0.14	0.31
61	2017—13	建筑垃圾再生产品制备混凝土技术	18.64	−4.04	−3.79	−3.68	−3.53
62	2014—07	低风速风力发电技术	16.12	−3.85	−3.60	−3.50	−3.35
63	2015—05	基于氢氧化钠湿式固态常温预处理工艺的生物天然气制备技术	15.56	−3.10	−2.91	−2.84	−2.72
64	2014—04	太阳能热利用与建筑一体化技术	15.21	−3.47	−3.27	−3.19	−3.07
65	2014—03	太阳能热泵分布式采暖系统技术	14.91	−6.46	−6.19	−6.09	−5.93
66	2017—05	寒冷地区沼气池发酵技术	14.79	−3.32	−3.07	−2.97	−2.82
67	2014—15	有机废弃物厌氧发酵制备车用燃气技术	13.21	−2.52	−2.27	−2.17	−2.01
68	2017—24	富含一氧化碳（CO）的气态二次能源综合利用技术	11.05	−4.25	−4.03	−3.95	−3.81
69	2014—29	二氧化碳的捕集驱油及封存技术	10.38	−6.19	−6.05	−5.99	−5.91

续表

序号	项目编号	项目名称	技术表现	经济表现			
				情景一	情景二	情景三	情景四
70	2014—02	多能源互补的分布式能源技术	9.98	1.69	1.94	2.04	2.19
71	2017—09	高延性冷轧带肋钢筋盘螺生产技术	9.94	31.20	31.46	31.56	31.72
72	2017—19	一体化轻质混凝土内墙施工技术	8.75	−2.29	−2.14	−2.09	−2.00
73	2017—08	冷却塔竹格淋水填料技术	8.63	3.07	3.34	3.45	3.62
74	2015—23	电力开关设备 SF6 气体替代技术	8.48	−16.45	−16.18	−16.07	−15.90
75	2015—02	基于免蓄电池风光互补扬水灌溉技术	8.09	786.27	786.55	786.66	786.82
76	2017—12	高性能竹基纤维复合材料（重组竹）制造技术	7.86	14.46	14.73	14.83	14.99
77	2017—02	光伏直驱变频空调技术	7.40	−5.09	−4.90	−4.83	−4.71
78	2014—05	高效光伏逆变器技术	6.75	−11.58	−11.33	−11.23	−11.08
79	2014—16	低碳喷射混凝土技术	6.53	−21.96	−21.68	−21.57	−21.40
80	2017—20	低电压隔离式分组接地技术	5.31	188.30	188.56	188.66	188.81
81	2014—19	发动机再制造技术	4.37	−7.85	−7.60	−7.50	−7.35
82	2014—20	全生物二氧化碳基降解塑料制造技术	4.24	−1.95	−1.78	−1.72	−1.62
83	2014—12	微电网并网运行及接入控制关键技术	4.04	−14.83	−14.56	−14.46	−14.30
84	2015—13	全生物降解材料聚羟基脂肪酸酯（PHA）制造技术	3.76	76.64	76.90	77.00	77.15
85	2017—21	紧凑小型常压空气绝缘密封开关柜替代 SF6 环网柜/开关柜技术	3.33	53.87	54.13	54.24	54.40
86	2017—07	变压器用植物绝缘油生产技术	2.44	256.47	256.74	256.85	257.01
87	2015—18	车用锂离子动力电池系统开发技术	0.52	58.40	58.54	58.60	58.68
88	2017—16	树脂沥青组合体系（ERS）钢桥面铺装技术	0.49	76.29	76.55	76.66	76.82

对于技术表现指数（即每万元投资碳减排量）在 100 吨以上的 33 项绿色技术，如果没有进行碳定价或碳价为零，那么经济表现指数大于零的绿色技术有 22 项，占三分之二。当碳价达到 70 元/吨时，经济表现指数大于零的绿色技术就有 31 项，比例达到 94%。

对于技术表现指数为 500 吨以上的 16 项绿色技术，如果没有进行碳定价或碳价为零，那么经济表现指数大于零的绿色技术有 12 项，占 75%；当碳价达到 70 元/吨时，这 16 项绿色技术的经济表现指数均大于零，比例达到 100%。

综合考虑技术表现指数和经济表现指数，我们从中优选出 28 项绿色技术作为重点推广的绿色技术。这 28 项绿色技术可以分为两类：第一类是技术表现指数为每万元投资碳减排量在 500 吨以上且碳价为零时经济表现指数大于零的技术，共 12 项，作为优先推广的绿色技术（如图 4-4 所示）。第二类是技术表现指数为每万元投资碳减排量在 100 吨以上且碳价为 70 元/吨时经济表现指数大于零的技术，共 16 项，作为第二批优先推广的绿色技术（如图 4-5 所示）。

推动传统产业绿色转型的根本途径在于绿色技术创新和产业化应用。在不同的经济发展阶段，对绿色技术创新的要求也有所不同。现阶段，绿色技术主要侧重于节能减排，特别是在全球应对气候变化的大趋势下，关键行业减排技术的研究开发及推广应用，对于我国参与气候变化谈判、推动传统产业向绿色转型、保障对外承诺的 2030 年减排目标实现均具有重要意义。

根据本节对绿色技术经济性的评价结果可以发现，现阶段绿色技术的研发和应用推广主要集中在化工行业、生物质能行业以及建材行业。其中，化工行业的减排技术主要侧重氟化物处理方面，生物质能行业和建材行业的减排技术主要侧重废弃物资源化再利用等方面。碳价水平会直接影响绿色技术的经济性，在不同的碳价水平下，可以进入产业化应用的绿色技术数量是不同的。碳价越高，可以进入产业化应用的绿色技术数量越多。碳价可以起到促进绿色技术产业化应用的激励效果。

受限于研究样本的不足、基础数据的匮乏和专业技术知识壁垒，本节得出的优先推广技术的排序结果还是阶段性的。本节所提供的绿色技术经

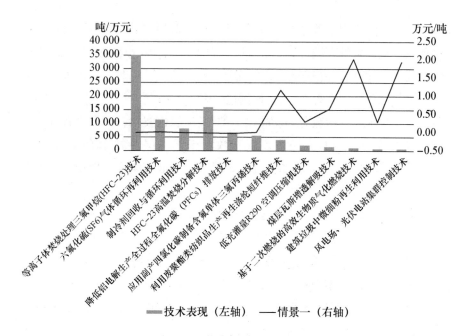

图4-4　优先推广的绿色技术

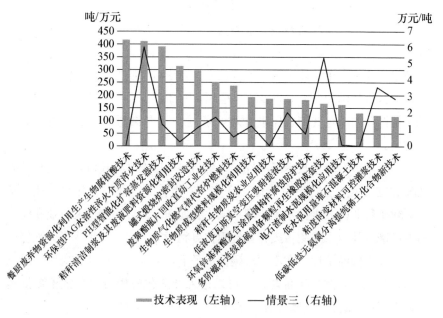

图4-5　第二批优先推广的绿色技术

济性评价优选思路需要在后续的研究过程中不断充实评价维度。此外，我们尚未涉及绿色技术的社会效益评价方面，对于绿色技术的生态效益评价也不应仅限于碳减排效果这一个方面，还应结合具体技术方案予以完善。

4.3　环境治理中地方政府行为的作用

4.3.1　地方政府行为与环境治理的关系

4.3.1.1　研究背景

在我国环境治理体系中，地方政府承担着领导责任，要发挥主导作用。然而，地方政府往往面临着经济增长与环境保护之间的权衡（Wang and Lin，2010；Zhang，2017）。由于经济发展与环境保护之间的冲突，实际上环境治理在经济发展之初效率低下。尽管中央政府在环境保护方面有坚定的决心，但如果地方政府对经济发展的渴望更加迫切，就可能降低环境政策在地方的执行力度。即使中央政府治理环境的意愿很强，但由于低收入水平和地区之间经济发展高度不均衡，地方政府和中央政府的目标也容易错位。地方政府为了提高居民收入必须优先致力于经济增长，这会导致现阶段的环境质量严重恶化。因此，地方政府的政策目标及其优先顺序会对环境治理和绿色发展产生重要的影响。

20 世纪 80 年代，我国人均 GDP 尚不足 300 美元，中国政府便将环境问题列入议程，通过了大量环保法律、规章和行动计划等（Zhang and Wen，2008）。过去的 20 年来，中央政府将环境保护视为国家治理的重点之一，试图通过加强环境规制和其他政策措施来实现环境保护目标（Lee，2008；Wu et al.，2013；Mu et al.，2014），以避免重走工业化国家"先污染后治理"的老路。尽管如此，但中国仍然存在广泛且密集的环境污染问题（Shi and Zhang，2006；Zhang and Wen，2008；Zhang，2017）。严格的环境规制如果未得到有效实施，并不能有效减少污染（Zhang et al.，2017c）。环境规制的执行很大程度上取决于地方政府的意图，后者与地方经济发展水平密切相关。例如，尽管自 2006 年以来，环境绩效一直是地方政府官员评估体系的一部分，但在 2008 年金融危机之后，作为刺激经济的手段而进行的大量基础设施建设仍导致污染物排放达到峰值。财政分权使地方政府长期以来将经济发展作为重中之重（Lee，2008；Liu and Diamond，2008；Dong et al.，2015），而且以 GDP 为主导的地方政府官员评估体系使得数十年来地方政府将设立雄心勃勃的经济增长目标作为常态（Li et al.，2018）。

因此，本节的目的是回答以下研究问题：中国是否真的避免了传统的"先污染后治理"的道路？环境规制效果是否因经济发展水平而异？在当前的中国，环境规制能否实现显著的减排作用？本章强调了地方政府（作为决策者和监督者）的环境治理意愿的重要性（Shi and Zhang，2006）。本节建立了一个概念模型来说明地方政府的环境治理意愿，并解释了随着经济增长地方政府的环境治理意愿的优先级发生的变化，这一变化将直接影响环境治理的效果。

4.3.1.2 分析框架

（1）财政分权、官员考核与环境治理。

我国的财政分权体制造成了地方政府之间的激烈竞争，并导致各地在执行环境规制的过程中逐步形成了地方保护主义。现有研究证实了财政分权对地方政府目标和相应政策的影响（Han and Kung，2015；He and Wang，2012）。1994 年分税制改革后，中央政府将各级地方政府的预算收益进行了分配，地方政府需要承担更多的提供公共产品和服务的责任（Yang，2016）。虽然这种税收共享制度为地方政府和官员提供了追求经济增长的动力，但它也导致了行政分割和地方保护主义，具体表现为地方政府能够中止或限制中央政府政策的实施，从而使中央政府的政策在地区层面的效力大减（Wei，2010；Zhang et al.，2017；Kamp et al.，2017）。这种现象在环境保护方面尤其明显。尽管我国的地区级环保部门逐渐得到了环保部赋予的更多的监管权力，但由于其需要依靠地方财政支持来维持日常的管理和运营，地区环保部门的话语权仍然较弱（Shi and Zhang，2006）。因此，在财政分权的背景下，这显然存在一个悖论，即只有当地方经济快速发展时，地方政府才能在环境保护上投入更多，而这又通常会导致生态环境恶化，这从另一个角度催生了地方保护主义，地方环境保护部门仍然要遵循当地的经济发展目标（Zhang，2017）。已有一些学者从财政分权的角度研究污染减排。例如，He（2015）发现财政分权对污染水平没有显著的直接影响，但提出了财政分权通过污染治理支出和排污费影响环境保护的潜在机制。类似地，Zhang 等（2017c）证明了政府支出增加可以减少 SO_2 排放，而这主要通过影响人均 GDP 来实现。

"以 GDP 论英雄"的地方政府官员考核和晋升机制也已成为地方政府在经济与环境之间进行权衡的重要因素。地方政府领导（省和市级政府）的政治激励在很大程度上决定了该地区的发展重点，包括环境治理的严格程度（Zheng et al.，2014；Deng and Benney，2017；Feng et al.，2018）。长期以来对地方政府官员的绩效评估一直依赖经济增长指标（Li and Zhou，2005）。由于环境治理会不可避免地影响区域经济，特别是在工业化的早期和中期对区域经济增长的影响更大，因此官员倾向于将经济发展置于优先地位（Li et al.，2018）。此外，如果改善生态环境质量对官员的晋升没有太大帮助，那么他们就缺乏足够的动力进行环境治理。尽管自 2005 年以来中国已将环境绩效纳入地方政府官员的评估体系，但对环境改善的实际影响却很小。绿色 GDP 的计算也仅在公布一年之后就中止了（Wang，2016）。Feng 等（2018）对 2002—2013 年的地级市数据进行分析后发现，环境绩效对地方政府官员晋升没有显著影响，经济增长情况才是地方政府官员能否得到晋升的决定性因素。在环境治理的过程中，地方政府官员受到来自中央政府压力和公众压力的双重激励（Zheng et al.，2014）。根据环境库兹涅茨曲线（EKC）解释中的环境需求理论，人们对高质量环境公共产品的需求往往随着经济增长而增加（Panayotou，1997）。因此，当经济增长到更高水平时，官员的环境治理意愿趋于增强。

（2）概念模型与假设。

在上述背景下，由于地方政府长期以"优先发展经济"为主要目标，环境规制可能无法有效减少污染排放。已有文献中有关"先污染后治理"的学术讨论大多是从 EKC 角度展开的，而在本书中，我们从地方政府环境治理意愿的角度重新审视了"污染-治理"的转折点。我们重点考察由环境治理的主要参与者——地方政府——治理意愿的变化造成的环境治理效果的变化。由于治理意愿是一个隐性变量且难以衡量，因此本章用经济发展水平作为地方政府目标的代理变量。尽管已有一些研究通过引入交互项证实了环境规制的减排效果随着经济发展水平或外商直接投资规模的变化而变化（He and Wang，2012；Zhang et al.，2017c；Hao et al.，2018），但对于本书而言，门槛模型更为适合。主要原因包括以下两个方面：第一，经济发展水平会影响地区环境规制强度。已有研究表明，经济发展水平越高的地区，环境规制越严格（Lei et al.，2017；Xu，2018）。例如，我国东部地区的环境规制要比中西部地区严格（Rooij and Lo，2010），因此，经济发展水平和环境规制两个变量可能存在共线性。第二，由于发展战略的变化不是连续的，地方政府目标的转变不太可能是一个线性过程。因此，经济发展对环境规制效果的调节作用也是非线性的。在我国，区域发展战略可能通过制订五年计划来实现阶段性的调整。因此，本书使用门槛模型来探究经济发展的门槛，即地方政府治理目标发生变化的拐点，这一转变会导致环境规制的减排效果有所差异。

图4-6提供了一个概念模型，说明了随着经济的增长，地方政府的环境治理意愿的变化。随着经济发展水平的提高，对地方政府而言，环境改善的边际成本逐渐下降，边际收益增加，只有当边际收益超过边际成本时，地方政府才有足够的动力去进行环境治理。由于知识积累和经济增长带来的技术进步，环境治理的边际成本下降（Antle and Heidebrink，1995；Xepapadeas，1997），因此政府在环境治理方面的边际成本也下降了。此外，严格的环境规制可能导致企业迁移。然而，随着地区经济发展，本地市场效应使企业倾向于留在当地而不是迁移（Zheng and Shi，2017）。

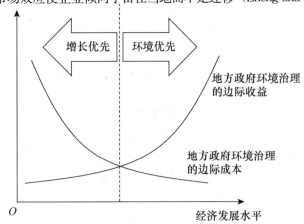

图4-6 我国环境规制的门槛效应：一个概念模型

结果，随着地方经济的增长，由环境治理引起的边际产业转移减少，给本地造成的边际损失减少。总之，对于地方政府而言，环境治理的边际成本随着经济的增长而降低。

环境治理的收益一方面可以看作地方政府绩效，另一方面也可以看作拥有良好环境质量所带来的经济利益。随着经济的发展，人们对良好环境和绿色产品的需求并非线性增加，而是边际需求递增的（Panayotou，1997）。与地区经济落后时相比，当地区经济更为发达时，公众对于加强环境治理的边际满意度将大幅提高。对于地方政府而言，当地区收入达到较高水平时，经济发展质量的重要性将远超经济增长的速度，对官员的考核将不仅看重经济发展，而且会重点关注社会和环境状况。当经济发展落后时，环境治理不能"雪中送炭"，但是当经济发达时它可以"锦上添花"（Feng et al.，2018），因此环境治理的边际收益随着经济的增长而变得更有价值。综上，地方政府的目标在不同的经济发展水平上是不同的，边际成本和边际收益的交点构成了从"增长优先"向"环境优先"，从被动环境治理向主动环境治理转变的门槛。这种环境治理意愿的转变遵循明确的"先污染后治理"的道路。

当地方经济欠发达时，地方政府更关心经济而不是环境。政府和公众都着重于增加收入，对环境污染的容忍度更高（Rooij and Lo，2010）。工业企业与经济欠发达地区的地方政府的讨价还价能力更强（Zugravu-Soilita，2017）。过度严格的环境管制可能迫使企业威胁要搬迁到环境规制宽松的地区（Wang et al.，2003），使得环境治理的代价高昂（Li and Zhou，2005）。为了追求增长并吸引资本流入，地方政府往往会通过颁布不太严格的环境规制或放松对规制的执行力度以及税收和土地价格等其他优惠政策来进行"逐底竞争"（Wheeler，2001；Kamp et al.，2017；Zhou et al.，2017）。因此，本章认为，环境规制的效果取决于当地经济发展水平，因为环境规制的实施和监督在很大程度上受到地方政府的环境治理意愿的影响。于是我们提出以下假设。

假设 1：存在经济发展水平的门槛值，使得当经济发展超过该门槛值后，环境规制更为有效。

进一步地，由于我国各区域之间经济发展水平差异巨大，即使中央政府非常重视环境问题，地方政府的目标也往往无法与中央政府保持一致。特别是经济欠发达地区仍将经济增长作为地方政府的优先目标，这导致了环境规制的效果在地区间存在差异。

假设 2：环境规制的有效性有显著的区域差异。

4.3.1.3 研究方法与数据

（1）模型设定。

门槛面板模型（Hansen，1999）描述了自变量与因变量之间的关系的跳跃性特征和结构性变化。模型的优势在于能够利用简单的模型设定得出直观的政策启示（Wang，2015）。模型规定，样本包含的观测值可以根据某个可观测变量的值分为几类，该可观测变量被称为门槛变量。随着门槛变量值的改变，因变量和自变量之间的关系也呈非线性变化。本书的模型设定如方程（4-1）所示。

$$
\begin{aligned}
Y_{it} = &\ \alpha + \beta_1 ER_{it-1}(q_{it} \leqslant \tau_1) + \beta_2 ER_{it-1}(\tau_1 < q_{it} \leqslant \tau_2) \\
&+ \beta_3 ER_{it-1}(\tau_2 < q_{it} \leqslant \tau_3) + \cdots + \beta_n ER_{it-1}(\tau_{n-1} < q_{it} \leqslant \tau_n) \\
&+ \beta_{n+1} ER_{it-1}(q_{it} > \tau_n) + \omega X_{it} + \mu_{it} Y_{it} \\
= &\ \alpha + \beta_1 ER_{it-1}(q_{it} \leqslant \tau_1) + \beta_2 ER_{it-1}(\tau_1 < q_{it} \leqslant \tau_2) \\
&+ \beta_3 ER_{it-1}(\tau_2 < q_{it} \leqslant \tau_3) + \cdots + \beta_n ER_{it-1}(\tau_{n-1} < q_{it} \leqslant \tau_n) \\
&+ \beta_{n+1} ER_{it-1}(q_{it} > \tau_n) + \omega X_{it} + \mu_{it}
\end{aligned}
\tag{4-1}
$$

其中，ER 代表环境规制，q 为门槛变量，τ_n 为 q 的不同门槛值，这些值将样本分为不同组。β_n 是当 q 的值位于由 τ_n 分成的区间中时，估计出的相应的 ER 的系数。X 代表控制变量，i 和 t 分别代表各地理单元和年份。在接下来的估计中，所有环境规制变量（*investment*，*cost*，*proposal*）、工业规模变量（*firms*）和工业结构变量（*composition*）均滞后一期。这样做有两个原因：一方面，环境规制的效果存在一定的时滞。特别是对于本节采用的指标（例如污染控制投资和环境保护提案）来讲，完成投资项目以及将建议制定为正式法规并付诸实施将花费一些时间。另一方面，环境规制的严格程度与污染水平密切相关，也就是说，污染较严重的地区可能会更加关注环境问题，并施行更严格的环境管制。例如，排放量越大，可能导致当年的废气处理费用越多。因此，为避免内生性问题，本节在实际估计中采用了自变量的一期滞后项。

（2）变量选择。

由于数据的可得性和准确性，本节从规制的形成和执行两个角度出发，使用三个指标来衡量环境规制强度，包括工业企业污染防治投资额、工业废气处理设施运行费用，以及地方人大、政协环保提案数量。根据《中国环境年鉴》发布的数据，工业企业污染防治投资中绝大部分是企业自筹资金，可以很好地代表减排成本。同样，工业废气处理设施运行费用也可以衡量企业的污染减排成本。因此，这两个指标从规制实施的角度衡量了环境规制强度。地方人大、政协环保提案数量则从政策制定的角度反映了环境规制强度。采用该指标的合理性在于，它隐含了正式和非正式的环境规制。由于全国人民代表大会是中国的立法机构，人大、政协提案直接代表了政府对特定问题的关注程度以及新政策和立法的可能性（Lee，2008；Mu et al.，2014），这有助于正式环境规制的形成。此外，人大、政协提案由人大代表和政协委员通过民意收集，能够在一定程度上反映公众对环境问题的关注程度，即非正式环境规制（Kathuria，2007）。

模型的因变量为单位土地面积的工业 SO_2 排放密度，计算方法是将工业 SO_2 排放总量除以土地面积。我国的能源消费结构以煤炭为主，SO_2 是我国的主要污染物之一，也是工业污染防控的主要目标（Schreifels et al.，2012）。SO_2 是中国环保部门最早监测和记录的关键污染物之一，工业 SO_2 排放量数据相对容易收集且更加准确。此外，我国在 2007 年进行了第一次污染普查，之后调整了各污染物的核算口径，这次口径调整对大气污染物的影响较小，对水污染物的影响较大，因此采用 SO_2 排放量作为模型的因变量可以保证面板数据的一致性。1996 年颁布的《污染物排放总量控制计划》指出，总量控制是中国环境保护的主要形式，而从第十个五年计划开始，总量控制已成为环境保护的目标（Zhang，2017）。本章从环境承载力的角度考虑污染问题（Zhang et al.，2018b），后续的分析中选取排放密度指标取代排放总量指标（Yang et al.，2015）。污染具备空间上扩散的性质，由污染物排放引起的其他环境危害（例如酸雨）不仅限于排放源的位置。我国于 1998 年颁布了《酸雨控制区和二氧化硫污染控制区划分方案》，设定了 SO_2 排放量及其地理密度作为减排目标（Greaney et al.，2017）。因此，参考 Shrestha 等（1996）和 Greaney 等（2017），本章将工业 SO_2 排放密度作为解释变量，代表工业活动在单位土地面积的环境成本。

政府的环境治理意愿是一个隐变量，难以量化，而地方政府目标与经济发展水平紧密相关。如前所述，本章采用人均 GDP 作为门槛变量。在不同的经济发展阶段，环境规制的不同效果可以视为地方政府对环境改善的需求转变的结果。

模型的控制变量包括工业规模、工业结构、经济外向程度、工业企业的所有制结构、土地利用程度。工业规模代表规模效应，其通常与工业污染排放正相关。此外，由于文中采用加总数据衡量环境规制强度，因此引入工业规模这一变量也有助于控制工业规模对环境规制强度的影响。由于工业规模与环境规制强度之间不是单纯的线性递增关系，因此，模型中将工业规模单独进行控制，而不是用它对环境规制指标进行标准化（Zheng and Shi，2017）。本节使用六大高能耗产业产值占工业总产值的比重来衡量工业结构。六大高能耗产业产值占工业总产值的比重越高，工业污染排放量将相对越大。我们用外商直接投资与国内生产总值的比率衡量经济外向程度。一般认为，外资将先进的技术和更严格的环境标准引入生产过程，因此在一定程度上有助于当地的污染减排。然而，与此同时，发展中国家和地区相对宽松的环境管制也是吸引外资的主要原因，工业活动的转移不可避免地导致了大量的污染转移（Zugravu-Soilita，2017）。本节使用国有企业产值占工业总产值的比重来衡量工业企业的所有制结构。由于国有企业在能源、化工和钢铁等污染密集型行业中占比更高，因此国有企业比重高的地区其工业污染排放可能更为严重（Cheng et al.，2017）。国有企业在与地方政府的谈判中具有更大的话语权，这也可能会削弱环境管制的约束力（Lo and Tang，2006）。与此同时，国有企业也承担着更多的社会责任，需要在环境保护中发挥示范作用（Cheng et al.，2017）。本节还控制了建成区面积占土地总面积的比例。由于工业企业大多位于建成区，污染物的扩散随着距离的增加而减少，因此对于土地面积大而建成区较小的区域（例如新疆），SO_2 排放密度的计算将略有偏差，可能影响估计结果。

（3）数据来源与描述性统计。

表 4-11 总结了本书中使用的变量及其描述性统计量。本书分别采

表 4 - 11　模型变量的描述性统计

变量类型	变量名	描述	省区尺度				城市尺度			
			均值	标准差	最小值	最大值	均值	标准差	最小值	最大值
因变量	工业 SO$_2$ 排放密度 (so2d)	工业 SO$_2$ 排放总量/区域土地面积 (吨/平方公里)	5.36	8.05	0.03	59.18	8.73	7.65	0.04	59.19
环境规制变量	环境规制的实施：治污投资 (investment)	上一年度工业企业污染防治投资额 (十亿元)	1.63	1.61	0.01	13.91	—	—	—	—
	环境规制的实施：废气处理设施运行费用 (cost)	上一年度工业废气处理设施运行费用 (百万元)	2.49	3.21	0.01	22.32	5.81	8.16	0.01	22.32
	环境规制的形成：环保提案 (proposal)	上一年度地方人大、政协环保提案数量 (个)	0.43	0.40	0.00	5.85	—	—	—	—
门槛变量	经济发展水平 (GDPpc)	人均 GDP (千元)	30.29	21.87	5.02	116.07	47.64	28.79	7.10	189.17
控制变量	工业规模 (firms)	上年规模以上工业企业数量 (千家)	9.88	12.11	0.36	65.50	1.92	2.35	0.04	18.79
	工业结构 (composition)	六大高能耗产业产值占工业总产值的比重 (%)	38.72	12.74	18.00	76.00	38.54	18.72	4.00	99.04
	经济外向度 (FDI/GDP)	外商直接投资 (FDI) /GDP (%)	0.45	0.56	0.05	5.86	2.62	2.56	0.01	25.29
	工业企业的所有制结构 (SOE)	国有企业产值占工业总产值的比重 (%)	45.53	21.28	10.00	90.00	39.30	22.71	2.12	98.45
	土地利用程度 (built up)	建成区面积占土地总面积比重 (%)	1.54	2.73	0.01	15.75	3.11	4.83	0.04	46.35

用省区尺度和城市尺度的数据集，一是作为门槛效应的稳健性检验，二是检验门槛效应在不同空间尺度上的变化。省区尺度的样本包含除西藏，香港、澳门和台湾外的 30 个省级行政单元。城市尺度的样本则包含了 105 个环保重点城市。这些城市包括直辖市、省会城市和一些发展较快的大中城市，后者大多位于华东地区。污染物排放和环境规制数据来自《中国环境年鉴》，经济数据来自《中国统计年鉴》、《中国工业统计年鉴》和《中国工业企业数据库》。在省区尺度，本节采用前述三个指标来衡量环境规制强度。在城市尺度，受限于数据可得性，本节仅采用废气处理设备的运行成本作为环境规制指标。环境规制变量都滞后一年。省区尺度环境规制变量的时间跨度为 1998—2015 年；城市尺度规制变量的时间跨度为 2004—2015 年；省区尺度因变量和其他控制变量的时间跨度为 1999—2016 年，城市尺度的因变量和其他控制变量的时间跨度为 2005—2016 年。考虑到数据可比性，所有经济指标均转换为 2015 年不变价。

表 4-12 列出了面板数据的单位根检验情况。由于本节采用的面板数据均为大 N 小 T 性质（截面数量大于年份数量），根据陈强（2014）的总结，本节选取了适合大 N 小 T 面板数据的单位根检验方法并展示了检验结果。部分变量在多种检验方法下均通过了单位根检验，部分变量仅在一种方法下通过了单位根检验。此处需要强调的是，虽然采用非平稳时间序列会产生伪回归问题，但对于大 N 小 T 的面板数据而言，伪回归问题并不严重，因为面板数据的伪回归会给出一致估计（虽然可能不是有效的）。这是由面板数据估计的性质决定的。面板估计在个体之间取均值，横截面中的信息比时间序列中的信息更强（Baltagi，2015）。

表 4-12　面板数据的单位根检验

变量	省区			城市		
	统计量	P 值	方法	统计量	P 值	方法
so2d	−2.923	0.001	LLC noconstant	−14.940	0.000	LLC noconstant
	−3.546	0.000	HT noconstant	−5.521	0.000	HT noconstant
				−2.811	0.003	HT trend
				−2.747	0.003	IPS trend

续表

变量	省区			城市		
	统计量	P 值	方法	统计量	P 值	方法
investment	−1.962	0.025	LLC noconstant			
	−2.576	0.005	HT noconstant			
	−7.150	0.000	HT trend			
	−6.737	0.000	IPS trend			
proposal	−10.631	0.000	HT noconstant			
	−17.354	0.000	HT trend			
	−8.246	0.000	IPS trend			
cost	−7.418	0.000	HT noconstant	−21.638	0.000	HT
	−9.206	0.000	HT trend	−7.558	0.000	HT noconstant
	−7.443	0.000	IPS trend	−16.905	0.000	HT trend
				−5.896	0.000	IPS trend
firms	−2.169	0.015	HT noconstant	−3.792	0.000	LLC noconstant
	−4.588	0.000	HT trend	−4.621	0.000	HT
	−6.034	0.000	IPS trend	−1.535	0.062	HT noconstant
				−4.323	0.000	IPS trend
composition	−1.530	0.063	IPS trend	−6.646	0.000	LLC noconstant
				−2.559	0.005	HT
				−4.126	0.000	HT noconstant
				−10.065	0.000	HT trend
				−11.169	0.000	IPS trend
SOE	−8.433	0.000	LLC noconstant	−4.716	0.000	LLC noconstant
	−1.411	0.079	HT noconstant	−7.290	0.000	HT
	−2.521	0.006	HT trend	−2.983	0.001	HT noconstant
	−3.537	0.000	IPS trend	−12.994	0.000	HT trend
				−8.901	0.000	IPS trend
FDI/GDP	−3.026	0.001	LLC noconstant	−12.727	0.000	LLC noconstant
	−8.026	0.000	HT noconstant	−4.262	0.000	HT
	−2.523	0.006	HT trend	−7.103	0.000	HT noconstant
	−2.006	0.022	IPS trend	−3.413	0.000	IPS trend
built-up	−7.451	0.000	LLC trend	−4.934	0.000	IPS trend

4.3.2 地方政府目标转换对环境规制效果的影响

4.3.2.1 固定效应模型的估计结果

本节首先估计了线性的固定效应模型，以考察在不考虑经济发展水平的情况下，环境规制的减排效果。由于本节的回归分析局限于特定的个体（30个省区或105个城市），因此采用固定效应模型更为合理（Baltagi，2001）。Wald检验的结果支持个体固定效应，而不是混合回归。Hausman检验支持固定效应模型，而不是随机效应模型。表4-13报告了固定效应模型的估计结果，其中列（1）～（3）报告了省区固定效应模型的结果，列（4）～（6）报告了省区和年份双重固定效应的结果，列（7）和列（8）分别报告了城市固定效应模型和城市-年份双重固定效应模型的结果。

固定效应模型的估计结果表明，省区尺度环境规制对 SO_2 排放密度的减排作用并不显著，尽管其系数均为负。从城市尺度来看，如果不控制时间固定效应，那么废气处理设备与排放密度呈现显著的负相关关系；而控制时间固定效应后，这种负相关关系在统计意义上不再显著。作者认为，环境规制在城市尺度上作用显著可能归因于样本城市的特征。一方面，作为环保重点城市，当国家出台环境治理试点措施时，它们通常被选为试点目标；另一方面，这些环保重点城市本身往往具有更强的政治属性，会承受更大的政治和社会压力，它们能更加积极地响应中央政府的环境治理任务。已有研究证明，发达城市的政府官员通常具有较高的行政级别，并且在资源分配和行政权力方面具有明显的优势。这些城市的领导者会与中央政府政策协同合作，以实现政治目的和职业发展，其中包括环境保护（Li and Wu，2017）。

表 4-13　固定效应模型的估计结果

	省区尺度						城市尺度	
	(1)	(2)	(3)	(4)	(5)	(6)	(7)	(8)
$investment_{t-1}$	−0.135 (0.151)			−0.043 (0.090)				
$cost_{t-1}$		−0.155 (0.094)			0.003 (0.054)		−0.094** (0.469)	−0.066 (0.413)

续表

	省区尺度						城市尺度	
	(1)	(2)	(3)	(4)	(5)	(6)	(7)	(8)
$proposal_{t-1}$			−0.508			−0.041		
			(0.335)			(0.203)		
$firms_{t-1}$	0.108 **	0.130 **	0.106 **	0.105	0.103 *	0.104 *	0.585	0.692
	(0.052)	(0.062)	(0.048)	(0.064)	(0.058)	(0.061)	(0.377)	(0.476)
$composition_{t-1}$	0.065 **	0.056 **	0.061 **	0.011	0.011	0.011	0.055 ***	0.033
	(0.028)	(0.025)	(0.025)	(0.014)	(0.014)	(0.014)	(0.021)	(0.023)
FDI/GDP	−0.292	−0.338	−0.296	−0.481	−0.484	−0.481	−0.199 *	−0.236 **
	(0.339)	(0.370)	(0.337)	(0.451)	(0.457)	(0.453)	(0.110)	(0.107)
SOE	−0.012	−0.019 *	−0.010	−0.030	−0.031	−0.030	0.010	−0.002
	(0.009)	(0.011)	(0.008)	(0.040)	(0.042)	(0.041)	(0.017)	(0.019)
built-up	−2.541 ***	−2.460 ***	−2.549 ***	−2.454 ***	−2.446 ***	−2.448 ***	−2.680 ***	−2.354 ***
	(0.538)	(0.531)	(0.547)	(0.443)	(0.437)	(0.438)	(0.279)	(0.362)
cons	6.543 ***	7.095 ***	6.709 ***	6.682 ***	6.596 ***	6.633 ***	14.328 ***	11.312 ***
	(1.051)	(1.063)	(1.044)	(2.693)	(2.823)	(2.677)	(1.155)	(1.227)
省区/城市固定	Y	Y	Y	Y	Y	Y	Y	Y
年份固定				Y	Y	Y		Y
F 统计量				8.19	13.30	10.33		11.56
P 值				0.0000	0.0000	0.0000		0.0000
N	540	540	540	540	540	540	1 260	1 260

说明：模型采用个体聚类的稳健标准误，括号中为标准误。*、**、*** 分别表示系数在 0.1、0.05 和 0.01 的水平下显著。

固定效应模型中控制变量的估计系数基本与预期一致，并且在省级和市级的所有模型中符号保持一致。工业规模（$firms_{t-1}$）与工业 SO_2 排放密度正相关，并且在省区尺度上影响显著。六大高能耗产业产值占工业总产值的比重（$composition_{t-1}$）也会导致较大的工业 SO_2 排放密度，在不控制时间固定效应的情况下，该效应在省区和城市尺度均显著。经济外向程度（FDI/GDP）高似乎有助于降低工业 SO_2 排放密度，但这种效果仅在城市尺度显著。这三个控制变量的估计系数在一定程度上反映了规模、结构和技术对污染排放的影响。国有企业产值占工业总产值的比重（SOE）与工业 SO_2 排放密度负相关，虽然仅在省区固定效应下以废气处理设施运行费用衡量环境规制的实施情况时显著。这依然能够在一定程度上表明国有企业在环境保护中承担了更多的社会责任和示范职能。在所有模型中，建成区面积占土地总面积的比重（built-up）的系数均显著为负，这似乎与我们的预期相反，即土地开发水平较高的地区通常要承受较大的环境负荷。实际上，建成区面积占土地总面积的比重较高的地区往往面积较小，但城市化程度较高，经济相对较发达，经济规模较大，例如东部沿海城市。通过控制工业规模和结构，更大的经济规模意味着更大规模的清洁技术密集型产业。由规模扩大和不同行业之间的技术转让引起的技术外溢有利于减少污染排放。这一结果表明，真正加重工业污染环境负担的是工业规模和工业结构，而不是较为笼统的全社会经济发展。模型中引入年份虚拟变量控制年份固定效应，结果表明工业 SO_2 排放密度存在明显的时间趋势，这可能是国家的整体技术进步和其他变化因素所致，而这些变化因素与特定的区域属性无关。此外，年份固定效应的参与在很大程度上影响了解释变量的显著性，因此在之后门槛模型的估计中也必须考虑年份固定效应。

4.3.2.2 门槛面板模型的估计结果

通过对每个方程使用 300 次自举迭代，我们得到了门槛效应的检验结果和对应的门槛值（见表 4-14）。省区尺度和城市尺度均估计出单门槛效应且分别在 5%、1% 的水平下显著。图 4-7 为个体固定效应下各模型估计出的门槛值在 95% 的置信水平下的置信区间。其中右下方的城市尺度模型显示，人均 GDP 门槛值的置信区间为 [89.647 94.275]，门槛值的似然比统计量 LR 显著低于 5% 分位数 7.35，说明该估计值是一致的。省区尺度模型由于门槛值过高，位于全部样本数据的极右侧，程序未能给出该门槛值的置信区间，但门槛值的似然比估计量 LR 同样显著低于 5% 分位数 7.35，因此该门槛值依然是一致的（Wang，2015）。省区尺度的人均 GDP 门槛值为 94 630 元，城市尺度的人均 GDP 门槛值为 90 018 元，二者均为 2015 年不变价。由于样本为环保重点城市，所以这些城市进行污染防控的意愿较强。对于这些城市的地方政府而言，实现正的边际净回报以进行环境治理所需的经济发展水平较低，并且改变其治理目标的时间更早，因此转折处的人均 GDP 门槛值低于省区水平。空间尺度对门槛值的估计也有一定影响。省区地理单元范围较大，省区内部各市经济发展不均衡，要想实现省区整体的污染减排，其难度要大于范围更小的城市，因此不难理解对其转折点的经济发展水平要求更高。

表 4 - 14　门槛效应检验

规制变量	门槛效应	F 统计量	P 值	10%临界值	5%临界值	1%临界值	门槛值
省区固定效应							
$investment_{t-1}$	单门槛	91.06	0.04	56.477	77.255	149.965	Th-194.630
	双门槛	7.04	0.57	129.503	207.937	542.258	Th-2 194.630, Th-2 236.253
$cost_{t-1}$	单门槛	168.29	0.00	35.979	49.830	101.167	Th-194.630
	双门槛	12.20	0.29	219.246	376.612	1 200.000	Th-2 194.630, Th-2 277.644
$proposal_{t-1}$	单门槛	161.14	0.00	43.387	51.787	90.475	Th-194.630
	双门槛	9.25	0.37	172.832	275.161	851.804	Th-2 194.630, Th-2 237.268
省区-年份固定效应							
$investment_{t-1}$	单门槛	72.10	0.03	42.326	63.576	114.294	Th-194.630
	双门槛	1.78	0.94	153.797	325.764	640.996	Th-2 194.630, Th-2 221.720
$cost_{t-1}$	单门槛	159.43	0.00	38.212	55.477	114.147	Th-194.630
	双门槛	9.03	0.39	173.410	485.199	1 400.000	Th-2 194.630, Th-2 277.644
$proposal_{t-1}$	单门槛	150.18	0.00	40.231	71.385	115.713	Th-194.630
	双门槛	4.14	0.75	61.828	181.249	790.270	Th-2 194.630, Th-2 277.644
城市固定效应							
$cost_{t-1}$	单门槛	74.35	0.00	27.732	34.778	49.766	Th-190.018
	双门槛	25.08	0.09	22.776	30.638	42.722	Th2-1 102.519, Th2-2 71.524
城市-年份固定效应							
$cost_{t-1}$	单门槛	66.24	0.01	27.924	32.948	49.477	Th-190.018
	双门槛	22.01	0.14	27.556	33.363	50.414	Th2-1 102.519, Th2-2 71.524

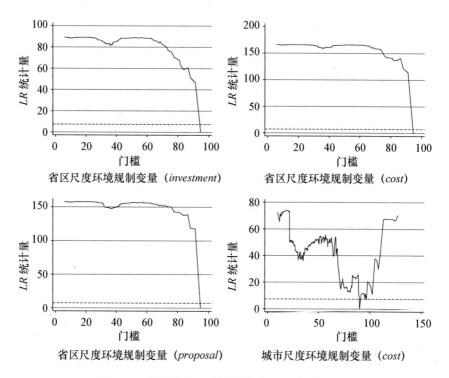

省区尺度环境规制变量（*investment*） 省区尺度环境规制变量（*cost*）

省区尺度环境规制变量（*proposal*） 城市尺度环境规制变量（*cost*）

图 4 - 7 门槛值在 95% 的置信水平下的置信区间

表 4 - 15 总结了面板门槛模型的估计结果。对于每个模型，都有两个环境规制变量系数，它们会由于门槛变量（人均 GDP）的值所在区间的不同而呈现非线性变化。结果表明，当人均 GDP 低于门槛值时，加强环境规制可能会稍微降低排放密度，但效果并非在所有模型中都显著。当人均 GDP 超过门槛值时，环境规制的减排效果与人均 GDP 低于门槛值相比大大增强，但统计意义上，省区尺度仅有上一年度工业废气处理设施运行费用（$cost_{t-1}$）和上一年度地方人大、政协环保提案数量（$proposal_{t-1}$）两个指标的系数显著。由此，假设 1 得到验证。存在一个经济发展水平的门槛值，环境规制的作用在门槛值两侧有较大差别。只有当经济发展水平超过门槛值时，环境规制减少污染排放的作用才会明显增强，这与 He 和 Wang（2012）的结论是一致的。

表4-15　门槛面板模型的估计结果

	省区尺度						城市尺度	
	(1)	(2)	(3)	(4)	(5)	(6)	(7)	(8)
$investment_{t-1}$ $(GDPpc \leqslant 94.630)$	-0.076 (0.085)			-0.095 (0.110)				
$(GDPpc > 94.630)$	-5.417 (3.790)			-4.745 (3.771)				
$cost_{t-1}$ $(GDPpc \leqslant 94.630)$		-0.142*** (0.045)			-0.058* (0.034)			
$(GDPpc > 94.630)$		-3.597*** (1.381)			-3.323** (1.379)			
$proposal_{t-1}$ $(GDPpc \leqslant 94.630)$			-0.415 (0.282)			-0.304* (0.171)		
$(GDPpc > 94.630)$			-48.501*** (20.040)			-45.859** (20.019)		
$cost_{t-1}$ $(GDPpc \leqslant 90.018)$							-0.052* (0.268)	-0.030 (0.217)
$(GDPpc > 90.018)$							-0.238*** (0.809)	-0.196** (0.782)

续表

	省区尺度						城市尺度	
	(1)	(2)	(3)	(4)	(5)	(6)	(7)	(8)
firms	0.074**	0.082**	0.062**	0.075*	0.067**	0.056*	0.359	0.473
	(0.029)	(0.029)	(0.023)	(0.042)	(0.031)	(0.032)	(0.239)	(0.303)
composition	0.066**	0.058**	0.061**	0.019	0.015	0.014	0.066***	0.045*
	(0.026)	(0.023)	(0.022)	(0.014)	(0.012)	(0.012)	(0.021)	(0.023)
SOE	−0.004	−0.012	−0.003	−0.015	−0.009	−0.002	0.012	−0.001
	(0.381)	(0.396)	(0.298)	(0.427)	(0.403)	(0.284)	(0.017)	(0.019)
FDI/GDP	−0.175	−0.247	−0.128	−0.182	−0.169	−0.071	−0.233**	−0.264***
	(0.008)	(0.009)	(0.008)	(0.022)	(0.022)	(0.020)	(0.098)	(0.096)
built-up	−1.858***	−1.582***	−1.657***	−1.954***	−1.721***	−1.775***	−2.415***	−2.143***
	(0.340)	(0.331)	(0.311)	(0.294)	(0.283)	(0.272)	(0.298)	(0.406)
cons	5.446***	5.935***	5.500***	6.120***	5.878***	5.732***	13.550***	10.746***
	(0.952)	(0.993)	(1.006)	(1.048)	(0.935)	(0.949)	(1.219)	(1.314)
省区/城市固定效应	Y	Y	Y	Y	Y	Y	Y	Y
年份固定效应					Y	Y	Y	Y
N	540	540	540	540	540	540	1 260	1 260

说明：模型采用个体聚类的稳健标准误，括号中为 P 值。*、**、*** 分别代表系数在 0.1、0.05 和 0.01 的水平下显著。

4.3.2.3　稳健性检验结果

进一步地，本节采用工业 NO_X 的排放密度（$noxd$）作为因变量对门槛效应进行稳健性检验。NO_X 是主要的工业空气污染物之一，也是主要的监测空气污染物。工业 NO_X 的数据分别来自 30 个省区 2006—2016 年的排放数据和 105 个环保重点城市 2006—2015 年的排放数据，NO_X 排放密度数据通过了单位根检验。根据前述分析结果，时间趋势对排放密度的影响显著。因此，本书估计了双重固定效应模型。表 4 - 16 显示，经过300 次自举迭代后，在省区尺度上，当环境规制变量为上一年度工业企业污染防治投资（$investment_{t-1}$）和上一年度地方人大、政协环保提案数量（$proposal_{t-1}$）时，模型识别出单门槛效应，并且在 1% 的水平上显著，门槛值为人均 GDP 95 908 元（2015 年不变价）。当环境规制变量为上一年度工业废气处理设施运行费用（$cost_{t-1}$）时，模型识别出在 5% 水平下显著的双门槛效应，人均 GDP 的门槛值分别为 95 908 元和 100 924 元。城市尺度的模型识别出，在 1% 水平下显著的单门槛效应的门槛值与省区尺度相同。

以 NO_X 排放密度为因变量的门槛模型的估计结果（见表4 - 17）与之前的结果相似。仅当人均 GDP 超过门槛值时，环境规制才能有效降低排放密度，并且系数的绝对值大幅增大，说明减排效果明显增强。尽管通过上一年度工业废气处理设施运行费用（$cost_{t-1}$）来衡量环境规制时会估计出双门槛，但除了人均 GDP 高于第二门槛值时环境规制系数的绝对值更大以外，作用与单门槛并没有区别。中国整体的工业 NO_X 排放量在 2011年达到峰值，晚于工业 SO_2 排放的达峰时间，这也解释了使得环境规制降低 NO_X 排放密度所需的人均 GDP 门槛值更高。

4.3.2.4　环境规制效果的空间差异

在比较各省市所处的经济发展和环境治理阶段之前，应该指出，本节估计出门槛值是否存在比门槛值本身更有意义，门槛值的范围比其绝对值本身更重要。目前的结果表明，采用不同的环境规制度量指标和污染物减排指标，按 2015 年不变价格计算，人均 GDP 的门槛值是 9 万～10 万元。在城市尺度上，本节的样本仅包含 105 个环保重点城市，原则上这些城市应比其他城市更快地进入治理阶段。通过对省区门槛值和城市门槛值的比较，我们推测：在相同的情况下，城市的门槛值可能会超过省区水平。尽管如

表4-16 门槛效应检验结果（以工业NO$_x$为目标污染物）

固定效应	规制变量	门槛效应	F统计量	P值	10%临界值	5%临界值	1%临界值	门槛值
省区—年份固定效应	$investment_{t-1}$	单门槛	185.05	0.00	34.868	54.960	79.416	Th-1 95.908
		双门槛	5.32	0.62	113.152	832.708	1 100.000	Th-2 195.346, Th-2 245.887
	$cost_{t-1}$	单门槛	265.49	0.00	23.637	33.327	49.673	Th-1 100.924
		双门槛	40.50	0.03	12.373	22.317	504.954	Th-21 100.924, Th-2 295.908
		三门槛	7.67	0.60	496.303	844.830	1 000.000	Th-375.989
城市—年份固定效应	$proposal_{t-1}$	单门槛	257.33	0.00	36.797	51.232	73.099	Th-1 95.908
		双门槛	9.29	0.29	19.367	168.571	404.100	Th-2 195.908, Th-2 257.376
	$cost_{t-1}$	单门槛	104.06	0.00	29.940	45.353	68.836	Th-1 95.908
		双门槛	24.30	0.12	26.283	36.310	62.315	Th-2 195.908, Th-2 281.594

表 4-17　门槛面板模型估计结果（以工业 NO_x 为目标污染物）

		省区尺度			城市尺度
		(1)	(2)	(3)	(4)
$investment_{t-1}$	$(GDPpc \leqslant 95.908)$	−0.090 (0.070)			
	$(GDPpc > 95.908)$	−6.633*** (1.960)			
$cost_{t-1}$	$(GDPpc \leqslant 95.908)$		−0.082* (0.049)		
	$(95.908 < GDPpc \leqslant 100.924)$		−2.036*** (0.111)		
	$(GDPpc > 100.924)$		−4.385*** (0.738)		
$proposal_{t-1}$	$(GDPpc \leqslant 100.924)$			−0.382 (0.277)	
	$(GDPpc > 100.924)$			−48.838*** (14.864)	
$cost_{t-1}$	$(GDPpc \leqslant 95.908)$				0.038 (0.345)
	$(GDPpc > 95.908)$				−0.254*** (0.514)
$firms$		0.060 (0.037)	0.051** (0.033)	0.058** (0.028)	0.149 (0.221)
$composition$		0.050* (0.027)	0.036* (0.024)	0.049* (0.026)	0.017 (0.021)
SOE		−0.010 (0.041)	−0.001 (0.030)	0.036 (0.028)	−0.045 (0.033)
FDI/GDP		−0.235 (0.223)	−0.228 (0.215)	−0.154 (0.178)	0.008 (0.134)
$built\text{-}up$		0.351 (1.308)	0.409 (1.457)	−0.635 (1.050)	−0.600 (0.529)
$cons$		1.103 (2.560)	1.626 (2.685)	1.559 (2.327)	9.483*** (2.088)
省区/城市固定效应		Y	Y	Y	Y
年份固定效应		Y	Y	Y	Y
F 统计量		5.24	5.91	7.28	8.67
P 值		0.000 2	0.000 1	0.000 0	0.000 0
N		330	330	330	1 050

说明：模型采用个体聚类的稳健标准误，括号中为标准误。*、**、*** 分别代表系数在 0.1、0.05 和 0.01 的水平下显著。

此，人均GDP 9万元仍可作为城市尺度上环境治理转折点的参照。因此，在随后的分析中，我们采纳3.4.2节中估计的门槛值（人均GDP 94 630元和90 018元，2015年不变价）来判断各省区和城市所处的环境治理阶段。

2016年，只有四个省区的经济发展水平超过了这一经济门槛值：2013年以来，北京和天津的人均GDP超过了94 630元的门槛值；2014年以来，上海的人均GDP超过了门槛值；2016年，江苏的人均GDP超过了门槛值。之所以在省区尺度上超过门槛值的地区很少，是因为省区内部经济发展不平衡，特别是一些传统认知中的经济发达地区。例如，广东的珠江三角洲地区是中国最发达的地区之一，而粤西北地区则相对落后。因此，当一个省的平均经济发展水平不够高时，即使其中一些城市的环境规制减排效果显著，该省的整体效果也仍然不显著。

表4-18报告了从2001年到2016年，人均GDP超过门槛值的城市。图4-8汇总了人均GDP超过门槛值的城市数量在东部和中西部的分布。2001—2016年，人均GDP超过门槛值的城市数量从1个增加到36个。在2011年之前，中西部超过门槛值的城市数量多于东部，其中中西部进入该名单的城市均为资源型城市，经济发展水平相对较高。在2011年之后，越来越多的东部城市的经济发展水平超过了门槛值，在数量上居于主导地位。以上对各省区和城市的研究结果也支持了假设2，即环境规制的有效性存在显著的地区差异。

表4-18　历年人均GDP超过门槛值的城市

	数量（个）	城市
2001—2004	1	克拉玛依
2005—2006	2	克拉玛依、鄂尔多斯
2011	11	克拉玛依、鄂尔多斯、大庆、深圳、包头、东营、乌海、苏州、广州、珠海、无锡
2013	23	克拉玛依、鄂尔多斯、大庆、深圳、包头、东营、乌海、苏州、广州、珠海、无锡、大连、铜陵、佛山、长沙、杭州、宁波、镇江、常州、南京、上海、北京、天津
2016	36	克拉玛依、鄂尔多斯、大庆、深圳、包头、东营、乌海、苏州、广州、珠海、无锡、大连、铜陵、佛山、长沙、杭州、宁波、镇江、常州、南京、上海、北京、天津、呼和浩特、绍兴、舟山、青岛、威海、武汉、中山、烟台、厦门、南通、扬州、济南、淄博

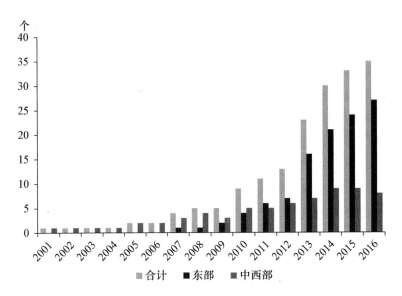

图 4-8　人均 GDP 超过门槛值的城市数量

中国各地区之间的经济发展极不平衡。除了一些资源型城市（克拉玛依、呼和浩特、鄂尔多斯、包头、大庆和东营）和中部省份的两个省会城市（武汉和长沙）外，所有人均 GDP 超过门槛值的城市都位于东部沿海地区。单位土地面积的工业 SO_2 排放量、污染物排放量较多的地区主要位于长江三角洲、珠江三角洲、京津冀地区等几个主要的城市群地区以及辽东半岛、山东半岛和长江中游地区。但是，这些地区只有少数几个城市的人均 GDP 超过了门槛值，大多数城市的地方政府尚未完全将其环境治理意愿转向环境优先，因此环境规制的作用仍然相对薄弱。同时，这些城市最有可能在未来突破污染与治理之间的转折点。目前，由于工业集聚程度低和生产规模小，经济落后地区的污染密度低。但是，这些地区的经济落后意味着它们改善环境的边际成本仍然远远大于边际收益，地方政府的环境治理意愿仍然不足，这使得它们要跨过门槛值还有很长的路要走，亟须上级政府的协助和干预。

4.3.2.5　结论和启示

本节探讨了地方政府的环境治理意愿如何影响环境规制的污染减排效果。地方政府的政策目标面临经济增长与环境保护的权衡。在财政分权和官员晋升的双重压力下，地方政府存在为追求经济增长而放松环境治理的激励。随着经济发展水平的提高，地方政府的政策目标逐渐从增长优先转向环境保护。本节建立了一个概念模型来描述经济增长与地方政府环境治理意愿之间的联系，从而解释了环境规制效果在不同的经济发展水平上有何差异。本节采用单位土地面积污染物排放作为减排目标，基于 30 个省区和 105 个环保重点城市的面板数据建立了一组门槛面板模型，结果显示，以 2015 年不变价计算，省区尺度人均 GDP 的门槛值为 94 630 元，城市尺度人均 GDP 的门槛值为 90 018 元。通过采用不同的环境规制度量指标、以工业 SO_2 和 NO_x 作为减排目标污染物，在控制了个体和时间固定效应后，门槛效应依然显著。这表明，当人均 GDP 超过门槛值后，环境规制的污染减排作用大幅增强。从环境规制有效性的角度看，这一门槛值构成了地方政府的政策目标从经济增长到环境保护的分水岭。当经济发展水平超过门槛值后，地方政府在经济与环境的权衡中会优先考虑环境因素，环境规制的执行将更加有效。比较门槛值与 2016 年各省区和城市的人均 GDP 可以发现，目前国内大多数地区尚未达到足够的经济发展水平，环境规制的执行效果打了折扣。在省区尺度，只有北京、天津、上海和江苏的人均 GDP 超过了门槛值。在城市层面，除少数资源型城市以及中部地区的武汉和长沙两个省会城市以外，人均 GDP 超过门槛值的城市均位于东部沿海地区，尤其是长三角和珠三角地区。

与通过 EKC 拐点确定"先污染后治理"路径的方法不同，本节通过考察经济发展不同阶段的环境治理有效性来检验这种发展路径。大多数研究将 EKC 拐点的经济发展水平作为污染与治理之间的转折点。但是 EKC 并未对环境治理的有效性进行显性的讨论，导致人们产生了一种误解，即环境质量会随着经济增长而自动改善（Stern，2004），忽略了环境治理的重要性。Xu（2018）提出了类似的观点，认为政府不应被区域加总的经济增长与环境污染的关系误导。地方政府应致力于制定有效的环境政策以减少污染，中央政府应努力使地方政府的利益与中央政府一致。本书认为，真正的转折点在于使环境治理有效的经济发展水平。本节估计的人均 GDP 门槛值可以为判断各个区域所处的发展阶段提供参考，环境政策效果评价应考虑时效性。环境政策生效是一个长期过程，需要满足一定的条件。短期政策未发挥应有的效果不代表政策是无效的，有可能是因为政策执行的不完全。在达成 2020 年全面建成小康社会的目标之后,地方政府特别是欠发达地区的地方政府将继续为经济增长而努力。本节揭示了环境治理效果的规律,在当前区域发展不平衡和经济发展方式转变的背景下进一步阐明了环境治理的重要性。

4.4　经济集聚与企业对环境规制的行为响应

4.4.1　空间集聚的正负外部性对企业行为决策的影响

4.4.1.1　研究背景

企业在环境治理中要发挥主体作用。作为市场主体,企业对环境规制的行为响应对于环境治理具有更加直接的作用。企业对环境规制的行为响应受到诸多因素的影响,需深入研究企业对环境规制的行为响应的影响因素和作用机制。

经济活动的空间集聚是世界范围的普遍规律。许多地区从空间集聚的正外部性获益,实现了快速增长。空间集聚的正外部性可以促进产业集聚,增强知识溢出,降低创新成本,提高劳动力技能,强化上下游产业链(Cohen and Paul,2005;LaFountain,2005;Jofre-Monseny et al.,2011)。但经济活动的空间集聚也会带来负外部性:一方面,过度的空间集聚导致拥挤效应,运输成本和生产要素价格会趋于上升(Wagner and Timmins,2009)。另一方面,过度的空间集聚会导致局部地区的资源环境负荷增大,环境污染加剧(姚从容,2016;Han et al.,2018)。

空间集聚的正负外部性会影响企业对环境规制的行为响应,进而影响区域层面的环境治理效果。集聚的正外部性可以为企业带来足够的红利,激励企业采用清洁技术,提高环境效率,帮助企业降低合规成本,为环境规制发挥减排作用提供了充分的条件。这也是波特假说的基础。然而,过度集聚会导致环境的负外部性增大,使得环境规制压力增加,更有可能通过驱使污染企业搬迁来实现污染避难所效应。经济集聚的正负外部性随着经济集聚程度的增加而改变。因此,在不同的集聚程度下,环境规制效果会呈现阶段性的动态变化。认识这一变化,对于通过环境治理实现经济增长与环境污染的脱钩具有十分重要的意义。

本节旨在讨论以下两个问题：第一，由于各地经济集聚程度不同，环境规制的效果有何不同？第二，不同集聚程度下环境规制减排的影响路径是什么？具体而言，本节采用门槛模型来揭示由经济集聚导致的环境规制对污染排放的非线性影响，还区分了两个减排目标，分别涵盖了环境效率和环境负荷的内涵。本节的结果能够丰富关于环境规制的污染减排效果的实证研究。

4.4.1.2 分析框架

（1）经济集聚的外部性与其环境影响。

关于经济集聚对环境污染的影响，现有文献有不同的认识。即使如此，根据不同的污染衡量角度，我们也能得出一致的论断。从效率的角度衡量环境污染时，经济集聚可以促进清洁技术的推广和应用，从而抑制工业污染。集聚通过中间投入共享、劳动力集中和知识溢出，诱导了新知识和技术的产生以及信息和技能的传递（Fazio and Maltese，2015；Liu et al.，2020）。集聚加剧了市场竞争，反过来又促使企业创新和采用清洁技术（Porter，1998）。此外，集聚可以促进污染物的集中处理，在减少污染方面实现规模效应并降低成本（Copeland and Taylor，2004）。如此一来，集聚可以提高企业的生产率，促进资源利用，提高环境效率（陆铭和冯皓，2014；姚从容，2016）。在用总排放量衡量环境污染时，集聚对环境具有显著的负外部性。由于产出规模的扩大和能源消耗的增加，集聚无疑会增加局部地区的污染排放并加剧环境恶化（姚从容，2016；Han et al.，2018）。

实证分析得出的结论是，集聚对环境污染的影响是非线性的，在不同的阶段影响不同。陆铭和冯皓（2014）认为，产业集聚有利于降低单位工业增加值污染物排放。He 等（2014）的研究指出，经济集聚与工业 SO_2 排放呈倒 U 形关系，与工业 SO_2 排放强度呈立方关系。邵帅等（2019）认为，经济集聚与碳排放之间存在倒 N 形曲线关系，当经济集聚程度达到一定门槛后，集聚的正外部性可以使节能和减排的双重效应得以显现。Wang 和 Wang（2019）的研究证明，环境绩效由于经济集聚而呈非线性变化，在集聚初期环境绩效恶化，然后随着集聚程度提高得到改善。Liu 等（2020）揭示了城市经济集聚与雾霾污染（PM2.5）之间的倒 U 形关系。Dong 等（2020）发现，在国家层面，工业集聚增加了污染的集聚；在省级层面，影响程度因地区而异，东部和北部地区的正面影响最大。一些研究区分了专业化集聚和多样化集聚。Han 等（2018）发现，专业化集聚和多样化集聚都有助于减少碳排放。所谓多样化集聚，是指内部行业的多样化，这意味着一个部门的企业规模各异。Shen 等（2018）指出，多样化集聚的减排效应优于专业化集聚。此处的多样化集聚表示产业间的多样化，它描述了一个地区内的多元化产业结构。一些研究强调了环境规制在集聚环境影响中的作用。例如，Liu 等（2017）发现，环境规制可以减弱集聚对污染排放的加剧作用。林伯强和谭睿鹏（2019）发现，经济集聚程度对绿色经济效率的影响是非线性的，当经济集聚程度合理时，经济集聚效应有利于绿色经济效率提高；当经济集聚程度超过一定水平时，拥堵效应会抑制绿色经济效率。在经济集聚对绿色生产率先促进后抑制的过程中，环境规制扮演了重要角色。Liu 等（2020）证明了环境政策可以抑制集聚对雾霾污染的正向影响。

（2）假设的提出。

经济集聚的污染减排作用可以看作集聚外部性的副产品。污染减排的真正动力主要来自环境规制。环境规制对个体的影响主要集中在促进创新和影响工业企业的区位选择两个方面，分别对应波特假说和污染避难所假说所描述的机制。这两种机制通过影响区域技术能力（Rubashkina et al.，2015；Song et al.，2019）、环境效率（Li and Wu，2017；Xie et al.，2017）、产业结构（Wu et al.，2017；Zheng and Shi，2017）和产出规模（Shen et al.，2017）构成区域层面环境规制的综合效果，而以上都是决定总体污染排放的重要因素。另外还有一些研究考察了环境规制的直接减排效应。

现有研究分析了经济集聚与环境污染之间的关系以及环境规制的效果，但缺乏将经济集聚、环境规制和污染排放纳入统一框架的讨论。空间集聚的外部性可以解释为何环境规制在不同地区或发展条件下表现不同。与 He 等（2014）的研究类似，本节考虑两个减排目标——排放强度和排放密度。排放强度即单位产出的污染排放，排放强度降低意味着单位产出所造成的环境成本降低，这代表区域整体环境效率的提高（Wang and

Wang，2019）。排放密度是单位土地面积的污染物排放量，代表区域环境负荷的大小（Zhang et al.，2018b）。单位面积的污染物排放量与环境质量指标如污染物浓度直接相关（Shrestha et al.，1996；Greaney et al.，2017）。当污染物排放超过当地环境承载力时，环境质量趋于恶化（Zhang et al.，2018b）。

综上可知，环境规制有效减排的前提是提高企业效率或缩小污染排放的规模，即企业的创新或迁移行为。污染型企业的就地创新与跨地转移在降低环境治理成本上具有替代效应（金刚和沈坤荣，2018）。经济集聚的正外部性增强了本地对工业企业的区位黏性。正如 Zeng 和 Zhao（2009）的理论分析所指出的，集聚可以在一定程度上减轻污染避难所效应。这意味着在一定的集聚程度下，适当增强环境规制的严格程度可能不会增加污染避难所效应。尽管环境规制给工业企业带来了合规成本，但多元化的市场、紧密的产业联系以及可观的市场规模可以使企业受益并补偿合规成本（徐敏燕和左和平，2013；盛丹和张国峰，2019）。知识的溢出和技能的传播可以降低采用清洁技术的成本。集聚带来的生产力提高有助于提高资源利用效率以及环境效率。更高的集聚程度通常伴随着更激烈的竞争，这使得企业更有动力降低成本并提高市场竞争力。因此，在较高的集聚程度下，企业的合规能力和合规意愿都得到增强，这有利于企业更好地执行环境规制，从而减少地区层面的排放。因此，有理由相信，在地区层面，经济集聚为环境规制有效减排创造了条件。随着经济集聚程度的增加，环境规制对污染排放的影响是非线性的。只有当集聚程度超过一定水平时，集聚的正外部性才足以弥补企业的合规成本，并鼓励企业采用清洁技术和提高效率。因此，本节提出两个假设。

假设 1：只有当一个地区的经济集聚程度超过一定阈值时，加强环境规制才能有效降低工业污染排放强度，提高环境效率。

假设 2：只有当一个地区的经济集聚程度超过一定阈值时，加强环境规制才能有效降低工业污染排放密度，改善环境质量。

与此同时，根据排放强度和排放密度的定义，后者的减少意味着排放总量的减少，前者则不然。一个地区工业排放强度的降低意味着单位工业产出的排放量减少。技术进步、结构改进等都可以实现这一目标，但这并不意味着减少了排放总量。实际上，随着经济活动的持续集聚，对环境的负外部性也越来越大。当环境负荷增加到一定程度时，环境质量趋于恶化，政府和公众对环境问题的关注将持续增加，从而使环境法规的执行更为严格。地方政府甚至可能采取一些强制性手段如"关停并转"等以缩小污染型产业的规模。因此，企业的合规成本趋于增加。如果集聚的正外部性不能抵消合规成本，企业将会转移到环境规制较弱的地区，并有望验证污染避难所假说。实际排放的统计数据还表明，中国的工业 SO_2 排放强度在 2000 年达到峰值，然后迅速下降，而总排放量在 2006 年下半年达到峰值。因此，本书认为，环境规制的作用的变化趋势也与之类似，即，环境规制对排放强度的抑制作用先于对排放密度的抑制作用发生。所以，本节提出第三个假设。

假设 3：假设 1 的经济集聚程度阈值低于假设 2 的经济集聚程度阈值。

4.4.1.3　变量设置与数据来源

作为经济集聚的直接空间载体，经济集聚现象在城市层面上具有更加明显的体现，因而城市样本可能更适合考察本节研究的问题。但由于城市尺度的很多指标难以获取（例如，通常只有 113 个环保重点城市公布了合适的环境规制指标，也很难获得所有地级市的工业结构、创新投入、所有制结构等数据），因此本节的研究基于省区数据展开，图 4-9 展示了本节的分析框架。数据来源为 30 个省级行政区 1999—2017 年的面板数据，分别来自《中国环境年鉴》《中国统计年鉴》《中国工业统计年鉴》《中国城市建设统计年鉴》《中国城市统计年鉴》以及各省份的统计年鉴。为了实现不同年份的价值量可比，所有数据均转换为 2015 年不变价。

本节以工业 SO_2 排放作为研究对象，分别采用工业 SO_2 排放强度和工业 SO_2 排放密度作为被解释变量。我国在 2016 年启动了第二次污染普查后，对核算口径进行了调整，2016 年开始公布的 SO_2 排放数据出现突变，与 2015 年相比，全国和各省份均下降了 50% 左右，而如此大的降幅必然不全是减排所致。因此，对于 2016 年和 2017 年，作者没有采用统计年鉴中公布的数据，而是通过建立工业 SO_2 排放与工业煤炭消费的动态

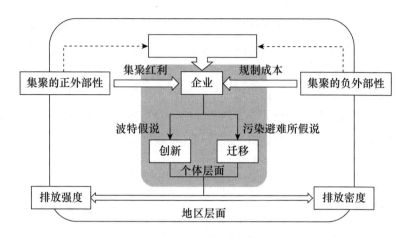

图 4-9   本节的分析框架

关系，利用 2016 年和 2017 年各省份的工业煤炭消费量推算出工业 SO_2 排放量，如此可以在一定程度上维持核算口径的一致性，避免面板数据在时间维度上出现突变。

本节基于企业应对环境规制的行为展开分析，与"政策形成"相比，"政策执行"对环境规制的生效更为重要（包群等，2013）。本节采用企业减排成本——单位企业缴纳的排污费金额——度量环境规制强度。已有文献也证明，在各类环境规制手段中，排污收费对于减少污染排放的效果最为显著（李永友和沈坤荣，2008）。值得注意的是，我国的排污费征收标准在 2003 年和 2007 年经历了两次调整，特别是 2007 年之后，各省份陆续将废气和废水的收费标准提高了一倍以上。这里存在两个问题：第一，各地区排污费的收费标准不同，可能导致同样排放量的企业，收费标准高的地区缴纳的排污费更多；第二，各企业的污染物排放量也不同，某个地区单位企业缴纳的排污费金额更高可能与该地区企业污染排放量大有关。事实上，我国的排污费在地方一直面临着不完全执行的问题。一方面，地方的排污费收缴率低。2009 年审计署发布的有关渤海污染治理情况的审计报告显示，环渤海地区 13 个城市少征排污费和污水处理费占应征额的 15%（袁向华，2012）。吴健和陈青（2015）的估算也发现，2013 年我国实际征缴入库的排污费金额仅占应征金额的不到 80%。另一方面，尽管排污费征收办法规定了按照排污量征收、超标加倍征收，但实际上很多地方环保局采取定额制的办法对企业征收排污费（吴健和陈青，2015），部分企业甚至可以和政府协商缴纳的排污费金额（Chen et al.，2014），政策的随意性很大。因此，本书作者认为，在中国排污费未完全征收的背景下，单位企业缴纳的排污费金额可以从环境规制执行的角度反映规制强度。由横向比较可知，单位企业缴纳的排污费金额越高，给企业带来的成本越高，代表本地区企业承受的规制压力越大。由纵向比较可知，单位企业缴纳的排污费金额上升，代表了地方政府对环境规制的执行力度增强，无论这种增强是来自收费标准的提高，还是规制执行更为彻底。

　　本节采用建成区经济密度表征经济集聚程度。经济密度是指单位面积的经济活动总量（沈体雁等，2012）。常用的衡量集聚程度的指数包括Gini 系数、Ellison-Glaeser 指数、Krugman 指数和 Hoover 指数等。但以上方法存在的问题在于：这些指数考察的是经济活动在一个国家内各地区间的相对集聚程度，通常由各种比率测得，均忽略了较小地理单元差异所产生的空间偏倚（刘修岩，2014）。经济密度则衡量了单位土地面积的产出水平，在数值上具有时间连续性和空间可比性（沈体雁等，2012）。世界银行也在 2009 年的世界发展报告中将经济密度作为重塑世界经济地理的重要指标之一。与常用的产业集聚指数方法相比，经济密度反映了经济集聚程度的绝对值，可以更好地衡量一个地区的经济集聚程度（Ciccone and Hall，1993；He et al.，2014；邵帅 et al.，2019）。由于绝大多数工业活动分布在城市建成区，本节采用建成区经济密度来表征经济集聚程度（Wang and Wang，2019）。本节参照邵帅等（2019）的做法，利用城市层面数据构造省级层面经济集聚指标，在平均意义上反映各省份城市层面的经济集聚程度。具体的计算公式（陈良文和杨开忠，2007）如下：建成区经济密度＝（省内地级市城区 GDP 合计＋县级市二产增加值合计）/（所有地级市建成区面积＋所有县级市建成区面积）。

　　本节引入所有制结构（国有企业产值占工业总产值的比重）和经济外向程度（FDI/GDP）作为控制变量，并控制了时间趋势的影响。国有企业在环境规制执行上与地方政府有着更强的讨价还价能力（Wang et al.，2003），但国有企业的社会责任使得其会更加积极地响应政府的环境治理号召（李永友和沈坤荣，2008），这种社会责任可能会带来挤出效应，导致创新投入减少（Oi，2005）；国有企业管理体制僵化不灵活也会阻碍环境效率的提升（Wang and Yuan，2018）。由于许多国有企业属于能源、钢铁、化工等资源型行业，所以国有企业产值占工业总产值的比重高的地区污染更为严重。外商直接投资对于环境污染来说是一柄双刃剑。一方面，外资企业的先进生产技术和管理经验有利于绿色生产率的提升（许和连和邓玉萍，2012；盛斌和吕越，2012；Li and Wu，2017）；另一方面，外资也会导致额外的污染排放（盛斌和吕越，2012），外资往往更倾向于集聚在污染密集型行业（Wagner and Timmins，2007；Greany et al.，2017）。我国经济社会发展以五年规划为指导，可能会导致工业污染排放存在时段上的差异。本节的样本时段涵盖"九五""十五""十一五""十二五""十三五"五个时期。为了控制污染排放的时间趋势，本节引入了4个虚拟变量，分别代表各个"五年"时段，以"九五"为基期。表4-19为变量名及描述性统计分析。表4-20汇总了本节采用的面板数据各变量的单位根检验结果。各变量均在不同方法下通过了单位根检验。

4.4.2 集聚经济对环境规制效果的非线性作用

4.4.2.1 环境规制减排效果在集聚经济上的门槛效应

（1）模型设定。

本节采用 Hansen（1999）提出的固定效应门槛面板模型来考察环境规制随着经济集聚程度提高而呈现出的阶段性减排效果。[①] 门槛面板模型描述了自变量与因变量之间随着门槛变量值的变化而产生的非线性关系。如模型所示，在本书的分析当中，Y 为因变量工业 SO_2 排放强度和排放

---

① 调节效应模型，即引入经济集聚程度与环境规制的交互项，似乎也能在一定程度上刻画经济集聚程度对环境规制效果的影响。但我们认为，经济集聚程度对环境规制效果的影响具有阶段性。经济集聚程度并不是加强或减弱了环境规制的作用，而是作为环境规制生效的充分条件存在。并且，门槛面板模型估计出的门槛值也便于判断各地区所处的发展阶段。事实上，根据后文的估计结果，在经济集聚程度低于第二门槛值的大部分样本中，环境规制的作用并不显著，这可能导致调节效应模型中交互项的系数不显著，从而错误地认为经济集聚程度对环境规制效果无影响。

表 4-19　变量设置和描述性分析

变量	符号	含义	均值	标准差	最小值	最大值
排放强度	so2i	单位工业总产值 SO_2 排放（吨/十亿元）	912.31	1 084.04	2.22	6 239.06
	noxi	单位工业总产值 NO_x 排放（吨/十亿元）	306.19	283.34	9.02	2 392.12
排放密度	so2d	单位土地面积 SO_2 排放（吨/平方公里）	5.13	7.90	0.03	59.18
	noxd	单位土地面积 NO_x 排放（吨/平方公里）	4.28	7.53	0.06	51.56
环境规制	fee	单位企业缴纳的排污费（万元）	4.81	4.71	0.40	41.99
	laws	累计颁布的环保法律法规标准（部）	37.11	28.38	1	137
经济集聚程度	investment	工业企业污染防治投资（十亿元）	1.77	1.75	0.01	13.90
	bGDPd	建成区经济密度（十亿元/平方公里）	0.62	0.37	0.12	2.88
工业企业的所有制结构	SOE	国有企业产值占工业总产值的比重（%）	44.72	21.29	10.00	90.00
经济外向程度	open	FDI/GDP（%）	0.45	0.56	0.05	5.86
时段虚拟变量	D10	若样本所处年份为"十五"期间，D10=1，否则 D10=0				
	D11	若样本所处年份为"十一五"期间，D11=1，否则 D11=0				
	D12	若样本所处年份为"十二五"期间，D12=1，否则 D12=0				
	D13	若样本所处年份为"十三五"期间，D13=1，否则 D13=0				
污染型行业产出规模	scale	六大污染型产业产值（百亿元）	57.82	76.95	0.53	504.42
工业结构	composition	六大污染型产业产值占工业总产值的比重（%）	38.62	12.76	18.00	76.00
技术	tech	单位工业企业研发投入（百万元）	128.23	120.55	3.03	779.65

表 4-20　面板数据的单位根检验

变量	统计量	P 值	
so2d	−2.923	0.001	LLC noconstant
	−3.546	0.000	HT noconstant
so2i	−37.142	0.000	LLC noconstant
	−6.057	0.000	HT noconstant
	−6.269	0.000	HT trend
	−7.037	0.000	IPS trend
noxd	−3.687	0.000	LLC noconstant
	−2.951	0.002	HT noconstant
	8.004	0.000	HT trend
noxi	−14.107	0.000	LLC noconstant
	−6.070	0.000	HT noconstant
	−4.890	0.000	IPS trend
fee	108.691	0.000	Fisher dfuller
	−1.927	0.027	Fisher dfuller
	−1.923	0.028	Fisher dfuller
	4.445	0.000	Fisher dfuller
investment	−1.962	0.025	LLC noconstant
	−2.576	0.005	HT noconstant
	−7.150	0.000	HT trend
	−6.737	0.000	IPS trend
laws	−1.837	0.033	IPS trend
composition	−1.530	0.063	IPS trend
scale	−1.694	0.045	IPS trend
tech	89.611	0.008	Fisher dfuller
	−1.327	0.092	Fisher dfuller
	2.703	0.003	Fisher dfuller
SOE	−8.433	0.000	LLC noconstant
	−1.411	0.079	HT noconstant
	−2.521	0.006	HT trend
	−3.537	0.000	IPS trend
open	−3.026	0.001	LLC noconstant
	−8.026	0.000	HT noconstant
	−2.523	0.006	HT trend
	−2.006	0.022	IPS trend

密度，*ER* 代表环境规制变量，*q* 为门槛变量建成区经济密度，*X* 为其他控制变量。τ_1，τ_2，…，τ_n 代表估计出的 *n* 个门槛值，这 *n* 个门槛值将门槛变量的取值分为 *n*+1 个区间。β_1，β_2，…，β_{n+1} 则表示当门槛变量的值落在相应区间时，环境规制对 Y 的影响系数。*i* 和 *t* 分别代表省区行政单元和年份。

$$Y_{i,t}=\alpha+\beta_1 ER_{i,t}(q_{i,t}\leqslant\tau_1)+\beta_2 ER_{i,t}(\tau_1<q_{i,t}\leqslant\tau_2)$$
$$+\beta_3 ER_{i,t}(\tau_2<q_{i,t}\leqslant\tau_3)+\cdots+\beta_n ER_{i,t}(\tau_{n-1}<q_{i,t}\leqslant\tau_n)$$
$$+\beta_{n+1} ER_{i,t}(q_{i,t}>\tau_n)+\omega X_{i,t}+\mu_i+\varepsilon_{i,t}\qquad(4-2)$$

在进行门槛回归之前，我们首先检验了不考虑经济集聚影响的环境规制的减排效应（见表 4-21）。为避免异方差和自相关的影响，所有回归均采用省区聚类的稳健标准误。此外，本书还用 LSDV 法检验了个体固定效应的显著性，发现各省区的虚拟变量显著，因此与混合回归相比，应采纳固定效应模型。为了检验环境规制变量的内生性问题，本书采用滞后一期和滞后二期的排污费作为工具变量，分别进行 2SLS 回归。核心解释变量 *fee* 的符号和显著性与固定效应模型相比保持不变。工具变量通过了不可识别检验，具有较强的解释力。与此同时，过度识别检验的 *P* 值均大于 0.05，无法拒绝工具变量皆为外生的原假设。在有效的工具变量的基础上，我们检验排污费变量是否有内生性问题，结果显示无法拒绝"变量为外生"的原假设，说明模型设定从统计意义上避免了内生性的干扰，可以采用排污费作为环境规制变量进行实证分析。

表 4-21　环境规制对 SO_2 排放强度和排放密度的影响

	OLS	OLS	FE	FE	2SLS	2SLS
	so2i	so2d	so2i	so2d	so2i	so2d
fee	7.462	0.269	−57.571***	−0.032	−78.019***	0.070
	(8.642)	(0.168)	(18.154)	(0.063)	(20.952)	(0.063)
SOE	15.530***	−0.072*	19.669**	−0.096	17.894**	−0.087
	(3.919)	(0.039)	(8.389)	(0.065)	(8.605)	(0.056)
open	−469.371**	5.198	−174.663**	−0.149	−167.814**	−0.183
	(171.268)	(5.447)	(78.565)	(0.156)	(72.911)	(0.161)
D10	−566.175***	0.151	−433.630***	−0.398	−429.244***	−0.420
	(118.900)	(0.708)	(117.087)	(0.506)	(114.065)	(0.525)

续表

	OLS	OLS	FE	FE	2SLS	2SLS
	so2i	*so2d*	*so2i*	*so2d*	*so2i*	*so2d*
D11	−1163.442 ***	−1.054	−814.637 ***	−1.375	−783.127 ***	−1.532
	(215.496)	(1.561)	(186.569)	(1.409)	(176.017)	(1.551)
D12	−1514.608 ***	−2.504	−923.415 ***	−3.294	−856.720 ***	−3.626
	(257.957)	(2.145)	(225.327)	(2.463)	(209.494)	(2.783)
D13	−1528.006 ***	−6.189 **	−706.166 ***	−5.234 *	−569.060 **	−5.916
	(270.178)	(2.356)	(247.175)	(3.013)	(229.161)	(3.714)
cons	1418.791 ***	6.414	1045.574 **	11.689 **	1178.839 **	11.025 ***
	(304.691)	(4.478)	(493.082)	(4.581)	(507.412)	(3.933)
F	8.84	4.42	11.27	2.97	19.22	2.34
	(0.000)	(0.002)	(0.000)	(0.018)	(0.000)	(0.050)
R^2	0.495	0.218	0.631	0.129	0.626	0.120
Sargan-Hansen			51.451	26.755		
			(0.001)	(0.001)		
不可识别检验					9.074	9.074
					(0.011)	(0.011)
过度识别检验					3.117	1.512
					(0.078)	(0.219)
IV内生性检验					1.003	0.122
					(0.317)	(0.727)
样本量	570	570	570	570	570	570

说明：所有估计结果均采用稳健标准误。括号中为标准误。*、**、***分别代表系数在0.1、0.05和0.01的水平下显著。Sargan-Hansen统计量报告的是稳健标准误情况下的固定效应/随机效应检验，P值为0.001说明应采纳固定效应。

在固定效应模型中，当因变量为SO_2排放强度时，环境规制的系数显著为负，这说明加强环境规制可以显著降低排放强度；环境规制对SO_2排放密度的影响为负，但不显著。在控制变量中，经济外向程度对排放强度和排放密度的影响在方向上一致，均为负值。这说明外资企业技术引进带来的减排效应超过外资带来的额外污染排放，虽然这种效应对排放密度的影响在统计上并不显著。国有企业产值占工业总产值的比重高会显著导致更高的排放强度与更小的排放密度。这可能是因为，在控制其他因素的情况下，国有企业本身效率较低会加剧排放强度，但因为承担的社会责任更多，带动污染排放量减少，使得排放密度降低。时段虚拟变量的系数表明，在控制了其他影响因素后，工业 SO_2 排放强度在整体上一直处于下降趋势，这主要归因于技术进步的整体趋势。与"九五"时期相比，后面各时段的 SO_2 排放强度显著降低，"十二五"和"十三五"期间的降幅更大。在排放密度模型中，尽管各个虚拟变量的系数为负，且绝对值依次增大，但均不显著。

（2）基准模型结果。

表 4 - 22 为经过 300 次自举迭代后，环境规制效果在建成区经济密度上的门槛效应检验结果。环境规制对排放强度和排放密度的作用均存在门槛效应，门槛效应分别在 5% 和 1% 的水平下显著，建成区经济密度的门槛值分别为 2.98 亿元/平方公里和 17.25 亿元/平方公里。图 4 - 10 从左到右分别为排放强度和排放密度的门槛值在 95% 置信水平下的置信区间。图 4 - 10（a）显示，当因变量为排放强度时，建成区经济密度的门槛值的置信区间为 [0.295, 0.299]，门槛值的似然比统计量 LR 显著低于 5% 分位数 7.35，说明该估计值是一致的。图 4 - 10（b）显示，当因变量为排放密度时，由于门槛值过高，位于全部样本数据的极右侧，程序未能给出该门槛值的置信区间，但门槛值的似然比估计量 LR 同样显著低于 5% 分位数 7.35，因此该门槛值依然是一致的（Wang，2015）。

表 4 - 22　环境规制对 SO_2 排放强度和排放密度的作用的门槛效应检验

因变量	门槛效应	F 统计量	P 值	10% 临界值	5% 临界值	1% 临界值	门槛值
排放强度	单门槛	44.49	0.040	36.28	42.67	60.65	0.298
	双门槛	19.53	0.227	25.90	32.02	41.82	0.298，0.439
排放密度	单门槛	323.02	0.000	50.69	73.95	138.39	1.725
	双门槛	18.64	0.373	60.44	123.83	598.91	1.725，1.503

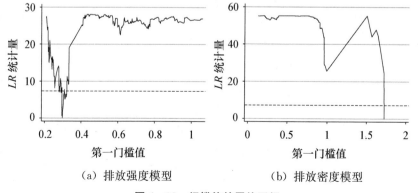

（a）排放强度模型　　　　　　（b）排放密度模型

图 4 - 10　门槛值的置信区间

引入门槛效应后，环境规制对排放强度和排放密度的影响变为非线性的（见表4-23）。表4-23的列（1）表明，当建成区经济密度低于门槛值2.98亿元/平方公里时，环境规制反而与SO_2排放强度正相关，只有当经济集聚程度超过门槛值后，加强环境规制才能显著降低排放强度，假设1得到验证。列（2）表明，当建成区经济密度低于门槛值17.25亿元/平方公里时，环境规制对排放密度无显著影响；只有当经济集聚程度超过该门槛值后，加强环境规制才可以显著降低排放密度，假设2得到验证。这与表4-21中只考虑固定效应的环境规制效果的估计结果有明显差别。如果根据门槛值对样本进行划分，表4-20实际上体现的是其中"多数样本"的估计结果，而忽视了"少数样本"传递的信息。引入门槛效应后，当因变量为排放密度时，模型的拟合效果（R^2）与固定效应模型相比大幅提高，证明非线性模型能更好地描述变量之间的关系。这与Wagner和Timmins（2009）的观点一致，如果忽略经济集聚效应的影响，对于环境规制效果的估计就会有所偏误。表4-23中各个控制变量的系数符号同表4-21中的固定效应模型一致，说明门槛模型在刻画出环境规制的非线性作用的同时，并未对控制变量的估计产生影响。

表4-23 环境规制减排的门槛面板模型估计结果

		(1) so2i	(2) so2d
fee	$bGDPd \leqslant 0.298$	173.698** (77.830)	
	$bGDPd > 0.298$	−52.420*** (17.739)	
	$bGDPd \leqslant 1.725$		0.069 (0.054)
	$bGDPd > 1.725$		−1.389** (0.630)
SOE		19.686** (7.988)	−0.040** (0.016)
open		−175.903** (76.625)	−0.015 (0.303)

续表

		(1)	(2)
		so2i	so2d
D10		−420.288***	0.015
		(114.367)	(0.139)
D11		−725.270***	−0.469
		(166.862)	(0.542)
D12		−827.421***	−1.799
		(197.887)	(1.077)
D13		−629.810***	−2.756**
		(223.419)	(1.022)
cons		913.923*	7.937***
		(452.550)	(1.076)
F		14.45	5.39
		(0.000)	(0.001)
R^2		0.619	0.492
N		570	570

　　说明：模型均为固定效应。估计结果采用稳健标准误。括号中为标准误。*、**、***
分别代表系数在 0.1、0.05 和 0.01 的水平下显著。

　　（3）稳健性检验。

　　1）不同的环境规制度量指标。

　　采用不同指标度量环境规制强度，考察门槛效应是否因为规制指标的
不同而有所差异。本节选取各省历年累计颁布的环保法规和标准数以及工
业企业污染防治投资这两个指标作为环境规制强度的替代变量。表 4 - 24
显示，采用不同的环境规制度量指标，环境规制对排放强度和排放密度的
影响在建成区经济密度上依然存在显著的门槛效应，门槛值与之前的估计
基本一致。当因变量为排放强度时，门槛值为 2.96 亿元/平方公里；当因
变量为排放密度时，门槛值为 17.25 亿元/平方公里。表 4 - 25 为门槛面
板模型的估计结果，其中，前两列的因变量为排放强度，后两列的因变量
为排放密度。与排污费指标的估计结果不同的是，当采用累计颁布的环保
法律法规标准度量环境规制强度时，经济集聚程度超过第一门槛值后，环
境规制对排放强度无显著影响。这说明，命令控制型环境规制对企业环境
效率提升的促进作用不明显，相比之下，排污费和治污投资等成本型规制

手段更支持波特假说。经济集聚程度超过第二门槛值后，环保法规和治污投资均能降低排放密度，这也与本节研究框架部分的讨论一致。由于排放密度的降低与产出规模密切相关，命令控制型规制对于压缩产出规模的作用更为明显。

表 4 - 24　不同规制变量对排放强度和排放密度作用的门槛效应检验

因变量	规制变量	门槛效应	F统计量	P值	10%临界值	5%临界值	1%临界值	门槛值
排放强度	法规标准	单门槛	53.48	0.050	44.44	52.95	91.01	0.296
		双门槛	10.74	0.653	34.19	40.98	61.33	0.296, 0.422
	治污投资	单门槛	60.91	0.020	41.35	49.61	67.13	0.296
		双门槛	11.70	0.563	31.50	38.03	58.34	0.296, 0.422
排放密度	法规标准	单门槛	56.93	0.007	90.14	130.38	173.45	1.725
		双门槛	225.96	0.763	525.04	943.34	7.75	1.725, 1.564
	治污投资	单门槛	36.16	0.000	57.92	87.17	634.51	1.725
		双门槛	32.69	0.833	58.00	89.68	5.28	1.725, 1.564

表 4 - 25　不同指标度量下的环境规制减排的门槛面板模型估计结果

		(1) so2i	(2) so2i	(3) so2d	(4) so2d
laws	$bGDPd \leqslant 0.296$	21.467*** (3.732)			
	$bGDPd > 0.296$	4.090 (2.741)			
investment	$bGDPd \leqslant 0.296$		622.433*** (116.342)		
	$bGDPd > 0.296$		−53.415** (21.974)		
laws	$bGDPd \leqslant 1.725$			−0.011 (0.013)	
	$bGDPd > 1.725$			−0.348*** (0.025)	
investment	$bGDPd \leqslant 1.725$				0.128 (0.082)
	$bGDPd > 1.725$				−7.774*** (0.299)

续表

		(1) so2i	(2) so2i	(3) so2d	(4) so2d
SOE		23.152*** (3.071)	23.174*** (3.070)	−0.048*** (0.015)	−0.041*** (0.011)
open		−171.505** (70.070)	−159.255** (70.355)	0.049 (0.330)	0.075 (0.259)
D10		−470.653*** (90.737)	−328.669*** (88.456)	0.143 (0.428)	0.054 (0.320)
D11		−896.253*** (120.692)	−672.632*** (111.366)	−0.143 (0.564)	−0.334 (0.395)
D12		−1152.541*** (152.687)	−851.063*** (132.319)	−1.234* (0.720)	−1.495*** (0.477)
D13		−1189.157*** (185.528)	−833.844*** (150.250)	−2.019** (0.884)	−2.166*** (0.554)
cons		559.885** (220.299)	575.366*** (216.970)	8.626*** (1.061)	7.853*** (0.806)
F		10.17 (0.000)	4.68 (0.000)	7.90 (0.000)	24.72 (0.000)
N		570	570	570	570

说明：模型均为固定效应。估计结果采用稳健标准误。括号中为标准误。＊、＊＊、＊＊＊分别代表系数在0.1、0.05和0.01的水平下显著。

2）研究对象为 NO_X 排放。

用工业 NO_X 排放替代工业 SO_2，考察环境规制对排放强度和排放密度的影响是否存在建成区经济密度的门槛效应，环境规制强度仍以单位企业缴纳的排污费金额表征。表 4-26 显示，当采用工业 NO_X 排放强度（noxi）和排放密度（noxd）时，门槛效应依然存在。排放强度模型检验出双门槛效应，结合表 4-27 的模型结果判断，当经济集聚程度低于 3.55亿元/平方公里时，环境规制对排放强度的影响不显著；当经济集聚程度低于 4.22 亿元/平方公里时，环境规制与排放强度正相关；当经济集聚程度高于 4.22 亿元/平方公里时，加强环境规制才能显著降低 NO_X 排放强度。因此，符合假设的排放强度的门槛值为 4.22 亿元/平方公里。排放密度的门槛值为 18.14 亿元/平方公里，当经济集聚程度高于此门槛值时，环境规制才能显著降低 NO_X 排放密度。针对 NO_X 估计得到的两个门槛值

均高于 SO_2 排放强度和排放密度的门槛值，这可能是因为工业 NO_X 排放强度和排放总量的峰值的出现时间滞后于工业 SO_2。

表 4 - 26　环境规制对 NO_X 排放强度和排放密度的作用的门槛效应

因变量	门槛效应	F 统计量	P 值	10%临界值	5%临界值	1%临界值	门槛值
排放强度	单门槛	29.01	0.027	15.30	18.86	30.60	0.432
	双门槛	25.58	0.017	12.30	15.49	31.15	0.355，0.422
排放密度	单门槛	290.88	0.000	23.26	34.03	62.00	1.814
	双门槛	32.16	0.103	32.96	52.97	124.64	1.814，1.564

表 4 - 27　环境规制减排的门槛面板模型估计结果

		(1) noxi	(2) noxd
fee	$bGDPd \leqslant 0.355$	−6.311 (6.358)	
	$0.355 < bGDPd \leqslant 0.422$	27.075*** (5.504)	
	$bGDPd > 0.422$	−7.385*** (2.486)	
	$bGDPd \leqslant 1.814$		−0.008 (0.040)
	$bGDPd > 1.814$		−1.322*** (0.082)
SOE		8.684*** (1.354)	−0.019 (0.022)
open		−65.577*** (20.760)	−0.500 (0.327)
D12		−24.049 (19.459)	0.439 (0.305)
D13		−41.345 (28.493)	−1.271*** (0.446)
cons		59.628 (63.178)	5.649*** (1.015)
F		46.16 (0.000)	6.02 (0.000)
N		360	360

说明：模型为固定效应。估计结果采用稳健标准误。括号中为标准误。*、**、*** 分别代表系数在 0.1、0.05 和 0.01 的水平下显著。NO_X 排放数据时段为 2006—2017 年，其中 2016—2017 年数据依然通过工业能源消费量推算得到。

4.4.2.2　环境规制效果的空间差异

上文估计出的门槛值为判断我国不同地区所处的环境治理阶段提供了依据。为了便于分析，我们分别对两个门槛值取整，分别为 3 亿元/平方公里和 17 亿元/平方公里。如表 4-28 所示，在我们样本覆盖的初始年份 1999 年，超过一半的省份建成区经济密度低于第一门槛值 3 亿元/平方公里，这些省份均位于中西部地区。建成区经济密度超过第一门槛值的省份除了重庆、陕西、湖南和云南四个中西部省份外，其余皆为东部沿海省份和直辖市，这也与中国的区域经济发展情况相吻合。随着经济的日益发展，越来越多的省份跨过了第一门槛值，并且这个过程中中部地区省份要快于西部地区省份。2005 年，仅有青海、宁夏和新疆三个省份的经济密度低于第一门槛值。2007 年以后，所有省份的建成区经济密度均超过第一门槛值，加强环境规制均能显著降低排放强度。这一结果证明，"十一五"时期之前，大部分中西部省份的经济集聚程度均低于第一门槛值，这可以解释早期的文献认为"波特假说在中西部地区无法得到验证或作用微弱"。截至 2017 年，省区尺度上仅有北京、天津和上海三个直辖市的经济密度超过 17 亿元/平方公里，在这些地区加强环境规制可以显著降低排放密度。虽然长三角、珠三角地区分布着许多经济发达城市，但由于省区尺度范围较大，省内经济发展差距大，总体上只有三个直辖市的经济集聚程度超过第二门槛值。值得注意的是，北京、上海和天津的排污费收取标准已经远超国家标准。可以看出，要想通过环境规制降低排放密度可能还需要大幅提高环境规制的严格程度。目前我国的数据也支持经济集聚程度越高的地区排污费收取标准越严格的规律。数据显示，江苏省将成为下一个经济密度和管制强度跨越第二门槛值的地区。Dong 等（2020）认为，很难在短时间内消除经济集聚对污染排放的影响。根据本节的估计，第二门槛值远高于第一门槛值，这也侧面证实了这一判断。其他省份还有很长的路要走。工业 SO_2 排放强度呈现由东向西逐渐升高的分布态势，而工业 SO_2 排放密度则由东至西逐步递减。这说明东部地区的环境效率高，但是由于经济集聚程度高，环境负荷大，亟须降低排放密度、改善环境质量。中西部地区的效率偏低，但由于经济集聚程度低，其环境负荷与东部地区相比反而较轻，通过降低排放强度、提升环境效率取得的环境规制效果尚能满足这些地区的环境治理需求。

表4-28　各省份建成区经济密度发展的阶段变化

年份	≤3亿元/平方公里		3~17亿元/平方公里		>17亿元平方公里	
	数量（个）	省份	数量（个）	省份	数量（个）	省份
1999	18	河北、山西、内蒙古、辽宁、吉林、黑龙江、安徽、江西、河南、湖北、广西、海南、四川、贵州、甘肃、青海、宁夏、新疆	12	北京、天津、上海、江苏、浙江、福建、山东、湖南、广东、重庆、云南、陕西	0	
2000	16	山西、内蒙古、吉林、辽宁、黑龙江、安徽、江西、河南、广西、海南、四川、贵州、甘肃、青海、宁夏、新疆	14	北京、天津、河北、上海、江苏、浙江、福建、山东、湖北、湖南、广东、重庆、云南、陕西	0	
2001	13	山西、内蒙古、吉林、黑龙江、安徽、广西、海南、四川、贵州、甘肃、青海、宁夏、新疆	17	北京、天津、河北、辽宁、上海、江苏、浙江、福建、江西、山东、湖北、河南、湖南、广东、重庆、云南、陕西	0	
2002	12	山西、内蒙古、吉林、黑龙江、安徽、广西、海南、四川、甘肃、青海、宁夏、新疆	18	北京、天津、河北、辽宁、上海、江苏、浙江、福建、江西、山东、湖北、河南、湖南、广东、重庆、贵州、云南、陕西	0	
2003	11	山西、内蒙古、黑龙江、安徽、广西、海南、四川、甘肃、青海、宁夏、新疆	19	北京、天津、河北、辽宁、吉林、上海、江苏、浙江、福建、江西、山东、河南、湖北、湖南、广东、重庆、贵州、云南、陕西	0	

续表

年份	≤3 亿元/平方公里		3~17 亿元/平方公里		>17 亿元/平方公里	
	数量（个）	省份	数量（个）	省份	数量（个）	省份
2004	7	内蒙古、黑龙江、安徽、甘肃、青海、宁夏、新疆	23	北京、天津、河北、山西、江西、山东、河南、四川、贵州、云南、广东、广西、海南、重庆、浙江、福建、辽宁、吉林、上海、江苏、湖南、湖北、陕西	0	
2005	5	黑龙江、甘肃、青海、宁夏、新疆	25	北京、天津、河北、山西、江西、山东、河南、四川、贵州、云南、浙江、安徽、福建、重庆、海南、广东、广西、辽宁、吉林、内蒙古、上海、江苏、湖南、湖北、陕西	0	
2006	2	宁夏、新疆	28	北京、河北、山西、江西、安徽、浙江、广东、广西、湖南、湖北、海南、四川、重庆、青海、甘肃、内蒙古、辽宁、吉林、黑龙江、河南、山东、福建、江苏、天津、上海、贵州、云南、陕西	0	
2007	1	宁夏	29	北京、天津、山西、内蒙古、安徽、浙江、广东、广西、湖南、湖北、海南、四川、重庆、青海、甘肃、新疆、辽宁、吉林、黑龙江、河南、山东、江西、福建、江苏、河北、上海、贵州、云南、陕西	0	
2008—2009	0		30	北京、天津、山西、内蒙古、江苏、浙江、广东、广西、湖南、海南、甘肃、青海、宁夏、新疆、辽宁、吉林、黑龙江、河南、山东、江西、福建、河北、上海、湖北、重庆、四川、贵州、云南、陕西	0	

续表

年份	≤3亿元/平方公里		3~17亿元/平方公里		>17亿元平方公里	
	数量（个）	省份	数量（个）	省份	数量（个）	省份
2010—2013	0		29	北京、天津、河北、山西、内蒙古、辽宁、吉林、黑龙江、江苏、浙江、安徽、福建、江西、山东、河南、湖北、湖南、广东、广西、海南、重庆、四川、贵州、云南、陕西、甘肃、青海、宁夏、新疆	1	上海
2014—2015	0		28	北京、河北、山西、内蒙古、辽宁、吉林、黑龙江、江苏、浙江、安徽、福建、江西、山东、河南、湖北、湖南、广东、广西、海南、重庆、四川、贵州、云南、陕西、甘肃、青海、宁夏、新疆	2	上海、天津
2016—2017	0		27	河北、山西、内蒙古、辽宁、吉林、黑龙江、江苏、浙江、安徽、福建、江西、山东、河南、湖北、湖南、广东、广西、海南、重庆、四川、贵州、云南、陕西、甘肃、青海、宁夏、新疆	3	上海、天津、北京

4.4.2.3　不同集聚程度下环境规制的作用路径分析

（1）模型设定。

EKC 的分析结果表明，环境规制通过影响产出规模、产业结构和技术水平来实现污染减排。本节采用中介效应模型，考察了前述经济集聚程度门槛值两侧环境规制对污染排放的作用路径差异。这里的中介效应模型为广义的中介效应（间接效应）模型，即不将方程（2）中"系数 τ 显著不为 0"作为中介效应分析的前提的模型（温忠麟和叶宝娟，2014）。环境规制对污染排放的直接效应为 τ'，环境规制通过改变产出规模对污染排放的间接效应为 $\gamma_{scale}\beta_{scale}$，通过改变工业结构对污染排放的间接效应为 $\gamma_{composition}\beta_{composition}$，通过改变创新投入对污染排放的间接效应为 $\gamma_{tech}\beta_{tech}$。环境规制对污染排放的总间接效应为 $\gamma_{scale}\beta_{scale}+\gamma_{composition}\beta_{composition}+\gamma_{tech}\beta_{tech}$。环境规制对污染排放的总效应为 $\tau=\tau'+\gamma_{scale}\beta_{scale}+\gamma_{composition}\beta_{composition}+\gamma_{tech}\beta_{tech}$。我们分别选取六大高能耗产业产值、六大高能耗产业产值占工业总产值的比重以及单位工业企业研发投入作为规模、结构和技术的度量指标。值得说明的是，企业环境效率提升不一定都是自身技术研发的结果，也可以通过运用已有的先进清洁生产技术以及设备更新、技术改造实现企业环境效率的提升，这也是符合波特假说描述的环境规制激励下企业的环境效率改善。本书采用的企业研发投入指标不能包含以上行为，环境规制的直接效应 τ' 可以在一定程度上体现这种技术"更新"而非"创新"带来的环境效率提升。工业总产值和研发投入仍按照 2015 年不变价计算。环境规制强度仍然用单位企业缴纳的排污费金额来度量。模型中的控制变量与门槛面板模型相同。图 4-11 展示了环境规制的直接效应和间接效应。

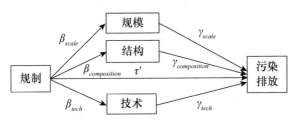

图 4-11　环境规制的直接效应和间接效应

$$Y_{i,t}=\tau ER_{i,t}+\varepsilon_1 \tag{4-3}$$

$$scale_{i,t}=\beta_{scale}ER_{i,t}+\varepsilon_{scale} \tag{4-4}$$

$$composition_{i,t}=\beta_{composition}ER_{i,t}+\varepsilon_{composition} \tag{4-5}$$

$$tech_{i,t}=\beta_{tech}ER_{i,t}+\varepsilon_{tech} \tag{4-6}$$

$$Y_{i,t}=\tau'ER_{i,t}+\gamma_{scale}scale_{i,t}+\gamma_{composition}composition_{i,t}+\gamma_{tech}tech_{i,t}+\varepsilon_2 \tag{4-7}$$

（2）不同集聚程度下环境规制对排放强度的作用路径。

表 4-29 为按照建成区经济密度 2.98 亿元/平方公里进行分组，环境规制对排放强度的中介效应分析结果。其中，列（1）和列（5）的因变量是污染型产业产出规模，列（2）和列（6）的因变量是六大高能耗产业产值占工业总产值的比重，列（3）和列（7）的因变量是单位工业企业研发投入，列（4）和列（8）的因变量是工业 SO_2 排放强度。

列（1）~（4）表明，当建成区经济密度低于等于 2.98 亿元/平方公里时，加强环境规制可以显著提高六大高能耗产业产值占工业总产值的比重以及单位工业企业研发投入，但环境规制对排放强度无显著的直接影响。提高六大高能耗产业产值占工业总产值的比重可以显著增强排放强度，单位工业企业研发投入增加可以有效降低排放强度。污染型产业产出规模增加可以显著降低排放强度，这貌似与常识不符，实际上当经济集聚程度较低时，由于污染型产业产值占工业总产值的比重较大，污染型产业产出规模扩大意味着工业整体规模扩张，根据排放强度的计算公式可知，其与排放强度负相关。在经济密度低于第一门槛值时，环境规制通过影响工业结构对排放强度的间接正效应超过了通过创新投入对排放强度的间接负效应，导致环境规制与整体污染排放强度正相关。

表 4-29　不同建成区经济密度下环境规制对排放强度的中介效应

	建成区经济密度≤2.98 亿元/平方公里				建成区经济密度>2.98 亿元/平方公里			
	(1) scale	(2) composition	(3) tech	(4) so2i	(5) scale	(6) composition	(7) tech	(8) so2i
fee	−0.526	5.278***	6.723***	146.141	0.901	0.116	3.619**	−35.287***
	(0.811)	(1.080)	(1.867)	(236.889)	(1.537)	(0.132)	(1.436)	(10.201)

续表

	建成区经济密度≤2.98亿元/平方公里				建成区经济密度>2.98亿元/平方公里			
	(1) scale	(2) composition	(3) tech	(4) so2i	(5) scale	(6) composition	(7) tech	(8) so2i
scale				−71.028 (48.199)				1.582* (0.916)
composition				37.909* (21.764)				16.420* (8.526)
tech				−18.292 (11.158)				0.366 (0.549)
SOE	−0.204*** (0.066)	0.273 (0.256)	0.111 (0.298)	−54.315** (22.194)	−0.083 (0.608)	0.113 (0.069)	3.979*** (1.335)	23.206*** (7.776)
open	−2.870*** (0.300)	−5.249*** (1.077)	−4.540** (1.667)	−751.329*** (257.494)	−3.012 (8.294)	0.682 (0.550)	−11.286 (12.818)	−123.994 (80.661)
D10	0.301 (1.231)	2.062 (2.428)	−4.695 (5.789)	−986.989*** (272.783)	22.512** (10.869)	3.217*** (1.019)	34.730*** (11.855)	−398.644** (189.759)
D11	1.835 (3.332)	0.901 (3.255)	16.945* (8.240)	−1488.243** (616.494)	72.702*** (22.948)	6.420*** (1.640)	114.324*** (29.234)	−846.097*** (239.942)
D12					116.041*** (31.606)	5.006*** (1.780)	274.590*** (51.727)	−1047.476*** (226.389)
D13					122.228*** (34.107)	2.735 (1.858)	350.091*** (60.693)	−912.313*** (224.119)
cons	23.955*** (5.340)	17.120 (18.398)	27.387 (24.409)	6591.205** (2367.258)	−5.270 (49.267)	27.823*** (3.806)	−200.442** (89.069)	−10.330 (489.599)
F	33.08 (0.000)	32.31 (0.000)	141.48 (0.000)	5.10 (0.000)	93.79 (0.000)	2.36 (0.071)	95.31 (0.000)	131.31 (0.000)
样本量	81	81	81	81	489	489	489	489

说明：所有模型均为固定效应。所有估计结果均采用稳健标准误。括号中为标准误。＊、＊＊、＊＊＊分别代表系数在 0.1、0.05 和 0.01 的水平上显著。

列（5）～（8）表明，建成区经济密度超过 2.98 亿元/平方公里后，加强环境规制可以显著增加创新投入，环境规制对排放强度的直接作用显著为负。污染型产业产出规模和污染型产业产值占工业总产值的比重与排放强度显著正相关，研发投入对排放强度无显著影响。在经济密度超过第一门槛值后，加强环境规制得以降低排放强度，这一方面是因为在规制压力下企业的环境效率提升，另一方面是因为区域产业结构改善。

（3）不同集聚程度下环境规制对排放密度的作用路径。

表 4 - 30 为按照建成区经济密度 17.25 亿元/平方公里进行分组，得出的环境规制对排放密度的中介效应分析结果。除列（4）和列（8）的因变量为工业 SO_2 排放密度外，其余列的因变量均与表 4 - 29 相同。

列（1）～（4）表明，当建成区经济密度小于 17.25 亿元/平方公里时，加强环境规制可以促进企业增加创新投入，环境规制对排放密度的直接作用为正。与此同时，污染型产业产值占工业总产值的比重与排放密度显著正相关，单位工业企业研发投入可以显著降低排放密度。综合起来，当经济密度低于第二门槛值时，环境规制主要通过促进技术创新这一间接路径来降低排放密度。由于企业存在通过扩大规模弥补合规成本的动机（童健等，2016），在区域层面，加强环境规制在降低排放强度的同时［表 4 - 29 列（8）］却增大了排放密度［表 4 - 30 列（4）］，抵消了环境规制的技术间接效应，使得经济集聚程度低于第二门槛值时，环境规制在总体上并不能降低排放密度。

列（5）～（8）表明，当建成区经济密度大于 17.25 亿元/平方公里时，加强环境规制可以显著减少污染型产业产出规模，促进企业增加创新投入。产出规模与排放密度显著正相关，企业研发投入与排放密度显著负相关，同时环境规制的直接作用显著为负。也就是说，当经济密度高于第二门槛值后，环境规制对排放密度的抑制作用主要来自直接效应以及抑制污染型产业产出规模和促进创新投入的间接效应。

表 4 - 30　不同建成区经济密度下环境规制对排放密度的中介效应

	建成区经济密度≤17.25 亿元/平方公里				建成区经济密度>17.25 亿元/平方公里			
	(1) scale	(2) composition	(3) tech	(4) so2d	(5) scale	(6) composition	(7) tech	(8) so2d
fee	0.329 (1.293)	0.030 (0.174)	2.304 (1.636)	0.047 ** (0.020)	−0.896 * (0.449)	−0.099 (0.093)	12.202 * (5.458)	−0.134 * (0.052)
scale				−0.003 ** (0.001)				0.594 *** (0.107)
composition				0.024 * (0.012)				−1.004 * (0.378)
tech				−0.008 *** (0.001)				−0.045 *** (0.005)

续表

	建成区经济密度≤17.25亿元/平方公里				建成区经济密度>17.25亿元/平方公里			
	(1) scale	(2) composition	(3) tech	(4) so2d	(5) scale	(6) composition	(7) tech	(8) so2d
SOE	0.364 (0.621)	0.019 (0.107)	2.335 ** (0.866)	−0.009 (0.010)	−1.113 *** (0.228)	0.047 (0.062)	6.107 ** (1.749)	0.438 ** (0.119)
open	−0.086 (8.998)	−0.790 (0.482)	−15.969 ** (7.405)	−0.128 (0.131)	−10.209 * (4.913)	−12.058 *** (1.228)	−168.907 ** (52.311)	−4.674 (3.399)
D10	13.812 ** (6.350)	2.830 ** (1.164)	16.673 ** (7.884)	0.270 (0.189)				
D11	55.466 *** (17.266)	6.081 *** (1.676)	74.011 *** (19.545)	0.607 (0.374)				
D12	105.417 *** (27.768)	3.958 * (2.239)	212.657 *** (39.206)	1.164 ** (0.467)	−0.378 (2.438)	−0.997 * (0.498)	285.311 *** (40.859)	3.261 (1.753)
D13	118.314 *** (31.469)	1.720 (2.332)	272.851 *** (41.459)	0.492 (0.433)	−0.449 (6.680)	1.719 (1.672)	384.076 *** (43.807)	3.716 (1.879)
cons	−12.504 (46.838)	34.673 *** (6.573)	−95.679 (57.707)	4.886 *** (0.666)	138.419 *** (10.937)	41.019 *** (3.035)	90.213 (117.463)	11.193 (6.759)
F	10.43 (0.000)	13.15 (0.000)	7.56 (0.000)	22.67 (0.000)	13.85 (0.000)	31.13 (0.071)	13.62 (0.000)	296.26 (0.000)
样本量	557	557	557	557	13	13	13	13

说明：由于建成区经济密度高于 17.25 亿元/平方公里的样本数量少，且固定效应模型中的个体固定效应不显著，因此对这 13 个样本采用混合回归。所有模型均为固定效应。所有估计结果均采用稳健标准误。括号中为标准误。*、**、*** 分别代表系数在 0.1、0.05 和 0.01 的水平下显著。

4.4.2.4　区域层面环境规制减排机制的动态演化

前述结果清晰地刻画出环境规制的减排机制有一个动态演化的过程。在集聚经济的不同阶段，集聚的正负外部性导致在区域层面上环境规制的减排效果呈现阶段性变化。

在第一阶段，经济集聚程度低于第一门槛值。在经济集聚的初期，本地企业可能大部分属于受当地自然禀赋吸引的资源密集型产业。这些产业更加关注当地资源的可得性，其选址或迁移动机受环境规制的影响较小（Zheng and Shi，2018）。但集聚的正外部性太弱，无法吸引新建企业，而加强环境规制将阻碍新企业进入，验证了污染避难所假说。这导致加强环境规制后，工业结构中污染型产业产值占工业总产值的比重上升。即使本地企业加强了创新投入，这些创新投入也可能并不会专注于环境改善。在区域层面上，工业结构偏重污染型产业增加了整体的工业排放强度，抵消了企业创新带来的技术效应，因此，加强环境规制的后果反而是污染排放强度增加。

在第二阶段，经济集聚程度超过第一门槛值，但低于第二门槛值。正如 Zeng 和 Zhao（2009）的理论模型所证明的，在经济集聚程度达到一定水平后，污染避难所效应可以得到缓解。尽管环境规制在集聚初期阻碍了新企业的进入，但随着本地市场的规模扩张，经济集聚程度提高，正外部性带来的收益不断增加，越来越多的企业愿意进入市场。随着更多非污染型企业和优质企业的进入，地区产业结构得到改善。环境规制促使企业积极采用清洁生产技术并提高环境效率以增强竞争力。波特假说在不同行业间均得到验证。在区域层面，环境规制可以降低排放强度。但是，集聚红利引发产出规模进一步扩大，企业也倾向于增加产出以弥补减排成本。环境效率的提高可能不足以弥补因规模扩大而造成的污染排放的增加。因此，环境规制可以降低地区排放强度，但是不能降低排放密度。

在第三阶段，经济集聚程度超过第二门槛值。集聚的负外部性迅速增加，造成一定区域内的污染排放量迅速增加，环境负担过重，环境退化问题严重。环境承载力的硬约束迫使管理者执行更严格的环境管制，甚至采取关停并转等强制性措施以缩小生产规模。对于污染型企业而言，集聚的红利不足以应对高昂的合规成本。部分企业选择关闭、改造或迁移，污染避难所假说再次得到验证。在严格的环境规制和集聚红利的双重激励下，留在本地的企业则不断更新技术和设备以提高环境效率。因此，在区域层面，加强环境规制可以降低排放密度。

4.4.2.5 结论和启示

本节从环境治理主体——企业——入手，探讨了经济活动的空间集聚如何影响环境治理效果。参考已有文献，本节提出，空间集聚的正负外部性会影响企业应对环境规制的策略，从而影响环境规制的减排效果，并探讨了不同经济集聚程度下环境规制的减排路径差异。本节基于 1999—2017 年 30 个省份的面板数据，采用门槛面板模型考察了使环境规制生效的集聚经济门槛。此外，本节区分了污染物排放强度和排放密度两个减排目标，发现在采用不同的环境规制度量指标和不同的减排污染物进行回归分析后，门槛效应依然是稳健的。

环境规制对排放强度的减排效果先于排放密度。以建成区经济密度衡量，排放强度的门槛值为 3 亿元/平方公里，排放密度的门槛值为 17 亿元/平方公里（2015 年不变价）。当建成区经济密度分别超过这两个门槛值后，加强环境规制才能显著降低工业 SO_2 排放强度或排放密度。中介效应模型结果揭示了环境规制的减排作用路径。在经济集聚程度超过第一门槛值后，环境规制通过直接效应以及改善产业结构的间接效应共同降低排放强度。在经济集聚程度达到第二门槛值后，环境规制通过直接效应和控制污染产业规模、增加创新投入的间接效应降低排放密度。当集聚程度低于第一门槛值时，污染避难所假说得到验证。此时主要是因为集聚红利不足，环境规制导致污染型产业转移。当集聚程度介于第一门槛值和第二门槛值之间时，波特假说得到验证。也就是说，集聚红利吸引企业为了留在原地而增加创新投入、提高企业生产率，以适应环境规制。当集聚程度高于第二门槛值时，污染避难所假说再次得到验证，此时主要是空间集聚的负外部性过大，迫使地方政府采取强制性措施控制污染型产业规模，倒逼产业转型和污染型企业转移。

在省区尺度上，截至 2017 年，只有北京、天津、上海三个直辖市的建成区经济密度超过第二门槛值，其余省份的建成区经济密度均超过第一门槛值但低于第二门槛值。这表明，我国大多数地区处于波特假说描述的效率应对导向的环境治理阶段，少数省份进入了通过强制性的总量控制手段倒逼产业转型和污染型企业转移的环境治理阶段。集聚程度低于第一门槛值的污染避难所效应，在省区尺度上已经不复存在，只在少数局部区域可能仍然存在。

与已有文献相比，本节认为，空间集聚的外部性是有空间尺度的，必须认识到在一定的空间尺度内经济集聚会带来负外部性，空间集聚程度并非越大越好，企业层面的环境效率改善不一定能抵消区域层面的环境负外部性。当效率应对导向的环境治理无法改善区域层面的环境质量时，环境治理策略就需要转向控制产出规模、减少污染物排放总量的总量控制。由于当前超过第二门槛值、进入第三阶段的省区样本数量较少，对这个样本区间的研究有待进一步深化。

4.5 生态产品价值实现：从美丽生态走向美丽经济

4.5.1 生态产品价值实现的经济学机制

2005 年，时任浙江省省委书记习近平在浙江安吉考察时指出，当生态优势转化为经济优势时，绿水青山就成了金山银山。践行绿水青山就是金山银山的理念，关键在于促进生态优势向经济优势转化，也就是生态产品价值实现。在党的十九大精神的指引下，许多地方正在努力将生态优势转化为经济优势，浙江的丽水和安吉、江苏溧阳、四川广元等地正在积极开展生态产品价值实现的实践探索。然而，由于生态产品价值实现的理论研究相对滞后，一些地方推动生态产品价值实现的实践探索出现了偏差或面临较大的困难。本节基于浙江经验的总结，对生态产品价值实现的概念内涵和经济学机制进行了剖析，以期为生态产品价值实现的实践探索提供理论支撑。

4.5.1.1 生态产品价值的概念辨析和经济学特性

（1）生态产品价值的相关概念。

生态产品价值的相关概念主要有生态系统服务、生态系统服务价值、生态系统生产总值等。生态系统服务（Ecosystem Service，ES）是指人类从生态系统获得的所有惠益，包括产品供给服务（如提供食物和水）、生态调节服务（如控制洪水和疾病）、生态文化服务（如精神、娱乐和文化收益）以及生命支持服务（如维持地球生命生存环境的养分循环）。生态系统服务价值（Value of Ecosystem Service）是指人类直接或间接从生态系统得到的利益，主要包括向经济社会系统输入有用物质和能量、接受和转化来自经济社会系统的废弃物，以及直接向人类社会成员提供服务（如人们普遍享用洁净空气、水等资源）。

生态系统生产总值（Gross Ecosystem Product，GEP）是指生态系统为人类福祉提供的产品和服务及其经济价值总量。生态系统生产总值的其他概念界定还有：一定区域生态系统为人类福祉和经济社会可持续发展提供的最终产品与服务价值的总和，包括物质产品价值、调节服务价值和文化服务价值。GEP 核算通常是把生态系统产品与服务分解为若干子项，譬如物质产品供给、生态调节服务、生态文化服务、生命支持服务等，先核算功能量，后核算价值量，也就是对生态产品与服务进行定价，最后得出生态系统所提供的生产和服务价值的总和。以浙江丽水为例，2017 年丽水市的 GEP 为 4 672.89 亿元，其中生态物质产品价值为 160.29 亿元，仅占总值的 3.43%，但环境调节服务产品价值占总值的 55.20%，表现突出。当年丽水市的 GDP 为 1 298.2 亿元，GEP 是 GDP 的 3.6 倍。

所谓生态产品，是指在不损害生态系统稳定性和完整性的前提下，生态系统为人类生产生活所提供的物质和服务，主要包括物质产品供给、生态调节服务、生态文化服务等。也有人把提供生态系统服务的载体理解为生态产品，比如，提供生态调节服务的森林、绿地。从广义上说，生态产品可以理解为区域生态系统所提供的产品和服务的总称。生态产品价值可以定义为区域生态系统为人类生产生活所提供的最终产品与服务价值的总和。广义的生态产品价值，其本质内涵与生态系统服务价值、生态系统生产总值是相通的。

（2）生态产品的价值属性。

从价值属性来看，生态产品价值可以分为使用价值和非使用价值，使用价值又可以分为直接使用价值和间接使用价值。直接使用价值包括消费性直接使用价值和非消费性直接使用价值。消费性直接使用价值反映的是基于市场的商品和服务的货币价值，可以采用基于价格的评价方法，相对来说比较容易计算，但应注意区分社会价格和私人价格。非消费性直接使用价值往往不能通过市场价格计算，而是要采用间接的方法评价，如旅行费用法等，以体现人们对某种便利的喜好和支付意愿。

间接使用价值不能被消费者直接使用，但会间接影响到消费者的福祉。对于生态产品价值而言，间接使用价值往往与生态调节服务有关。譬如，城市绿色空间对城市生态系统的调节作用虽然不能被个体消费者直接使用，但会间接影响到城市居民的生活质量。在合理的制度设计下，间接使用价值也可能转换为直接使用价值。譬如，碳排放本身没有直接使用价值，但全球碳排放量过度增加导致地球升温，会影响人们的生产和生活，影响社会福祉。因此，把碳排放量转换为碳排放权后，碳排放权就具有直接使用价值，可以通过市场体现出来。

非使用价值是指人们在知道某种资源的存在（即使永远不会使用那种资源）后，对其存在赋予的价值。非使用价值通常也叫作存在价值。生态文化服务往往具有非使用价值的特性。譬如，优秀的传统农耕文化往往蕴含着人与自然和谐共生的理念，既是历史传承，也是重要资源，如果利用得当，有利于促进资源持续利用，改善和保护生态环境，还可以助力乡村振兴。

由此可见，生态产品价值可以分为直接使用价值、间接使用价值和非使用价值。其中，物质产品供给价值大多属于消费性直接使用价值，生态调节服务价值大多属于非消费性直接使用价值或间接使用价值，生态文化服务价值、生命支持服务价值往往属于非使用价值或间接使用价值。

（3）生态产品的经济学特性。

生态产品部分属于公共产品，部分属于公共资源。作为公共产品或公共资源，一般来说，生态产品具有以下几个经济学特性。

第一，外部性。公共产品和公共资源都具有非排他性，但公共产品是非竞争性的，公共资源则具有竞争性。从竞争性的角度看，生态调节服务和生命支持服务往往属于公共产品；物质产品供给服务、生态文化服务往往属于公共资源。无论是公共产品还是公共资源都具有外部性。从本质上讲，生态产品具有一种外部性，是生态系统服务向人类社会提供的正外部性。

生态产品的外部性会带来以下几个问题：一是公共产品的非排他性和非竞争性会引发搭便车（Free Rider），导致公共产品的供给不足。二是公共资源的非排他性和竞争性会引发公共资源的过度利用，导致资源损耗、环境污染、生态退化等负外部性（外部不经济）。因此，生态产品的外部经济是动态变化的，如果处置不当，有可能造成负面影响。

一般来说，为了克服公共产品和公共资源的外部性带来的问题，需要引入公共治理。公共治理的手段主要包括：政府提供公共产品，对公共资源利用实行一定的规制；外部成本内部化；等等。就生态产品价值实现而言，公共治理的任务既要防止公共资源过度利用带来的负外部性，又要防止搭便车导致的公共产品供给不足。公共治理的重点领域主要有：生态基础设施建设投入、生态产品经营的发展规划、生态资源利用的统筹协调和规制管理等。

第二,不可分割性。生态产品或生态系统服务具有不可分割性,不能无限细分,而且往往有一定的规模门槛。生态产品价值往往是区域生态系统整体所提供的服务价值,因此对于生态产品价值实现而言,整体规划和统筹协调就变得十分重要。许多生态基础设施建设不能依靠个体或企业自发进行,而是需要地方政府的统筹规划,甚至建设资金投入也依赖地方政府。

第三,生态产品价值取决于生态产品质量。生态产品的价值对生态产品数量不敏感,而是取决于生态产品质量。生态产品的市场是差异化市场,市场竞争是差异化竞争,而不是同质产品的数量竞争。因此,对生态产品质量的管理和维护对于生态产品价值实现具有至关重要的意义。

4.5.1.2 生态产品价值实现的经济学机制

(1) 生态产品价值实现的理论内涵。

生态产品价值实现就是生态产品价值的显性化。这是因为,生态产品的本质是生态系统服务,生态产品价值具有一种外部性,不能通过市场交易体现,往往是潜在的价值。通常情况下,可以在市场显现的生态产品价值一般是消费性直接使用价值,除此以外的生态产品价值往往难以通过市场交易体现,非使用价值尤其难以得到市场的识别和认可。因此,需要通过一定的机制设计,使生态产品价值在市场上得到显现和认可,将潜在的价值转化为现实的经济价值。

生态产品价值在市场上得到显现和认可,意味着生态产品(或生态系统服务)改善了消费者的福利(效用水平)。生态产品价值就是人们愿意为生态产品带来的福利改善而支付的相应对价。判断生态产品价值是否在市场上得到认可,以及生态产品价值大小的依据就在于,人们是否愿意为生态产品带来的福利改善而支付相应的对价。这种对价,应当包括生态产品的正外部性,以及为了保持外部性不至于下降而支出的成本。

(2) 生态产品价值实现的三要素模型。

在现实世界中,纯天然、原生态的自然资本并不能带来消费者福利的改善,只有将自然资本与相应的生态基础设施建设、生态产品经营管理结合起来,才能收到改善消费者福利的效果。生态基础设施建设投入往往以人造资本形式与自然资本相结合，并在生态资产中累积。生态基础设施包括道路桥梁、生态步道等景区旅游设施、住宿餐饮服务设施等。生态产品经营管理能力往往取决于人力资本水平。因此，生态产品价值实现不能仅仅依靠自然资本，只有通过自然资本、人造资本、人力资本三种要素的有机结合，才能向消费者提供生态系统服务价值，带来消费者福利的改善。

首先，自然资本和人造资本相结合才能实现消费者福利的改善。纯天然、原生态的自然资本虽然可以给人们带来愉悦的享受，但效果往往是受限的。如果没有人造资本的投入，自然资本单独提供的生态系统服务价值对于消费者福利改善是十分有限的。以生态旅游为例。自然风光和生态资源固然可以带给人们愉悦的享受，但如果没有对外交通运输、当地公共服务设施、住宿餐饮服务等，一方面难以吸引大量游客前往，即使有游客去了也难以提供相应的服务，导致游客体验不佳，因而难以让消费者心甘情愿地支付服务成本。因此，必须有人造资本的投入，才能实现消费者福利的大幅改善，使自然资本的生态系统服务价值在市场上得到认可。例如，浙江丽水的古堰画乡利用美丽山水这一自然资本发展生态旅游，一方面加强整体规划和统筹协调，另一方面投入大量资金改善公共基础设施，使游客体验得到了明显提升，2017 年古堰画乡的年接待游客人数达到 172.8 万人次。相比之下，云和梯田的地理位置与古堰画乡相差不远，原生态的自然资本与古堰画乡可能不分伯仲，但云和梯田的对外交通、游客接待服务等公共基础设施建设滞后，年接待游客人数只有 40 多万人次，与古堰画乡存在较大差距。

其次，纯天然、原生态的自然资本维护需要靠后天的人造资本投入。一方面，纯天然的自然资本需要维护才能得以维持；另一方面，有的自然资本可以通过维护得到提升。例如，浙江安吉是中国东南部著名的竹文化生态休闲旅游景区，由于近年来毛竹的经济价值滑坡，竹林维护面临困难，出现了毛竹成片死亡的现象，导致竹海这一生态资源面临危机。为了维护竹林，安吉县政府及竹海所在乡镇政府出面牵头，组织村民成立竹林合作社，投入资金和劳力，开辟林道，发展林下经济，保护好竹海这一生态资源。就物质产品供给服务而言，原生态的绿色产品需要进行标准认证，对产品质量进行检验，并经过流通渠道，才能送达消费者手中。为了得到更多消费者的认知，绿色产品还需要加强宣传和市场营销，有时甚至需要经过必要的加工、简易处理和包装等中间环节。浙江"丽水山耕"就是这样一个生态农业品牌，是在原生态自然资本的基础上，由地方政府投入大量资金，组织生态农业品牌的标准认证，加强生产过程质量监管和品牌农产品营销网络建设而建立起来的。2017 年，"丽水山耕"品牌的产品销售额达到 101.58 亿元。

再次，除了自然资本和人造资本之外，还需要依靠人力资本投入才能提升生态产品价值。一是生态产品经营具有不可分割性，而且有一定的规模门槛，加强整体规划和统筹协调有助于提升生态产品经营管理能力。二是生态产品价值取决于生态产品质量，对生态产品数量不敏感，而生态产品质量需要通过整体规划和统筹协调才能提升。三是部分原生态的自然资本原本处于零星分散的状态，难以吸引人造资本投入，需要通过整体规划和统筹协调，化零为整，形成规模优势，才能满足生态产品经营的不可分割性和规模门槛，吸引人造资本进入。因此，人力资本的作用主要体现在生态产品经营的整体规划和品牌营销、生态资源利用的统筹协调和规制管理、生态产品经营管理能力提升等方面。前述的浙江"丽水山耕"生态农业品牌，委托浙江大学农业品牌研究中心策划，经过品牌标准认证、过程溯源和质量监管，产生了良好的品牌溢价效果，平均溢价率超过 30%。浙江安吉正在推进"两山银行"建设，拟把全县范围内的生态资源整合起来，实现整体规划、价值提升、资源流转，其作用就在于化零为整，形成规模优势，满足生态产品经营的不可分割性和规模门槛，提高资源配置效率，吸引人造资本进入，提升生态产品经营管理能力。

最后，自然资本、人造资本、人力资本三种要素的有机结合，可以使自然资本的生态系统服务价值产生乘数效应。以生态旅游为例，如果仅有观光，那就只有门票收入加餐饮服务的收入，自然资本带来的经济效益往往是有限的。如果能够增加人造资本和人力资本投入，发展多种业态，把游客留下来，那么旅游业总收入可以成倍增加。例如，杭州西湖景区向游客免费开放后，依靠巨大客流量所带来的经济效益远远超过门票收入，乘数效应使得杭州的旅游业总收入增加了数倍。尽管许多生态旅游景区并不具备西湖景区紧邻城区的条件，但多种业态融合发展的经验仍然值得借鉴。前述的古堰画乡景区正在按照"旅游生活化、生活旅游化、生活旅游产业化"的理念推动"旅游＋"多业态融合发展，在生态旅游的基础上，促进产业链延伸，收到了良好的效果。

由此可见，所谓生态产品价值实现，实质上是自然资本、人造资本、人力资本三种要素的有机结合，实现了生态产品经营带来的消费者福利（效用）改善，使消费者愿意为此支付相应的对价，从而让生态产品价值在市场上得到认可和接受。

（3）生态产品价值实现的报酬分配。

生态产品价值实现需要区分自然资本、人造资本、人力资本的要素报酬。我们观察到的生态系统服务价值或者生态产品价值，往往是自然资本、人造资本、人力资本三者结合带来的消费者福利改善，既包括归属于自然资本的要素报酬，也包括归属于人造资本、人力资本的要素报酬。归属于自然资本的要素报酬是由先天的自然资本禀赋带来的，并不属于特定的个人或集体，而是属于全社会的。但是，如果先天的自然资本是归属于某个特定的个人或集体，那么归属于自然资本的要素报酬应该归自然资本的所有者拥有。自然资本需要维护，如果维护得当，自然资本的价值有可能实现增值。维护自然资本的投入，应当获得回报。此外，如果由于人造资本和人力资本的投入，自然资本的价值有所增值，那么增值部分的利益应当归属于为此做出贡献的投入者。归属于人造资本、人力资本的要素报酬是后天的人为投入带来的，可以归属于特定的个人或集体，应该本着谁投资谁受益的原则分配要素报酬。

因此，从投资回报的角度看，在生态产品价值实现的过程中，维护自然资本的投入、生态基础设施建设的人造资本投入、生态产品经营管理的人力资本投入，是构成投资者报酬的三大来源。

从要素报酬分配的视角看，生态产品价值的实现途径不外乎三种：增加维护自然资本的投入；增加生态基础设施建设的人造资本投入；增加生态产品经营管理的人力资本投入。但单一投入的增加往往不能达到好的效果，只有综合考虑多种投入，实现三种要素（资本）的有机结合，才能产生良好的生态经济效果。

4.5.2　美丽乡村建设推动美丽生态走向美丽经济

推动中国经济绿色发展，首先要实现经济增长与资源环境负荷的脱钩，改善环境可持续性；其次要让绿水青山成为金山银山，使资源环境可持续性成为生产力，促进经济增长。过去十多年来，浙江开展了"千村示范、万村整治"工程，推进农村人居环境整治，通过美丽乡村建设，在推动美丽生态转化为美丽经济方面取得了成功经验，已成为绿色发展的生动实践（郁建兴和石敏俊，2018）。

4.5.2.1　浙江"千村示范、万村整治"工程的主要做法

2018 年 9 月 27 日，浙江省"千村示范、万村整治"工程被联合国授予"地球卫士奖"。2003 年，面对经济发展与农村人居环境需求之间的突出矛盾，浙江省委、省政府做出了实施"千村示范、万村整治"工程的重大决策，时任省委书记习近平亲自部署，启动了以农村人居环境改善为核心的村庄整治建设行动，从全省近 4 万个村庄中选择 1 万个左右行政村进行全面整治，把 1 000 个左右中心村建设成为全面小康示范村。15 年来，浙江省依托"三改一拆"、"五水共治"、小城镇环境综合整治等抓手，从农村人居环境、基础设施、公共服务建设起步，不断拓展整治内容，形成了整体推进美丽乡村建设的格局。

浙江"千村示范、万村整治"工程经历了三个阶段：一是 2003—2007 年的"示范引领"阶段。1 万多个建制村率先推进农村道路硬化、垃圾收集、卫生改厕、河沟清淤、村庄绿化，5 年建成 1 811 个全面小康示范村和 10 303 个环境整治村。二是 2008—2012 年的"整体推进"阶段。整治内容拓展到生活污水治理、畜禽粪便、化肥农药等面源污染整治和农村住房改造，3 年对 1.7 万个村实施了村庄环境综合整治。三是 2013 年以来的"深化提升"阶段，启动农村生活污水治理攻坚、农村生活垃圾分类处理试点、历史文化村落保护利用等，5 年创建了 58 个美丽乡村先进县。截至 2017 年底，全省累计约 2.7 万个建制村完成村庄整治建设，占全省建制村总数的 97%；生活垃圾集中收集有效处理实现建制村全覆盖，41% 的建制村（11 475 个村）实施了生活垃圾分类处理；90% 的乡村实施了生活污水有效治理，74% 的农户厕所污水、厨房污水和洗涤污水得到治

理。2018年4月，习近平就浙江"千村示范、万村整治"工程做出指示："要结合实施农村人居环境整治三年行动计划和乡村振兴战略，进一步推广浙江好的经验做法，建设好生态宜居的美丽乡村。"

作为绿色发展的生动实践，浙江"千村示范、万村整治"工程的做法有以下几个主要特点：

（1）宁要绿水青山，不要金山银山，坚定推进村庄环境整治。

2002年，浙江农村面临着"成长的烦恼"。改革开放以来，浙江经济迅猛发展，经济水平跃居全国前列，但农村环境治理滞后成为明显的"短板"，环境脏乱差现象普遍存在，"垃圾无处去、污水到处流"是当时浙江农村的真实写照。"千村示范、万村整治"工程从农村环境脏乱差问题入手，逐步开展了垃圾收集、卫生改厕、河沟清淤、生活污水治理、畜禽粪便和化肥农药等面源污染治理，目的是减轻经济增长带来的资源环境负荷，改善农村生态环境。在金山银山和绿水青山发生冲突时，坚持宁要绿水青山不要金山银山的理念，即使对生产和生活存在短期影响，也要坚决推进环境治理。

桐庐环溪村的变迁是浙江"千村示范、万村整治"工程的一个缩影。环溪村曾经是远近闻名的垃圾村，由于生产箱包的小作坊遍布村庄，工业垃圾和生活垃圾堆满了村前屋后。随着"千村示范、万村整治"工程的实施，环溪村首先抓生态河道的治理工程，然后抓农户生活污水的截污纳管，最后实施人居环境提升工程。2008年，环溪村投入280万元，在村里新建了9个生活污水池，农户全部实现截污纳入污水管道。同时，投资800万元，对环溪村6公里河道实施生态治理。经过近十年的治理，如今的环溪村已变成闻名遐迩的美丽乡村景点。街巷洁静，流水潺潺，民居掩映于绿草鲜花间。村口的人工湿地里隐藏着一个污水处理池，家家户户的生活污水都排入池里，经过滤净化后排出。生活垃圾按"可堆肥"、"不可堆肥"进行分类，由专人清运。

（2）以生态治理促特色经济，使绿水青山成为金山银山。

在整治农村人居环境的同时，"千村示范、万村整治"工程通过生态治理促进特色经济发展，以绿色发展助推乡村振兴。2004年7月26日，时任浙江省委书记习近平在全省"千村示范、万村整治"工作现场会上指出："千村示范、万村整治"作为一项"生态工程"，既保护了"绿水青山"，又带来了"金山银山"，使越来越多的村庄成了绿色生态富民家园，形成经济生态化、生态经济化的良性循环。在生态资源、田园风光资源逐渐转化为发展优势的过程中，乡村旅游成为浙江旅游经济的新增长点，为农民增收做出了重要贡献。2017 年，浙江省农民人均纯收入达到 24 956元，农家乐接待游客 3.4 亿人次，营业总收入达到 353.8 亿元。

安吉余村曾经是当地规模最大的石灰石开采区，过去大力发展矿山经济，采石矿、造水泥、烧石灰，全村一半以上家庭有人在矿区务工，矿山经济每年给余村带来了 300 多万元净利润，但矿山、水泥厂的污染使得余村常年笼罩在烟尘中，导致土地裸露、水土流失、扬尘四起、黑雾冲天、粉尘蔽日。2003 年 7 月，浙江做出了建设"绿色浙江"的决策后，余村开始痛下决心，关停矿山和水泥厂，探寻绿色发展新模式。他们把全村划分成生态旅游区、美丽宜居区和田园观光区 3 个区块，投资建设荷花山景区，经过 12 年的努力，率先建成了安吉县美丽乡村精品村。2016 年，到访余村的游客达 30 多万人次，实现旅游收入 2 000 多万元，村民人均收入达 3.58 万元。2005 年 8 月 15 日，习近平考察余村，首次提出了"绿水青山就是金山银山"的科学论断。2005 年 8 月 24 日，习近平在《浙江日报》"之江新语"栏目发表评论《绿水青山也是金山银山》，明确指出：如果把"生态环境优势转化为生态农业、生态工业、生态旅游等生态经济的优势，那么绿水青山也就变成了金山银山"。

4.5.2.2　努力增加农村公共产品供给，为美丽乡村建设提供先驱探索和实践经验

我国发展不平衡不充分的问题在乡村最为突出，乡村是建设美丽中国的最大"短板"。改善农村人居环境，建设美丽乡村，是实施乡村振兴战略的一项重要任务，事关全面建成小康社会。2018 年 2 月，中共中央、国务院印发了《农村人居环境整治三年行动方案》。当前，农村人居环境状况与全面建成小康社会要求和广大农民期盼还有较大差距，美丽乡村建设面临诸多障碍因素的挑战，尤其是农村民生领域欠账较多，农村基础设施建设滞后，农村环境和生态问题突出，乡村治理体系和治理能力亟待强化。

浙江"千村示范、万村整治"工程在农村人居环境治理体系和治理能力

建设、增加农村公共产品供给、推动生产、生活、生态"三生"融合等方面开展了先驱性探索，为建设生态宜居的美丽乡村提供了多方面的实践经验。

（1）重视农村人居环境治理体系和治理能力建设。

当前经济发展与农村人居环境需求之间的矛盾突出，其背后的深层次原因是农村人居环境治理体系和治理能力建设滞后。浙江省"千村示范、万村整治"工程从以下几个方面加强了农村人居环境治理体系和治理能力建设。

一是提升环境保护意识，激发环境治理积极性。农村人居环境治理往往面临资金缺乏、组织化程度低、自主治理收效差等困难，"千村示范、万村整治"工程在尊重农民意愿的基础上加大财政支持力度，同时设立驻村特派员和指导员制度，引导和组织农村人居环境治理，激发了村民参与环境治理的积极性。台州市路桥区金大田村过去垃圾遍地，臭气熏天，村民日夜紧闭门窗，苦不堪言，但环境治理缺乏组织，长期以来垃圾清理收效甚微。"千村示范、万村整治"工程开始实施后，村民人人动手，个个争先，全村清扫出 500 多吨垃圾。桐庐环溪村的生态治理与桐庐县"清水治污"工程的支持密不可分。村民联户合建了污水处理池，生活污水通过管道流入污水处理池，通过简易厌氧池、湿地处理池、沉砂池层层过滤净化后，主要污染物去除率达到 60% 以上，污水处理池排出的水质达到了国家一级排放标准。

二是强化环境整治绩效考核，加强环境治理监督。浙江省在 2003 年启动"千村示范、万村整治"工程时，制定了对全省 10 303 个建制村进行初步整治、把其中 1 181 个建制村建成"全面小康建设示范村"的规划，对列入整治规划的村庄确定了人居环境整治的考核指标，省委、省政府每年围绕一个重点，召开"千村示范、万村整治"工程现场会，省委主要领导亲自抓检查、抓推进、抓落实。进入第二、第三阶段后，村庄整治内容不断拓展，村庄整治数量不断增加，但农村环境整治的考核机制不变，形成了"一届接着一届干、一年接着一年抓，一级抓一级，层层抓落实"的美丽乡村建设推进机制。

三是鼓励社会参与，构建多元共治格局。2006 年 1 月，习近平在调研"千村示范、万村整治"工程时强调，农村人居环境整治必须由党委、政府牵头，各部门广泛参与，要加大财政支持的力度，充分调动广大农民群众的积极性，引导千百万农民为建设自己的美好家园和幸福生活而共同努力。农民是"千村示范、万村整治"工程的建设者和受益者,必须充分尊重农民的意愿。在美丽乡村建设规划编制过程中,政府把农民的参与贯穿于规划编制与实施的全过程,确定了农民深度参与的规划实施方案,确保农民了解规划、支持规划并参与规划实施。在鼓励社会参与、多元共治的方针指导下,激发了农民改善人居环境、参与村庄整治的内生动力,逐步形成了村庄整治的多元共治格局。

(2) 保障美丽乡村建设资金投入,增加农村公共产品供给。

美丽乡村建设离不开农村公共产品供给的增加,道路硬化、河道生态整治、污水处理设施建设等农村人居环境整治都需要大量资金投入,而乡镇财政薄弱正是困扰农村人居环境整治的重要制约因素。"千村示范、万村整治"工程确定了政府主导和农民主体并重的投入机制,省政府陆续出台了设立农业产业化扶持资金、财政预算内农业投入资金成倍翻番等政策,保障村庄环境整治的资金投入;之后,依托"三改一拆"、"五水共治"、小城镇环境综合整治,资金投入渠道不断拓展。譬如,"五水共治"确定了政府引导、企业为主、社会参与的多元化投入机制,以地方财政为主、省级财政为辅,明确每年将 $3\% \sim 5\%$ 的土地出让收入用于治水。有的地方还通过发行治水债券来募集资金。"千村示范、万村整治"工程抓住了农村公共产品供给的牛鼻子,村庄环境整治的顺利推进也得益于资金投入保障。

(3) 美丽生态、美丽经济、美好生活,"三美融合"建设美丽乡村。

乡村振兴战略提出了"产业兴旺、生态宜居、乡风文明、治理有效、生活富裕"的要求,生态宜居是乡村振兴的关键。经过污水处理、垃圾清理等环境整治,村庄环境变得优美,农村基础设施和公共服务配套得到改善,生态宜居为浙江农村巧借山水、盘活资源、经营村庄开创了机遇。浙江的农家乐经营大都是在村庄整治、历史文化村落保护和美丽乡村建设成果的基础上发展起来的。2010 年,浙江省制订了"美丽乡村建设行动计划",成为"千村示范、万村整治"工程的 2.0 版。"千村示范、万村整治"工程从美丽生态到美丽经济,再到美好生活,"三美融合"实现了生产、生活和生态"三生"融合,成为美丽乡村建设的成功经验。

(4) 因地制宜,精准施策,规划引领,点面结合。

"千村示范、万村整治"工程在实施过程中十分注意坚持以下几条原则:

一是坚持"因地制宜、精准施策"的原则。本着实事求是、村庄整治不能超越发展阶段的方针，把握好整治力度、建设深度、推进速度、财力承受度以及农民接受度，确定村庄整治的重点，不搞"一刀切"，不搞大拆大建，注重村庄的特色与个性，强调人与自然的和谐、村庄形态与生态环境的相得益彰。有的村庄整治侧重于村道硬化、垃圾收集、卫生改厕、河沟清淤、村庄绿化，有的村庄整治则以历史文化村落保护为主。

二是坚持"不规划不设计、不设计不施工"的原则。"千村示范、万村整治"工程在实施初期就用七分力量抓规划、三分力量搞建设，形成了以美丽乡村建设总体规划为龙头，县域村庄布局规划、村庄整治建设规划、中心村建设规划、历史文化村落保护利用规划等专项规划相互衔接的规划体系，保障了美丽乡村建设的有序推进。全省85%的规划保留村、43个历史文化村落保护利用重点村、217个历史文化村落保护利用一般村、200个中心镇、3 468个中心村在2012年完成了规划编制。

三是坚持"点上整治和全面建设相结合"的原则。"千村示范、万村整治"工程把乡村看成一个整体，每年启动约200个乡镇的全域性整乡整镇人居环境整治，将所有村庄一次性打包整治，避免形成"走过几个垃圾村来到一个新农村"的现象。

习近平指出，要"建设好生态宜居的美丽乡村，让广大农民有更多获得感幸福感"。浙江"千村示范、万村整治"工程持续开展农村人居环境整治行动，建设美丽乡村，为老百姓留住鸟语花香、田园风光书写了打造美丽浙江的宏伟篇章，同时也为发展中国家的美丽乡村建设提供了中国经验。发展中国家的大多数人口居住在农村，普遍面临着农村基础设施建设滞后、农村环境脏乱差等问题，建设美丽乡村是广大发展中国家的共同课题。中国提出了共建"一带一路"倡议，倡导构建人类命运共同体，做全球发展的贡献者。浙江"千村示范、万村整治"工程的成功实践恰逢其时，可以在共建"一带一路"倡议下，为发展中国家建设生态宜居的美丽乡村提供中国经验。

本章小结

本章探讨了中国经济绿色发展的若干关键问题。绿色发展既要做减法，也要做加法。所谓减法，是要减轻经济增长带来的资源环境负荷，实现经济增长与资源环境负荷的脱钩。所谓加法，是要增加生态产品价值对经济增长的贡献，推动绿水青山转化为金山银山。在做减法方面，主要是发挥自然承载力约束对于产业绿色转型的引导作用；加快绿色技术的推广应用，对传统产业进行绿色改造；提高环境治理的有效性；等等。在做加法方面，主要是推动生态产品价值实现，促进美丽生态转化为美丽经济。

自然承载力具有不可替代性、不可流动性和不可超越性，可以对一个区域的经济社会发展形成硬约束，这种硬约束通过制度和政策设计，可以起到倒逼产业转型、引导产业转移的作用，促进产业结构优化和产业布局优化，推动经济系统绿色转型。本章第 1 节的分析表明，自然承载力约束是强可持续发展范式的有力政策抓手。对京津冀地区的案例分析表明，水资源承载力约束可以起到倒逼产业结构优化的作用，但自然承载力约束的引导和倒逼作用需要通过设计合理的环境规制政策才能实现。

在发挥自然承载力的约束作用、推动经济系统绿色转型的同时，绿色发展也要鼓励绿色技术的研发和推广，对传统产业进行绿色改造。本章第 2 节分析了绿色技术的经济性，为了解产业绿色转型的成本提供了数据基础。对低碳技术经济性的分析结果表明，碳定价可以改变绿色技术的经济性，起到鼓励绿色技术应用的效果。在不同的碳价下，绿色技术的经济性有所不同，提高碳价有助于更多的绿色技术进入产业化应用。

本章重点关注环境治理的两大主体——地方政府和企业。本章第 3 节分析了地方政府行为的影响因素以及地方政府政策目标转换对环境治理效果的影响。第 4 节分析了空间集聚的正负外部性如何影响企业对环境规制的行为响应，进而分析了它对环境规制效果产生的非线性作用。历史经验表明，地方政府的政策目标随着经济发展水平的提高逐渐从经济增长优先转向环境保护优先，这影响了环境治理的有效性。从推动经济系统绿色转型的需要看，欠发达地区的地方政府应制定有效的环境保护政策，而不是等经济发展到一定水平后再治理环境，避免走"先污染后治理"的老路，中央政府应努力使地方政府的利益与绿色发展的整体目标一致。由于集聚红利的大小会影响到企业应对环境规制的行为响应，环境规制效果会随着经济集聚程度的变化表现为波特假说和污染避难所效应的交替呈现。在一定的经济集聚程度下，企业会通过增加创新投入、加快技术进步、提升企业生产率来应对环境规制带来的额外成本。超过一定的经济集聚程度后，负外部性过大会导致效率应对导向不足以解决环境问题，自然承载力的约束作用显现，迫使地方政府采取强制性措施，倒逼污染型产业外迁、产业转型升级。此时呈现出的污染避难所效应，是强制性的总量控制措施倒逼的污染型产业转移，与集聚红利不足时利润驱动的污染型产业转移在机理上有所不同。因此，设计合理的环境规制政策，必须充分认识地方政府行为机制以及不同的经济集聚程度下企业对环境规制的行为响应差异。从省区尺度上看，我国大多数省份仍处于波特假说描述的效率应对导向的环境治理阶段，只有少数省份进入了强制性的总量控制手段倒逼产业转型和污染型产业转移的环境治理阶段。

生态产品价值实现不能单纯依靠纯自然、原生态的自然资本，而是要使其与人造资本、人力资本相结合。如同第1章所述，人造资本投入的作用不仅在于替代自然资本，克服自然资本减少带来的增长极限，而且体现在与自然资本相结合，促进自然资本的保护和生态产品价值转化。本章第5节详细分析了生态产品价值实现的经济学机制，提出了三要素有机结合的理论框架。浙江农村人居环境整治"千村示范、万村整治"工程的经验表明，保障美丽乡村建设资金投入，增加地方公共产品供给，是保护美丽生态并使其转化为美丽经济和美丽生活的必要保障。

本章关于生态产品价值实现机制的讨论，提供了以下政策启示：第一，充分认识自然资本、人造资本、人力资本三要素结合对于生态产品价值实现的重要性，高度重视人造资本和人力资本投入。第二，充分认识生态产品经营的不可分割性和规模门槛，加强生态产品经营的整体规划和统筹协调，一方面保持和提升生态产品的质量，另一方面改进生态产品经营的整体性，增强对人造资本进入的吸引力。第三，充分认识生态产品价值取决于生态产品质量的特性，以质取胜，下大力气改善生态产品质量，提升消费者满意度。第四，充分认识生态产品的公共属性，根据生态产品经营的投入机制，合理制定生态产品价值实现的报酬分配机制。

附表 4 - A　河北北部地区实际产出与最优产出对比

单位：亿元

部门	区域合计			张家口			承德			秦皇岛		
	实际产出	最优产出	变动率(%)	实际产出	最优产出	变动率(%)	实际产出	最优产出	变动率(%)	实际产出	最优产出	变动率(%)
农业	958	479	-50	367	183	-50	317	159	-50	274	137	-50
采矿业	1 218	609	-50	315	158	-50	771	385	-50	132	66	-50
食品制造业	725	910	26	215	276	29	238	338	42	272	295	9
轻工业	62	63	3	24	12	-50	13	39	200	25	12	-50
石油炼焦和化学工业	300	230	-23	48	24	-50	112	136	22	140	70	-50
非金属矿物制品业	177	146	-18	38	19	-50	69	92	33	69	35	-50
金属冶炼及压延加工业	1 679	1786	6	307	153	-50	871	920	6	502	713	42
机械设备制造业	475	807	70	121	187	55	45	69	54	309	551	78
电气机械和电子通信业	142	221	56	30	67	121	53	73	38	59	82	38
其他制造业	89	97	9	24	31	26	17	38	123	48	29	-40
电力、热力及水的生产和供应业	641	321	-50	317	158	-50	171	86	-50	153	77	-50
建筑业	820	1 012	23	312	498	59	263	392	49	245	123	-50
交通运输业	743	599	-19	297	148	-50	183	186	2	264	265	0
批发和零售业	420	587	40	159	233	46	82	117	43	178	238	33
住宿和餐饮业	173	87	-50	48	24	-50	40	20	-50	85	42	-50
其他服务业	1 297	1 661	28	382	504	32	421	556	32	493	600	22
合计	9 919	9 615	-3	3 005	2 677	-11	3 666	3 605	-2	3 248	3 333	3

附表 4-B 河北中部地区实际产出与最优产出对比

单位：亿元

部门	区域合计			廊坊			沧州			唐山			保定		
	实际产出	最优产出	变动率(%)	实际产出	最优产出	变动率(%)	实际产出	最优产出	变动率(%)	实际产出	最优产出	变动率(%)	实际产出	最优产出	变动率(%)
农业	2 790	1 395	-50	362	181	-50	576	288	-50	819	409	-50	1 034	517	-50
采矿业	2 978	1 723	-42	41	21	-50	206	103	-50	2 571	1 520	-41	160	80	-50
食品制造业	1 163	1 294	11	413	351	-15	245	282	15	212	254	20	294	406	38
轻工业	2 034	3 437	69	412	2 015	389	344	678	97	128	168	32	1 150	575	-50
石油炼焦和化学工业	3 855	2 715	-30	288	144	-50	1 836	918	-50	984	1 279	30	747	373	-50
非金属矿物制品业	907	1 259	39	116	187	61	171	244	43	463	750	62	157	79	-50
金属冶炼及压延加工业	7 274	8 973	23	1 060	530	-50	1 021	1 241	22	4 587	6 899	50	607	303	-50
机械设备制造业	3 650	5 094	40	506	556	10	752	1 040	38	746	958	28	1 647	2 541	54
电气机械和电子通信业	884	1 561	77	191	202	6	406	635	56	110	198	80	177	526	197
其他制造业	2 024	2 812	39	261	295	13	539	759	41	1 017	1 169	15	207	588	184
电力、热力及水的生产和供应业	1 149	574	-50	228	114	-50	237	119	-50	589	294	-50	95	47	-50
建筑业	2 817	2 832	1	631	641	2	447	450	1	704	705	0	1 035	1 035	0
交通运输业	2 484	2 614	5	104	108	4	538	593	10	1 532	1 592	4	310	319	3
批发和零售业	1 132	1 177	4	131	132	1	216	230	6	540	567	5	245	248	1
住宿和餐饮业	394	197	-50	73	36	-50	81	40	-50	134	67	-50	106	53	-50
其他服务业	3 552	3 719	5	800	809	1	918	995	8	922	975	6	913	940	3
合计	39 087	41 376	6	5 617	6 323	13	8 530	8 616	1	16 057	17 805	11	8 883	8 631	-3

附表 4 - C 河北南部地区实际产出与最优产出对比

单位：亿元

部门	区域合计			石家庄			邯郸			邢台			衡水		
	实际产出	最优产出	变动率(%)	实际产出	最优产出	变动率(%)	实际产出	最优产出	变动率(%)	实际产出	最优产出	变动率(%)	实际产出	最优产出	变动率(%)
农业	2 286	1 143	-50	787	394	-50	718	359	-50	420	210	-50	361	180	-50
采矿业	1 159	579	-50	269	134	-50	518	259	-50	372	186	-50	0	0	—
食品制造业	1 997	2 035	2	947	1 001	6	636	654	3	299	266	-11	116	114	-2
轻工业	3 363	5 351	59	2 060	3 545	72	438	1173	168	368	384	5	497	249	-50
石油炼焦和化学工业	3 482	2 512	-28	2 120	1 060	-50	514	1028	100	589	295	-50	259	130	-50
非金属矿物制品业	1 068	1 676	57	559	793	42	197	566	187	245	283	16	67	34	-50
金属冶炼及压延加工业	4 572	3 578	-22	875	1 582	81	2 892	1 446	-50	540	321	-41	265	229	-14
机械设备制造业	1 656	2 399	45	601	1 144	90	414	588	42	385	361	-6	256	306	19
电气机械和电子通信业	920	1 287	40	405	571	41	143	315	121	335	360	8	38	40	7
其他制造业	692	2 071	199	412	1 113	170	154	781	408	37	57	56	89	119	34
电力、热力及水的生产和供应业	1 256	628	-50	426	213	-50	384	192	-50	251	126	-50	195	98	-50
建筑业	2 062	2 080	1	1 121	1 123	0	582	291	-50	216	594	175	143	72	-50
交通运输业	1 986	2 493	26	881	1 047	19	784	861	10	222	484	118	97	101	4
批发和零售业	1 098	1 500	37	537	910	69	318	319	0	139	160	15	104	110	6
住宿和餐饮业	357	226	-37	156	78	-50	121	60	-50	55	75	36	26	13	-50
其他服务业	3 368	3 977	18	1 640	1 855	13	990	1 057	7	460	808	76	278	257	-8
合计	31 324	33 536	7	13 797	16 564	20	9 802	9 950	2	4 933	4 970	1	2 792	2 051	-27

第5章 中国经济绿色发展的政策创新

5.1 基于强可持续发展范式的环境底线政策

5.1.1 环境底线政策的含义

在本书中，环境底线是广义的，它代表社会经济可持续发展的自然资本、环境和生态的绿色边界，是强可持续发展范式下关键自然资本的底线。关键自然资本是指一系列在人类社会中发挥基础功能的自然资本，其他各种人造资本以及现存的其他自然资本都无法替代它们。"不可替代的重要的生态和生命支持功能"是关键自然资本的核心所在。与此同时，环境底线政策更多强调从自然资本、环境和生态的"质"的角度去划定社会经济可持续发展的绿色边界。

5.1.2 如何制定环境底线政策体系

5.1.2.1 环境底线划定的原则

已有的环境底线相关研究主要是从自然科学的角度来界定人类发展的"环境安全界限"，尚未考虑经济和社会的因素。在现实中，一些自然边界的突破将可能造成巨大的经济和社会损失，虽然自然系统仍然能够维持，但另外两个可持续发展的支柱——经济和社会——将不可持续。在确定环境底线时，不仅要考虑自然原则，而且要考虑经济原则和社会原则。

（1）自然原则。

环境底线划定的自然原则是指要遵循自然可持续原则，对不同性质的资源区分处理。对一些关键自然资本，如饮用水源和大气环境质量，底线应该定在自然系统能够持续提供基本生命支持功能和生态服务功能的范围内。对另一些关键自然资本，如一般地表水，底线可以定在短期内，即可自我恢复更新的阈值之内，以保持自然系统的持续性和稳定性。对非关键自然资本，如小范围的土壤表层植被，可考虑人工可修复原则，即底线可定在已知的技术经济条件下，生态环境功能可人工修复。

（2）经济原则。

环境底线划定的经济原则主要是指经济效率原则。对于部分自然资本，尽管使用和消耗在自然可持续或可恢复范围内，但在一定阈值之后，其对社会经济的负面影响会急剧增加，导致短期的巨大经济损失或长期的不确定负面经济效应。比如，在一定程度的空气污染下，人们仍然能够生存，而且无论空气质量如何恶化，自然都能够在一定条件下自我恢复。但是，空气质量恶化到一定程度之后，人类的健康和心理疾病会急剧增加，一个地区的社会经济活动也会受到巨大负面影响。因此，虽然空气质量具备自然可恢复条件，但必须设定一条底线。

从理论上讲，经济原则既要考虑成本又要考虑效益。自然资本使用的最优水平应该是边际成本等于边际效益时的水平。但由于成本和效益估算的复杂性，划定环境底线的主要目的是避免自然资本过量使用所带来的巨大损失，环境底线划定的经济原则可以简化为自然资本使用边界应限制在边际损失急剧上升之前。

（3）社会原则。

环境底线划定的社会原则是指除考虑自然和经济因素外，还要考虑社会心理承受能力，即环境底线所对应的环境资源水平不能低于绝大部分人的最低可接受程度，即使这个环境资源水平可能并没有突破环境底线的自然原则和经济原则。

以大气环境质量为例，在一定的污染水平上，即使大气环境仍然可以支持基本生命功能，空气质量能够自我恢复，也不会造成重大健康或经济损失，但如果有足够多的人群在心理上不接受这个污染水平，就会导致社会不稳定。

5.1.2.2 划定环境底线的重点环境领域

（1）大气环境领域。

近年来，以可吸入颗粒物（PM10）、细颗粒物（PM2.5）为典型污染物的区域性大气污染日益突出，损害了国民健康，影响到社会和谐稳定。随着工业化、城镇化的深入推进，能源消耗持续增加，大气污染防治压力不断增大。2013年，国家发布了"大气国十条"，划定了不同地区大气污染防治的环境底线，实施差异化污染治理策略。"大气国十条"的出台对于现阶段大气污染防治的有效推进具有非常重要的意义。

在大气环境领域中，近期重点关注的区域应该是大气环境污染严重、存在较大健康风险或较大环境污染事故风险的区域，这些区域往往是最有可能接近、达到或突破环境底线的地方。比如，城市空气质量排名最差的城市，如临汾、邢台、石家庄、保定等地，无论从自然、经济还是市民的心理承受能力看，可能都突破了环境底线。近年来企业有毒有害气体排放导致附近村民健康受损的事件屡见不鲜。这类大气环境污染事件已经超出国家和社会公众的心理底线。

（2）水环境领域。

《2013中国环境状况公报》显示，长江、黄河、珠江、松花江、淮河、海河等十大水系的国控断面中，IV～V类和劣V类水质的断面比例分别为19.3%和9.0%。4 778个地下水监测点位中，较差和极差水质的监测点位所占比例为59.6%。面对这一局面，国家制定了《水污染防治行动计划》，其核心就是要改善水环境质量，重点是抓两头（一头是对污染重的区域坚决治理，另一头是对水质较好的河湖坚决保护），不能再走"先污染后治理"的老路。划定环境底线有助于水污染重点治理的推进。

水环境领域突破环境底线的例子不少。比如，昆明滇池水污染严重，不仅造成了水生态破坏，生物多样性丧失，也造成了渔业等领域的经济损失。近年来，有关"癌症村"的报道不断出现。2009年《凤凰周刊》报道了我国百处致癌危地，"癌症村"分布图和水质图惊人地相似（刘宝森等，2013）。大多数报道将癌症等疾病高发的矛头指向饮用水污染。我国数十个"癌症村"中，有64个是水污染导致的。

（3）土壤环境领域。

首次全国土壤普查结果显示，从点位监测看，全国土壤环境的超标率达到 16.1%，耕地点位超标率（土壤超标点位的数量占调查点位总数量的比例）高达 19.4%。重金属镉污染加重，全国土地镉含量增幅最大超过 50%。在土壤环境领域中，急需治理的区域主要是土壤污染严重超标、存在较大健康风险或存在较大环境污染事故风险的区域。土壤环境领域突破环境底线的例子也有很多。以土壤重金属污染为例，2013 年广州市食品药品监督管理局网站公布了第一季度餐饮食品抽验结果，其中一项为 44.4% 的大米及米制品抽检产品发现镉超标。广州市食品药品监督管理局共抽检 18 个批次，有 8 个批次不合格；在广东省食品安全委员会办公室网站公布的抽检的 31 个批次的不合格大米中，有 14 个批次来自湖南，镉含量从每公斤 0.26 毫克到每公斤 0.93 毫克不等。持续发酵的超标镉大米事件不仅导致湖南、江西、广东等地的大米销路遇阻，而且让公众对农田污染给百姓餐桌带来的直接健康威胁产生了新的担忧。

（4）生态健康领域。

生态系统在保障国家生态安全和社会经济可持续发展方面起着非常关键的作用。Costanza 等（1997）发表在 *Nature* 上的《全球生态系统服务功能价值和自然资本》一文认为，生态系统服务功能可以归纳为大气调节、气候调节、土壤形成、水土保持、基因资源等 17 大类。划定生态健康领域的环境底线，就是为了保证生态系统能够持续提供基本的生命支持功能和生态服务功能，保证生态系统在最低限度内正常运转。

具体来讲，划定生态领域的环境底线，是要进一步识别出那些接近、达到或突破环境底线的区域。对于生态红线划定中确定的具有重要生态功能的区域、生态敏感和脆弱的区域、禁止开发的区域以及生态破坏较为严重的区域，应当进一步论证，从自然、经济和社会角度识别出最急需治理的区域，并提出改进措施。接近和突破生态健康领域环境底线的例子非常多。以湿地为例，在内蒙古，运煤公路修进了石人湾湿地核心保护区；在黑龙江，虎林珍宝岛国家自然保护区内的千亩湿地已被毁，变成了耕地；哈尔滨松北区一块广阔的江滩湿地，数年前被开辟成了一处非法采砂场；在山东胶州湾，大片海滩"变身"经济开发区，化工厂林立。遭到破坏的湿地，水质恶化、"藏污纳垢"，不少生物濒临灭绝。如果不对这种状况加以遏制，将会给人类带来更大的灾难。

5.1.2.3 环境底线的危机评级

在实际技术操作中，环境底线的位置往往具有不确定性，存在一个模糊区间。如果将接近底线的区域用黄色表示，突破环境底线的概率较高的区域用红色表示，那么环境底线可表征为一个由黄色区域和红色区域组成的边界区域，而不是一条狭义的边界线。如果把肯定没有达到环境底线的区域用绿色表示，明显超越环境底线的区域用黑色表示，一个地区的自然生态状态与环境底线的关系可用表5-1表示。

表5-1 环境底线危机评级及其含义

评级颜色	警示含义
绿	安全：远离环境底线边界，可维持现有发展战略和政策措施
黄	预警：有一定的触及环境底线的可能性，需高度重视，注意防控
红	警告：环境底线极有可能已被突破，需采取针对性措施
黑	严重警告：已超越环境底线，需果断采取补救措施

一旦在全国范围内完成环境底线核定，并将危机评级用上述颜色在地图上表征出来，那么最应受到紧急关注的重点环境问题和领域以及所在地区就会清晰地展现在各级政府和全社会面前。

5.1.3 如何实施环境底线政策

5.1.3.1 明确环境底线政策的体制机制

（1）实施主体：中央与地方的职责划分。

划定环境底线，不仅要确定划定的原则，而且要明确主体及其职责。环境底线划定可采取国家和地方自上而下及自下而上相结合的办法。具体来说，国家层面负责确定环境底线划定的原则、技术标准和指南，环境底线的划定、调整、评估考核等综合管理工作，并对触及或超越环境底线的区域或流域进行重点监督；地方层面可根据本区域内自然、经济和社会实际情况，对相关生态环境资源划定具体底线。地方政府是环境底线管理的责任主体，应颁布本辖区环境底线划定和实施规划，并将环境底线的管理纳入国民经济和社会发展规划。

（2）组织机构和保障机制。

要促进环境底线政策的顺利制定和实施，需在组织机构、人员、经费、工作机制和相关制度等方面给予保障，成立专门的机构或者领导小组负责环境底线的划定、调整、评估考核等综合管理工作，保证必要的专业人员和工作经费，加强环境底线划定技术和政策的培训，加强政府各部门间的合作联动，建立健全环境底线评估和考核制度，确保环境底线政策的制定和实施工作顺利进行。

（3）环境底线政策的法规和政策体系。

我国应在总结国内生态红线等政策法规效果的基础上参考国际相关做法，出台环境底线相关法规，通过制度来规范和推动我国环境底线工作。环境底线政策和法规的制定要考虑与包括生态红线等在内的现有制度的衔接，便于将来更好地推动实施。

环境底线划定之后，应根据环境底线评级制定相应的政策措施体系。为促进各地区绿色发展，这个政策体系至少要考虑两个方面：一是各地要开展环境底线颜色评级及公开工作。不仅要划定环境底线，而且要在划定环境底线的过程中对当地的环境绩效进行评级，评级结果向全社会公开，有利于全社会监督并刺激该区域环境改善。二是对评级颜色不同的区域实施不同的行动措施。例如，针对评价结果为红色和黑色的地区，必须实施强可持续发展范式，制订相应的环境质量改善计划，责令其在限定期限内达到黄色甚至绿色级别；对于评价结果为绿色的地区，由于存在一定的环境容量，可允许其采用弱可持续发展范式，在资源生态阈值范围内实现经济和环境保护的协调统一。

（4）环境底线政策的理论支撑和政策研究。

我国应进一步研究和论证环境底线的内涵及划定环境底线的自然、经济和社会原则；深入开展划定技术方法研究，重点开展环境社会底线的理论和方法研究；进一步研究探讨环境底线政策的具体环节，包括如何制定，怎样实施，如何保障，以及不同群体对政策的反应等。

5.1.3.2　环境底线政策的过程管理

（1）环境底线政策的战略指导、危机评级。

第一，研究确定自然环境、经济和社会底线划定的技术方法，在此基础上制定适用于全国的环境底线划定技术指南和相关配套政策，为环境底线划定工作奠定技术基础。第二，开展环境底线颜色评级及信息公开工作。相关部门不仅要划定环境底线，而且要在划定环境底线的过程中依据当地环境状况接近或突破环境底线的程度，对当地的环境危机状况开展颜色评级工作，评级结果定期向全社会公开，接受社会监督。第三，对评级颜色不同的区域采取有差别的发展战略和行动措施。评价结果为红色和黑色的地区，必须采用强可持续发展范式，制订相应的环境质量改善计划，责令其在限定期限内达到黄色甚至绿色级别。对于评价结果为绿色的地区，可允许其采用弱可持续发展范式，在资源生态阈值范围内实现经济发展和环境保护的协调统一。

需要指出的是，环境底线划定之后并非永久不变。环境底线本身是一个具有警戒和缓冲意义的边界，当环境底线边界和阈值随着外界社会、经济和环境的变迁而发生变化时，应当适时进行调整，从而确保社会经济的动态最优和可持续发展。生态保护能力增强、国土空间优化、经济社会发展质量提高等都有可能引起环境底线的调整。

（2）环境底线政策的指导文件。

相关部门应在开展环境底线相关理论、划定原则、方法、技术及政策制定和实施研究的基础上，总结和分析生态红线划定经验和教训，尽快制定和出台环境底线指导文件，便于各地进一步制订具体的工作方案，全面推动环境底线工作。

（3）优先关注高风险领域和区域。

大气、水、土壤和生态是目前我国制定环境底线政策的重点领域。在这些领域中，要重点关注那些环境污染或生态破坏严重、存在较大健康风险或存在较大环境污染事故风险的地方。例如，在大气领域，应主要关注居住人口密集的地区和污染源集中的地区；在水领域，应主要关注重要饮用水水源地和城市水域；在土壤领域，应主要关注改商住地的那些工业用地以及主要农产品生产地；在生态领域，应主要关注具有重要生态功能的区域、生态敏感和脆弱的区域等。

此外，还有一些特殊的区域或流域也应该引起重视，包括：国内大量的工业开发区或经济开发区（园区内环境污染严重，多种污染物严重超标且交叉污染）；媒体多次报道的癌症村；因环境或生态问题引发群体性事件或者大量矛盾纠纷的地区；部分可能已经超越环境底线的经济落后地区。

（4）环境底线政策的试点示范。

为提高环境底线划定技术方法及政策制定和实施的可操作性，应先选取典型城市、重点流域或重点生态环境领域开展环境底线政策试点工作，成熟后再在全国范围内推广。组织试点工作，一方面要注意选取的试点城市或流域要能够尽量覆盖国内重点环境领域的生态环境问题；另一方面要注意重点考察环境底线划定技术方法的可行性和有效性，并根据试点情况随时调整和优化。通过开展试点示范工作，进一步完善我国环境底线政策的制定和实施工作，为改进我国环境治理提供政策支持和实践参考。

5.2　环境污染治理政策

5.2.1　京津冀大气污染治理政策：选择浓度目标还是排放量控制目标

雾霾污染治理是京津冀地区可持续发展需要解决的重大问题。2013年京津冀地区大部分城市的 PM2.5 年均浓度远超过国家二级标准，对人体健康和生活构成了威胁（王跃思等，2013）。2013 年发布的"大气国十条"提出了 2017 年雾霾治理的阶段性目标，即北京的 PM2.5 年均浓度达到 60 微克/立方米、天津和河北的 PM2.5 年均浓度比 2013 年降低 25%，并制定了雾霾污染治理的政策措施（国务院，2013；中华人民共和国环境保护部，2013）。雾霾污染是在社会经济系统与自然生态环境之间复杂的相互作用下形成的产物，因而制定雾霾治理政策时需要深刻认识社会经济系统与自然生态环境之间的相互作用。特别是 PM2.5 浓度与污染物排放量的关系受到气象因素等污染物扩散条件的影响，以 PM2.5 浓度作为政策目标存在较大的不确定性。在确定 PM2.5 浓度目标之前，应当定量把握 PM2.5 浓度与污染物排放量之间的关系。本节拟采用数据驱动的建模技术，科学把握 PM2.5 浓度与污染物排放量之间的关系，一方面科学评估"大气国十条"的 PM2.5 浓度目标的可达性，另一方面为将雾霾治理政策的 PM2.5 浓度目标转化为大气污染物排放量控制目标提供科学参考。

5.2.1.1 京津冀地区大气环境污染的特征

（1）污染物排放对 PM2.5 浓度有重要影响。

从表 5 - 2 我们可以看出，京津冀地区大气污染物浓度与 PM2.5 浓度在时间和空间上呈现出高度趋同性，大气污染物浓度高的区域往往也是雾霾污染严重的区域。因此，大气污染物排放量过大是雾霾污染的根本原因（中国清洁空气联盟，2014；关大博和刘竹，2014）。

表 5 - 2   2013 年京津冀地区 PM2.5 浓度及大气污染物浓度的空间差异

	年均浓度（微克/立方米）				PM2.5/PM10
	PM2.5	SO$_2$	NO$_2$	PM10	（%）
北京	85.07	22.36	45.97	110.49	76.99
天津	92.34	48.86	47.26	154.03	59.95
保定	120.19	55.55	50.33	212.43	56.58
廊坊	101.70	37.37	43.72	171.45	59.32
张家口	40.30	41.02	27.17	94.79	42.52
唐山	110.42	92.65	63.10	181.41	60.87
承德	50.93	31.22	31.78	99.84	51.01
石家庄	142.43	93.73	60.91	287.63	49.52
秦皇岛	63.80	53.87	45.50	125.47	50.85
沧州	92.12	49.29	31.22	127.63	72.18
衡水	112.68	56.55	40.88	203.13	55.47
邢台	140.13	67.48	47.20	209.39	66.92
邯郸	126.59	84.85	55.49	226.13	55.98
平均值	96.94	54.66	44.83	164.64	58.88

说明：数据的时间尺度为 2013 年 1 月 18 日至 2013 年 12 月 31 日。
资料来源：绿色和平组织.

（2）PM2.5 浓度受风力等气象条件的影响十分显著。

通过对京津冀地区滞后一期的日均风速与 PM2.5 日均浓度的分析（见表 5 - 3），我们发现风力对 PM2.5 浓度的降低具有显著的作用：当日均风速为 1.5 米/秒以下时，PM2.5 浓度高于 120 微克/立方米；当日均风速大于 2.5 米/秒时，PM2.5 浓度可降至 81 微克/立方米左右；当日均风速达到 3.5 米/秒时，PM2.5 浓度能够降到 60 微克/立方米。然而，风力是不可控的外在因素，雾霾污染治理不能靠天帮忙，而要立足于人的努力，从减少污染物排放量着手，从根本上解决。

表 5－3 不同风速条件下的 PM2.5 浓度分布情况

2013 年日均风速 （米/秒）	PM2.5 平均浓度 （微克/立方米）	频率 （%）	PM2.5/PM10 （%）
<1	145.17	8.49	63.43
1～1.5	121.22	21.58	59.48
1.5～2	98.41	23.98	57.01
2～2.5	85.11	18.00	54.12
2.5～3.5	81.21	18.55	52.29
>3.5	59.41	9.40	43.90

说明：风速为地面高度 10～12 米实时风速。
资料来源：气象数据来自世界气象数据库（下同）。

（3）雾霾污染的季节性特征显著，供暖季和非供暖季的空气质量差距明显。

京津冀地区地处北方，受取暖能源消耗和冬季污染物扩散条件不利的共同影响，供暖季和非供暖季的 PM2.5 日均浓度存在显著差异。从表 5－4 我们可以看出，京津冀地区供暖季的 PM2.5 浓度普遍超过国家标准，也明显高于非供暖季水平；雾霾污染严重的区域多为污染物排放量大、扩散条件差的区域，如石家庄、邢台、保定和邯郸，供暖季 PM2.5 浓度超标问题尤为显著。污染物扩散条件相对较好的张家口、承德、唐山、沧州等地，雾霾污染相对较轻。

表 5－4 京津冀地区供暖季和非供暖季 PM2.5 浓度差异

单位：微克/立方米

	供暖季	非供暖季	年均 PM2.5 浓度
北京	100.64	79.39	85.00
天津	110.47	80.75	92.34
保定	177.96	94.28	120.19
廊坊	139.47	87.72	101.70
张家口	60.03	34.48	40.30
唐山	138.13	94.72	110.42
承德	70.69	45.98	50.93
石家庄	211.63	108.08	142.43

续表

	供暖季	非供暖季	年均 PM2.5 浓度
秦皇岛	80.46	55.78	63.80
沧州	123.02	78.39	92.12
衡水	162.66	89.52	112.68
邢台	198.21	115.27	140.13
邯郸	184.90	95.30	126.59
平均值	135.25	81.51	98.36

5.2.1.2　PM2.5 浓度和污染物排放量之间的关系

（1）大气污染物排放量的估算。

本书重点对 PM2.5 的一次污染物，即雾霾污染的前体物质 SO_2、NO_X 和烟（粉）尘这三种污染物的日排放量进行估算（Air Division U.S.，2010；Almeida et al.，2006；Vallius et al.，2005；张小曳等，2012）。污染物排放量数据来源于各地区 2013 年环境统计年鉴和环境公报。污染物日排放量估算的具体步骤如下：

①区分供暖季和非供暖季的大气污染物排放量。依据各个区域冬季供暖用的能源消费量，测算各个区域供暖能源消费带来的大气污染物排放量，将大气污染物年排放量数据按供暖季和非供暖季进行区分。

②参考工业生产景气指标，估算各个区域的月度社会经济活动波动情况，据此推算各个区域大气污染物质的月排放量，从而将大气污染物年排放量分解为月排放量。

③依据工作日和非工作日的社会经济运营情况，将污染物月排放量分解为日排放量。基于社会经济活动的日常指标（区分为双休日、工作日和法定节假日），将双休日和法定节假日按全社会用电量折算成若干单位的标准工作日。参考国泰君安提供的经验值，双休日约等于 0.92 个工作日，法定节假日约等于 0.75 个工作日。由此，可以将污染物月排放量数据细分到日排放量，从而得到工作日、双休日和法定节假日的污染物日排放量数据。

④对污染物日排放量数据进行矫正。北京作为大都市，机动车带来的大气污染物排放量占比较高，加之北京的交通拥堵严重，交通拥堵导致的车辆低速行驶使得车用燃料燃烧不充分，排放出更多的污染物。因此，

针对北京市，利用 2013 年北京的交通拥堵系数，区分平日和周末、中小学假日等，对污染物日排放量进行矫正。

（2）数据驱动的统计建模。

基于 PM2.5 浓度的影响因素分析（Wang et al.，2015；Zhou et al.，2012；Xue et al.，2013；Zhao et al.，2013；薛文博等，2014），采用数据驱动分析方法，就污染物排放量、风力、周边区域污染物传输效应等因素对 PM2.5 浓度的影响进行统计建模。

$$Y = f(X, lY, lNY, W) \tag{5-1}$$

其中，Y 为各个区域的 PM2.5 日均浓度。

X 为排放因子。为了便于区域之间的比较，将上述估算的 SO_2、NO_X 和烟（粉）尘三种污染物的日排放量转换为单位面积的排放量，即排放密度。但由于 SO_2、NO_X、烟（粉）尘的排放源均来自化石燃料的燃烧，同一个区域的 SO_2、NO_X、烟（粉）尘的日排放量之间存在共生关系，将三种污染物排放密度同时放入模型会引起多重共线性，因此，采用因子分析法对其进行降维处理，提取出主成分，作为区域的排放因子 X 放入模型。

lY 为滞后一期 PM2.5 日均浓度，表征污染物在空气中的累积效应。

lNY 为北部相邻地区滞后一期 PM2.5 日均浓度，表征相邻区域之间污染物传输作用的影响。基于京津冀地区的温带季风气候因素，在雾霾多发的冬春季节，受偏北风的影响，北部地区 PM2.5 浓度对于南部地区有较为显著的影响，而南部相邻地区对于北部地区的影响并不显著，因此，本章只考虑北部相邻地区对于南部地区的传输效应。

W 为各地区日均风速，数据来源于世界气象数据库。

考虑到京津冀各区域的污染物排放量、排放结构、污染物扩散能力以及受周边区域影响的差异，对 13 个区域分别进行统计建模，各区域采用的具体模型也有所不同。例如，张家口由于自身的风力扩散条件好，周边地区对其的影响较弱，模型将忽略来自周边地区对其的污染物传输的影响。污染物排放因子、风力、周边地区污染物传输等因素对 PM2.5 日均浓度的影响的模型估计结果如表 5-5 所示。对模型结果进行分析可以得出如下结论：

①本地污染物排放量对 PM2.5 日均浓度具有显著的影响，减少污染物排放量可以有效减轻空气污染程度。如果每万平方公里的污染物日排放量（因子分析合成的新变量）减少 1 吨，各区域 PM2.5 日均浓度下降幅度为 0.03～0.21 微克/立方米。

②本地滞后一期 PM2.5 日均浓度的系数显著为正，反映出大气中污染物累积效应对 PM2.5 日均浓度有显著的影响。经过数据分析，发现滞后一期以上的 PM2.5 日均浓度的影响并不显著，这可能是因为滞后一期的 PM2.5 日均浓度已经包含了前几天排放的污染物在大气中的累积效应。

③相邻区域滞后一期 PM2.5 日均浓度的系数统计显著，表明来自周边地区的污染物传输效应对 PM2.5 日均浓度具有显著的影响。由于各个区域的地理位置各异，气象条件不同，各个区域的 PM2.5 日均浓度受到周边区域污染物排放的影响也不尽相同。

④日平均风速显著为负，且系数的绝对值较大。这说明在当前的污染物排放量条件下，风力是影响雾霾污染程度的关键因素。南部区域的平均风速系数的绝对值明显大于北部地区，表明南部区域雾霾消散对风力的依赖更大。

（3）模型拟合和模型矫正。

我们基于上述估计结果进行 PM2.5 日均浓度的预测。总体来看，预测值与 2013 年实际值在逐日变化趋势上具有很好的一致性。但是，北京、天津、保定、廊坊、唐山、秦皇岛、沧州、邯郸、石家庄等地区在 PM2.5 日均浓度超过 200 微克/立方米或低于 50 微克/立方米的情况下，预测值与实际值之间有较为明显的偏差。这种偏差反映出模型对于 PM2.5 日均浓度极值的捕捉效果较差。

因此，本节采用分位数回归模型，基于不同分位数的回归结果，对上述区域 PM2.5 日均浓度极值预测的系数进行矫正。根据各地区的回归预测结果与实际值之间的实际情况，确定各地区的 PM2.5 日均浓度极值范围，进而采用不同分位数的回归结果进行矫正（见表 5-6 和表 5-7）。

经过矫正之后，京津冀地区 13 个地市的 PM2.5 日均浓度的预测值和实际值的拟合效果有明显的改进，通过比较模型预测值和实际值（见表 5-8）可以发现，矫正后模型预测值的误差显著下降，即矫正后的模型对 PM2.5 日均浓度预测的可信度明显提高。

表5-5 污染物排放因子和风力对PM2.5浓度的影响

城市	本地滞后一期PM2.5日均浓度	北部滞后一期PM2.5日均浓度	日均风速	排放因子	常数项	R^2	DW检验	样本数
北京	0.492***		-26.897***	0.575	85.960***	0.359	1.935	338
天津	0.433***		-13.650***	0.740**	55.003***	0.299	1.997	337
保定	0.399***	0.269***	-17.839***	0.287***	63.311***	0.427	1.932	348
唐山	0.275**	0.439***	-16.999***	0.316	64.031**	0.300	1.929	338
石家庄	0.224***	0.340***	-29.756***	2.157***	48.737*	0.363	1.965	339
沧州	0.414***		-9.076***	1.990***	39.368***	0.279	1.973	337
衡水	0.216**	0.455***	-10.721***	2.783***	28.885***	0.490	2.041	265
邢台	0.444***	0.272**	-23.898***	1.568*	39.087	0.534	1.975	265
邯郸	0.619***		-14.301***	1.637***	-24.440	0.516	1.931	265
秦皇岛	0.423***		-6.981***	0.338	41.575***	0.215	1.967	338
廊坊	0.505**		-12.454***	1.190**	42.242***	0.294	1.903	338
张家口	0.508***		-3.960**	1.128	25.273***	0.279	1.848	338
承德	0.467***		-8.739***	3.769**	28.794***	0.313	1.893	338

说明：*、**、***分别表示在0.01、0.05、0.1的水平上显著。

表 5−6 分位数回归矫正标准

地区	浓度极值范围（微克/立方米）	分位数模型（分位数）
北京	＜20	10%
	＞200	90%
天津	＜35	10%
	＞160	80%
保定	＜50	10%
	＞250	80%
唐山	＜45	10%
	＞160	80%
石家庄	＜50	10%
	＞250	80%
沧州	＜40	10%
	＞145	70%
衡水	＜50	10%
	＞200	70%
邢台	＜70	10%
	＞200	70%
邯郸	＜50	10%
	＞250	70%
秦皇岛	＜25	10%
	＞125	90%
廊坊	＜30	10%
	＞140	70%
张家口	＜20	10%
	＞90	90%
承德	＜25	10%
	＞100	90%

表 5 - 7　各区域分位数回归结果

地区	分位数	本地滞后一期PM2.5日均浓度	北部滞后一期PM2.5日均浓度	日均风速	排放因子	常数项	虚拟的 R^2	样本数
北京	10%	0.200***		-15.693***	0.219	51.795***	0.093	338
	90%	0.711***		-27.524***	1.864	118.008**	0.312	338
天津	10%	0.070		-8.457***	0.235	69.122***	0.061	337
	80%	0.641***	0.329***	-10.640***	1.283***	36.075*	0.255	337
保定	10%	0.011		-4.458*	0.192***	19.577***	0.065	348
	80%	0.619***	0.272	-19.140***	0.375***	75.329***	0.356	348
唐山	10%	-0.003	0.180	-9.966***	0.186	73.231***	0.051	338
	80%	0.465***	0.614*	-15.019***	0.978*	14.261	0.260	338
石家庄	10%	0.132***	0.102	-10.014**	0.564	26.011	0.079	339
	80%	0.651***	0.069	-25.408***	2.683**	41.791	0.384	339
沧州	10%	0.016		-0.556	0.962*	23.081*	0.021	337
	70%	0.723***		-5.296	2.057	27.476	0.199	337
衡水	10%	0.001	0.210	1.368	1.760***	10.944	0.116	265
	70%	0.281	0.573***	-6.774*	0.643	42.795***	0.270	265
邢台	10%	0.004	0.298	-6.479	1.171	12.154	0.088	265
	70%	0.693***	0.238***	-21.321***	0.555	56.935***	0.377	265
邯郸	10%	0.266*		-8.333	0.848*	-3.995	0.109	265
	70%	0.868***		-6.457	0.975	-7.195	0.331	265

续表

地区	分位数	本地滞后一期 PM2.5 日均浓度	北部滞后一期 PM2.5 日均浓度	日均风速	排放因子	常数项	虚拟的 R^2	样本数
秦皇岛	10%	0.101*		−3.459*	0.137	20.633**	0.021	338
	90%	0.738***		−10.720***	0.748	67.664	0.195	338
廊坊	10%	0.186**		−8.738**	0.270	38.136**	0.045	338
	70%	0.673***		−6.786	2.118**	17.931	0.194	338
张家口	10%	0.104*		−1.578**	1.242**	11.760***	0.045	338
	90%	0.822***		−2.214	0.273	44.979	0.285	338
承德	10%	0.119**		−3.336***	4.757***	4.165	0.079	338
	90%	0.918***		−8.029**	0.181	57.824**	0.281	338

说明：*、**、***分别表示在 0.1、0.05、0.01 的水平上显著。

表 5 - 8　各地区 PM2.5 日均浓度预测值和实际值的偏差

区域	偏差比例		矫正度
	(预测值－实际值)/实际值	(矫正值－实际值)/实际值	
北京	0.94	0.61	0.33
天津	0.55	0.34	0.20
保定	0.62	0.37	0.25
廊坊	0.86	0.53	0.33
张家口	0.60	0.34	0.27
唐山	0.55	0.35	0.21
承德	0.62	0.35	0.27
石家庄	0.71	0.42	0.29
秦皇岛	0.73	0.39	0.33
沧州	0.56	0.33	0.24
衡水	0.50	0.37	0.13
邢台	0.56	0.38	0.18
邯郸	0.62	0.42	0.20

说明：此处采用每天的偏差比例的平均值，矫正之后的偏差缩窄。

5.2.1.3　基于环境承载力的京津冀雾霾治理政策效果评估

（1）大气环境承载力的概念与评估方法。

狭义的环境承载力一般是指环境容量，也就是自然环境所能接纳的污染物的最大排放量；广义的环境承载力则是指人类活动对环境施加的负荷与环境容量的关系。实际上，前者是指环境承载能力，后者是指环境承载的状态。本章认为，环境承载力应界定为环境承载能力，采用污染物的允许排放量来测度。一个区域自然环境的污染物允许排放量，一方面受到自然环境容量的制约，另一方面与环境质量目标有关，受到环境政策的影响。本章所指的环境承载力是指在现行环境政策所规定的环境质量目标下自然环境的污染物允许排放量。

（2）"大气国十条"浓度目标下的京津冀大气环境承载力计算。

将"大气国十条"的 PM2.5 年均浓度要求具体量化到京津冀各个城

市，采用上述数据模型可计算得出实现"大气国十条"浓度目标所允许的污染物排放量，即京津冀地区大气环境承载力（见表5-9）。

表5-9 "大气国十条"浓度目标下的京津冀地区大气环境承载力

	SO_2（吨）	NO_X（吨）	烟（粉）尘（吨）	污染物减排率（%）
北京	16 239	45 510	10 264	77.68
天津	94 087	220 213	37 263	44.67
保定	55 958	63 007	44 391	44.68
廊坊	29 343	41 140	24 599	47.47
张家口	15 583	21 470	12 141	80.75
唐山	168 320	220 190	310 643	37.93
承德	35 157	28 447	13 384	56.49
石家庄	132 441	132 441	61 024	37.40
秦皇岛	11 036	17 777	9 891	84.50
沧州	33 231	51 041	41 573	46.89
衡水	24 985	26 526	20 576	30.85
邢台	67 450	77 169	75 618	35.60
邯郸	164 590	199 647	219 738	12.63
合计	848 419	1 144 579	881 103	

从表5-9我们可以看出，京津冀各地区污染物排放已经严重超过大气环境承载力，各地区均面临着严峻的减排压力。总体来看，京津冀地区大气污染物排放量需要减少49%，分污染物种类来看，SO_2、NO_X和烟（粉）尘的排放量分别需要减少50%、51%和45%。分地区来看，各地市的减排任务差距较大，综合减排率大多在30%和85%之间不等，其中张家口、承德和秦皇岛的雾霾污染程度较低，污染物排放量的减少对于PM2.5的降低影响不大。可见，要达到PM2.5浓度降低25%的目标，京津冀的减排任务十分艰巨。此外，北京市要实现PM2.5年均浓度60微克/立方米的目标，任务相当艰巨，减排率达77.86%。

（3）"大气国十条"的政策效果评估。

依据"大气国十条"，北京、天津和河北的SO_2排放量要由2012年的9.38万吨、22.45万吨、134.12万吨分别减少到2017年的6.37万吨、

13.44 万吨和 46.15 万吨；NO$_X$排放量由 2012 年的 22.45 万吨、33.42 万吨和 176.11 万吨分别减少到 10.29 万吨、7.27 万吨和 42.37 万吨。将依据"大气国十条"确定的污染物减排量与 2013 年 PM2.5 浓度目标下各地区所允许的大气污染物排放量进行对比（见表 5-10）可知，"大气国十条"的减排措施难以实现 PM2.5 浓度目标。结果显示，按照"大气国十条"计算的各地区污染物排放量高于"大气国十条"既定 PM2.5 浓度目标下的大气环境承载力，污染物排放量是大气环境容量的 1.44 倍，其中 SO$_2$、NO$_X$、烟（粉）尘的排放量分别是对应的大气环境容量的 1.18 倍、1.52 倍和 1.19 倍，可以看出 NO$_X$ 环境容量差距最大，也是雾霾污染治理的关键。

具体到各地区来看，除邯郸的污染物排放量未超过规定的环境承载力外，其余城市的污染物排放量均超过环境承载力。原因在于邯郸地处河北南部、全年风速较低，而且以钢铁为代表的高污染型产业比重大，污染减排对于雾霾的治理效果相对于京津冀其他地区明显，加之 2013 年邯郸市 PM2.5 年均浓度高达 127 微克/立方米，按减排计划削减 25%，邯郸市的目标浓度是 95 微克/立方米，水平较高，所以其大气环境容量较高，略高于"大气国十条"标准下的污染物排放量。北京、张家口、秦皇岛和承德四个城市的污染物排放量大大高于其 PM2.5 浓度目标下的大气环境容量。其中，北京要求 PM2.5 年均浓度降低到 60 微克/立方米，目标较高，而北京市的工业排放较少，主要是居民生活和机动车排放，减排成本较高，相应的大气环境容量较低。张家口、秦皇岛和承德的空气质量相比其他地区要好，污染物排放较低，如果按照"大气国十条"的要求，三地的 PM2.5 年均浓度应分别降低至 30 微克/立方米、48 微克/立方米和 38 微克/立方米，目标较高，导致其大气环境容量远低于当前的排放量。

"大气国十条"确定的污染物减排行动计划难以实现 PM2.5 年均浓度控制目标。如果要实现 PM2.5 年均浓度下降 25% 的浓度控制目标，天津和河北需要进一步加大污染物减排力度。具体来讲，石家庄、保定、唐山、邢台、衡水等区域不能满足于 PM2.5 年均浓度下降 25% 的目标，而是要尽可能地把 PM2.5 年均浓度降得更低，减少重污染天气发生频率。在 60 微克/立方米的浓度目标下，北京的减排任务非常艰巨，可能需要考虑调整浓度目标。

表 5 - 10　依据"大气国十条"确定的污染物排放量与 2013 年 PM2. 5 浓度目标下各地区所允许的大气污染物排放量的对比

	SO$_2$（吨）	NO$_x$（吨）	烟（粉）尘（吨）	污染物排放量与大气环境容量之比
北京	30 000	121 600	34 432	2.94
天津	90 449	261 441	46 971	1.27
保定	71 470	111 438	41 621	1.48
廊坊	38 568	73 234	26 976	1.55
张家口	58 968	97 121	38 446	4.25
唐山	200 121	286 562	370 781	1.36
承德	54 725	45 524	30 410	2.02
石家庄	131 507	223 916	92 891	1.57
秦皇岛	55 047	97 121	38 415	5.29
沧州	34 186	94 897	54 203	1.56
衡水	25 743	36 880	16 403	1.19
邢台	72 539	104 175	82 790	1.31
邯郸	136 824	188 699	176 534	0.95
合计	1 000 148	1 742 607	1 050 873	

　　表 5 - 11 为京津冀地区依据"大气国十条"制订的减排计划可以达到的 2017 年 PM2.5 浓度预测值。这表明，按照已有的计划，达到既定的浓度目标是非常困难的。即使周边地区设法减少空气污染物，也只有石家庄和邯郸能够实现这一目标。

　　从 PM2.5 浓度绝对量来看，只有承德和张家口在周边地区的帮助下，基本可以达到 35 微克/立方米的国家标准。保定和唐山等许多其他地区，包括石家庄和邯郸等，虽然预期会有较好的降幅，但这些地区的 PM2.5 浓度几乎是国家标准的 3 倍。

　　这些结果表明，按照当时的减排力度，达到"大气国十条"的浓度目标非常困难。天津和河北需要进一步加大减排力度，石家庄、保定、唐山、邯郸、邢台、衡水等地区不能通过降低年均 PM2.5 来达到目标浓度。

表 5 - 11　基于"大气国十条"制订的减排计划可以达到的
2017 年 PM2.5 浓度预测值

地区	大气污染物减排目标（%）	模型预测浓度：周边地区的空气污染物减少		模型预测浓度：周边地区的空气污染物未减少	
		PM2.5 浓度（微克/立方米）	浓度下降率（%）	PM2.5 浓度（微克/立方米）	浓度下降率（%）
北京	63	68.71	23.74	—	—
天津	37	71.98	24.69	—	—
保定	29	105.86	17.00	110.11	13.91
廊坊	29	93.86	17.52	—	—
张家口	29	37.53	12.92	—	—
唐山	29	95.94	16.00	100.32	12.15
承德	29	44.44	13.71	—	—
石家庄	29	103.72	30.00	112.26	24.40
秦皇岛	29	59.35	8.97	—	—
沧州	29	83.42	10.88	—	—
衡水	29	94.20	22.00	110.65	8.25
邢台	29	117.12	25.00	136.76	11.88
邯郸	29	71.68	43.91	—	—

（4）基于"大气国十条"加强化措施的 2017 年 PM2.5 浓度预测值。

考虑到"大气国十条"的减排措施难以达到 2017 年的 PM2.5 浓度目标，2016 年环保部发布了《京津冀地区大气污染防治强化措施（2016—2017）》（以下简称强化措施，英文标记为 EMAPC 2016—2017）。模拟结果显示，如果 2017 年的风力条件与 2016 年相同，依据在"大气国十条"的基础上加强化措施的污染物减排计划，可以实现 2017 年的 PM2.5 浓度目标（见表 5 - 12）。

京津冀地区的 PM2.5 浓度平均值预期为 73 微克/立方米，这也是京津冀协同发展生态环境保护规划的 2017 年浓度目标。但是，河北各地的 PM2.5 浓度仍然偏高，73 微克/立方米只是一个过渡目标。石家庄、唐山、保定、廊坊、邢台等城市尤其如此，这些城市的污染控制目标仍然太高，无法充分发挥效果。

表 5 - 12　基于强化措施的大气污染物和 PM2.5 的减少率

地区	污染物排放量减少率（%）				2017 年 PM2.5 浓度预测值	
	SO₂	NOₓ	烟（粉）尘	污染物排放总量	数值（微克/立方米）	下降率（%）
北京	77.8	37.0	59.9	63.8	60	29.8
天津	87.5	21.4	51.2	54.6	65	32.5
保定	39.5	23.2	24.6	29.9	75	41.3
廊坊	39.5	23.2	25.0	29.7	77	32.2
张家口	39.5	23.2	25.0	30.5	36	16.0
唐山	39.5	23.2	25.7	32.4	81	28.8
承德	39.5	23.2	25.1	29.5	41	19.4
石家庄	39.5	23.2	25.3	31.2	81	45.3
秦皇岛	39.5	23.2	61.2	42.3	57	12.3
沧州	39.5	23.2	25.2	30.1	73	22.2
衡水	39.5	23.2	24.8	29.5	73	39.7
邢台	39.5	23.2	25.3	30.2	77	50.2
邯郸	39.5	23.2	28.6	35.0	68	46.8

说明：2017 年的 PM2.5 浓度预测值是基于 2017 年在"大气国十条"加强化措施下的污染物排放减少率和 2016 年风力数据估算的。污染物减排率是基于"大气国十条"和强化措施计算得出的。

（5）"大气国十条"和强化措施的有效性。

比较 PM2.5 浓度的监测值和模拟值可以发现，大部分城市处于可以接受的偏差范围内（见表 5 - 13 和表 5 - 14）。然而，除张家口、承德、秦皇岛外，在风速较小的天气下，模拟值与监测值存在较大偏差，大部分城市的模拟值普遍大大低于监测值，只有少数城市（邯郸、邢台）的模拟值明显偏高。

导致偏差的原因可能涉及两个方面：①当模拟值低于监测值时，可能是因为污染物减排措施没有执行到位；②当模拟值高于监测值时，监测数据的真实性可能存在疑问，因为出现这种情形的可能性比污染物过度减排更大。

表 5-13　2016 年 PM2.5 浓度监测值和模拟值的比较

单位：微克/立方米

地区	全年		供暖季		非供暖季		风速(0~1 米/秒)		风速(1~1.5 米/秒)	
	监测值	模拟值	监测值	模拟值	监测值	模拟值	监测值	模拟值	监测值	模拟值
北京	73	68	85	80	67	67	162	111	105	94
天津	69	69	90	82	58	62	146	94	138	95
保定	92	91	133	128	71	70	174	125	116	98
廊坊	65	69	94	87	51	60	144	88	102	84
张家口	32	34	34	39	30	32	42	47	46	42
唐山	74	74	97	86	62	68	232	105	118	102
承德	40	41	49	54	35	35	57	49	38	48
石家庄	99	102	152	142	72	82	196	159	140	129
秦皇岛	46	49	58	62	40	45	65	64	45	55
沧州	68	71	93	95	56	58	129	100	83	79
衡水	87	84	125	127	68	62	153	135	102	101
邢台	86	83	127	128	66	53			186	281
邯郸	81	77	128	130	57	45			120	276

说明：2016 年 PM2.5 浓度预测值是基于"大气国十条"和强化措施的污染物排放实际减少率及 2016 年风速数据估算得出的。

表 5-14　2016 年 PM2.5 浓度监测值和模拟值的差值

单位：微克/立方米

城市	全年	供暖季	非供暖季	风速(0~1 米/秒)	风速(1~1.5 米/秒)
北京	5	5	0	51	11
天津	0	8	-4	52	43
保定	1	5	1	49	18
廊坊	-4	7	-9	56	18
张家口	-2	-5	-2	-5	4
唐山	0	11	-6	127	16
承德	-1	-5	0	8	-10
石家庄	-3	10	-10	37	11
秦皇岛	-3	-4	-5	1	-10
沧州	-3	-2	-2	29	4
衡水	3	-2	6	18	1
邢台	3	-1	13		-95
邯郸	4	-2	12		-156

说明：差值为实际的监测值减去模拟值。

5.2.1.4 结论与启示

本节采用数据驱动的建模方法，刻画了京津冀地区 PM2.5 浓度与污染物排放量之间的统计关系，分析了京津冀地区的大气环境承载力，模拟了京津冀雾霾治理政策对于 PM2.5 浓度目标的可达性。归纳起来，主要发现了以下几点：

（1）"大气国十条"的减排措施难以实现既定的 PM2.5 浓度目标，因为按照"大气国十条"减排计划，各地区的污染物排放量仍高于"大气国十条"要求的 PM2.5 浓度目标下的大气环境承载力，污染物排放量是大气环境承载力的 1.44 倍，其中 SO_2、NO_X、烟（粉）尘的排放量分别是对应的大气环境承载力的 1.18 倍、1.52 倍和 1.19 倍，NO_X 的排放量与大气环境承载力的差别最大。要实现 PM2.5 年均浓度下降 25% 的浓度控制目标，天津和河北需要加大污染物减排力度。石家庄、保定、唐山、邢台、衡水等地不能满足于 PM2.5 年均浓度下降 25% 的目标，即使实现了这一目标，PM2.5 年均浓度仍然超过 90 微克/立方米甚至 100 微克/立方米。这些区域应当进一步减少污染物排放量，把 PM2.5 年均浓度降到更低。

（2）尽管基于"大气国十条"的污染物减排计划无法实现 PM2.5 浓度目标，但如果加上强化措施，京津冀地区有望实现 PM2.5 浓度控制的阶段性目标。

（3）精细化的环境管理是十分有必要的。首先，应根据各地的地理条件和大气环境容量来确定污染物允许排放量。其次，制定一个合理的减排目标是必要的，但评估污染物减排计划对于浓度目标的可达性更重要。正是因为"大气国十条"的减排计划对于 PM2.5 浓度目标的可达性事先缺乏足够充分的论证，所以 2016 年才出台了强化措施。因此，雾霾治理政策应当在科学认识大气环境承载力的基础上确定现实可行的 PM2.5 浓度控制目标，并将浓度控制目标转化为污染物的允许排放量，制订具有可操作性的污染物排放量控制计划。

5.2.2 通过强化环境规制倒逼产业绿色转型：上虞经济技术开发区的经验

在明确环境底线作为经济社会发展的生态环境边界之后，为了保障经济增长带来的资源环境负荷不超过自然承载力（环境底线），需要依据环境底线，制定相应的环境规制措施，对一定区域内的企业排放行为形成约束。环境库兹涅茨曲线的实证分析结果表明，如果没有环境规制，环境质量并不会随着经济发展水平的提高而自动改善，严格的环境规制是驱动环境质量改善的制度保障。

5.2.2.1　环境规制促进产业转型的主要措施和效果

杭州湾上虞经济技术开发区（以下简称上虞开发区）位于浙江省绍兴市上虞区，地处杭州湾南岸，2013 年 11 月获批国家级经济技术开发区，是上虞区经济的增长极。2016 年，上虞开发区工业总产值超千亿元，占上虞区的比重约为 50%。精细化工产业是上虞开发区最重要的支柱产业。2016 年，精细化工产业产值占上虞开发区总产值的 60%，其中，染（颜）料及其中间体企业产值占上虞开发区总产值的 30%。上虞开发区重视环保基础设施建设，建有一座处理能力为 22.5 万吨/天的污水处理厂、一个处理能力为 3 万吨/年的危废焚烧项目、一个处理能力为 9 万吨/年的危废填埋项目、一个处理能力为 5.5 万吨/年的一般固废填埋项目、两家集中供热电厂（含一家垃圾焚烧电厂）。

上虞开发区管委会把生态环境保护列入园区管理的重中之重，强化环境规制，倒逼企业落实整改工作，激发企业环保意识，促进化工企业转型。上虞开发区严格环境规制，促进产业绿色转型的措施主要有三个方面（石敏俊，2018）：

第一，从末端治理向源头减量转换，加大环境治理设施投入。2004年前基本上处于企业废气直排的状态，2004 年启动废气排放整治工作，2007 年实施化工行业专项整治，2008—2012 年连续四年开展环境质量提升年活动，2009—2011 年开展重污染高能耗行业专项整治行动，2015—2017 年开展科学治气专项行动。环境治理常抓不懈，持续开展污染治理行动。前期的环境治理侧重于企业的末端治理，包括废气的焚烧炉、污水站等末端治理设施的建设，近年来环境治理的重点向源头减量转换。譬如，美诺华公司 2016 年投入资金 1 500 万元，购买进口装备，建设蓄热式热力焚化炉（RTO），加强废气末端治理，提升废气处理效率；2017 年整体投资 2 500 万元，将老污水站推倒重建，新建污水站可处理新老厂区产生的污水，设计日处理量1 000吨；在生产车间设置预处理系统，采用降膜吸收、酸吸收、碱吸收等形式，加强污染物排放的源头控制。新和成公司按照"源头削减、过程控制、末端治理"的清洁生产方针，将环境管理重点从末端治理向生产工艺和研发设计阶段转移，2016年环保支出6 800多万元，2017年利润为3亿元，其中环保支出超1.5亿元，先后完成了污水站重新加盖、焚烧炉二期、污水站二期扩容等项目建设。

第二，从落后产能淘汰向强化整治提升转换，渐进式加大环境规制强度。通过2006—2008年第一轮811化工行业整治、2009—2011年第二轮811化工行业整治、2012年铅酸蓄电池行业整治、2013—2014年化工印染造纸等四大行业整治等措施，切实推进落后产能淘汰和"低小散"企业整治，压缩污染型企业的生存空间。近年来，环境管理的重点转向强化整治提升。2015—2017年开展了科学治气专项行动，2017年启动"蔚蓝园区"行动，环境治理重心从废气治理向异味整治转换。实行严格的雨水、污水分流，对化工企业厂区雨水收集系统进行监测监管，降低了主要河道COD浓度。2014—2017年，119家化工企业累计投入资金1 350万元，建设企业清下水（雨水收集）智能系统，在清下水排放口配套建设智能监控设施，无雨天关闭阀门，在降雨量较大时快速打开阀门，自动同步启动采样装置，监控清下水口外排水质，监控企业在夜间及其他特殊时段利用清下水偷排、漏排污水行为。2014年，上虞开发区管委会启动了化工企业标准化建设工程，通过新建项目高标准建设、优势企业高品质重建以及工艺装备落后项目的倒逼改造，全面推进化工企业标准化建设。中贤化工公司收购了低效退出的企业芳华化工，全厂推倒重建，生产车间重新设计、重新建设，一期建设已收尾，总投入达2.1亿元。目前开发区已有23个项目（车间）实施推倒重建或新建，6个项目已投产，成为开发区新的增长点和竞争力。

第三，强化环境规制与引导产业转型相结合。上虞开发区管委会在强化环境规制、倒逼产业转型的同时，采取了一系列措施，按照"集聚提升一批、兼并重组一批、关停淘汰一批"的原则，引导化工产业转型升级。2017年7月，园区有34家化工企业停产整顿；11月，26家企业因低效而退出化工行业并转型从事其他非化工行业，13家企业完成兼并重组，

80 余家企业开展了新一轮安全、环保、消防等综合整改提升。据估计，本次整改将以推倒重建为重点，推倒车间在 50 个以上。引导产业转型升级的具体措施可归纳为五条：拉长、做高、调优、循环、融合。一是拉长。鼓励原有的制药产业向成品药、生物医药延伸，形成生物医药产业集群。鼓励原有的基础材料产业向新材料方向延伸，形成新材料产业集群。二是做高。在已有行业龙头企业的带动下，搭建创新平台，加速人才、产业、资本、科技等创新要素集聚。三是调优。坚持把医药化工、涂料、日用化工等新领域的精细化工业作为园区发展的主导产业，将"招商引资"转变为"招商选资"，对产业关联度低、环境污染重、安全隐患大、产出贡献低的项目进行严格的入园控制。四是循环。形成以企业为核心的微观层面、以产业共生体为核心的中观层面和开发区整体层面三位一体的循环经济体系。五是融合。园区的现代服务业区块为高端技术的产业化提供服务性支撑，形成以产兴城、以城促产、产城融合的发展格局。

5.2.2.2　环境规制促进产业转型的生动实践

环境经济学理论的波特假说认为，适当的环境规制可以刺激企业进行更多的创新活动，技术创新将提高企业生产力，抵消由环境规制带来的成本上升，提高产品质量，增强企业竞争力，从而有可能使企业在国内国际市场上获得竞争优势。

在现实中波特假说得到了实证分析的验证，表明适当的环境规制可以起到促进经济增长及提升企业竞争力的作用。已有的关于波特假说的实证分析结果归纳起来有以下几点：一是只有环境规制强度跨越特定门槛值时，才能发挥创新补偿效应。这是因为，环境规制强度较小时，企业往往会重视污染治理，追求短期的利润率，从而降低企业的研发力度。环境规制强度提升后，部分企业退出市场，市场集中度提高，在市场上存留下来的企业往往更重视技术创新。二是注重污染治理投资的环境规制会对企业技术创新产生"激励效应"。这是因为征收排污费会增加企业生产成本，对企业技术创新产生"挤出效应"，不利于促进企业技术创新。三是波特假说在人均 GDP 较高的东部地区得到了很好的支持，但在较落后的中西部地区得不到支持。这是因为，东部地区区位条件好，经济集聚效应显著，对企业的吸引力较强，企业经营能力也较强，因此企业有意愿、有能力进行更多的创新活动。

从上虞开发区的实践来看，环境规制对于化工企业转型的促进效果主要体现在两个方面：一方面，源头减量和末端治理的环保设施投资促进了企业清洁生产，改进了生产效率和安全管理，节约了生产成本和环境成本。据新和成公司统计，污泥减量化、密闭化、连续化处理项目可产生年效益112.8万元，焚烧炉提升项目可产生经济效益335万元，525车间的间歇工艺程序化操作可产生经济效益304万元。国内染料龙头企业龙盛集团原高浓度母液废水采用石灰中和，产生大量污泥（危废），填埋费用高达1 800元/吨，2013—2014年通过新上机械式蒸汽再压缩技术（MVR），将氨水通入强酸性废水得到副产品硫酸铵，使污泥减量82.5%，不仅大大降低了污泥填埋处置费用，还获得了副产品硫酸铵带来的经济效益。据企业统计，现有产量按原污水处理方式将产生近亿元的填埋处置费用，按现有处置方式虽增加了MVR设备，蒸汽使用量增加，但总体运行成本节约了8 210万元，既节约了公共基础设施占用容量，又产生了显著的经济效益。

另一方面，随着全国范围内环境规制强度的加大，各个区域的环境规制强度和环境成本实现了均衡化，由于环境规制强度不同引起的不公平竞争格局得到了缓解和扭转，上虞开发区企业生产的产品在市场上具有明显的竞争优势，市场行情有所抬升，给留存企业带来了显著的经济效益。2017年1—10月，上虞开发区总产值较上年同期仍保持两位数增长。

5.2.2.3 上虞经验的借鉴意义

上虞开发区是检验波特假说的一个典型案例。上虞开发区通过强化环境规制倒逼产业转型的主要经验可以归纳为以下几点：

第一，树立和践行"宁要绿水青山、不要金山银山，绿水青山就是金山银山"的理念。随着化工企业入驻数量的不断增加，也曾经出现大气污染和水污染问题日益凸显的问题，上虞开发区管委会把生态环境保护列入园区管理的重中之重，认识到宁可经济增长速度慢一点，也要实现环境质量达标，环境质量达标有利于园区可持续发展，坚持抓环保基础设施建设、抓环保投入、抓安全环境整治、抓科技监管，切实践行了"宁要绿水青山、不要金山银山，绿水青山就是金山银山"的理念。

第二，严格环境执法，铁腕治污的决心不动摇。在不断强化环境规制的过程中，曾经出现过部分化工企业由于成本上升，生产环节开始向安徽、江苏、山东等地转移的问题，但上虞开发区管委会严格环境执法、铁腕治污的决心没有动摇，一方面坚持落后产能淘汰和"低小散"企业整治，压缩重污染型企业的生存空间，另一方面坚持要求企业采用新技术、购买新设备，加大环保基础设施建设力度。

第三，注重环境污染治理投资，而不是简单的征收排污费。从化工企业的生产过程和生产工艺到厂区的雨污分流和雨水收集系统，从末端治理设施到源头减量设备工艺改造，均要求企业加大环境污染治理设施投资。2003 年至今，园区内企业环境污染治理投资累计已近 40 亿元。注重环境污染治理投资对企业技术创新产生了激励效应，与波特假说的研究结论具有一致性。

第四，采用现代科技手段，实现环境管控的科技监管。上虞开发区已建成环保科技监管集成平台，涵盖 82 家重点企业的污染源在线监测监控系统，省控以上企业全覆盖，24 小时全过程监测，关注重点污染隐患，实现人工监管向智能化监管转变；已完成 70 家重点企业刷卡排污系统建设，一旦排污量超过规定量，企业排放口阀门将自动关闭；实行严格的雨水、污水分流，安装企业重点区域清下水（雨水）排放口智能化监控系统建设 119 家 127 套，重点企业外排水质情况都在环保部门 24 小时实时监控中。

第五，环境规制早起步早主动，渐进式加大环境规制强度。上虞开发区在较早时期就开始对化工企业实施环境规制，并逐步加大环境规制强度，目前上虞开发区对化工企业的环境规制已经达到国内最严格的水平。化工企业对环境规制的响应启动较早，经过多年的努力，已经能够适应严格的环境规制。在当前全国范围内强化环境规制的背景下，上虞开发区的化工企业通过企业自身的努力，消化了环境治理成本，在市场上形成了明显的竞争优势。有些化工企业经营者说："我们感谢环保局，如果不是环保局当年的坚持和严格要求，现在企业就不容易适应严格的环保要求。我们起步早，现在在市场上占到便宜了。"

5.3　绿色产业发展的激励机制与政策选择

经济系统的绿色转型包括产业发展的绿色转型和能源系统的绿色转

型，产业发展的绿色转型又包括发展绿色产业和传统产业的绿色改造。党的十九大报告指出，要加快建立绿色生产和消费的法律制度和政策导向，建立健全绿色低碳循环发展的经济体系；构建市场导向的绿色技术创新体系，发展绿色金融，壮大节能环保产业、清洁生产产业、清洁能源产业；推进能源生产和消费革命，构建清洁低碳、安全高效的能源体系。因此，发展绿色产业，对传统产业进行绿色改造，推动绿色能源产业发展，是中国经济绿色发展的题中应有之义。

本书重点关注的绿色产业主要有绿色技术的研发和推广产业、新能源产业、新能源汽车产业等。这些绿色产业往往面临成本偏高、盈利率偏低、经济性偏差等问题，易导致项目融资难、产业资本进入不足。因此，需要制定有针对性的绿色产业发展激励机制，特别是运用市场机制，制定相应的经济激励政策。以本书 4.2.2 节的绿色技术经济性评价为例。在88 项绿色技术中，如果没有进行碳定价或碳价为零，那么企业使用该技术每实现 1 万吨碳减排量给企业带来的净现值（经济表现指数）大于零的绿色技术只有 45 项，约占二分之一；如果碳价达到 70 元/吨，那么经济表现指数大于零的绿色技术就有 57 项，比例提升到 65%。可见经济激励对于绿色技术推广和传统产业绿色改造的重要性。

基于市场机制的经济激励措施主要有以下几类：一是价格类政策。常见的有价格补贴，例如，对可再生能源上网电价采取补贴政策，向购买节能家电、新能源汽车等绿色环保节能产品的消费者提供补贴。二是投资类政策。常见的有投资补贴，例如，对新能源产业投资、节能环保产业投资提供补贴，对绿色技术研发和推广投资提供补贴等。还可以采用产业基金的方式，通过设立产业基金，为相应的绿色产业投资提供补贴或其他经济激励。三是税收优惠政策。主要是对符合绿色环保要求的企业或产品生产提供税收优惠，例如，对购买新能源汽车、符合环保要求的汽车的消费者实行购置税优惠，对资源综合利用、循环经济、清洁生产等企业实行税后优惠。四是外部成本内部化的政策。通过征收环境税、碳税或排污收费等手段，对环境污染物排放或碳排放进行定价，使得因环境污染物排放或碳排放造成的外部成本在企业内部的生产成本里体现出来，从而影响企业的生产行为决策。这类政策虽然也采用税收手段，但与税收优惠政策有一定的区别，一个是用税收鼓励采用绿色技术或绿色产品，另一个是用税收惩罚造成负外部性的企业，促使其减少污染物排放或碳排放。五是金融类政策。主要是对符合绿色环保要求的企业或产品生产提供信贷优惠。这类政策也被称为绿色信贷。六是排放权交易机制。排放权交易既可以起到刺激经济的作用，又可以实现排放总量控制。在排放总量控制的约束条件下，排放权成为一种资产，并通过排放权交易使其价格在市场上显现出来，从而激励企业采用减排技术，尽量减少排放，获取更多利益。由于排放权具有资产属性，所以排放权交易可以和金融类政策相结合，形成绿色金融市场，典型的如碳市场和碳金融。

5.3.1　新能源发电的经济性与激励机制

过去几十年来，以传统化石能源为主的电力供给体系为中国经济腾飞提供了强大的动力，但伴随而来的环境问题也逐渐凸显。随着中国经济进入"新常态"，宏观经济增速放缓，产业结构转型加速，开发风能、太阳能等新型清洁能源成为推动我国能源转型、转变经济发展方式、实现可持续发展的重要举措。党的十九大报告明确指出，要推进绿色发展，加快建立绿色生产和消费的法律制度和政策导向，建立健全绿色低碳循环发展的经济体系。因此，在新能源发电成本降低趋势显著、环境效益愈加突出的背景下，如何有效激励能源供给与需求体系向绿色低碳方向转换，是能源转型的当务之急。

本节回顾了我国新能源发电的发展历程，探讨了新能源发电的经济性。从发电成本与环境收益的权衡来看，我国在新能源发电领域具有良好的发展前景，但伴随着新能源快速发展的一个特有现象是严重的"弃风弃光"矛盾，因此本节又继续深入分析了新能源消纳矛盾产生的原因，在此基础上结合发达国家的经验，为缓解我国新能源消纳矛盾、建设新能源良性发展的激励机制提出了建议。

5.3.1.1　中国新能源发电的现状

面对日益严峻的能源与环境问题，我国在新型可再生能源（以下简称"新能源"）领域进行了不懈的探索并取得了举世瞩目的成就，新能源发电装机增速惊人，电力来源结构绿色化趋势明显。

截至 2019 年底，我国新能源发电累计装机容量达到 4.15 亿千瓦，超过水电，占全国发电累计装机容量的比例为 20.64％（见表 5 - 15）。其中，风电是我国新能源发电的主力军，2009—2019 年间，我国风电累计装机容量增长了 10 倍，年均增速高达 27.85％。光伏发电累计装机容量在 2011—2019 年间的年均增速更是高达 78.38％。目前，我国已成为风力发电规模最大、增长速度最快的国家，风电、光电累计装机容量均位居世界第一。

表 5 - 15　2009—2019 年全国全口径发电装机累计容量结构　　单位：亿千瓦

年份	合计	火电	水电	风电	光电	核电
2009	8.54	6.51	1.96	0.18	—	0.09
2010	9.67	7.10	2.16	0.30	—	0.11
2011	10.63	7.68	2.33	0.46	0.02	0.13
2012	11.46	8.20	2.49	0.61	0.03	0.13
2013	12.55	8.70	2.80	0.77	0.16	0.15
2014	13.79	9.24	3.05	0.97	0.25	0.20
2015	15.24	10.06	3.20	1.31	0.43	0.27
2016	16.52	10.61	3.32	1.47	0.77	0.34
2017	17.84	11.10	3.44	1.64	1.30	0.36
2018	19.00	11.44	3.52	1.84	1.75	0.45
2019	20.11	11.91	3.56	2.10	2.05	0.49

资料来源：国家能源局. 2019 年全国电力工业统计数据.

5.3.1.2　中国新能源发电的经济性

为了推动能源转型，我国通过编制明确的新能源发展规划与目标、设定上网电价、制定财政政策等一系列措施支持新能源发展。2018 年，中国实现了 GDP 单位碳排放比 2005 年下降 40％～45％，非化石能源占一次能源消费总量的比重为 15％，一次能源消费总量中煤炭所占比重首次降至 60％以下的巨大成绩，"十三五"能源和气候变化目标提前实现。按照《巴黎协定》，我国提交的国家自主贡献目标承诺在 2030 年左右实现碳排放达到峰值，单位 GDP 碳排放比 2005 年下降 60％～65％，非化石能源占一次能源消费总量的比重达到 20％。要实现这一目标，中国还需要在新能源发电领域付出巨大的努力。当然，这一系列努力是否有效还有待评估。

从经济学视角评价一项活动的基本方法是进行成本与收益的权衡，只有收益大于成本的活动才可行。具体而言，新能源发电的成本可以通过分析对经济活动中不同的利益相关者造成的成本来实现。一般来说，经济活动中的主体包括企业、公众和政府三方，新能源发电主要给企业和政府带来成本，分别对应企业经济成本和政府补贴成本。而新能源发电的收益主要指节能减排收益，即节约能源、减少有害气体和二氧化碳排放的收益。

（1）中国新能源发电的成本分析。

①企业经济成本。

总体而言，新能源发电的企业经济成本主要由平准化度电成本（LCOE）衡量，LCOE 为发电项目生命周期内的成本现值与生命周期内发电量现值的比值，在折现率给定的情况下，LCOE 主要由发电厂的建设成本、运维成本与发电量决定。

以我国新能源发电的主力军风电为例。风电场建设成本主要包括机组采购成本和安装成本。一方面，风机设备制造技术的不断进步与全球供应链的形成有力地推动了风电机组价格的下降。根据公开数据，2018 年除中国和印度外，风电机组平均价格较上一年下降了 9%，为 790～900 美元/千瓦时。另一方面，由于我国人口总量、经济体量的优势，机组大型化与重量增加是近年来我国风电发展的一大特点，也成了推动我国风电安装成本下降的重要驱动力。表 5-16 展示了近年来我国不同规模新增风电装机容量结构的变化趋势，我国新增风电装机结构已实现了由以 1.5 兆瓦的机组为主导向以 2 兆瓦及以上的机组为主导的转变，并且 2 兆～3 兆瓦机组占比增长势头良好，因此我国风电机组大型化趋势明显。机组大型化趋势扩大了风电场的容量，能减少给定容量所需的风电机组数量。同时，机组大型化使得模块化设计在我国具有良好的应用场景，大容量机组通过分体式运输、吊装与组装大幅降低了运输成本、吊装成本与组装成本，从而降低了风电安装成本。2018 年我国陆上风电平均总建设成本约为 1 170美元/千瓦，均低于美国、德国、英国等发达国家（孙一琳，2019）。2018年，美国、德国、英国、澳大利亚陆上风电平均总建设成本为 1 660 美元/千瓦、1 830 美元/千瓦、2 030 美元/千瓦、1 640 美元/千瓦。我国电力负荷主要集中在东南沿海省份，这些地方风力资源相对稀缺、风电场建设条件较差，机组容量大型化和重量增加是必然，模块化设计的应用场景必将更加广阔，风电建设成本仍存在较大的下降潜力。

更重要的是，在模块化设计下，风机中许多组件基本上共用一条转动链，提高了故障处理的方便性，降低了运维成本；同时，风电场的规模化发展也减少了单个风电场的运维成本。

表 5-16　2014—2018 年我国新增风电装机容量结构变化（％）

年份	1.5兆瓦及以下	2兆瓦	2~3兆瓦	3兆瓦及以上
2014	71	22	7	0
2015	34	50	14	2
2016	18	61	15	6
2017	7	59	26	8
2018	10	51	32	7

资料来源：中国可再生能源学会风能专业委员会（CWEA）发布的 2014—2018 年《中国风电装机容量统计简报》。

在发电量方面，根据国家能源局发布的数据，2012—2018 年间，我国风力发电量从 959 亿千瓦时增长至 3 660 亿千瓦时，年均增速高达25％，这主要得益于我国对新能源发电的支持政策与发电效率的改善。

在发电成本日趋下降和发电量连年增加的情况下，我国风电的 LCOE 呈现明显的下降趋势。中国在 2018 年投入使用的陆上风电场的加权 LCOE 为 0.34 元/千瓦时（孙一琳，2019）。图 5-1 展示了我国各种能源平均 LCOE 的发展趋势，可以看到，虽然目前我国风电 LCOE 仍高于燃煤发电，但已经与燃气发电接近。据相关专家预测，我国陆上风电与光伏发电的平均 LCOE 将于 2026 年低于燃煤发电。通用电气发布的《2025 中国风电度电成本》白皮书也指出，到 2025 年，中国陆上风电 LCOE 将降至 0.34~0.50 元/千瓦时。

②政府补贴成本。

为了支持清洁能源的发展，我国出台了大量支持可再生能源的政策。其中，最主要的价格政策是固定上网电价。根据目前的补贴标准，我国陆上风电补贴约合 0.13 元/千瓦时，海上风电补贴约合 0.4 元/千瓦时，而光伏发电平均度电补贴最高达到 0.6 元/千瓦时左右。按照我国每年的新

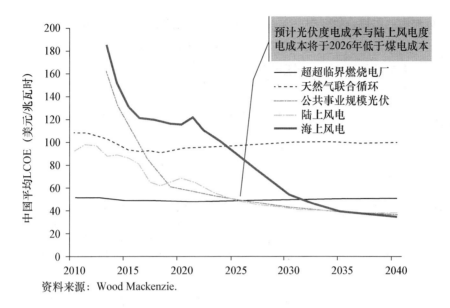

资料来源: Wood Mackenzie.

图 5-1 中国各类能源平均 LCOE 发展趋势

能源发电规模,可再生能源补贴无疑是一笔巨大的开支。根据《全国人民代表大会常务委员会执法检查组关于检查〈中华人民共和国可再生能源法〉实施情况的报告》,2016 年以来,我国国家政策承诺的补贴发放拖欠已成为常态,补贴缺口呈现不断扩大的态势。截至 2019 年,我国可再生能源补贴缺口已超过 3 000 亿元。

随着《关于推进风电、光伏发电无补贴平价上网项目建设的工作方案(征求意见稿)》《关于促进非水可再生能源发电健康发展的若干意见》的发布,以及根据 2019 年 12 月召开的全国能源工作会议的精神,新能源补贴退坡实现平价上网已是大势所趋。国家相关部门明确表态将积极构建以中长期交易为主、以现货交易为补充的市场交易体系,努力推行可再生能源配额制与绿证交易,为补贴取消后新能源的发展提供良好的支持环境。因此,在未来,新能源发展的补贴成本将会实现大幅下滑。

(2)中国新能源发电的节能减排效益。

新能源发电使用自然风力资源或太阳能发电,基本上不存在能源的消耗,并且不排放任何有害气体以及温室气体,因此新能源发电的效益主要体现在节约能源、减排有害气体与 CO_2 三方面。考虑到煤电在我国能源结构中的占比，研究中通常以产出同等电量所节约的燃煤火电的能耗以及减少的污染物和 CO_2 排放量作为新能源发电的节能减排效益指标。

在节约能源方面，可用全国火电发电标准煤耗值与新能源发电量的乘积作为新能源发电节约的煤耗。在减排有害气体方面，新能源发电减少的有害气体排放量可用新能源发电节约的煤耗与其各有害气体排放系数的乘积衡量。同样，新能源发电减少的 CO_2 排放量等于新能源发电节约的煤耗与其 CO_2 排放系数的乘积。

2010—2019 年中国新能源发电节能减排效益指标的计算结果如表 5-17 所示。可以看出，虽然我国供电煤耗逐年下降，但由于新能源发电量的规模很大且还在不断上升，其带来的节能减排效果仍呈现显著的增长趋势。以 2018 年为例，根据专家统计，燃烧 1 吨标准煤所释放的 CO_2、SO_2、NO_x 以及烟（粉）尘的数量分别为 0.68 吨、0.016 5 吨、0.015 6 吨以及 0.009 6 吨，再结合相关供电标准煤耗以及发电量数据，可计算得出：5 435 亿千瓦时新能源发电量可节约 16 740 万吨标准煤，减少 CO_2 排放 11 383 万吨，减少各类有害污染物排放近 300 万吨，为节能减排做出了巨大贡献。可以预计，随着新能源发电规模的进一步扩大，未来产生的节能减排效益不可估量。

表 5-17　2010—2019 年中国新能源发电节能减排效益

年份	供电标准煤耗（克标准煤/千瓦时）	新能源发电量（亿千瓦时）	节煤量（万吨标准煤）	CO_2 减排量（万吨）	SO_2 减排量（万吨）	NO_x 减排量（万吨）	烟（粉）尘减排量（万吨）
	(1)	(2)	(3)=(1)×(2)	(4)=(3)×0.68	(5)=(3)×0.016 5	(6)=(3)×0.015 6	(7)=(3)×0.009 6
2010	333	453	1 508.49	1 025.77	24.89	23.53	14.48
2011	329	729	2 398.41	1 630.92	39.57	37.42	23.02
2012	325	1 066	3 464.50	2 355.86	57.16	54.05	33.26
2013	321	1 467	4 709.07	3 202.17	77.70	73.46	45.21
2014	319	1 833	5 847.27	3 976.14	96.48	91.22	56.13
2015	315	2 251	7 090.65	4 821.64	117.00	110.61	68.07
2016	312	3 074	9 590.88	6 521.80	158.25	149.62	92.07
2017	309	4 200	12 978.00	8 825.04	214.14	202.46	124.59

续表

年份	供电标准煤耗(克标准煤/千瓦时)	新能源发电量(亿千瓦时)	节煤量(万吨标准煤)	CO_2 减排量(万吨)	SO_2 减排量(万吨)	NO_X 减排量(万吨)	烟(粉)尘减排量(万吨)
	(1)	(2)	(3)=(1)×(2)	(4)=(3)×0.68	(5)=(3)×0.016 5	(6)=(3)×0.015 6	(7)=(3)×0.009 6
2018	308	5 435	16 739.80	11 383.06	276.21	261.14	160.70
2019	307	6 300	19 341.00	13 151.88	319.13	301.72	185.67

说明:供电标准煤耗数据来自郑徐光、王雪辰、赵君陶. 我国电力发展与改革形势分析 (2020). 搜狐网,2020-08-26;新能源发电量数据来自中国电力企业联合会(简称中电联); CO_2 排放系数 0.68(吨/吨标准煤)通过计算国家发改委能源研究所、日本能源经济研究所、美国能源部能源信息署所公布的 CO_2 排放系数的参考值的平均值而得。SO_2、NO_X 以及烟 (粉)尘的排放系数来自《2013 年节能减排宣传手册》中发布的中国化石燃料污染物排放系数。

5.3.1.3　中国新能源消纳的矛盾与成因

(1) 新能源消纳的矛盾。

从长远的发电成本与节能减排效益综合来看,新能源发电的经济性远远优于传统能源发电,因此新能源发电在建设可持续发展社会以及实现节能减排目标方面都发挥着相当大且不可替代的作用。诚然,近年来我国在新能源发电领域实现了迅猛的发展,然而伴随我国新能源快速发展的一个特有现象是新能源装机利用率低、"弃风弃光"率居高不下。

一方面,我国很多地区风电装机利用率低,实际利用小时数远远低于最低保障小时数(见表 5-18)。

表 5-18　2015—2017 年部分省级行政单位的风电利用小时数与最低保障小时数

	黑龙江	吉林	甘肃	宁夏	青海	新疆	西藏	内蒙古
2015 年实际利用小时数	1 520	1 430	1 184	1 614	1 952	1 571	1 760	1 865
2016 年实际利用小时数	1 666	1 333	1 088	1 553	1 726	1 290	1 908	1 830
2017 年实际利用小时数	1 907	1 721	1 650	1 650	1 664	1 750	1 672	2 063
最低保障小时数	1 850	1 800	1 800	1 850	—	1 800	—	1 900

说明:各省级行政单位的风电最低保障小时数根据其所属资源区确定。对于拥有一个资源区以上的省级行政单位,列出其最低保障小时数。

　　另一方面，"弃风弃光"率长期处于高位，近几年才有所好转。图 5 - 2
显示，2013—2018 年间我国"弃风"率长期高居不下，最低时也高于
7%，2016 年达到历史最高值 17%，远高于德国、美国等发达国家 3% 的
"弃风"率上限。我国"弃光"率长期处于高位，2014—2016 年"弃光"
率均高于 10%。直到 2017 年，"弃风"率和"弃光"率才开始下降。
图 5 - 2 还表明，2015—2019 年间"弃光"率低于同期"弃风"率，且
"弃光"率在 2019 年降低至 2% 左右。因此，在我国"弃风"问题比
"弃光"问题更严重，是我国新能源发电消纳的重点问题。

　　居高不下的"弃风"率和"弃光"率直接导致了资源浪费和新能源代
替化石能源的速度不够快。2016 年，我国弃风电量达到 497 亿千瓦时，
相当于希腊同年的用电需求，直接导致当年风电企业损失售电收入约 200
亿元（宋枫，2019）。更重要的是，虽然 2019 年我国新能源发电累计装机
容量占全国累计装机容量的比例已达到 26%，但新能源发电量占比只有
全国发电总量的 9%，并且在多数年份新能源发电量均小于全社会电力消
费增量（见图 5 - 3），这进一步反映了我国新能源发电装机利用率不高，
新能源代替化石能源的速度不够快的事实。

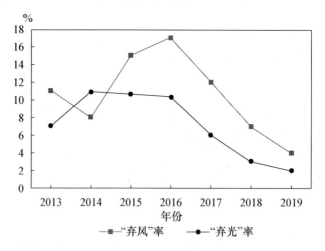

图 5 - 2　2013—2019 年全国"弃风"率和"弃光"率的变化

资料来源：国家能源局.

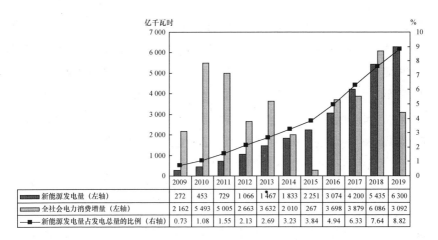

图 5 - 3　2009—2019 年中国新能源发电量与全社会电力消费增量变化趋势

资料来源：根据中电联和国际能源署的数据整理而得。

（2）新能源消纳矛盾产生的原因。

中国是能源消费大国，亟须进行能源转型以实现低碳发展。然而，在我国新能源快速发展的同时，是什么原因导致了如此高的"弃风弃光"率？探究新能源消纳矛盾产生的原因对于推动我国能源转型具有深远的现实意义。本章认为，新能源消纳问题具有系统性，从风电开发到利用的整个过程，存在多方面的原因导致了新能源消纳矛盾，并且这些原因所造成的影响是不同的。

①根本原因：供给端支持政策激励过度，区域电力供需失衡。

2006 年 1 月颁布的《可再生能源法》拉开了我国可再生能源迅猛发展的序幕，随后我国陆续出台了一系列政策来大力支持可再生能源的发展，这些政策在我国新能源装机规模实现超常规发展的进程中做出了重要的贡献，但也造成了电力供需失衡问题，成为导致我国新能源消纳矛盾的根本原因。

在固定上网电价保价和全额保障性收购保量的支持下，新能源发电投资具有一个稳定的预期收益，因此投资者纷纷涌入资源丰富、开发利用成本低但经济欠发达、用电负荷不高的西部和北部地区进行电场建设。再者，同时实施上网标杆电价和保障性收购两项政策似乎有利于促进新能源发展，却因为政策不协调等加剧了电力供需失衡问题。受调峰调频资源的影响，新能源发电在一个地区的上网电量占比会同时受到供给端（自然条件和技术条件）和需求端（电力需求量）的约束。一般而言，在自然条件较为固定、技术进步有限的情况下，只能通过增加需求以满足保障性收购。降低价格是增加需求的途径之一，但是上网标杆电价政策使得该方法并不可行。因此，上网标杆电价导致风电和光伏发电的发展受制于既定价格下市场大小的影响，反而制约了新能源的发展，使得全额保障性收购沦为空谈，电力供需矛盾也进一步激化。

在后续税收优惠、财政补贴政策的激励下，我国西部和北部地区的新能源装机规模继续增长，而随着我国经济发展进入"新常态"，高能耗产业面临去产能的压力，进一步拉大了这些地区用电负荷与供电量的差距。譬如，2017年内蒙古、新疆、河北、甘肃、宁夏和东北三省的风电累计装机容量约占全国总容量的2/3，但电力消费量占全国电力消费总量的比例不到1/4。内蒙古、陕西、青海、甘肃、宁夏和新疆的光伏电站发电量约占全国光伏电站发电量的49%，而电力消费量只占全国电力消费总量的约15%。

②直接原因：电力系统规划缺乏协调性直接导致了新能源消纳矛盾。

在省内或区域电力供需失衡时，从理论上讲，通过深挖本地用电负荷需求以及将富余电力输送销售至负荷密集的中东部地区可实现新能源消纳。然而，我国在电力系统规划布局上缺乏协调性，导致电源之间的规划、电源规划与电网规划、电源规划与用电规划脱节，使得电力输送规模与系统性调峰资源不足，直接阻碍了本地需求与外部需求的有效利用。

在省内需求上，发、用电规划缺乏协调导致我国促进新能源消纳的需求响应机制目前仍基本空白（宋枫，2019）。根据发达国家的经验，建立合适的需求端响应机制可有效促进清洁能源多发、满发。但目前我国风电消纳困难的"三北"地区尚未出台用户侧峰谷电价、分时电价等有利于低谷风电消纳的需求响应机制；受配套供热价格机制缺乏的影响，东北、内蒙古等地的清洁能源供热项目也未得到大面积推广。

在省外需求上，由于我国资源禀赋与电力负荷呈逆向分布，电力外送是缓解新能源消纳矛盾的重要途径，但源网规划脱节、电源之间的规划不一致直接阻碍了新能源电力的外送。

一方面，源网规划脱节直接限制了电力外送的规模。轻电网重电源是我国可再生能源发展规划的一个特点。从 2007 年首次在《可再生能源中长期发展规划》中为风电、光伏发电设定明确的装机总量目标到《可再生能源发展"十二五"规划》，明确的目标规划有效地促进了我国新能源装机规模的快速发展，然而在每一次的能源规划中却很少见到电网相关的规划。以风电为例，根据《能源发展"十二五"规划》和《风电发展"十二五"规划》，到 2015 年底，我国风电装机规划容量的 79% 需要在河北、甘肃、新疆、吉林、黑龙江、江苏等地完成，但这些地区缺乏相应的电网规划以满足输电需求。从表 5-19 我们可以看出，"十二五"规划的大型风电基地的电源规划远远领先于电网的规划。随着我国风电装机规模的不断扩大，电源与电网规划之间的矛盾不断凸显，造成我国许多风电项目集中开发的地区存在风电送出"卡脖子"现象（Wang，2016；宋枫，2019）。

表 5-19　"十二五"规划的大型风电基地与配套设施

风电基地	规划装机容量（万千瓦）	消纳市场	配套设施建设
河北	1 100	京津唐主网、河北南网	没有规划
蒙东	800	东北电网	没有规划
蒙西	1 300	蒙西电网、华北电网	建设中
吉林	600	吉林省电网、东北电网	没有规划
江苏沿海	600	江苏省电网、华东电网	—
甘肃	1 100	甘肃省电网、西北电网	建设中
新疆	1 000	新疆电网	已完工
山东	800	山东省电网	—
黑龙江	600	黑龙江省电网、东北电网	没有规划

另一方面，目前我国区域间电力外送以中长期交易为主，风电、太阳能发电固有的较强的间歇性要求必须配备充足的调峰资源。由于电源之间的规划以及相应的调峰机制欠缺协调性，灵活调节电源的抽蓄和燃气占比低、火电调峰能力不足一直是制约我国新能源发展的瓶颈。首先，为了照顾煤电企业的生存，抽蓄电站不得不让位于煤电配合新能源发电参与调峰，因此企业投资的积极性下降，导致我国抽蓄电站建设进程缓慢。根据国家能源局的数据，截至 2015 年底，全国抽蓄电站总装机容量约为 2 300

万千瓦，低于"十二五"规划3 000万千瓦的目标。其次，受地质条件复杂、夹层多、储层物质性差等地理因素的影响，我国储气库建设工作困难重重。根据欧美发达国家的经验，调峰储备工作气量一般是高峰用气量的10%～15%，而我国目前的调峰工作气量只有3.4%，燃气调峰占比明显偏低。最后，由于相关调峰机制建设缺乏协调性，我国火电企业参与调峰的积极性不高，火电调峰潜力未得到充分挖掘。建设电力辅助服务市场是我国扩大调峰空间的重要举措。自2014年我国首个电力调峰辅助服务市场正式启动以来，火电机组的调峰能力的确有了较大的改善，但由于我国电源结构以煤电为主，目前以"调峰"和"调频"为主的交易品种难以有效解决可再生能源大规模并网带来的不稳定性问题。更重要的是，根据我国辅助服务市场成本分担机制，服务成本由发电企业承担，这对于提供服务的发电机组来说是不公平的；并且，有偿和无偿由是否引起水火发电成本的变化决定，这样的划分方式使得无调节能力的发电机组无偿享受了部分有调节能力机组的辅助服务。不公平的补偿机制降低了调峰机组参与市场的积极性，缩小了调峰空间，从而阻碍了新能源电力的输送。

值得注意的是，模拟数据显示，随着新能源发电的发展，调峰资源不足问题会愈加严重，逐渐成为我国大型风电建设基地"弃风"问题的主导因素（见表5-20）。

表5-20　西北地区"弃风"原因模拟对比（%）

省份	"弃风"原因			
	调峰能力不足		传输容量受限	
	2015	2020	2015	2020
陕西	—	95.70	—	4.30
甘肃	52.10	74.20	47.90	25.80
宁夏	85.80	94.20	14.20	4.80
青海	—	96.50	—	3.50
新疆	74.10	92.30	25.80	7.70

资料来源：国家能源局网站。

③阻碍因素：省份间壁垒、政策难以落实加剧新能源消纳矛盾。

随着新能源消纳矛盾的加剧，中央政府通过鼓励跨省电力交易、新能源企业与火电企业进行发电权交易等政策缓解新能源消纳矛盾，但在实操过程中，受省份间壁垒、市场化定价机制尚未形成等因素的影响，这些政策没能实现预期的效果。

a. 省份间壁垒阻碍电力外送。

除电力系统规划不足这一技术因素直接导致电力外送规模受限外，省份间壁垒也进一步阻碍了区域间电力平衡的实现。2015 年底，国家发改委和国家能源局出台了《关于推进电力市场建设的实施意见》，要求引入市场竞争，打破市场壁垒，无歧视开放电网。但我国电力工业长期以来"省为实体，就地平衡"的电力发展模式导致各省在电力发展上存在利益博弈，形成了省份间资源调配的壁垒。各地区因经济发展阶段、资源禀赋等因素的不同而对新能源的态度不同。如北京、上海等经济发达的地区有能力也有意愿发展新能源；而经济欠发达的地区为保证本地税收与就业，会设置壁垒限制外来清洁能源的输入，在审批和发电计划上都会向本地电厂倾斜。2015 年仅湖北、江西两省核准的煤电项目就超过了甘肃整个酒泉地区的风电装机容量。湖南也明确要保证本省水电的发展，不能为了外省的清洁能源就忽视自身清洁能源的发展。可见，省份间壁垒加剧了能源富集地区的电力过剩，导致新能源之间以及新能源和火电之间的残酷竞争。

b. 市场化定价机制尚未形成阻碍新能源消纳政策落实。

受国家各种可再生能源支持政策的影响，我国出现了新能源机组发电小时数低、"弃风弃光"现象突出与燃煤机组利用率不高、单位发电能耗上升与能源效率降低并存的现象，因此，推进火电和新能源发电之间的发电权交易是一个缓解新能源消纳矛盾的重要举措。目前，我国新疆、甘肃新能源装机大省（自治区）正在推进发电权交易，让新能源企业通过向火电企业支付补偿来获得更多的发电小时。火电和新能源发电之间的发电权交易可以让效率高、单位成本低的发电企业购买额外发电小时数，整体上提高发电效率，让电力生产更加"绿色"。但是，发电权交易是绿色的，却不经济。新能源企业向火电企业支付补偿后的度电收益仅为 0.02 ～ 0.03 元。因此，发电权交易实质上保护了火电企业利益，对新能源发电企业的激励作用有限。并且，目前在我国，火电尚无须为其带来的负外部性进行支付，导致火电的 LCOE 仍低于可再生能源发电的 LCOE，市场不能自发形成高效的资源配置。

5.3.1.4　中国新能源发电发展的激励机制

无论是从我国目前电力发展的趋势还是从世界电力发展的趋势来看，新能源发电都是未来电力发展的方向。一方面，面对新能源发电成本不断下降与节能减排效益逐年递增带来的经济性，加快推动能源转型是我国现阶段能源工作的当务之急。另一方面，受多种因素的影响，消纳矛盾制约着我国新能源发电的发展。首先，长期以来对供给端政策激励过度造成的电力供需失衡是我国新能源消纳矛盾产生的根本原因；其次，由于电力系统规划缺乏协调性，电网规划与系统性资源不足直接限制了我国新能源的消纳规模与消纳能力，虽然在后期我国采取了一些措施来缓解新能源消纳矛盾，但由于各种因素的影响，其效果有限。

基于前述分析，对标国际先进国家，本节认为，我国在促进形成新能源良性发展的激励机制时可以考虑以下几点：第一，适度放缓对供电侧的政策激励，有序推进新能源的发展，设定明确的用电规划和目标是缓解新能源消纳矛盾的前提。第二，注重电力系统建设的协调性，强化电网规划与调峰调频资源建设，从技术上避免电力输送受阻。第三，深化电力体制改革，推动建设全国范围内的电力市场，从而避免新能源消纳政策难以落实。

（1）推动激励机制由"供给端"向"需求端"转轨。

1）放缓供给端激励，有序推进新能源发展。

政策激励过度、区域电力供需失衡是我国新能源消纳矛盾产生的根本原因，因此适度放缓对供电侧的政策激励、有序推进新能源的发展是缓解我国新能源消纳矛盾的前提。

从欧美发达国家的经验来看，根据不同区域建设情况有序推进新能源发展是避免资源浪费、电力供需失衡的重要手段。早在10多年前，德国陆上风能资源利用已近饱和，再在陆地上选址建立大型风电场几乎已无可能。因此，德国人又将目光投向了海上。根据2002年1月德国政府制订的一项风电长期发展计划，2010年，德国海上风力发电设备的总装机功率达到300万千瓦，2030年达到2 000万～2 500万千瓦。2025—2030年，海上风力发电量将占德国电力需求总量的15%。在合理的风电发展布局下，德国风电实现了迅速而健康的发展，目前德国全国发电量中有33％来自可再生能源。因此，我国在进一步推进新能源发展工作时，可考虑暂缓在西北和东北地区建设风电场，利用当前过剩的产能实现"十三五"规划期内的发展目标，在产能得到充分消纳的基础上再进行进一步的风电建设。同时，寻找新能源发电市场尚未饱和、电力负荷较高的地区建设新能源发电基地，继续推进新能源的发展。

②平衡发、用电规划，建立用电侧激励机制。

长期以来，以供给端为主的政策支持导致我国资源丰富区内电力供需严重失衡，开展的清洁取暖、分时电价等有利于新能源消纳的需求侧机制也未能得到长期的、大面积的推广，因此，我国需要建立明确的用电目标规划和强有力的用电约束以激励用户端的新能源消纳。

从国际上新能源发展得较好的国家来看，设定一个明确的用电目标规划对于各参与主体的用电需求具有积极的引导作用，如丹麦政府在2012年3月提出的2020年丹麦50％的电力将由风力提供的能源规划目标；英国政府2003年2月24日发布的《能源白皮书》确定了可再生能源电力2010年要占到电力消费总量的10％、2020年要占到电力消费总量的20％的具体目标；可想而知，在明确的电力消费目标下，各参与主体不仅需要实现装机规模的扩大，而且需要通过各种手段实现消费目标，从而避免电力规划与用电规划脱节。

仅有电力消费目标不足以激励各主体有效实现新能源消纳，辅以可再生能源配额制作为约束以及适当的财政补贴政策可在一定程度上保证消纳目标的实现。在可再生能源配额制下，将消纳配额分配至售电企业和电力用户两类市场主体，如不能按期完成规定配额，责任主体就会受到一定的惩罚，如超额完成消纳目标，责任主体就会得到奖励。可再生能源配额制的意义不仅在于为市场主体设定了一个强制性的消纳目标，而且在于其从用电侧拉动新能源消纳的作用。强制性的消纳责任使得电力用户有激励持续推进清洁供暖、新能源直购电项目等，并且有助于创新新能源消纳途径。荷兰、美国的绿色证书市场就是伴随着可再生能源电力配额制并结合自愿的市场机制而发展起来的，二者的结合为可再生能源的开发利用注入了新的活力。在配额制的强制约束下，采取适当的经济激励政策会进一步提升主体参与新能源消纳的积极性。在美国风电装机实现超常规的增长速度后，美国于1992年通过相关法律，取消了联邦政府对风电的投资补贴（少数州还保留该政策），转而对风电电量进行补贴，从鼓励装机变为鼓励发电，即鼓励风电并网发电。

（2）推进电网调峰建设激励机制，保障新能源消纳工作顺利开展。

区域电力外送规模受阻和系统性调峰资源不足两个因素直接制约着我国新能源的发展，由于内部需求带来的新能源消纳作用有限，唯有建立切实有效的外部激励机制才能为新能源消纳工作的持续、顺利开展提供技术支持。

①同步源网规划，形成省份间电力输送激励机制。

同步源网规划，解决有形障碍，是解决电力输送问题的首要前提。轻电网重电源导致我国许多新能源建设基地的电力输出受限。参照国际上众多发达国家的经验，同步协调源网规划是避免这一问题的有效手段。例如，德国在进行风电装机规划的同时会建设相应的并网评估和规划体系，确保源网规划的协调性。美国于2005年颁布了《国家能源政策法》，该法律的一个重要方面就是鼓励配套电网建设和升级。因此，在我国电网规划程序复杂、历时较长的情况下，各地区应该提前规划好输电线路、调峰电源的建设问题，避免后续有电输不出的问题。同时，可根据实际情况进行调整，适当简化程序，缩短时间，提高效率。

②完善发电调度方式与成本分担机制，激励提升调峰能力。

由于自然条件的制约以及我国"多煤少油缺气"的能源禀赋特征，提升抽蓄比重和优化火电调峰能力是目前增加我国系统性调峰资源的有效途径。目前，我国抽水蓄能电站要让位于煤电的调峰、辅助服务成本由提供服务的发电机组承担，以及有偿无偿由是否引起水火发电成本的变化决定的机制降低了投资主体建设调峰电源以及现有主体参与调峰服务的积极性。因此，应优化抽蓄电站与其他类型机组在调峰时的调用顺序，结合各地区的具体情况，鼓励和允许抽蓄机组优先调峰，以刺激投资主体积极性、推动我国抽蓄电站建设进入增长期。同时，我国可借鉴美国公司以及欧洲部分国家的辅助服务成本分摊机制——由全体服务接受者分摊服务成本，"谁受益，谁分担"，调动各主体参与调峰服务的积极性，充分挖掘现有机组的调峰潜力。

（3）建立公平有效的市场环境，激励新能源企业参与市场竞争。

由于缺乏公平有效的市场环境，我国实施的发电权交易、鼓励省份间电力交易等缓解新能源消纳矛盾的措施未能发挥作用。因此，深化电力市场改革，建立有效竞争的全国统一电力市场对我国新能源消纳矛盾的缓解具有深远的影响。

省份间利益博弈是阻碍我国区域电力外送的一个重要壁垒，为此，国家应该深化电力体制改革，建立全国范围内的电力交易市场，充当利益协调者，破除省份间壁垒，从而调动交易双方的积极性，促进电力在资源集中地与用电负荷地之间的交易。同时，应加强顶层设计，对火电的外部成本进行核算和公示，构建火电外部成本内部化机制，如通过碳市场或碳税使碳排放成本内部化，使火电企业与新能源发电公平竞争，激发新能源发电企业参与市场竞争的活力。

5.3.2　新能源汽车产业的激励政策

5.3.2.1　面向新能源汽车产业的 CGE 模型

（1）模型特征。

面向新能源汽车产业的 CGE 模型是对 Ge 和 Tokunaga（2011）与 Ge 等（2014）的模型的发展，将多种能源替代与 CO_2 排放纳入模型中，以对新能源汽车产业发展的经济、能源与环境效应进行分析。本章的 CGE 模型是由标准 CGE 模型扩展而来，服从标准 CGE 模型的基本假设。在模型中，生产者在要素约束下追求利润最大化，消费者在预算约束下追求效用最大化。

新能源汽车产业 CGE 模型包含 26 个产业部门、1 类资本要素、1 类劳动要素、2 类居民部门（城镇居民与农村居民）、3 类税收（间接税、直接税和关税）以及企业、政府和国外等主体。模型模块包括生产模块、贸易模块、居民与企业模块、政府模块、投资与储蓄模块、均衡模块、碳排放模块以及动态模块。

（2）模型假设。

新能源汽车产业 CGE 模型（葛建平，2017）需满足以下经济假设：

①宏观经济运行环境为完全竞争市场，生产者在完全竞争市场中生产和销售商品/服务，购买和使用生产要素与中间投入品，是市场价格的接受者而非市场价格的决定者，采用规模报酬不变技术，产品价格为产品单位成本，不存在超额利润。

②生产要素包括劳动力和资本。劳动力在各产业部门间流动，但在国家间不流动，劳动力是有限的；各产业部门有固定的资本存量，只有新增资本投资才能在部门间流动。

③进口商品/服务与国内商品/服务之间存在不完全替代，且满足阿明顿假设。

④市场需求函数是所有消费者需求函数的汇总，是关于价格的连续的、非负的函数。

⑤货币中性，即仅相对价格影响宏观经济运行决策，绝对价格不影响均衡产出。

⑥每个产业部门仅生产一种商品/服务。

⑦整个宏观经济运行满足瓦尔拉斯定理。

（3）模型闭合。

在利用CGE模型进行政策模型分析时，由于失业、赤字等问题的存在，模型不能达到完全均衡，只能达到有条件的均衡，宏观闭合就是为解决该问题而产生的。通过不同宏观闭合规则的设置和选择，可以进一步贴近现实中的社会经济运行状态，使得政策模拟结果能够更科学地指导实践。宏观闭合的基本含义是指求解一个模型所需要的外生变量的确定及其赋值，外生变量的不同选择以及模型闭合的不同选择，反映了宏观经济运行的不同假设（赵永和王劲峰，2008），因此，宏观闭合规则的选择依赖于建模的历史背景和分析目标（Decaluwé and Martens，1988；邓祥征，2011）。

CGE模型常用的宏观闭合规则有四种：凯恩斯闭合、新古典闭合、约翰逊闭合和卡尔多闭合（Dervis et al.，1982；Dewatripont et al.，1987；Bandara，1991；赵永和王劲峰，2008；邓祥征，2011）。在凯恩斯（Keynes）闭合中，劳动力市场与商品市场不同时均衡，舍弃了充分就业条件，将就业率当作内生变量，各产业部门的劳动力数量根据需求调整。除此以外，商品市场均衡条件依然存在，即商品/服务总供给等于总需求，劳动力报酬仍由劳动的边际产出决定，投资为外生变量。在新古典（Neoclassical）闭合中，在生产者利润最大化的条件下，政府支出水平外生，投资水平内生，投资与储蓄的均衡由模型外的利率调整达到出清水平。新古典闭合是 CGE 比较静态分析中最常用的方式（Hertel，1999）。在约翰逊（Johansen）闭合中，总投资水平外生给定，政府收支作为内生变量，通过税收（或补贴）以及政府预算结余（或赤字）来使投资和储蓄达到均衡。该闭合中的储蓄由投资决定，整个宏观经济系统的运作也是由投资驱动。在卡尔多（Kaldorian）闭合中，投资水平和政府收支均为外生给定，要素市场优化条件被舍弃，实际工资等于劳动力边际产出这一假定也不被承认，通过收入分配机制使投资和储蓄达到均衡。

新能源汽车产业 CGE 模型的宏观闭合主要采用新古典闭合方式，模型为储蓄驱动型，同时，政府转移支付和税率不变，而政府储蓄/赤字内生变动；在国际收支方面，在小国假设下，商品/服务的国际价格不受中国进出口数量的影响，国外净转移支付和要素收入为外生给定；在要素市场中，要素总供给与需求、要素价格内生；商品/服务的总供给与总需求相等，满足瓦尔拉斯定理。

（4）模型结构。

新能源汽车产业 CGE 模型包括生产模块、贸易模块、居民与企业模块、政府模块、投资与储蓄模块、均衡模块、碳排放模块和动态模块等。模型的非线性方程主要采用以下函数形式表达：总产出方程使用中间投入与增加值的列昂惕夫函数；增加值中的不同要素间采用 CES 函数；产品的国内与国外供给决策采用常转换弹性（CET）函数；居民消费行为采用线性支出系统（LES）方程；产品的国内与国外需求决策采用符合阿明顿假设的 CES 函数进行表达。

在模型中，生产者使用劳动、资本、能源等初始要素和中间投入品来生产商品/服务，采用 CET 函数将商品/服务分配至国内市场和国外市场销售；消费者在预算约束下购买通过 CES 函数得到的进口和国内产品的合成商品/服务，实现效用最大化；根据小国假设，进口和出口商品/服务的世界价格固定；投资源于储蓄，储蓄来自居民、政府、企业和国外部门。

①生产模块。

生产模块用于描述生产者在生产要素约束下追求利润最大化的过程，主要包括生产要素的投入与产出关系。模块的方程由描述性方程和最优化方程构成，如生产函数、生产要素供给方程及优化条件方程等。

描述性方程是对生产要素和中间品的投入与产出关系的描述，涉及的主要方程为生产函数。根据生产要素间或生产要素与中间品之间的可替代程度，生产函数可以分为三种形式：柯布-道格拉斯（Cobb-Douglas，C-D）生产函数、生产函数和假设相互间不存在替代关系的列昂惕夫生产函数。事实上，C-D 函数和列昂惕夫函数都可以看作 CES 函数的特例，C-D 函数是 CES 函数中要素替代弹性参数趋近于 0 时的极限情况，而列昂惕夫函数是 CES 函数中的替代弹性参数趋近于正无穷时的极限情况（邓祥征，2011）。

与描述性方程不同，最优化方程描述的是生产者在要素投入和技术进步的约束下，确定投入结构以达到利润最大化的过程，涉及的主要方程为生产要素供给方程和优化条件方程。

新能源汽车产业 CGE 模型的生产模块以多层嵌套结构的生产函数表示（如图 5-4 所示），特别是对能源要素的投入进行分类嵌套，以便获得新能源汽车产业政策模拟中的能源使用效应，同时，通过能源要素的细化，能够准确核算新能源汽车产业政策变动带来的 CO_2 排放效应。

在模型的生产模块中，采用六层生产函数的嵌套结构：

第一层，部门产出由增加值（初级要素）投入和中间品投入通过列昂惕夫函数描述，两类投入间不可替代，通过固定比例的增加值（初级要素）和中间品投入实现生产过程；

第二层，增加值（初级要素）投入由劳动力和资本-能源复合品组成，两者间可实现一定程度的替代，因此，两者的投入量根据成本最小化原则确定，通过 CES 函数描述；

第三层，资本-能源复合品进一步按照成本最小化的原则，由资本和能源进行生产，因此，也采用 CES 函数描述；

第四层，参考 GTAP-E 模型，能源复合品按照成本最小化原则，由一次能源的化石能源复合品与二次能源的电力进行生产，采用 CES 函数表达；

第五层，化石能源复合品通过 CES 函数，由煤炭和非煤化石能源复合品决定；

第六层，非煤化石能源复合品通过 C-D 函数，由原油、汽油和天然气决定。

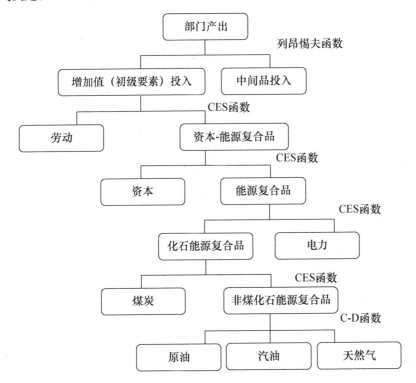

图 5-4　多层嵌套结构的生产函数

②贸易模块。

贸易模块的构建采用小国假设，即中国的贸易量对世界市场价格不产生影响，中国只是世界价格的接受者，商品/服务的世界市场价格为外生变量。从贸易的进口端看，进口来源可分为本国生产产品和外国生产产品。基于被广泛使用的阿明顿假设（Shoven and Whalley，1984），本国生产产品和外国生产产品之间存在不完全替代关系，采用 CES 函数描述中国需求方通过成本最小化来确定本国生产产品和外国生产产品的供给份额。从贸易的出口端看，出口方向可分为本国需求市场和外国需求市场，采用CET函数描述中国生产方通过收入最大化来确定本国需求市场和外国需求市场的流向份额，其中，CET方程是CES方程中非负替代弹性的特殊情况（Lofgren et al.，2002）。在贸易价格方面，关税和汇率调整均会影响贸易价格的变动，从而引起贸易量的变动。

③居民与企业模块。

居民与企业模块主要描述居民的收入、消费与储蓄行为以及企业的收入、储蓄行为。与生产模块类似，居民与企业模块的方程也分为描述性方程和优化条件方程两类。描述性方程主要用于描述居民的预算约束条件，优化条件方程主要用于描述居民追求效用最大化的行为，可用C-D函数、CES函数等表达。在预算约束条件下对效用函数求导，可以得到表示居民支出行为的支出系统方程，本章采用LES方程，以商品价格为条件，通过C-D效用函数推导。本章中的居民消费结构可以用图5-5的多层嵌套结构表达。

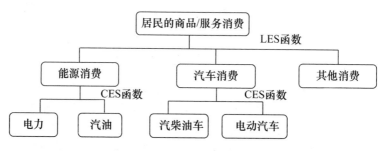

图5-5 多层嵌套的居民消费结构

④政府模块。

政府模块主要描述政府的收入与支出行为，政府的收入主要来自直接的和间接的税收收入，总收入的一部分用于储蓄，另一部分用于支出，支出主要包括商品/服务消费、转移支付和对外援助等。政府消费行为采用C-D函数表达。

⑤投资与储蓄模块。

投资与储蓄模块主要描述一个虚拟金融机构的支出与收入行为，收入是金融机构对居民、企业、政府和国外部门储蓄，而支出意味着金融机构对总储蓄的投资分配。本模型的闭合规则为新古典闭合，在此规则下，居民、企业、政府和国外部门的储蓄率固定，投资内生并等于储蓄。

⑥均衡模块、碳排放模块和动态模块。

均衡模块是 CGE 模型的重要组成部分，包括各类要素市场、商品/服务市场的供需均衡，即所有初级要素和商品/服务的总供给等于总需求，整个宏观经济系统的总投资等于总储蓄。

碳排放模块通过将碳排放强度与能源消费量相关联来表示整个宏观经济系统的生产和消费过程所带来的碳排放过程。碳排放强度在模型中被设定为单位能源消费所引致的碳排放量。根据模型中的能源类型，碳排放主要来自煤炭、原油、汽油和天然气的生产和消费过程。

为了模拟我国新能源汽车产业发展对未来经济、能源和环境系统（"3E"系统）的影响，模型必须有一定的递推增长性。本模型为递推动态模型（Recursive Dynamic Model），模型通过对本期末的资本存量进行折旧，加上本期新增实际总投资，得出下期初的资本存量，再根据各个产业的资本回报率将总资本存量在各个产业之间进行分配，实现模型的动态化（孙林，2011）。

5.3.2.2　情景设计

我国新能源汽车产业尚处于起步阶段，产业发展的财税政策主要以补贴、税收优惠等政策为主，目的在于促进新能源汽车生产与消费。然而，现有补贴政策存在补贴目标不清晰、结构不合理、主体单一、力度不够等问题。

新能源汽车产业发展在美国、日本等国获得了不同程度的财税政策支持，如研发资金支持、电价优惠/补贴等。财税政策的激励不应仅限于消费端，还应扩大到生产端，鼓励厂商生产研发，以提供更多的车型选择，保障充换电基础设施的可得性和便利性（张国强和徐艳梅，2017；廖家勤和孙小爽，2017）。

政策情景设计以生产端和消费端补贴政策为主，生产端补贴政策包括新能源汽车产业的投资补贴和生产税优惠，消费端补贴政策主要体现为新能源汽车购买的补贴和电价优惠。设投资补贴、生产税优惠和新能源汽车购买补贴政策的冲击强度均分为 10%、30%、50%、70% 和 90% 五档。电价优惠政策的冲击强度均分为 1%、2%、3%、4% 和 5% 五档。同时，为推动新能源汽车产业发展，也可以通过成品油价格政策进行反向激励，成品油价格政策的冲击强度均分为 1%、5%、10%、15% 和 20% 五档。

具体情景设置见表 5-21。

表 5-21　新能源汽车产业发展的政策模拟情景

情景	政策冲击
S1	对新能源汽车制造业进行投资补贴，涵盖低息贷款、生产补贴、研发资金支持、固定资产投资补贴等，施以 10%（S11）、30%（S12）、50%（S13）、70%（S14）和 90%（S15）五档政策冲击
S2	对新能源汽车制造业的生产税施行优惠政策，通过减免税收的方式促进新能源汽车生产，施以 10%（S21）、30%（S22）、50%（S23）、70%（S24）和 90%（S25）五档政策冲击
S3	对新能源汽车购买进行补贴，通过价格补贴方式促进新能源汽车推广，施以 10%（S31）、30%（S32）、50%（S33）、70%（S34）和 90%（S35）五档政策冲击
S4	对新能源汽车充电电价进行优惠，通过降低居民用电价格方式促进新能源汽车应用，施以 1%（S41）、2%（S42）、3%（S43）、4%（S44）和 5%（S45）五档政策冲击
S5	对成品油价格进行下调或上调，施以 1%（S51）、5%（S52）、10%（S53）、15%（S54）和 20%（S55）五档政策冲击

5.3.2.3　模拟结果

对新能源汽车产业发展的不同财税政策进行模拟，以对宏观经济的影响、对产业发展的影响、对能源消费的影响和对环境污染的影响为依据，选择最优的财税政策激励新能源汽车产业发展。

（1）对宏观经济的影响。

图 5-6 至图 5-11 列出了不同政策情景下新能源汽车产业发展对宏观经济的影响。根据图 5-6，总体而言，消费端的政策激励更有利于拉动 GDP 增长，而生产端的政策激励虽然可以推动 GDP 增长，但幅度并不大。不论是生产端还是消费端的政策激励所带来的正向效应均会随着政策强度的增加而增加。与新能源汽车产业本身的激励相反，上调汽柴油价格将对 GDP 产生负向影响，且这种负向影响随着政策强度增加而增加。在GDP 核算中，本章采用支出法，即 GDP 由投资、消费和净出口拉动。三者中，净出口在所有政策情景中均呈现负增长，但由于负增长幅度过小，对 GDP 的变动并未产生较大影响。投资和消费成为 GDP 增长的主要推动力量，两者在新能源汽车产业本身的政策激励中均表现为正向作用，这与实际 GDP 的变动方向一致。S3 和 S4 的政策激励分别在总投资和总消费变动

中表现突出，这也许是 S3 和 S4 对实际 GDP 增长的影响较大的原因。

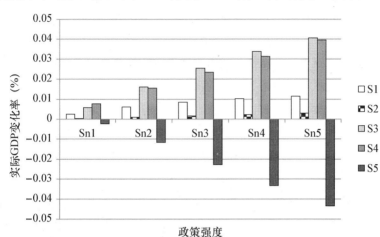

图 5-6　新能源汽车产业发展政策对实际 GDP 的影响

图 5-7 显示了新能源汽车产业发展政策的不同情景下总投资的变化。从图中可知，无论是生产端还是消费端的财税激励政策均能促进总投资的增加，除 S3 情景外，在其他政策情景下，总投资的增长效应都随着政策强度的增加而增加。在 S3 情景下，对新能源汽车购买的补贴政策在政策强度为 90% 时，总投资增幅缩小，从政策强度为 70% 时的 0.037% 缩小至 0.024%，这可能是由于各类商品的价格变动和储蓄变化。

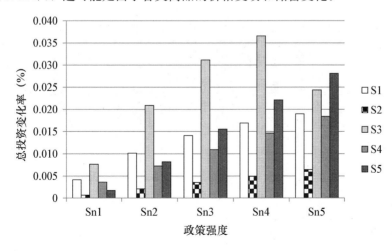

图 5-7　新能源汽车产业发展政策对总投资的影响

图 5-8 反映了总消费的变化，在新能源汽车产业本身的生产端和消费端政策激励下，总消费均呈现上升态势，但在 S5 情景下，由于汽（柴）油价格上涨，居民的消费成本上升，减少了对其他商品的消费，特别是对私人汽车保有量较高的城镇居民来说受影响较大，但对农村居民来说受影响并不大，这主要是由两类居民的消费结构决定的。

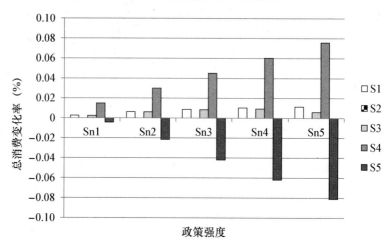

图 5-8　新能源汽车产业发展政策对总消费的影响

图 5-9 反映了不同政策情景下的净出口变化情况，虽然净出口的变化均为负向，但由于其变化率小，其对实际 GDP 的影响极小。

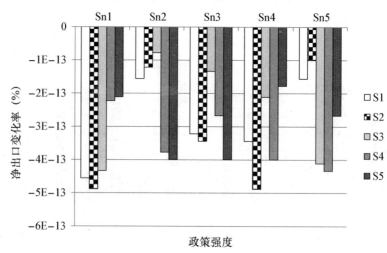

图 5-9　新能源汽车产业发展政策对净出口的影响

图 5 - 10 显示了新能源汽车产业发展政策对消费者物价指数（CPI）的影响，在所有政策情景中，仅在 S4 情景下，CPI 呈现上升趋势，其原因是：电力价格下降后，刺激了其他商品的消费，从而导致需求大于供给，CPI 上升。在消费端的 S3 情景下，由于新能源汽车在居民的消费结构中占比很低，因此，虽然其价格有所下降，但对于其他商品消费量的影响很小，需求的变化没有新能源汽车所带来的生产拉动作用大，供给大于需求，导致 CPI 有所下降。同理，S1 和 S2 为生产端的激励政策，刺激了供给扩大，供给大于需求导致了 CPI 下降。而在 S5 情景下，由于汽（柴）油价格上升，消费支出增加，其他商品的消费量有所下降，所以导致 CPI 下降。因此，虽然 S1、S2、S3 和 S5 情景下 CPI 均呈现下降，但其原因有所不同。

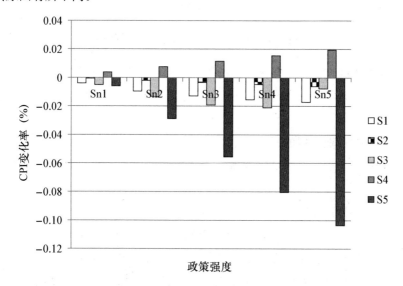

图 5 - 10　新能源汽车产业发展政策对 CPI 的影响

图 5 - 11 显示了汇率的变化。由于本章中的 CGE 模型采用小国假设，因此汇率的变化主要受到总进口额和总出口额变化的影响，在 S4 情景下，汇率呈现正向变动，上升 0.004% ～ 0.018%，在其他情景下，汇率均呈现负向变化。

总体而言，消费端的财税政策激励对宏观经济的促进作用更为明显，特别是采取降低新能源汽车充电电价或补贴政策（S4 情景）对宏观经济

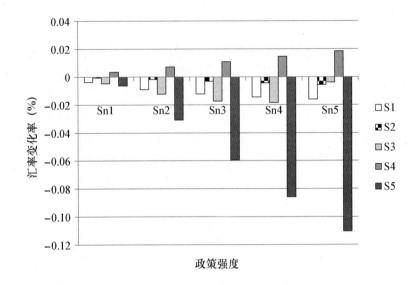

图 5 - 11　新能源汽车产业发展政策对汇率的影响

具有均衡的正向效应，而生产端的财税政策的激励效果相对较小，采取成品油价格上调等措施容易对宏观经济造成负面影响，因此，应少动用该政策工具。

（2）对产业发展的影响。

对产业发展的影响从新能源汽车产业本身和其他产业两个方面分别阐述。

①新能源汽车产业。

如图 5 - 12 所示，在不同的政策情景下，新能源汽车产业产出均有不同幅度的增长，特别是在 S3 情景下，即在新能源汽车购买补贴政策的作用下，产出的增长幅度达到 3.27%～40.52%，这也与现实中近几年的终端补贴政策促进新能源汽车消费的现象一致。相对来讲，生产端的财税政策激励效果较小。电价和成品油价格的调整政策并不会对新能源汽车生产行为产生较大影响，该类政策主要对新能源汽车购买后的出行行为产生影响。因此，要促进新能源汽车生产和销售数量的增长，应继续坚持和加强消费端的购买补贴政策。由于目前尚处于起步阶段，补贴退坡政策应谨慎采用。

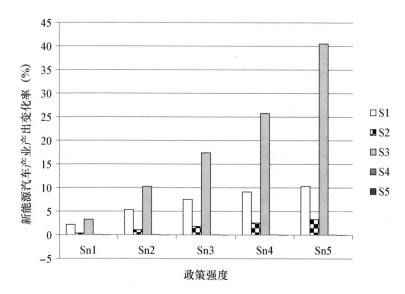

图 5 - 12　新能源汽车产业发展政策对新能源汽车制造业产出的影响

②其他产业。

从图 5 - 13 至图 5 - 17 我们可以看出，新能源汽车产业发展政策影响最显著的产业包括电力、热力的生产和供应业，电气设备制造业，石油制品业，石油天然气开采业和煤炭开采业等。其中，电气设备制造业是与新能源汽车制造业紧密相关的产业，其变动受到新能源汽车产出的影响，因此，在 S3 情景下，其增长幅度最大。电力、热力的生产和供应业，石油制品业，石油天然气开采业和煤炭开采业均与新能源汽车的使用相关，当采取电价和成品油价格调整政策时，这些产业受到的影响最大，其中，电力、热力的生产和供应业与石油制品业是直接受到新能源汽车使用的影响的产业，煤炭开采业与石油天然气开采业又受以上两个产业的影响。

从现有变化看，电力、热力的生产和供应业与煤炭开采业受到相应的激励，替代了部分汽（柴）油的生产和消费。因此，如果从全生命周期看，新能源汽车使用频次和里程的增加未必会起到较好的节能减排作用。其他产业的产出变化均受到其与新能源汽车生产、消费和使用的关联度影响，呈现或负向或正向的变化。

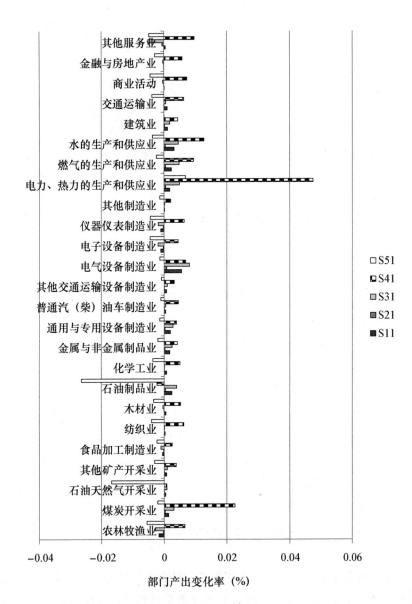

图 5-13　Sn1 情景下新能源汽车产业发展政策对不同产业产出的影响

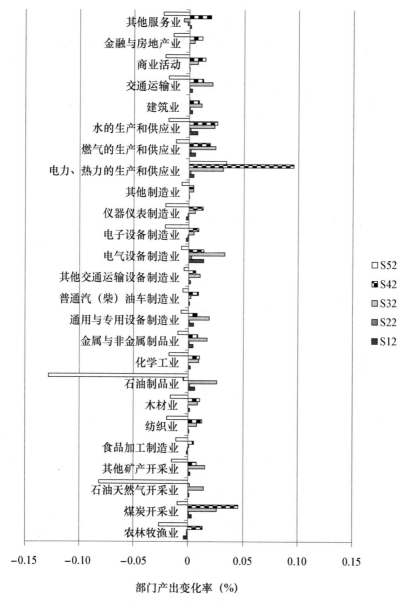

图 5 - 14　Sn2 情景下新能源汽车产业发展政策对不同产业产出的影响

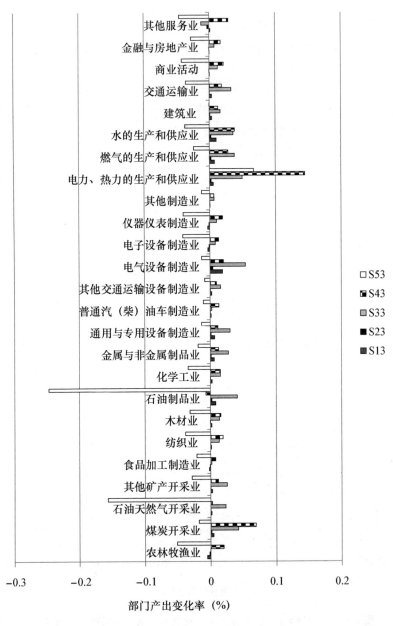

图 5 - 15　Sn3 情景下新能源汽车产业发展政策对不同产业产出的影响

图 5 - 16 Sn4 情景下新能源汽车产业发展政策对不同产业产出的影响

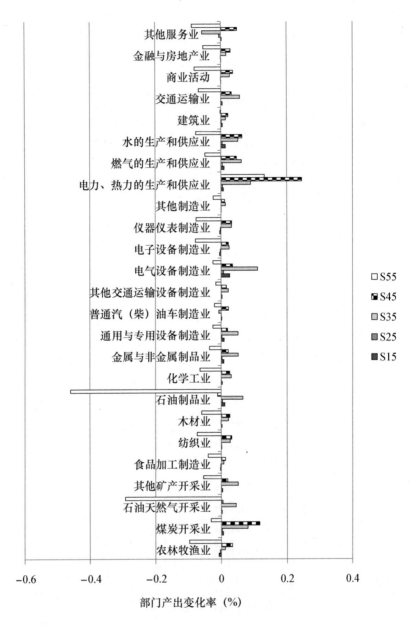

图 5 - 17　Sn5 情景下新能源汽车产业发展政策对不同产业产出的影响

（3）对能源消费的影响。

对能源消费的影响主要针对煤炭、原油、汽油、燃气和电力这五种能源消费的变化情况进行阐述。

①对煤炭消费的影响。

图 5 - 18 显示了不同的新能源汽车产业发展政策对煤炭消费的影响，在 S4 情景，即电价优惠政策激励下，煤炭消费呈现最大幅度的增长，增长幅度为 0.03% ～ 0.13%。S3 情景，即新能源汽车购买补贴政策也对煤炭消费产生了较大的促进作用，这得益于两方面：一方面，新能源汽车购买数量的增长带动了产量，而生产过程中煤炭也有较大的消费量；另一方面，新能源汽车购买后必定形成一定的使用行为，也会带动电力消费进而带动煤炭消费的增长。生产端的财税政策对煤炭消费的影响不大。

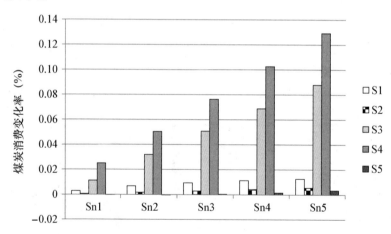

图 5 - 18　新能源汽车产业发展政策对煤炭消费的影响

②对原油消费的影响。

图 5 - 19 反映了原油消费的变化情况。在 S5 情景下，即在成品油价格上调政策的作用下，原油消费下降明显，下降幅度为 0.02% ～ 0.41%。在其余情景下，原油消费均呈现上涨趋势：一方面，新能源汽车在整个汽车保有量中所占比例还很小，在新能源汽车产业发展政策的激励下，能够替代一部分石油产品；另一方面，总体上，汽油和原油的消费在短期依然会呈现上涨趋势。

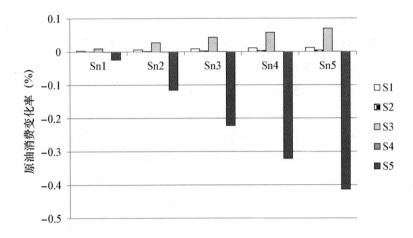

图 5 - 19　新能源汽车产业发展政策对原油消费的影响

③对汽油消费的影响。

图 5 - 20 显示了汽油消费的变动情况，其总体趋势与原油消费变化保持一致，只是幅度有所不同，特别是由于汽油受到政策的影响更为直接，因此，汽油消费的变化幅度较原油消费更大。

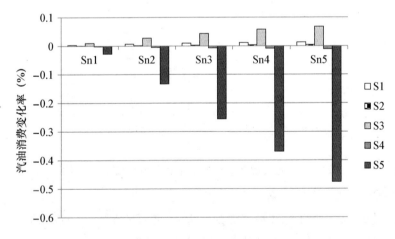

图 5 - 20　新能源汽车产业发展政策对汽油消费的影响

④对燃气消费的影响。

燃气消费的变动主要受到新能源汽车产量变动的影响，并不受终端新能源汽车使用行为的影响。在新能源汽车产业本身的财税政策激励下，新能源汽车产量有所提升，因此，燃气消费也得到提升（见图 5 - 21）。

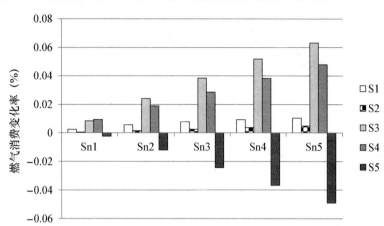

图 5 - 21　新能源汽车产业发展政策对燃气消费的影响

⑤对电力消费的影响。

从图 5 - 22 我们可以看出，在新能源汽车产业发展政策的激励下，电力消费均呈现上升趋势，特别是在消费端的政策激励下，在 S3、S4 和 S5 情景下，电力消费分别增长了 0.01%～0.09%、0.05%～0.27% 和 0.01%～0.16%。

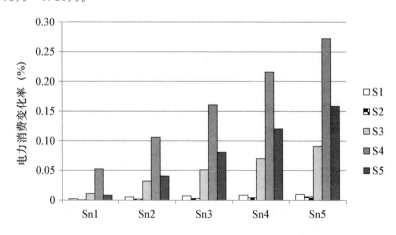

图 5 - 22　新能源汽车产业发展政策对电力消费的影响

（4）对环境污染的影响。

图 5-23 显示了新能源汽车产业发展政策对环境污染的影响。以 CO_2 作为研究对象，仅在 S5 情景，即成品油价格上调政策的作用下，CO_2 排放下降。而新能源汽车产业本身的生产端和消费端的财税政策均会导致 CO_2 排放有所增加，在 S1、S2、S3 和 S4 情景下，增幅范围分别为 0.003%～0.01%、0.001%～0.005%、0.01%～0.07% 和 0.004%～0.02%。因此，虽然新能源汽车在最终使用过程中尾气零排放，但由于目前的发电源能源结构依然以煤炭为主，新能源汽车生产过程中的化石能源消费导致 CO_2 排放依然呈上升趋势。

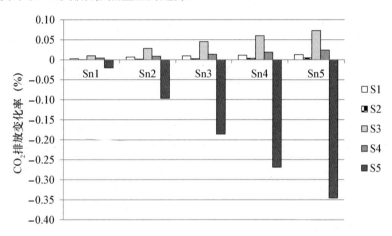

图 5-23　新能源汽车产业发展政策对 CO_2 排放的影响

（5）政策组合讨论。

上一部分的政策效果均是静态情形下的瞬时冲击效果，同时，独立的政策冲击均有利弊，因此，现实中需要根据不同的优先决策目标选择最优的政策组合，尽量减少各独立政策的负面效果，最大限度发挥不同政策间的协同效果。

本章设立了四个决策目标：经济发展目标、节约能源目标、减少 CO_2 排放目标、"3E"协调发展目标。根据四种独立政策方案在宏观经济效应、部门产出影响、能源消费影响和环境污染影响中的表现，提出四组政策组合方案（见表 5-22），动态分析政策效果。

表 5 - 22 不同决策目标下的政策组合方案（%）

决策目标	政策组合				
	S1	S2	S3	S4	S5
经济发展目标	90	90	90	5	1
节约能源目标					
减少石油消费目标	10	10	10	5	20
减少煤炭消费目标	10	10	10	1	5
减少 CO_2 排放目标	10	10	10	1	20
"3E" 协调发展目标	10	10	90	1	20

①经济发展目标。

图 5 - 24 揭示了在经济发展目标下，GDP 呈现缓慢增长的趋势，这得益于投资和消费的推动。到 2030 年，由于新能源汽车产业发展政策的激励，GDP 将因此增长 0.113%，总投资将因此增长 0.093%，总消费将因此增长 0.110%。

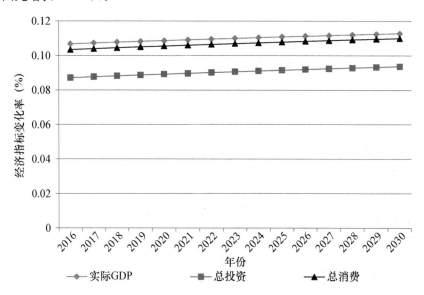

图 5 - 24 经济发展目标下新能源汽车产业发展政策对宏观经济的影响

图 5 - 25 反映了在经济发展目标下，新能源汽车产业发展政策冲击导致的能源消费效应。总体而言，新能源汽车产业发展将推动能源的缓慢增长，到 2030 年，煤炭消费量将因此上升 0.249%，原油消费量将因此上升 0.078%，汽油消费量将因此上升 0.137%，燃气消费量将因此上升

0.133%，电力消费量将因此上升 0.237%。

图 5 - 26 显示，在经济发展目标下，新能源汽车产业发展政策对能源消费并未起到明显的抑制作用，也没有达到抑制 CO_2 排放的作用。2030年，CO_2 排放将因新能源汽车产业发展政策而增加 0.109%。

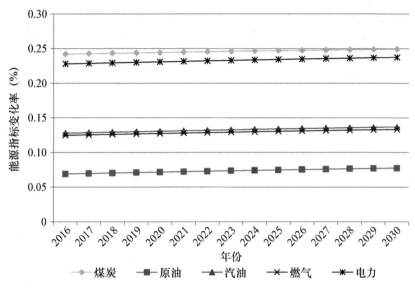

图 5 - 25　经济发展目标下新能源汽车产业发展政策对能源消费的影响

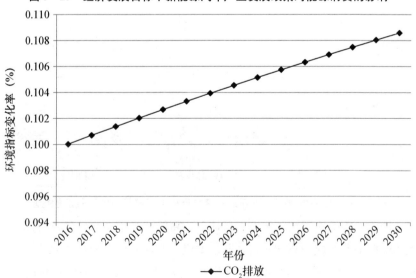

图 5 - 26　经济发展目标下新能源汽车产业发展政策对环境污染的影响

综上所述，在新能源汽车产业发展政策制定中，要兼顾经济发展目标，就会损失一部分能源环境正效应。

②节约能源目标。

新能源汽车产业政策对石油消费和煤炭消费的抑制作用是相悖的。因此，我们设立两个目标函数，分别为减少石油消费目标和减少煤炭消费目标。

a. 减少石油消费目标。

在宏观经济效应方面，如图 5-27 所示，新能源汽车产业发展政策对实际 GDP 增长将产生负向影响，但从长期看，这种负向影响趋于持续缩小。2030 年的实际 GDP 下降幅度将为 0.022%，有所收窄。实际 GDP 下降与消费下降有密切关系，虽然总投资表现出正向影响，但由于总消费下降，实际 GDP 有所下降。2030 年，总投资增长幅度为 0.048%，总消费下降幅度为 0.058%。

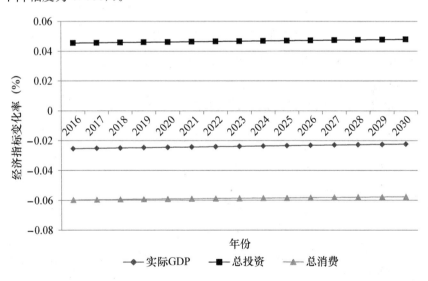

图 5-27　减少石油消费目标下新能源汽车产业发展政策对宏观经济的影响

由于新能源汽车能够对传统汽（柴）油车起到替代作用，因此，在新能源汽车的使用过程中，电力将对汽油产生替代作用。从图 5-28 我们可以看出，煤炭和电力消费表现出正向增长效应，煤炭消费量在 2030 年将增长 0.049%，电力消费量将增长 0.071%。原油、汽油、燃气消费均呈现下降趋势，但下降趋势在持续收窄。2030 年，原油消费将下降 0.396%，汽油消费将下降 0.012%，燃气消费将下降 0.023%。

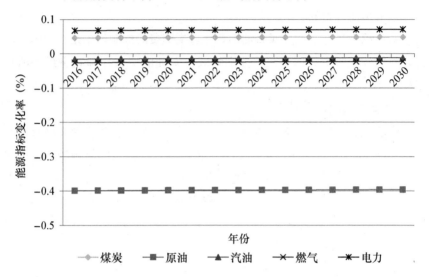

图 5 - 28　减少石油消费目标下新能源汽车产业发展政策对能源消费的影响

在减少石油消费目标下，新能源汽车产业发展政策对 CO_2 排放的抑制作用较为明显，但减排幅度却逐渐收窄，2020 年减排幅度为 0.325%，2030 年减排幅度将缩小至 0.322%（见图 5 - 29）。

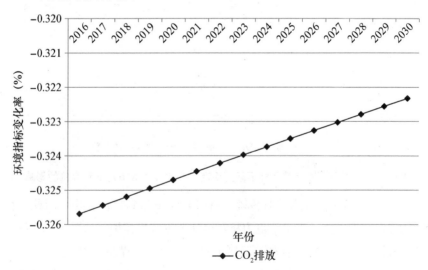

图 5 - 29　减少石油消费目标下新能源汽车产业发展政策对环境污染的影响

综上，在减少石油消费目标下，新能源汽车产业发展政策取得了较好的节能减排效益，但对 GDP 产生了一定程度的抑制作用。

b. 减少煤炭消费目标。

在减少煤炭消费目标下，如图 5-30 所示，新能源汽车产业发展政策对实际 GDP 依然产生了积极影响，实际 GDP 增幅从 2020 年的 0.006% 上升至 2030 年的 0.007%。与此同时，到 2030 年，总投资将增长 0.026%。总消费从 2020 年的下降趋势转变为 2030 年的增长趋势。

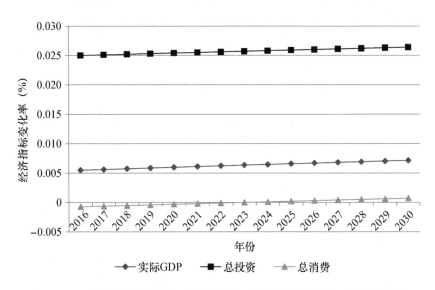

图 5-30　减少煤炭消费目标下新能源汽车产业发展政策对宏观经济的影响

如图 5-31 所示，煤炭和电力消费呈现小幅增长，煤炭消费在 2030 年将上涨 0.042%，而电力消费在 2030 年将上涨 0.047%。原油消费呈现出下降趋势，降幅比较平稳，基本维持在 0.1%。汽油和燃气消费也呈现小幅上涨趋势。

在减少煤炭消费目标下，如图 5-32 所示，CO_2 排放有所下降，但降幅不断缩小，从 2020 年的约 0.077 3% 缩小至 2030 年的约 0.075 9%。

综上，在减少煤炭消费目标下，新能源汽车产业发展政策对节能减排具有一定的促进作用，但随着时间的推移，边际效益呈现递减趋势，对 GDP 具有一定的积极影响。

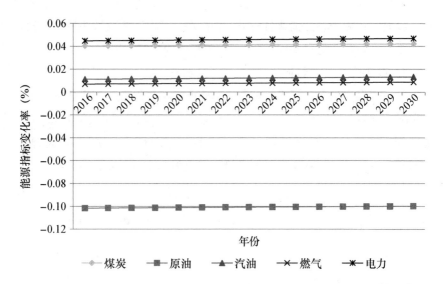

图 5 - 31 减少煤炭消费目标下新能源汽车产业发展政策对能源消费的影响

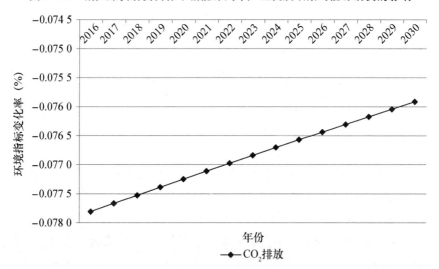

图 5 - 32 减少煤炭消费目标下新能源汽车产业发展政策对环境污染的影响

③减少 CO_2 排放目标。

减少 CO_2 排放目标下的新能源汽车产业发展政策方案与减少石油消费目标下的政策方案一致。

④"3E"协调发展目标。

从前三种政策组合方案可以看出，不同目标下政策方案对经济、能源和环境的积极影响总是不能兼顾，而要实现经济、能源和环境的协调发展，必须对目标进行平衡，损失一部分正效益来补偿其他领域的负效益，最终实现协调发展。通过多次模拟，最终将政策组合方案调整为 S1 和 S2 情景的 10％冲击强度、S3 情景的 90％冲击强度、S4 情景的 1％冲击强度以及 S5 情景的 20％冲击强度。

从宏观经济效应看，如图 5-33 所示，实际 GDP 呈现小幅增长趋势，2030 年将增长 0.024％，总投资将增长 0.081％，而总消费将下降 0.040％。

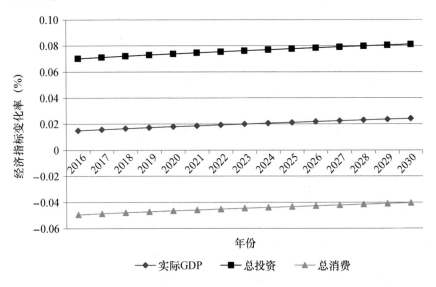

图 5-33　"3E"协调发展目标下新能源汽车产业发展政策对宏观经济的影响

从能源消费效应看，如图 5-34 所示，除原油消费有所下降外，其余能源消费均呈现上升趋势，但上升幅度控制在 0.2％以内。

从环境效益看，如图 5-35 所示，CO_2 排放有所下降，但下降幅度不断收窄，至 2030 年，CO_2 减排幅度缩小至 0.251％。

从不同的新能源汽车产业发展政策效应看，政策工具的多重组合有利于兼顾"3E"系统的综合效益，现有的消费端政策可持续加强，生产端政策可维持不变，同时，应采用电价优惠政策作为补充，进一步调动新能源汽车使用积极性。受到发电源能源结构和新能源汽车市场规模的影响，现阶段新能源汽车产业发展在节能减排方面作用较小，因此，除了新能源

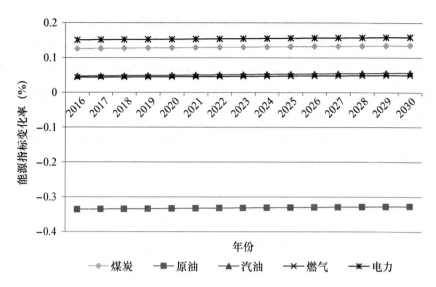

图 5 - 34　"3E"协调发展目标下新能源汽车产业发展政策对能源消费的影响

汽车产业本身的财税政策激励之外，在可再生能源导入、充电设施供给等方面应加强政策供给。

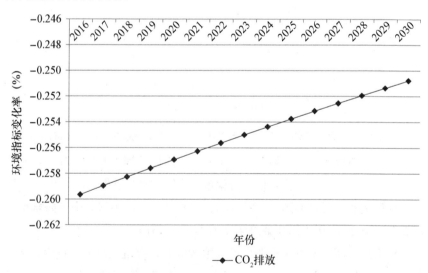

图 5 - 35　"3E"协调发展目标下新能源汽车产业发展政策对环境污染的影响

5.3.2.4　结论和政策启示

新能源汽车推广应用是我国重要的节能减排政策，也是绿色经济发展的重要路径。在产业政策激励下，新能源汽车的市场规模不断扩大，实现了阶段性的推广应用目标。然而，单一的产业政策往往有利也有弊，现实中需要根据不同的优先决策目标选择最优的政策组合，尽量减少各独立政策的负面效果，最大限度地发挥不同政策间的协同效果。为实现经济、能源与环境三方面效应的协同，现有的新能源汽车消费端激励政策应进一步强化，包括购置补贴和充电电价优惠，进一步调动新能源汽车的购买与应用积极性，而生产端激励政策如生产税优惠、投资补贴等，可维持不变，在政策强度不变的情况下，生产端激励政策可调整结构，通过先进技术补贴来引导企业不断提高技术进步率，实现新能源汽车性能水平提升，进而提振消费者的购买信心。

5.3.3　完善绿色产业发展的激励机制

我国已经制定了一套绿色产业发展的激励机制，上述基于市场机制的激励政策几乎均已付诸实践。但为了更好地促进绿色产业发展，基于市场机制的激励政策仍然存在可以改进的空间。

5.3.3.1　改善激励政策的针对性和有效性

本书 3.3.2 节的结果表明，对于碳排放控制目标（碳减排和碳排放达峰）来说，碳定价的政策效果较好；对于能源转型（非化石能源消费在一次能源消费总量中所占的比重）目标来说，碳定价的效果并不好，增加可再生能源投资的政策效果会更好，但增加可再生能源投资对于控制能源消费总量的效果有限。因此，在中长期尺度上控制碳排放、推动能源转型需要增强激励政策的针对性，对于控制能源消费总量和碳排放、推动碳排放尽早达峰来说，应采取碳交易或碳税等碳定价的政策手段；对于提高非化石能源的占比、推动能源系统的绿色转型来说，应采取增加可再生能源投资的政策措施。采用碳定价与非化石能源投资的组合政策，可以增强绿色发展激励政策的有效性。

关于京津冀地区雾霾治理政策成本有效性的研究表明（Li et al.，2019），在四种大气污染治理政策中，末端治理措施对于减少大多数污染物排放来说是最具成本有效性的；机动车减排措施和 VOC 减排措施分别对 NOx 和 VOCS 排放具有成本有效性；结构调整政策有助于显著减少污染物排放，但代价高昂，这主要是因为基于行政命令的强制性减产等结构调整措施所带来的高经济成本会损害企业的减排积极性。这一研究结果表明，如果能够更好地设计大气污染防治政策，使其更具针对性和成本有效性，那么伴随大气污染防治的社会代价可以变得更小。

5.3.3.2 增强激励政策的协同性

本章关于新能源汽车产业激励政策的研究表明，为了推动新能源产业发展，需要增强激励政策的协同性。单一的激励政策往往各有利弊，需要根据不同的优先决策目标选择最优的政策组合，尽量降低各项独立政策的负面效果，最大限度地发挥不同的激励政策之间的协同效果。应进一步强化新能源汽车消费端的现有激励政策，包括购置补贴和充电电价优惠，进一步调动消费者购买新能源汽车的积极性；生产端的激励政策如生产税优惠、投资补贴等可维持不变。在激励政策强度不变的情况下，生产端的激励政策可调整结构，譬如通过先进技术补贴引导企业增加研发投入，不断提高技术进步率，改善新能源汽车性能，进而提振消费者购买新能源汽车的信心和意愿。

激励政策的协同性不够，往往会对绿色发展产生制约作用。特别是不同政策之间甚至存在一定的抵触和冲突。自2008年起，我国启动"绿色照明工程"，目的是发展和推广高效照明器具，逐步替代传统的低效照明电光源，节约照明用电。绿色照明工程早期主要是推广使用节能灯具，由于节能灯管含有汞，1只普通节能灯的含汞量约为5毫克，渗入地下后可能造成1800吨水受污染，如果废弃的节能灯管破碎，瞬时可使周围空气中的汞浓度超标上百倍。由于废弃节能灯管回收和无害化处理方面严重滞后，含汞节能灯管报废后可能产生的汞污染成为社会关注的环境问题，出现了"绿色照明不绿色"的现象。近年来，随着LED灯对含汞节能灯的大量替代，废弃节能灯管回收和无害化处理的环境风险有所缓解，但由此引发的对政策协同性的反思依然值得注意。

本章关于新能源发电激励机制的研究表明，长期以来对发电行业供给端的政策激励过度所造成的电力供需失衡，是我国新能源发电消纳矛盾产生的根本原因；电力系统规划缺乏协调性，电网规划与系统性资源不足，直接限制了新能源发电的消纳规模与消纳能力。政策协同性不足成为我国新能源发电健康发展的直接制约因素。因此，形成新能源发电健康发展的激励机制，需要从以下几个方面入手，增强激励政策的协同性：第一，适度放缓对发电行业供给侧的政策激励强度，有序推进新能源发电的发展。设定明确的用电规划和目标是缓解新能源发电消纳矛盾的前提。第二，注重电力系统建设的协调性，强化电网规划与调峰调频资源建设，从技术上避免电力输送受阻。第三，深化电力体制改革，推动全国范围电力市场一体化建设，避免出现新能源发电消纳政策难以落实的情形。

除了不同政策之间的协同性以外，还需要注意不同区域之间的政策协同性。环境污染防治和生态建设往往存在空间溢出效应，不同区域之间存在相互影响，因而环境污染防治和生态建设的区域协同治理机制就变得十分重要。长江经济带的上中下游之间在生态系统服务、环境污染治理等方面是相互作用、相互影响的，并且上中下游之间经济社会发展和生态环境状态的差异较大，共抓大保护，落实"生态优先、绿色发展"的要求，必须构建长江经济带绿色发展与生态建设的区域协同治理机制，制定"上游管控、中游优化、下游治理"的分类协同战略和差异化保护措施。

5.3.3.3　填补空白领域，完善激励政策体系

尽管我国已经形成并实施了一系列鼓励绿色产业发展的激励政策，但仍有一些政策领域存在空白，需要尽快填补政策空白，完善政策体系。当前亟须完善的绿色发展激励政策主要有以下几个方面：

（1）环境规制政策。我国在工业排放和点源污染治理领域已经形成了相对完整的环境规制政策，包括环境保护税、燃煤电厂脱硫脱硝补贴等，但仍有一些领域尚未制定完善的环境规制政策。譬如，对于畜禽养殖的废弃物处理和污染治理，我国目前尚未形成统一的环境规制政策体系，各地做法不一。政策法规的缺位对于农村面源污染治理，尤其是畜禽养殖的废弃物处理和污染治理，形成了直接的制约。对于畜禽养殖的废弃物，美国的《清洁水法》明确界定为点源污染，按照点源污染进行环境管理。加拿大对一定的土地面积可以容纳的畜禽废弃物排放做出了规定，对于超出部分的畜禽废弃物排放要征收额外的污染治理费。日本通过立法规定，畜禽养殖场的废弃物排放必须进行处理，对于未按规定

对废弃物排放进行处理的畜禽养殖场，会采取经济上和法律上的惩罚措施。我们可以借鉴国际经验，完善畜禽养殖的废弃物处理和污染治理的政策法规。

（2）生态补偿机制。生态补偿机制对于生态优先、绿色发展具有十分重要的作用，虽然各地进行了一些生态补偿机制的实践探索，但对于生态补偿的标准额定、空间范围界定、生态补偿方式等尚未形成统一的、完善的政策体系。生态补偿机制的滞后，对于大江大河的上游区域、人口稠密区域的上风向区域、重大水利工程的水源地等具有生态屏障功能的地区来说，会直接影响其落实生态优先、绿色发展理念的积极性。生态补偿的标准额定是生态补偿机制的难点之一。有些地方开展了 GEP 核算，试图以 GEP 作为生态系统服务价值，使之成为生态补偿标准额定的参考依据，但由于 GEP 核算方法的局限性，目前依据 GEP 进行生态补偿的标准额定还很难达成共识。需要尽快深化生态补偿标准额定的研究，为确立生态补偿机制及其相关政策提供科学支撑。

（3）生态产品价值转化。在生态产品价值转化领域，激励机制建设滞后，严重制约着绿水青山转化为金山银山的实践进程。本书 4.5 节和 5.4 节专门探讨了生态产品价值实现的经济学机制和政策创新。

（4）地方公共产品供给。地方公共产品涉及教育文化、医疗卫生健康、公共交通、公共安全、环境生态等多个领域，对于推进绿色发展、建设美丽乡村具有十分重要的作用。但由于地方公共产品的排他性、非竞争性、外部性等特性，地方公共产品往往会面临供给不足的困境，需要引入适当的激励机制，鼓励地方公共产品供给的增加。

（5）全国性碳市场。如前所述，排放权交易是绿色发展激励机制的一种，碳市场则是排放权交易的特殊类型，是碳排放权的交易平台。我国已经进行了"6+1"的碳市场试点，目的是在碳市场试点的基础上建立全国性碳市场。由于各种原因，全国性碳市场建设的进程一再被延缓，严重制约着我国碳定价机制和碳减排激励机制的形成。为了实现中长期尺度的碳排放控制目标，亟须尽早启动全国性碳市场，尽快确立我国的碳定价机制和碳减排激励机制。

5.4　生态产品价值实现的政策创新

5.4.1　生态产品价值实现的路径和机制设计

所谓生态产品价值实现，是要使生态系统为人类提供的产品和服务这样一种潜在价值，以货币化的现实价值在市场上得到显现和认可，也就是生态产品价值的显性化。判断生态产品价值是否实现以及生态产品价值大小的依据，在于人们是否愿意为生态产品带来的福利改善支付相应的对价以及愿意支付的对价大小。换句话说，生态产品价值实现的实质，是通过生态产品带来的消费者福利改善，使得消费者愿意为此支付相应的对价。

当前能够在市场上显现的生态产品价值一般是消费性直接使用价值，除此以外的生态产品价值——尤其是非使用价值，往往难以得到市场的识别和认可。因此，需要通过适当的实现路径和机制设计，使生态产品价值以现实价值的形式在市场上得到全面显现。

5.4.1.1　生态产品价值实现要尊重客观经济规律，充分利用市场机制

构建长效的生态产品价值实现机制，需要充分利用市场机制。这是因为，生态产品交易是基于市场价值进行的，生态产品价值实现必然要遵循客观经济规律。中共中央总书记、国家主席习近平主持召开中央财经委员会第五次会议时强调，要尊重客观经济规律。生态产品价值实现机制只有符合客观经济规律，充分利用市场机制，才能使得生态系统向人类社会提供的产品和服务得到市场的认可，转化为现实的经济价值，并进入经济系统流转。

如前所述，在现实世界中，纯天然、原生态的自然资本并不能实现消费者福利的改善，要与相应的生态基础设施建设、生态产品经营管理结合起来，才能收到改善消费者福利的效果。生态基础设施建设投入往往以有形的人造资本与自然资本相结合，并在生态资产中累积。生态基础设施包括道路桥梁、生态步道等旅游基础设施、住宿餐饮服务设施等。生态产品经营管理能力往往取决于无形的人力资本水平。如果没有人造资本的投入，纯天然、原生态的自然资本单独提供的生态系统服务价值对于消费者福利改善是十分有限的，必须有人造资本的投入，才能实现消费者福利的

大幅改善。此外，纯天然、原生态的自然资本维护需要后天的人造资本投入，在自然资本和人造资本之外还需要依靠人力资本投入才能提升生态产品价值。因此，生态产品价值实现不能仅仅依靠自然资本，只有通过自然资本、人造资本、人力资本三种要素的有机结合，才能收到改善消费者福利的效果，使生态产品价值在市场上得到认可和接受。

弱可持续发展范式认为，自然资本、人造资本和人力资本是可以相互替代的，只要三类资本合计的资本存量维持在一定水平不减少，生态系统向人类社会提供服务的能力就不会降低。自然资本、人造资本与人力资本的有机结合既可以使生态系统向人类社会提供服务的能力保持不变，又能促使生态系统向人类社会提供的服务得到市场的认可，将潜在价值转化为现实的经济价值。弱可持续发展范式的政策启示是，将潜在的生态产品价值转化为现实的经济价值，关键在于提升生态产品的价值转化能力。自然资本、人造资本、人力资本三者结合得越好，生态产品的价值转化能力越强，就越有利于将潜在的价值转化为现实的价值。

近年来，国际学术界提出了新的可持续性评价体系——包容性财富指数（Inclusive Wealth Index）。包容性财富（Inclusive Wealth，IW）是将自然资本、人造资本、人力资本的存量，以各自的稀缺性（影子价格）为权重加总后折算为现在的价值，以此表征生态系统向人类社会提供服务的能力（Managi and Kumar，2018）。包容性财富与生态产品价值转化在理论上是一脉相承的，体现了自然资本、人造资本、人力资本的有机结合提升生态产品价值转化能力的逻辑。因此，可以借鉴包容性财富来衡量生态产品的价值转化能力。

我们分别以浙江省湖州市、丽水市、安吉县和青田县为例，尝试核算了市级和县级区域的包容性财富。2018年，湖州市和丽水市的IW分别为15 872亿元和8 327亿元，分别为当年GDP的5.84倍和5.97倍；安吉县和青田县的IW分别为2 215亿元和931亿元，分别为当年GDP的5.48倍和3.90倍。可见，湖州市的生态产品转化能力比丽水市更强，安吉县的生态产品转化能力比青田县更强。从历史演变趋势看，2008—2018年间，湖州市和丽水市、安吉县和青田县的自然资本存量在IW中的占比均趋于下降，人造资本和人力资本存量在IW中的占比趋于升高。这说明，人造资本和人力资本对于生态产品转化能力提升具有重要的作用，而且湖州市和丽水市之间、安吉县和青田县之间 IW 的区域差异主要是由人造资本和人力资本的存量差异带来的。进一步看人造资本和人力资本的关系，丽水市人力资本占比基本稳定，人造资本占比稳步提升，呈现出人造资本替代自然资本的趋势；湖州市则表现出不同的趋势，2016 年后人力资本占比大幅提高，出现了人力资本替代人造资本的现象，反映出湖州市重视人力资本投入的特点。这告诉我们，湖州市和丽水市对人力资本投入的重视程度差异，正是导致两地生态产品价值转化能力差异的主要因素；丽水市增强生态产品转化能力亟须加强人力资本投入，弥补人力资本存量的"短板"。

因此，对于有条件利用市场机制，通过人造资本、人力资本与自然资本三者的有机结合来实现生态产品价值转化的地区来说，生态产品价值实现机制的顶层设计应当充分认识自然资本、人造资本、人力资本三种要素的有机结合对于生态产品价值实现的重要性，高度重视人造资本和人力资本投入，充分发挥市场机制的作用，达到生态产品价值实现的目的。生态产品价值实现的地方实践表明，公共基础设施建设等人造资本投入对于生态产品价值转化发挥了重要的作用。然而，在生态产品价值转化的地方实践中，仍然有地方过于强调原生态的自然资本，轻视生态产品价值转化所需的公共基础设施建设，导致生态优势转化为经济优势的努力事倍功半。

5.4.1.2　生态产品价值实现需要发挥政府的调节作用

然而，对于少数生态地位特殊的区域而言，"保护"的意义显得更加重要。譬如，青海的三江源地区，是长江、黄河、澜沧江的源头汇水区，是生态系统最为敏感的地区，也是十分重要的国家生态安全屏障。习近平2016 年考察青海时指出："中华水塔"是国家的生命之源，保护好三江源，对中华民族发展至关重要。习近平强调：青海最大的价值在生态、最大的责任在生态、最大的潜力也在生态，必须把生态文明建设放在突出位置来抓，尊重自然、顺应自然、保护自然，筑牢国家生态安全屏障，实现经济效益、社会效益、生态效益相统一。

对于青海三江源此类生态脆弱又极其重要的区域，自然资本具有更高且更加独特的价值，首要的功能定位是自然资本保护，而不是利用市场机制将生态产品价值"转化"为经济价值。在这种情况下，由于自然资本具有更高且更加独特的价值，人造资本或人力资本难以对其进行替代，或者说，替代这类自然资本将付出难以估量的人力资本和人造资本代价。强可持续发展范式强调保护生态系统，确保自然资本数量不减少、质量不下降。因此，强可持续发展范式更加适用于此类区域。

对于以生态安全为主体功能的区域而言，它们为保护生态系统、维护生态功能付出了额外的成本，还会因此丧失一部分发展机会。这些机会成本或经济损失难以单纯依靠市场机制进行合理的补偿，此时就必须发挥政府的调节作用，完善市场化、多元化生态补偿，建立跨区域的生态补偿机制，由生态保护受益的区域向实施生态保护的区域提供一定的经济补偿，将生态保护的外部价值转化成货币化的现实价值，这也是生态产品价值实现的重要途径。

与基于市场机制的生态产品价值实现不同，基于政府调节作用的生态产品价值实现，主要是通过自上而下的转移支付或跨区域的生态补偿表现出来。通过转移支付或跨区域生态补偿，政府对以生态安全为主体功能的区域所付出的生态保护投入以及丧失发展机会所导致的经济损失提供经济补偿。转移支付或跨区域生态补偿，实际上是一种收入再分配的机制，目的是保障实施生态保护的区域与从生态保护中获益的区域之间的公平正义。2020年11月14日，习近平在全面推动长江经济带发展座谈会上强调，要加快建立生态产品价值实现机制，让保护和修复生态环境获得合理回报，让破坏生态环境付出相应代价。

5.4.1.3 生态产品价值实现要发挥市场机制和政府调节两种作用

生态产品价值实现既需要利用好市场机制，也需要发挥政府的调节作用，关键是要明晰生态产品价值"转化"与生态系统功能"保护"之间的区别。对于有条件利用市场机制推进生态产品价值实现的地区来说，应当在弱可持续发展范式的指导下，强调"转化"的概念，充分利用市场机制的作用，强化人造资本和人力资本投入，通过人造资本、人力资本与自然资本三者的有机结合，推动生态产品价值转化。对于具有独特价值的生态系统功能、不适宜或难以进行生态产品价值转化的特殊区域，应当在强可持续发展范式的指导下，强调"保护"的概念，建立转移支付、跨区域生态补偿等基于政府调节作用的生态产品价值实现机制，让保护和修复生态环境获得合理回报，让破坏生态环境付出相应代价。

5.4.2　如何认识 GEP 核算在生态产品价值实现中的作用

GEP 是指一定区域生态系统为人类福祉和经济社会可持续发展提供的最终产品与服务价值的总和，包括生态系统调节服务产品价值、文化服务产品价值和生态物质产品价值。GEP 作为体现生态系统向人类社会提供服务的价值指标，可以对不同类型的自然资本的功能进行统一表征。因此，GEP 表征的是潜在的价值，GEP 核算的出发点是保持关键自然资本的存量不减少、功能不降低，目的是保护绿水青山，使潜在的价值不减少。

当前，浙江、福建、江西和湖北等地正在积极探索生态产品价值实现路径。浙江丽水以生态产品总值为依据，推动"政府采购生态产品"和"企业购买生态产品"；湖北鄂州根据 GEP 核算结果，在不同区域之间设计生态补偿规则。这些做法都是基于 GEP 核算，即以 GEP 作为生态产品价值供给总量或规划目标值，将其分解到不同类型的生态产品上，推动不同类型的生态产品之间甚至不同区域的生态产品之间开展交易，实现生态服务付费。然而，从理论上看，需要正确认识 GEP 在生态产品价值实现中的作用。

第一，以 GEP 为基础进行生态产品价值实现机制设计存在理论逻辑的偏误。强可持续发展范式认为，自然资本和人造资本之间不能替代，GEP 核算的目的不是生态产品价值转化，而是自然资本保护，即将自然资本保护纳入社会经济决策。进一步讲，GEP 核算结果体现的是潜在的生态产品价值，但这是为了守住生态系统服务的底线，并非生态产品价值转化追求的目标。事实上，潜在价值的增加不一定能转化为现实的经济价值，带来现实价值的增加。即使现实的经济价值有所增加，也不一定是潜在价值的增加带来的。譬如，2018 年丽水市 GEP 为 5 024.47 亿元，2017 年丽水市 GEP 为 4 672.89 亿元，2018 年比 2017 年增加了 351.58 亿元；2018 年丽水市 GDP 为 1 394.67 亿元，2017 年丽水市 GDP 为 1 298.2 亿元，2018 年比 2017 年增加了 96.47 亿元。我们无法肯定地说，丽水市

GDP 的增加是 GEP 的增加带来的，因为我们无法确定两者之间存在明确的关联。

第二，基于 GEP 核算的生态产品交易难以与市场机制衔接。当前各地正在进行探索的生态产品交易主要依靠政府购买，或依靠地方政府实施规制的基础上形成的虚拟交易平台（谭荣，2020）。然而，无论是政府购买还是虚拟交易，都难以得到市场的认同。在现实中，生态功能与市场价值可能是脱节的，即使某类生态资源的生态功能相同，但由于交通区位和社会经济条件不同，市场价值也可能相差甚远。生态产品交易是基于市场价值，而不是生态功能进行的。基于 GEP 核算的生态产品交易过度依赖地方政府，没有充分利用市场机制，导致生态产品价值转化难以走上市场机制的轨道，制约着生态产品价值转化长效机制的形成。

第三，生态产品价值尚未形成公认、科学的评估框架和核算方法（王金南和王夏晖，2020）。在国际上，以 Constanza、Daily 等人为代表的生态经济学家基于强可持续发展范式提出了生态系统服务价值核算框架。在中国，欧阳志云等学者提出了 GEP 核算框架。王金南等学者则提出了经济−生态生产总值（Gross Economic-Ecological Product，GEEP）核算框架，既做减法（扣除资源消耗、环境损害），又做加法（补充生态效益），强调经济价值与生态价值的整合。从本质上讲，GEEP 核算框架更加接近弱可持续发展范式。目前，不同框架的核算结果存在较大差异和分歧，仍然难以为生态产品价值实现提供公认的、科学的数据支撑。

GEP 核算在生态产品价值实现中的作用需要借助政府调节。特别是对于强调生态系统功能保护的地区，要通过转移支付或跨区域生态补偿，对以生态安全为主体功能的区域所付出的生态保护投入以及丧失发展机会所导致的经济损失提供经济补偿，让保护、修复生态环境的努力获得合理回报。此时，GEP 核算结果可以作为跨区域生态补偿的参考依据。

另外，可以考虑将 GEP 核算和生态产品价值应用于对生态文明建设绩效考核的尝试。例如，通过建立生态产品价值账户等做法，以 GEP 核算结果衡量潜在价值的变化，达到保护关键自然资本存量不减少、功能不降低的目的。深圳市盐田区将 GEP 纳入政府部门的生态文明考核评价体系，使 GEP"进规划、进项目、进决策、进考核"，建立了 GEP 和 GDP "双核算、双运行、双提升"的考评机制。将生态系统对人类福祉的贡献纳入绩效考评和政策制定，是制度设计的创新性尝试，也符合强可持续发展范式强调保护关键自然资本存量的逻辑。

5.5　国土空间管控与空间差异化绿色发展政策

5.5.1　国土空间管控与绿色发展

党的十八大做出了推进生态文明建设的战略决策，为了落实这一战略部署，后续出台了一系列政策措施，加强空间规划与国土空间管控是其中最重要的基础与保障。

5.5.1.1　国土空间管控是推动绿色发展的实现路径

2015 年中共中央、国务院印发的《生态文明体制改革总体方案》指出，空间规划是国家空间发展的指南、可持续发展的空间蓝图，是进行各类开发建设活动的基本依据。随着发展观的变化，空间规划的重要性及其对落实新型发展理念的要求也发生了重要变化。构建空间规划体系，加强国土空间管控是以空间资源的合理保护和有效利用为核心，做好空间资源保护、空间要素统筹、空间结构优化、空间效率提升和空间权利公平等，形成科学有序的规划编制、实施、管理与监督机制，为加快推进我国绿色发展奠定基础。

绿色发展是以效率、和谐、持续为目标。国土空间管控通过空间治理和空间结构优化，凸显资源环境作为经济发展内在要素的约束作用，完善空间合理配置，提升经济效率；通过划定"三生"开发界线，强化国土空间用途管制，实施更有针对性的资源环境保护，保障经济社会的可持续性；通过制定差别化的空间政策，均衡人口经济与资源环境的关系，推动经济社会和谐发展，从而实现绿色发展的目标。

5.5.1.2　基于绿色发展的国土空间管控思路

在绿色发展导向下，国土空间管控应着重解决空间开发盲目与低效、人口经济与生态环境空间失衡、绿色发展空间分化加剧以及空间开发不可持续等问题。

（1）从开发建设转向整治优化。

在传统发展模式下，普遍重视对国土空间的开发利用，但管控力度不足，导致盲目开发、不合理开发现象较严重。为了实现绿色发展目标，首先应该划定国土空间开发管制界限，在明确自然承载力和绿色发展水平空间格局的基础上，确定空间开发的强度、开发时序和开发格局，绘制一张蓝图。划定"三区三线"，加强空间管控，引导资源开发、城乡建设、产业布局与环境修复保护等。

（2）加强薄弱地区的国土空间规划与管控。

一是要加强乡村地区空间规划及城乡空间衔接。要明确乡村地区在整个城镇体系中的功能与定位，建立、疏通城乡间的空间联系，确定乡村地域功能分工和开发时空秩序；合理确定重点建设镇、村的数量与空间分布，培育乡村地区新的增长点；根据未来发展定位和人口分布等做好乡村基础设施与公共服务配套安排；根据基本农田保护要求和现实需要，做好乡村土地规划；根据功能定位和农业多功能特点，合理安排乡村生产、生活与休闲空间；通过污染物集中处理等空间安排，加强乡村生产与生活环境治理。

二是要提升欠发达地区空间规划层次。相对于发达地区，欠发达地区在生态文明建设和绿色发展方面面临更大的困难。生态脆弱、资金匮乏等导致生态建设推进难度大，产业结构低端导致生态保护任务艰巨，经济发展意愿强烈导致空间开发无序。因此，需要有更严格、细致的空间规划，更高效的空间结构和空间开发格局，以及更多元化的空间治理手段。

（3）加强跨区域空间规划与管控协作。

空间是连续的，空间规划与管控也应是连续的，所以应建立稳定的地方政府间沟通商谈机制，及时交流、协商空间开发与治理中的一切事务，消除块状分割。可借鉴荷兰经验，通过颁布法律，促进相邻市镇在住房规划、就业选址、交通规划及城市开放空间等区域性结构规划和经济发展政策方面进行统筹协调。结合"一带一路"、经济带和流域综合治理与开发等加强区域间的空间联系与合作，打通空间开发廊道，为区域间优势互补创造有利条件，推动互连互通、产业对接、创新合作和环境治理等，从更广阔的视角提升区域绿色发展效果。图5-36展示了国土空间管控推动绿色发展的路径。

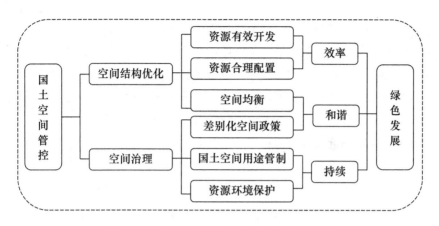

图 5 - 36 国土空间管控推动绿色发展的路径

5.5.1.3 不同地区国土空间管控重点

现阶段,国土空间规划的理念不仅要保护和改善生态环境,还要保障社会经济发展的动力,要在摸清家底和科学预测的基础上确定国土空间的开发时序和结构格局,这些应在全国统一的框架下进行。由于我国地域广阔,各区域自然本底条件和经济结构、发展水平等差异显著,在空间政策层面应体现一定的差异。在不同发展阶段,经济发展和生态保护之间会有不一样的互动关系,区域层面的空间管控也应充分考虑这一规律。

(1)绿色坚守区域应在生态保护刚性约束的前提下侧重绿色经济化。

绿色坚守区域大多自然生态环境脆弱,经济密度低,经济基础薄弱,环境治理能力较弱,最突出的特点是拥有绿水青山却没有金山银山。如何在把绿水青山变成金山银山的同时又不失去绿水青山,需要在生态保护的前提下更多地从探索空间开发模式和提高空间开发效率入手,确定合理的开发强度和产业方向,积极开拓保护性开发途径。在满足生态环境约束的条件下最大限度地挖掘经济价值。

(2)低位开发区域应侧重优化产业结构和空间结构,提高规模效益和生态网络功能。

大多数低位开发区域污染型产业占比高,处于成长期的企业数量多,地方财政能力有限,同时作为产业转移的主要承接地,存在较显著的污染避难所效应。环保投入资金短缺,尚未进入环境与经济发展的良性互动阶段,是制约这类地区环境规制强度与效率有效提升的关键问题。

对低位开发区域而言，简单地加强环境规制和土地开发权限制等都难以让其摆脱绿色发展的困境，相反，这些地区加快经济发展的意愿尤其强烈。应重视优化产业结构，增强经济发展的可持续性，更多地注重引入先进技术和人才，而不是机械地、片面地承接落户产能转移，摆脱经济低位徘徊的困境。在空间发展和城乡用地布局方面，应充分借助城市群的空间集聚效应和区域交通廊道的作用，通过紧凑的空间结构和土地功能组合，提高规模经济效益和生态网络功能。

（3）经济先导区域应适度降低经济密度，加大空间治理力度。

经济先导区域以我国东部发达地区为代表，主要特点为经济密度大，资源环境负荷重，环境质量明显退化。应适度降低空间开发密度，整合空间资源，提升空间开发效率。与此同时，应加大空间治理力度，注意政府治理方向、区域生态环境问题症结、与居民环境质量需求之间的匹配关系。应通过技术与制度创新，促进产业转型升级；制定严格的产业准入门槛，倒逼企业转型，提升产业层次，减轻资源环境负荷，在促进经济增长的同时实现环境质量的改善。在绿色发展理念的指导下确定合理的空间发展格局；充分发挥城市群和都市圈的优势，减轻中心城市的环境压力，带动周边地区发展，从城乡建设规模、空间开发方向、生态廊道建设和建筑景观设计等各方面体现经济发展与生态环境的和谐共生。

5.5.2 空间差异化环境规制政策

环境规制是为加强环境保护与提升环境质量而采取的各种政策措施。现阶段，中国处于经济发展方式转变的关键时期，加强生态环境保护是其中一项核心任务，环境规制正是在这样的背景下日益得到重视与加强。由于经济发展的区域差异显著，有的地区成本假说成立，有的地区波特假说成立。东部地区相对来说更符合波特假说，中西部地区整体上更符合成本假说（黄志基等，2015；王国印和王动，2011），环境规制效率的地区差异非常明显（李斌和彭星，2013；沈能和刘凤朝，2012）。

近年来，我国生态环境领域的压力不断加大，产值东移和污染西进的趋势有所抬头，以主体功能区为核心的国土空间规划思路无法得到有效落实，因此，有必要深入探讨现有环境规制空间差异背后的深层次问题，尤其需要研究如何通过空间差异化的环境规制政策等来改变这种状态，有效提升各地区尤其是欠发达地区的环境效率。

5.5.2.1　环境规制的空间差异与变化趋势

环境规制的空间差异体现在多个角度和多个层面上。目前备受关注的有环境规制强度的空间差异、环境规制效应的空间差异以及环境规制竞争的空间差异等，差异体现在地带间、省份间、城市间等各种不同的区域和空间尺度上。

（1）环境规制强度的空间差异。

在全国层面上，自东部、中部到西部，环境规制强度呈现显著递减规律（Zheng and Shi，2017；黄志基等，2015）。如图5-37所示，在省区和城市尺度上，北京、天津、上海和山东、浙江、福建、广东的沿海地区属于环境规制强度最高的区域；陕西、甘肃、吉林、黑龙江、辽宁的部分地区，河南、安徽、江西、山西、内蒙古等与东部省份邻近的地区环境规制强度较高；青海、云南、贵州等西部大部分地区环境规制强度偏低（黄志基等，2015；原毅军和谢荣辉，2014）。

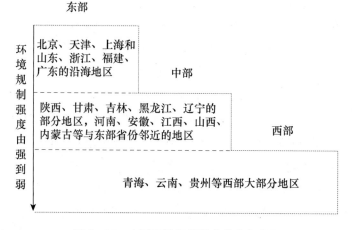

图5-37　中国环境规制强度的空间差异

（2）环境规制效应的空间差异。

环境规制效应的空间差异主要体现在环境规制对企业生产效率、技术创新、产业结构优化、区域就业、FDI分布、企业迁移和地区经济增长等方面的影响上。在大的区域层面上，东部地区的环境规制对企业、产业、区域发展的正面效应显著，中部地区的正面效应较弱或不显著，西部地区的正面效应不显著甚至存在负面效应。

东部地区对规制政策强度的敏感性较低，与无规制政策相比，弱规制政策下几乎没有造成效率的变化，强规制政策造成的效率损失也远远低于中西部地区。中西部地区对强环境规制政策极其敏感，对弱环境规制政策的反应也超过东部（李静，2012）；2011年西部地区的环境规制效率只有东部地区的60％左右（吕新军和代春霞，2015）；地理区位不同，环境规制对企业生产效率的影响也不同，相对于中西部地区，东部地区环境规制促进企业生产率增长的作用更为显著（黄志基等，2015）。

（3）环境规制竞争的空间差异。

环境规制竞争是指竞争主体（如国家或地区）为改善本地环境或者获取更多经济利益而争相采取更有吸引力的环境规制（唐钊和秦党红，2014）。近年来，在经济利益的驱动下，我国地方政府间环境规制"逐底竞争"现象时有发生。具体而言，中部地区各城市政府间环境规制"逐底竞争"证据显著；东部和东北地区各城市政府间环境规制竞争态势不是太激烈，表现为"差异化竞争"策略；而西部地区没有明显的环境规制竞争策略（赵霄伟，2014）。"逐底竞争"主要发生在欠发达地区，而非发达地区（肖宏，2008）。

邻近城市环境规制强度之间具有较强的空间相关性；位于东部地区的山东半岛城市群和浙江省、广东省均表现出高值集聚；而西部地区的环境规制强度普遍较低，表现出显著的低值集聚。东部部分地区省域或城市群内实施的统一高强度的环境规制策略与地区间环境治理合作等促进了环境规制强度的高值集聚，而"逐底竞争"则加剧了中西部地区环境规制强度的低值集聚特征。

（4）环境规制的空间差异的变化趋势。

近年来，我国东部地区大多进入经济增长的转型驱动和创新驱动时期，制造业和污染型产业的份额显著下降。中西部地区仍处于靠承接产业转移带动经济增长的阶段，制造业尤其是污染型产业的份额显著上升。经济增长驱动力的分异将区域经济发展引入一个新的阶段，也对环境规制的空间格局产生了新的重要影响。

总体上看，东部地区已经进入环境规制的良性发展轨道，区域环境治理力度不断加大，区域环境规制强度已经达到较高的水平，区内企业竞争力较强，产业结构较先进高端，公共财政资源较丰富，全社会应对强环境规制的能力较强。日益提高的环境规制强度又不断刺激企业的技术创新和产业结构优化升级，环境压力有所减缓。中西部欠发达地区环境规制强度偏弱，进一步加强又可能导致企业竞争力与区域创新能力的下降，为了经济增长而产生的环境规制妥协不可避免地发生，环境规制强度有可能不升反降（如图 5-38 所示，中部下降 BE 部分，西部下降 CF 部分）。产业结构偏向重工业，加之东部向中西部地区的产业转移带来的污染转移，以及东部地区日益增强的环境规制下竞争力差的污染型企业搬迁到中西部，致使这些地区的环境压力不断增大（中部增加 EB′ 部分，西部增加 FC′ 部分）。

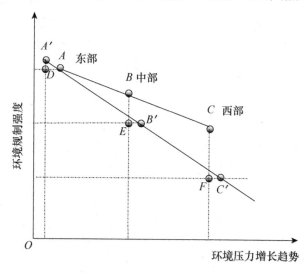

图 5-38　环境规制的空间差异的变化趋势

5.5.2.2　环境规制的空间差异形成的原因

造成环境规制的空间差异的原因有很多，既有客观原因，也不乏主观原因。有些短期内难以避免，但也有些通过政策调整与完善等可以改变。在此我们从企业异质性、行业异质性、区域异质性和环境规制工具的异质性角度出发来探讨环境规制的空间差异形成的原因。

（1）企业异质性。

在市场经济体制下，企业是区域经济活动的主体。现行环境规制体系中，尤其排污收费等经济手段会对企业产生直接的影响，而这种影响在不同的企业之间是不同的。一般情况下，企业规模、产权类型和生产效率等方面的差异会较显著地影响到环境规制对企业的冲击程度，而且会影响到企业面对环境规制所采取的应对态度、应对能力和应对策略，从而影响环境规制的效果。

环境规制对生产效率高的企业具有显著的促进作用，但对生产效率低的企业影响不明显（黄志基等，2015）。具有不同生产效率的企业的应对能力与态度不同。在适度的环境规制强度下，竞争力强的企业更倾向于选择通过技术创新来解决由于环境规制加强而带来的成本上升，或者转向清洁生产，促进产业结构调整；竞争力弱的企业更倾向于选择搬迁至环境规制更弱的地区。另外，加强环境规制是否会导致企业搬迁，与企业的所有权性质有较显著的关系（Zheng and Shi，2017）。在此前提下，不同规模、产权类型的企业又会做出不一样的选择。例如，在同样的情况下，国有企业对环境规制带来的成本上升或生产率下降等问题不如其他产权类型的企业敏感；规模小的企业选择搬迁的可能性更大；等等（见表5-23）。

表5-23　企业异质性及其对环境规制的地区差异的影响

企业异质性		受环境规制的影响（同等条件下）	对环境规制的反应（同等条件下）
规模	较大	受冲击较小	多采取积极应对措施
	较小	较易受到冲击	选择搬迁的可能性更大
产权类型	国有	成本约束性不强和政府庇护会适当弥补环境规制对其带来的负面影响	相对不敏感
	外资	正面影响为主	整体积极做出反应，对多数地区环境规制具有积极影响
	其他	—	—
生产效率	较高	正面效应较显著	更易通过技术创新或产品转型等来弥补生产成本上升
	较低	负面效应较大	技术改进的激励作用不大，有时会选择搬迁到环境规制更弱的地区

（2）行业异质性。

不同行业污染排放强度差异显著，受环境规制的影响和对环境规制的反应也不同。重度污染行业污染排放量大，自然成为环境规制政策的重点作用对象。冶金、化工、石化、煤炭、火电、建材、造纸、制药、纺织、制革和采矿业等重度污染行业一直是我国环境规制的重点关注对象，所以对这些行业的环境规制强度明显高于其他行业。有研究发现，我国重度污染行业的环境规制与整体环境规制的变化趋势基本吻合，均呈现强度上升趋势，中度污染行业的环境规制强度上升幅度很小，而轻度污染行业的环境规制强度基本保持稳定（王杰和刘斌，2014）。

Conrad 和 Wastl（1995）分析环境规制对德国各个产业的影响时发现，一部分产业支持创新补偿学说，而另一部分产业则支持遵循成本学说。我国也存在同样的情况，不同行业的生产效率、创新门槛不同，受环境规制的影响程度不一样，对环境规制的反应也不一样（见表5-24）。

表 5-24　行业异质性及其对环境规制的地区差异的影响

行业异质性		受环境规制的影响	对环境规制的反应
污染强度	重度污染行业	受影响程度高，是现行环境规制的重点作用对象	反应敏感，成本上升明显，会采取积极（如技术创新）或消极（如搬迁）的应对措施
	中度污染行业	受影响程度一般，现行环境规制对其作用不大	反应一般
	低度污染行业	受影响程度较小	反应较弱

（3）区域异质性。

环境库兹涅茨曲线揭示了环境污染与经济发展之间存在的倒 U 形关系（Grossman and Krueger，1991），处于不同发展阶段的区域面临不同的环境污染和经济发展矛盾。我国各区域在自然条件、产业结构、经济实力、市场潜力、地方政府治理能力等方面都具有显著且多元的差异性，这些为环境规制的地区差异奠定了重要的基础。实际上，区域异质性包含了一定程度的企业异质性和行业异质性，尤其是发展水平不同的区域，区内企业构成与行业构成也会有显著的差异，如欠发达地区往往污染行业所占比重高，生产效率低、竞争力弱的企业所占比重大。

不同区域面临的环境压力以及受环境规制的影响有所不同，经济发展水平较高的区域，环保标准高，高端产业、生产效率高的企业所占比重大，环境规制对地区经济发展的正面效应显著；市场潜力较大的区域，区内企业等为了占据市场，更倾向于积极应对环境规制带来的成本上升等问题；环境容量较小的区域，环境压力大，"倒逼"环境规制强度的提升，而且更易于激发区内技术创新等行为；地方政府执政能力较强的区域，环境规制不仅强度大，工具手段也更加多元、高效。反之亦然（见表5-25）。

表5-25　区域异质性对环境规制强度效应的影响

区域异质性		环境规制强度	环境规制效应
经济发展水平	较高	较大	环境规制对地区经济发展的正面效应较显著
	较低	较小	环境规制对地区经济发展的正面效应不显著或有明显负面效应
市场潜力	较大	较大	区内企业更倾向于积极应对环境规制带来的成本上升
	较小	较小	环境规制更易于引发区内经济活动的不稳定
环境容量	较大，尚有空间	较小	环境规制对区域创新和产业结构升级等的影响不显著
	较小，接近饱和	较大	环境规制更易于激发技术创新、工艺改进等
地方政府执政能力	较强	较大	环境规制效率通常较高，正面效应较显著
	较弱	较小	易于通过降低环境规制强度换取投资与GDP增长等，环境规制实施效果不好

（4）环境规制工具的异质性。

环境规制要由具体的环境规制工具来落实，通常情况下，环境规制工具被划分为命令-控制型、市场激励型和公众参与型等几种类型。由于不同的环境规制工具在制定与实施的主体，受规制对象的主动性、自由度，受影响因素的复杂性，以及实施的难易程度等方面有所差异，因此实施的效果或适宜作用的领域也不一样。

只有越过环境规制的门槛，才能促进产业结构调整，不同类型的环境规制对产业转移和结构升级的影响具有显著差异（钟茂初等，2015）。现有理论研究与实践运行结果表明，命令-控制型工具实施难度较小，在行政区域内通过实行统一的环境标准与技术标准等来达到环境污染减排与环境保护的目的。有研究表明：这种手段对于企业技术创新与竞争力的提高具有显著的正面影响（Zhao et al.，2015），可以有效促进企业技术投资的雾霾脱钩效应，是政府优化工业发展与环境治理关系的重要手段（王书斌和徐盈之，2015）。而基于市场的激励型环境规制工具更能促进环境技术创新，并且更有效地降低污染排放水平等（李斌和彭星，2013），在促进向绿色发展战略行为的转变中起着重要的作用（Zhao et al.，2015）。在我国，公众参与型环境规制手段总体上还处于初步发展状态，但近年进展较快，在环境治理与保护中发挥着越来越重要的作用。这种工具的实施效果也因公众环保意识、公众参与渠道畅通程度等的不同而存在地区差异。此外，基于企业社会责任出现的自主型环境规制也在一些地区悄然兴起，企业在生产过程中会主动采取比强制性环境规制更严格的标准。

5.5.2.3　空间差异化环境规制政策

中国现阶段环境规制的空间差异较显著。在环境压力日益增大的形势下，环境规制不能松懈，但也不能仅一味加强规制而不管效率与后果。本章的分析表明，制定空间差异化环境规制政策，应该充分考虑各个地区的企业特性、行业特性、区域特性以及不同环境规制工具的适用范围。主体功能区的划分充分体现了各地区的经济发展基础、资源环境承载力、未来承担的主体功能等，即区域特性，加之企业和行业的特性也会最终体现在区域层面上，因此，以处在不同发展阶段的东部、中部、西部不同主体功能区为基本地域单元来探讨空间差异化环境规制政策问题，有利于推进我国主体功能区战略的有效落实。

（1）优化开发区的环境规制政策。

经济发展水平高、企业所有权类型构成多样、企业整体竞争力较强、污染行业所占比重偏低的地区，基本迈过了环境规制发挥正面效应的第一道门槛。最具代表性的是东部地区优化开发区，包括环渤海地区、长三角地区和珠三角地区。

这类地区经济密度大，环境容量有限，资金保障和企业、行业的应对能力较强，环境政策在全国具有突出的示范作用。应全面加强环境规制，使投资性政策与规制性政策共同作用。应以自主投资（包括地方财政投资与企业投资）为主要资金来源，进一步提升固体废弃物治理、污水处理、大气治理等环境基础设施建设水平，重点关注小城镇和农村地区，以及跨行政区交界地区等环保基础设施建设相对薄弱的地区；探索多元的市场化环保投资方式，加强环保设备投资等"源头治理"措施。环境规制政策在强化自然承载力硬约束的同时，还应积极探索更加多元、有效的市场机制手段，鼓励环境保护技术创新，进一步细化各种环境规制工具的合理限度，避免环境规制强度过大给企业与行业发展带来的负面影响。另外，应积极探索针对传统重度污染行业之外的领域的环境规制政策，加强对城市大气环境和区域水环境等的治理与保护。

（2）东部与中西部重点开发区的环境规制政策。

重点开发区作为我国未来工业化和城镇化的主要载体，在经济产出不断增长的同时，环境负荷也会越来越重。如果不加强环境规制，现存的环境容量空间很快会被消耗殆尽。东部与中西部地区的重点开发区在宏观环境与经济发展阶段上存在一定的差异。

东部地区的重点开发区主要分布在冀中南地区、东陇海地区和海峡西岸经济区。这些地区多处在重工业化阶段，在全国先进制造业和高新技术产业发展等方面具有重要地位与作用，具有良好的外部发展环境与一定的经济基础。投资性政策与规制性政策均应加强完善，其中投资性政策除了自主性投资外，还应有一定的倾斜，以帮助此类区域顺利实现产业的升级改造和企业的效率提升。对于污染强度较大的行业，应积极探索园区化等集中分布、集中管理的模式，通过设备投资等解决循环发展和污染物集中处理等问题。此外，还应进一步加强强制性技术标准和污染排放标准等行政规制手段，并逐步加大市场规制的力度。

中西部地区的重点开发区主要分布在太原城市群、呼包鄂榆地区、哈长地区、江淮地区、中原经济区、长江中游地区、北部湾地区、成渝地区、黔中地区、滇中地区、藏中南地区、关中—天水地区、兰州—西宁地区、宁夏沿黄经济区和天山北坡地区。这些地区污染强度大的行业占比高，处于成长期的企业数量多，地方财政能力有限，作为未来产业转移的主要承接地，存在较显著的污染避难所效应。环保投资资金短缺且尚未进入环境与经济发展的良性互动阶段是制约这类地区环境规制强度与效率有效提升的关键。因此，对于此类地区，投资性政策与规制性政策应共同发挥作用，其中投资性政策应进一步加大中央投资倾斜力度，以弥补地区财力不足所产生的环境规制效率低下；规制性政策应建立严格的环境准入和总量控制等，杜绝降低环境效益的引资与产业转移承接，在此基础上适当推行市场规制手段，减少企业的负面影响。而且不管采取哪种环境规制政策，传统重度污染行业都是重点关注对象。表5-26列出了不同区域的环境规制政策选择与重点及配套政策。

表5-26　不同区域的环境规制政策选择与重点及配套政策

区域类型		环境规制政策选择	环境规制重点	配套政策
东部	优化开发区	投资性政策（自主投资为主）＋规制性政策（市场规制为主）	全面提升环境基础设施建设水平；创新环保技术，探索市场规制合理限度；完善重度污染行业之外领域的环境规制	市场化改革
	重点开发区	投资性政策（自主投资、中央投资倾斜）＋规制性政策（行政规制、市场规制）	完善环境基础设施建设；加强行政规制约束；逐步加大市场规制力度	投资倾斜
中部	重点开发区	投资性政策＋规制性政策（行政规制为主）	完善环境基础设施建设；加强传统污染行业的排放与技术标准	投资倾斜
	限制开发区	规制性政策为主（行政规制为主）	环保立法，强制限制污染行业进入；加强农业规制标准，提升农村地区环境基础设施建设	生态补偿投资补贴
西部	重点开发区	投资性政策＋规制性政策（行政规制为主）	完善环境基础设施建设；加强传统污染行业的排放与技术标准	投资倾斜
	限制开发区	规制性政策为主（行政规制为主）	环保立法，强制限制污染行业进入；加强生态环境保护	生态补偿投资补贴

说明：禁止开发区由于其特殊性，在此不做专门探讨。

（3）中西部限制开发区的环境规制政策。

限制开发区主要分布在我国中部和西部地区，其中中部地区的限制开发区以农产品主产区为主，西部地区的限制开发区以重点生态功能区为主。限制开发区本身污染行业发展与区域开发强度都会受到限制，因此完善环保立法，强化污染排放标准、技术标准等行政规制政策，提高环境规制实施保障力度，应该就可以收到良好的效果。当然，这类地区也需要通过生态补偿和环保投资补贴等形式获得来自中央或优化开发区和重点开发区的扶持。

农产区与生态区的环境规制政策应体现出一定差别，农产品主产区应完善农业生产领域环境规制标准和加强农村地区垃圾处理、污水整治等环境基础设施建设，资金的来源中应提高来自中央的财政转移支付和生态补偿的比例。重要生态功能区应该实行仅次于禁止开发区的严格环境规制标准，加强对污染行业生产布局的控制力度，并提升对环境保护、生态修复方面的投资，其中，强制性行政规制手段可以更直接地发挥作用，且便于实施。

5.5.3 不同区域绿色发展的典型案例

近年来，在国家战略的推动下，我国绿色发展取得了显著成就，各地深入践行习近平生态文明思想，积极探索各具特色的绿色发展道路，涌现出了一批绿色发展示范区域。基于区域特色探索出的绿色转型经验具有重要的参考价值。

5.5.3.1 浙江新昌：经济发达地区的绿色发展模式

新昌县位于浙江东部，为山区县，地貌特征是"八山半水分半田"。在发展过程中经历了从"浙江省次贫县"到"全国百强县"，从"浙江省环保重点监管区"到"国家级生态文明建设示范县"和"绿水青山就是金山银山实践创新基地"的重大转变。

（1）绿色转型发展的主要做法。

第一，立足创新促进转型升级。一方面，关停、搬迁传统污染型企业。自 2010 年起，用五年左右的时间，使医药化工产业的比重下降了40％。同时加强了对电镀、印染、机械、轴承等产业的治理（徐峻等，

2014)。另一方面，积极通过创新培育新兴高端产业。现在，新昌县拥有 10 家上市公司，6 个国家级企业技术中心，科技进步对经济增长的贡献率始终保持在 70% 以上。

第二，强化生态约束。在优化生态环境方面，新昌县以"五水共治""五气合治"等为抓手，全面提升城乡生态环境。对企业采取极为严格的环境管控措施，对企业排污等要求标准高，监督管理严，倒逼企业转型。

第三，强有力的制度与政策支持。新昌政府在出台严厉的环保等政策，倒逼企业转型创新的同时，还积极提供制度、政策和资金支持企业转型创新。政府出资扶持战略性产业，并投资建设国家级轴承及机械产品检测中心和胶囊检测中心等，积极开展工业园区建设与生态化改造，搭建一流产业服务平台；出台多种措施改善城市环境，提供各种保障吸引人才，鼓励有能力的大企业自己建设人才公寓，出钱为中小企业建设人才公寓（沈锡权等，2013）。

（2）绿色转型发展的经验启示。

新昌走过的经济崛起—生态破坏—经济转型与绿色发展之路，在我国发达地区具有较突出的共性特征。主要启示如下：

第一，创新是协同推进高质量发展和高水平保护的核心动力。新时期，我国经济已由高速增长转向高质量发展阶段，经济发达地区则率先进入这一进程。人口、产业与经济活动密度高，资源环境压力大是这类地区转型中遇到的重要障碍之一，而创新是破解这一难题的最有效途径。对创新机遇的掌握与效率将成为彼此间新一轮竞争成败的关键。新昌创新驱动战略不仅为本区域产业结构优化、经济转型与企业效率提升创造了良好的环境，而且有助于减少资源环境负荷，显著降低经济发展的负面环境效应，推动绿水青山与金山银山的和谐统一，为经济发达地区协同推进高质量发展和高水平保护提供了借鉴。

第二，在产业升级与经济转型阵痛期，严厉的环保政策与精准的制度供给至关重要。产业升级与经济转型必然要经历一个阵痛期，区域不仅要有壮士断腕的决心与勇气，而且更重要的是要有严格有序的环保政策与手段来提供保障。新昌对企业排污与治理的强有力监督与管控措施，不仅能倒逼企业转型，而且形成了良好的环境保护氛围，为绿色转型与发展奠定了基础。此外，产业升级与经济转型还要有高度精准的制度供给给予支持，为企业创新、人才引进、技术进步和产业提升营造有利的环境，提供有效的制度支撑。

5.5.3.2 贵州六盘水：欠发达资源型城市的绿色发展模式

六盘水位于贵州省西部乌蒙山区，是我国典型的资源型城市之一，资源禀赋突出，环境具有优势但脆弱，整体经济发展水平偏低。近年来，六盘水的绿色转型力度较大，取得了显著成效，2009年获全国"十佳绿色环保标志城市"称号，2016年被确定为"国家循环经济示范城市（县）"建设地区。

（1）绿色转型发展的主要做法。

第一，强化生态治理与建设，补欠账，促提升。应全面加强生态治理与恢复；强化大气污染防治，大力实施退耕还林、荒山造林、石漠化治理等生态建设工程；加强农村环境集中连片治理；加强重点行业环保、城市污水处理和垃圾处理等基础设施建设；执行严格的企业环保标准准入，淘汰煤炭落后产能，关停落后钢铁、焦化和火电装机产能，促进对传统重工业的减量化和智能化改造；等等。生态治理与建设成效显著，目前森林覆盖率达59.7%，每年淘汰煤炭落后产能超1 000万吨（刘定辉和屠琪，2020）。同时，建成了一批在水源涵养、水土保持和生物多样性保护方面具有重要作用的生态服务功能区域。

第二，产业生态化和生态产业化相结合，构建绿色产业体系。一方面，要通过技术提升和产业链延伸等推动原有资源型产业向新材料、新能源产业转型，促进产业生态化；另一方面，要利用生态资源与环境优势，培育一批生态型产业，如山地特色农业、文化生态旅游业和电子信息、节能环保等新兴产业，促进生态产业化。此外，伴随着严格的环境治理过程，还发展了一批环境治理产业，彻底改变了"一煤独大"的产业结构，构建起完善的绿色产业体系。

第三，在"多规合一"基础上探索绿色空间建设新模式。作为贵州省唯一的地市级"多规合一"改革试点地区，六盘水严格保护以生态功能为本底的绿色生态空间（韩非，2017）。新的规划蓝图充分体现了区域资源环境特性，并对"三区"（生态空间、农业空间、城镇空间）和"三线"

（生态保护红线、永久基本农田、城镇开发边界）进行了科学划分，对经济开发与环境保护进行了统筹安排，为绿色发展提供了保障。

（2）绿色转型发展的经验启示。

六盘水既是典型的资源型城市，又属于欠发达地区，区域特征对于处于转型期的资源型地区和致力于脱贫致富的欠发达地区来说具有较多的共性，六盘水的绿色发展经验对这类地区具有借鉴意义。

第一，污染治理和绿色产业体系培育为资源型地区提供了参考样本。长期以来，对于资源富集地区，资源成了地区发展的"双刃剑"，资源开采带来的经济收益和环境破坏似乎成了一对不可调和的矛盾。六盘水积极进行资源型产业转型，并在此基础上构建新型绿色产业体系，为破解这一矛盾提供了思路，尤其是通过大力发展资源高效循环产业激活传统资源产业的做法，为此类地区寻求产业转型的新动能、新机遇提供了借鉴。另外，六盘水对环境污染治理的坚定信念与大量投入也为绿色转型与发展提供了重要保障。资源型地区一般环保欠账多，高强度的环境生态治理与恢复是必要基础。

第二，生态资源开发利用为欠发达地区提供了参考样本。我国很多偏远的欠发达地区，自然环境独特、交通不便、经济发展程度不高，人们通常是守着绿水青山过着较为贫困的生活。六盘水在绿色转型与发展中重视对生态资源的有效利用与经济价值的合理发掘；立足当地特色资源，做好山地生态农业的发展，做好"旅游＋"的开发，做好特定新材料、电子信息产业的发展，找到区域经济发展的新出路，很好地践行了"绿水青山就是金山银山"的绿色发展理念。

第三，为绿色发展与空间规划有机结合提供了参考样本。绿色发展离不开空间要素的基础与约束。生态空间的合理开发与保护，产业空间的合理布局与管控，城乡空间的合理利用与优化等都是区域绿色发展的本质内涵。六盘水率先依托"多规合一"，探索绿色发展的空间规划新体系，为绿色发展和空间规划的有机结合提供了良好的借鉴。

第四，欠发达资源型城市绿色发展与转型任重道远。大量研究表明，经济发展与环境污染之间存在倒 U 形关系，即在经济发展的不同阶段，经济发展与环境保护良性互动所面临的条件与难度差异显著。相对于发达地区绿色转型的阵痛而言，欠发达资源型地区绿色转型与发展是一个艰巨而漫长的过程，应该在现有良好开端的基础上，做好绿色发展统筹长效规划，健全绿色发展政策体系，尤其应落实好绿色发展的产业支撑、资金保障、技术保障和人才保障等。

5.5.3.3 吉林长白山：生态涵养功能区的绿色发展模式

长白山保护开发区位于吉林省东南部，行政区域地跨延边朝鲜族自治州的安图县、白山市的抚松县和长白朝鲜族自治县，为世界 A 级自然保护区和国家级自然保护区。长白山近年来全力打造具有中国北方地域特征和文化特色的世界级生态文明先行示范区。

（1）绿色转型发展的主要做法。

第一，立足资源环境优势，构建绿色产业体系。立足于本地资源环境优势，重点做大做强旅游、文化、特色生态资源和矿泉水四大产业，并在上述产业发展的基础上积极打造生态健康品牌，发展养生、养老、运动、休闲等健康产业，构筑立足于区域特色的多元化绿色产业体系（谢忠岩，2015）。

第二，着力生态城镇建设，大力推进全域旅游。坚持精品化发展理念，努力打造城区、景区和林区及环长白山八大主题功能区等高度融合的生态城镇（赵冬帅，2016），大力推进全域旅游，成为国家新型城镇化试点和国家公园试点。将区域作为大景区进行规划与打造，高起点开展生态保护与旅游规划（韩金祥，2020）。将自然生态元素和文化元素融入城市建设，改善基础设施建设，倾力打造宜居生态城镇。

第三，严控开发边界与开发强度，采取多元化措施保护生态。长白山保护开发区在开发过程中，严格根据各区域的属性控制开发边界与开发强度。对区内绝对保护区实施最严格的生态保护，杜绝开发行为；对生态保护缓冲区则采取合理的开发强度、开发密度与开发方式；对区内建设区域则采取了与周边环境相匹配的开发模式。

（2）绿色转型发展的经验启示。

拥有绝对的资源和生态优势，经济开发面临着极强的约束是所有生态功能区的共性特征。长白山保护开发区为这类区域的绿色发展之路进行了积极的探索，形成了一些有益的启示：

　　第一，强生态环境约束下积极寻求发展空间。生态功能区产业与经济发展会受到较强的生态环境约束，但这不代表不能发展任何产业，绿水青山就是金山银山，而实现绿色发展的关键是立足本地资源环境优势构筑产业体系。长白山的自然环境与生态资源优势非常突出，其旅游、文化、特色生态资源的开发和健康产业的发展正是充分立足于资源环境优势，为此类区域绿色发展的产业选择提供了参考样本。

　　第二，生态功能区绿色发展深度融入产业发展、城乡建设等各个环节。生态功能区的绿色发展是一个完整的系统，产业发展、城乡建设等任何经济活动都要严格遵循生态保护与生态友好的原则，因此绿色发展应深度融入各个领域的每个环节。长白山保护开发区近年的生态城镇建设和全域旅游开发等较好地实践了这一原则，不仅在产业选择方面坚守绿色、可持续，而且在城乡建设、建筑风格、景观设计等各个方面都较好地融入了绿色理念，充分体现了和谐、生态、宜居等思想。

　　第三，严控开发与强化保护是生态功能区绿色发展的基础。生态功能是这类地区的核心功能，一切开发都要服务于这一功能，因此，立足于主体功能区划，严控开发边界与开发强度，采取多元化措施切实保护生态环境是最根本的要求。长白山保护开发区在区域开发的控制与有效的资源生态保护措施方面提供了较多可以借鉴的经验。

　　不同的区域，绿色发展的基础不同，面临的主要困难与障碍也存在具体差异。找到一条适合本地的绿色发展道路至关重要。案例分析显示，调整产业结构，提升产业层次，实施强有力的污染治理与环境保护等是实现绿色发展的共同途径，典型和示范案例为我们提供了一些行之有效的借鉴。另外，它们基于区域特色探索出的绿色转型经验对拓宽区域绿色发展思路具有重要的参考价值。

本章小结

　　本章探讨了推动中国经济绿色发展的若干重要政策创新。第一，突出强可持续发展范式在我国绿色发展政策体系中的指导作用，建立环境底线政策体系。第二，增强环境治理的政策有效性，强化环境规制，倒逼产业绿色转型。第三，完善绿色产业发展的激励机制，增强激励政策的针对性、协同性和有效性。第四，生态产品价值实现机制要发挥市场机制和政府调节两种作用，推动生态优势转化为经济优势。第五，按照国土空间管控的要求，实行空间差异化的环境规制政策。

划定并实施环境底线，是体现强可持续发展范式、发挥自然承载力的约束作用的具体政策抓手。环境底线主要是针对具有不可替代的重要生态和生命支持功能的关键自然资本，强调从资源环境和生态的"质"的角度去划定社会经济可持续发展的绿色边界。洁净的空气和水、环境安全和食品安全是环境底线政策重点关注的领域。

绿色发展的政策创新必须高度重视环境治理的政策有效性和绿色产业激励机制的有效性。京津冀地区雾霾治理政策评估表明，从大气污染物排放到 PM2.5 浓度，受到气象因素等污染物扩散条件的影响，只有定量把握 PM2.5 浓度与污染物排放量之间的关系，才能将雾霾治理的浓度目标科学地转化为污染物排放量控制目标，从而基于环境承载力确定污染物排放量控制目标，确保实现雾霾治理的浓度目标。由于雾霾治理会对区域经济发展造成负面影响，必须认识到蓝天不是免费的，但制定雾霾治理政策需要考虑成本有效性，尽量减少雾霾治理的社会代价。杭州湾上虞经济技术开发区的案例表明，合理的环境规制可以起到倒逼产业绿色转型的作用。

发展绿色产业，需要构建相应的激励机制，特别是运用市场机制，制定相应的经济激励政策。关于新能源发电激励机制的研究表明，单一的供给端价格激励政策并不能促进新能源发电的健康发展，政策协同性不足已经成为我国新能源发电健康发展的直接制约因素。因此，我国应当增强激励政策的协同性，形成新能源发电健康发展的激励机制。关于新能源汽车产业激励政策的研究表明，单一的激励政策往往各有利弊，需要根据不同的优先决策目标选择最优的政策组合，尽量降低各项独立政策的负面效果，发挥不同的激励政策之间的协同效果。

生态产品价值在部分地区可以利用市场机制将生态优势转化为经济优势，但有一些地区的生态产品价值主要体现在"保护"而不是"转化"上。因此，生态产品价值实现机制要利用市场机制和政府调节两种作用，在有条件的地区应当充分发挥市场机制的作用，将美丽生态转化为美丽经济；对于不宜转化、强调保护的生态产品，则应当发挥政府调节的作用，建立生态补偿机制，使生态保护和生态建设的投入得到相应的利益补偿。

空间维度是绿色发展不可或缺的元素。绿色发展必须体现空间差异化的思维，通过国土空间管控，落实空间差异化的环境规制政策，鼓励和引导各地区因地制宜，探索适合本地的绿色发展道路。

参考文献

[1] Aldy, J. , Pizer, W. , Tavoni, M. , et al. Economic tools to promote transparency and comparability in the Paris Agreement. *Nature Climate Change*, 2016 (6): 1000-1005.

[2] Allan, J. A. Fortunately there are substitutes for water otherwise our hydro-political futures would be impossible, Conference on Priorities for Water Resources Allocation & Management: Natural Resources & Engineering Advisers Conference, 1993.

[3] Almeida, S. , Pio, C. , Freitas, M. , et al. Approaching PM2. 5 and PM2. 5-10 source apportionment by mass balance analysis, principal component analysis and particle size distribution. *Science of the Total Environment*, 2006, 368 (2-3): 663-674.

[4] Andreoni, J. , Levinson, A. The simple analytics of the environmental Kuznets curve. *Journal of Public Economics*, 2001 (80): 269-286.

[5] Antle, J. M. , Heidebrink, G. Environment and development: theory and international evidence. *Economic Development and Cultural Change*, 1995, 43 (3): 603-625.

[6] Armington, P. S. A theory of demand for products distinguished by place of production. Staff Papers, 1969, 16 (3): 159-178.

[7] Arrow, K. , Bolin, B. , Costanza, R. , et al. Economic growth, carrying capacity, and the environment. *Science*, 1995 (268): 520-521.

［8］Babatunde, K. A. , Ara Begum, R. , Said, F. F. Application of computable general equilibrium (CGE) to climate change mitigation policy: A systematic review. *Renewable and Sustainable Energy Reviews*, 2017 (78): 61−71.

［9］Babiker, M. The MIT emissions predication and policy analysis (EPPA) model: Version 4. MIT Joint Program on the Science and Policy of Global Change Report, 2005.

［10］Baltagi, B. H. *Econometric Analysis of Panel Data*. New York: John Wiley & Sons, 2001.

［11］Baltagi, B. H. *Econometric Analysis of Panel Data*. 3rd Edition. New York: John Wiley & Sons Inc. , 2015.

［12］Bandara, J. S . An investigation of "Dutch disease" economics with a miniature CGE model. *Journal of Policy Modeling*, 1991, 13 (1): 67−92.

［13］Barbier, E. B. Introduction to the environmental Kuznets curve special issue. *Environment and Development Economics*, 1997, 2 (4): 369−382.

［14］Becker, R. A. Air pollution abatement costs under the Clean Air Act: evidence from the PACE survey. *Journal of Environmental Economics and Management*, 2005 (50): 144−169.

［15］Beckerman, W. Economic growth and the environment: Whose growth? Whose environment? *World Development*, 1992 (20): 481−496.

［16］Birkmann, J. , Garschagen, M. , Kraas, F. , et al. Adaptive urban governance: New challenges for the second generation of urban adaptation strategies to climate change. *Sustainability Science*, 2010, 5 (2): 185− 206.

［17］Bollen, J. , van der Zwaan, B. , Hers, S. An integrated assessment of climate change, air pollution, and energy security policy. *Energy Policy*, 2010 (38): 4021−4030.

［18］Brand, F. Critical natural capital revisited: Ecological resilience and sustainable development. *Ecological Economics*, 2009（68）：605-612.

[19] Burniaux, J. M., John, P. Martin, G. N., et al. GREEN: A multi-sector, multi-region dynamic general equilibrium model for quantifying the costs of curbing CO_2 emissions: A technical manual. Economics Department Working Papers, 1992, No. 116.

[20] Cai, W., Hui, J., Wang, C., et al. The Lancet Countdown on PM2. 5 pollution-related health impacts of China's projected carbon dioxide mitigation in the electric power generation sector under the Paris Agreement: A modelling study. *The Lancet Planetary Health*, 2018（2）：151-161.

[21] Campbell, L. K. Getting farming on the agenda: Planning, policy-making, and governance practices of urban agriculture in New York City. *Urban Forestry & Urban Greening*, 2016（19）：295-305.

[22] Castree, N. Anthropocene and planetary boundaries. In: Douglas Richardson ed. *International Encyclopedia of Geography: People, the Earth, Environment and Technology*. New York: Wiley-Blackwell, 2017: 1-18.

[23] Chang, N. Changing industrial structure to reduce carbon dioxide emissions: A Chinese application. *Journal of Cleaner Production*, 2015（103）：40-48.

[24] Chang, S., Yang, X., Zheng, H., et al. Air quality and health co-benefits of China's national emission trading system. *Applied Energy*, 2020（261）：114-226.

[25] Chen, Q., Maung, M., Shi, Y., et al. Foreign direct investment concessions and environmental levies in China. *International Review of Financial Analysis*, 2014（36）：241-250.

[26] Chen, S. M., He, Y. L. Welfare loss of China's air pollution: How to make personal vehicle transportation policy. *China Economic Review*, 2014（31）：106-118.

[27] Chen, Y. Y., Ebenstein, A., Greenstone, M., et al. Evidence on

the impact of sustained exposure to air pollution on life expectancy from China's Huai River policy. *Proceedings of the National Academy of Sciences of the United States of America*, 2013 (110): 12936-12941.

[28] Cheng, Z. , Li, L. , Liu, J. The emissions reduction effect and technical progress effect of environmental regulation policy tools. *Journal of Cleaner Production*, 2017 (149): 191-205.

[29] Chow, J. C. Measurement methods to determine compliance with ambient air quality standards for suspended particles. *Journal of the Air and Waste Management Association*, 1995 (45): 320-382.

[30] Chu, E. The political economy of urban climate adaptation and development planning in Surat, India. *Environment and Planning C: Government and Policy*, 2016, 34 (2): 281-298.

[31] Ciccone, A. , Hall, R. E. Productivity and the density of economic activity. National Bureau of Economic Research, 1993.

[32] Cohen, J. P. , Paul, C. J. M. Agglomeration economies and industry location decisions: The impacts of spatial and industrial spillovers. *Regional Science and Urban Economics*, 2005, 35 (3): 215-237.

[33] Cole, M. A. , Rayner, A. J. , Bates, J. M. The environmental Kuznets curve: An empirical analysis. *Environment and Development Economics*, 1997, 2 (4): 401-416.

[34] Conrad, K. , Wastl, D. The impact of environmental regulation on productivity in German industries. *Empirical Economics*, 1995, 20 (4): 615-633.

[35] Copeland, B. R. , Taylor, M. S. Trade, growth, and the environment. *Journal of Economic Literature*, 2004, 42 (1): 7-71.

[36] Costanza, R. , d'Arge, R. , de Groot, R. , et al. The value of the world's ecosystem services and natural capital. *Nature*, 1997 (387): 253-260.

[37] Cristobal, J. S. An environmental/input-output linear programming model to reach the targets for greenhouse gas emissions set by the

Kyoto Protocol. *Economic Systems Research*，2010，22（3）：223−236.

[38] Crutzen，P. J.，Stoermer，E. F. The anthropocene. *Global Change Newsletter*，2000（41）：17−18.

[39] Crutzen，P. J. Geology of mankind. *Nature*，2002（415）：23.

[40] Dai，H.，Masui，T.，Matsuoka，Y.，et al. Assessment of China's climate commitment and non-fossil energy plan towards 2020 using hybrid AIM/CGE model. *Energy Policy*，2011，39（5）：2875−2887.

[41] Decaluwé，B.，Martens，A. CGE modeling and developing economies：A concise empirical survey of 73 applications to 26 countries. *Journal of Policy Modeling*，1988，10（4）：529−568.

[42] Dedeurwaerdere，T. *Sustainability Science for Strong Sustainability*. Edward Elgar，Northampton，2014.

[43] den Elzen，M.，Fekete，H.，Höhne，N.，et al. Greenhouse gas emissions from current and enhanced policies of China until 2030：Can emissions peak before 2030? *Energy Policy*，2016（89）：224− 236.

[44] Deng，Y.，Benney，J. Selective use of political opportunity：A case of environmental protest in rural China. *Journal of Chinese Governance*，2017，2（1）：91−105.

[45] Dervis，K.，Malo，Jaime de，Robinson，S. *General Equilibrium Models for Development Policy*. Cambridge University Press，1982.

[46] Dewatripont，M.，Michel，G. On closure rules, homogeneity and dynamics in applied general equilibrium models. *Joural of Development Economics*，1987，26（1）：65− 76.

[47] Dietz，S.，Neumayer，E. Weak and strong sustainability in the SEEA：Concepts and measurement. *Ecological Economics*，2007（61）：617−626.

[48] Ding，S.，Zhang，M.，Song，Y. Exploring China's carbon emissions peak for different carbon tax scenarios. *Energy Policy*，2019（129）：1245−1252.

[49] Dizdaroglu，D. The role of indicator-based sustainability assess-

ment in policy and the decision-making process: A review and outlook. *Sustainability*, 2017, 9 (6): 1-28.

[50] Dong, F., Wang, Y., Zheng, L., et al. Can industrial agglomeration promote pollution agglomeration? Evidence from China. *Journal of Cleaner Production*, 2020 (246): 118960.

[51] Dong, H., Dai, H., Dong, L., et al. Pursuing air pollutant co-benefits of CO_2 mitigation in China: A provincial leveled analysis. *Applied Energy*, 2015 (144): 165-174.

[52] Dong, L., Dong, H., Fujita, T., et al. Cost-effectiveness analysis of China's sulfur dioxide control strategy at the regional level: Regional disparity, inequity and future challenges. *Journal of Cleaner Production*, 2015 (90): 345-359.

[53] Duan, H. B., Mo, J. L., Fan, Y., et al. Achieving China's energy and climate policy targets in 2030 under multiple uncertainties. *Energy Economics*, 2018 (70): 45-60.

[54] Duan, H. B., Wang, S. Y. Potential impacts of China's climate policies on energy security. *Environmental Impact Assessment Review*, 2018 (71): 94-101.

[55] Duan, H. B., Zhang, G. P., Wang, S. Y., et al. Review on robust climate economic research: Multi-model comparison analysis. *Environmental Research Letters*, 2019, 14 (3): 033001.

[56] Duan, H. B., Zhu, L., Fan, Y. Analysis of cost and technological diffusion of carbon capture and storage for China. *Systems Engineering—Theory & Practice*, 2015, 35 (2): 333-341.

[57] EIA (U. S. Energy Information Administration). *International Energy Outlook 2013*. Washington, DC, USA, 2013.

[58] Ekins, P., Simon, S., Deutsch, L., et al. A framework for the practical application of the concepts of critical natural capital and strong sustainability. *Ecological Economics*, 2003 (44): 165-185.

[59] Energy Research Institute, National Development and Reform

Committee, China. *Energy Transition Trends 2018*, 2018.

[60] European Environment Agency. *Environmental Indicator Report 2012: Ecosystem Resilience and Resource Efficiency in a Green Economy in Europe*. 2012.

[61] Falkenmark, M. Land and water integration and river basin management. *Land Water Bull*, 1995 (1): 15−16.

[62] Falkenmark, M. Land-water linkages: A synopsis. In: Mather, T., Ed., *Land and Water Bulletin: Land and Water Integration and River Basin Management*, Vol. 1, Food and Agriculture Organization (FAO) of the United Nations, Rome, 1995: 15−16.

[63] Fazio, G., Maltese, E. Agglomeration externalities and the productivity of Italian firms. *Growth and Change*, 2015, 46 (3): 354−378.

[64] Feng, G. F., Dong, M., Wen, J., et al. The impacts of environmental governance on political turnover of municipal party secretary in China. *Environmental Science and Pollution Research*, 2018, 25 (25): 24668−24681.

[65] Feng, L., Huang, C. A risk assessment model of water shortage based on information diffusion technology and its application in analyzing carrying capacity of water resources. *Water Resources Management*, 2008, 22 (5): 621−633.

[66] Freeman, A. M. Air and Water Pollution Control: A Benefit-Cost Assessment. New York: John Wiley & Sons., 1982.

[67] Fu, J., Lun, Z., Zhiguo, L., et al. Study on the sustainable utilization of groundwater resources in Hebei Plain. *Procedia Environmental Sciences*, 2012 (12): 1071−1076.

[68] Fukai, I., Mishra, S., Pasumarti, A. Technical and economic performance metrics for CCUS projects: Example from the East Canton Consolidated Oil Field, Ohio, USA. *Energy Procedia*, 2017 (114): 6968−6979.

[69] Gallagher, K. S., Zhang, F., Orvis, R., et al. Assessing the

policy gaps for achieving China's climate targets in the Paris Agreement. *Nature Communications*, 2019 (10): 1256.

[70] Gao, J. L. , Yuan, Z. W. , Liu, X. W. , et al. Improving air pollution control policy in China: A perspective based on cost-benefit analysis. *Science of the Total Environment*, 2016 (543): 307−314.

[71] Ge, J. , Lei, Y. , Tokunaga, S. Non-grain fuel ethanol expansion and its effects on food security: A computable general equilibrium analysis for China. *Energy*, 2014 (65): 346−356.

[72] Ge, J. , Tokunaga, S. Impacts of expanding non-grain-based fuel ethanol on regional equality in China: Using a computable general equilibrium model. *Proceedings of Japan Society of Regional Science*, 2011, 41 (4): 883−896.

[73] Georgescu, M. , Morefield, P. E. , Bierwagen, B. G. , et al. Urban adaptation can roll back warming of emerging megapolitan regions. *Proceedings of the National Academy of Sciences of the United States of America*, 2014, 111 (8): 2909−2914.

[74] Gillingham, K. , Nordhaus, W. , Anthoff, D. , et al. Modeling uncertainty in integrated assessment of climate change: A multimodel comparison. *Journal of Association of Environmental and Resource Economics*, 2018, 5 (4): 791−826.

[75] Glelen, D. , Boshell, F. , Saygin, D. , et al. The role of renewable energy in the global energy transformation. *Energy Strategy Reviews*, 2019 (24): 38−50.

[76] Gong, L. , Jin, C. Fuzzy comprehensive evaluation for carrying capacity of regional water resources. *Water Resources Management*, 2009, 23 (12): 2505−2513.

[77] Greaney, T. M. , Li, Y. , Tu, D. Pollution control and foreign firms' exit behavior in China. *Journal of Asian Economics*, 2017 (48): 148−159.

[78] Green, F. , Stern, N. China's changing economy: Implications

for its carbon dioxide emissions. *Climate Policy*, 2017, 17 (4): 423 –
442.

[79] Greenstone, M. The impacts of environmental regulations on in-
dustrial activity: Evidence from the 1970 and 1977 Clean Air Act Amend-
ments and the Census of Manufactures. *Journal of Political Economy*,
2002 (110): 1175–1219.

[80] Grossman, G. M. , Krueger, A. B. Economic growth and the
environment. *Quarterly Journal of Economics*, 1995 (110): 353–377.

[81] Grossman, G. M. , Krueger, A. B. Environmental impact of a
North American Free Trade Agreement. NBER Working Paper, 1991,
No. 3914.

[82] Guan, D. , Peters, G. P. , Weber, C. L. , et al. Journey to
world top emitter: An analysis of the driving forces of China's recent CO_2
emissions surge. *Geophysical Research Letters*, 2009, 36 (4): L04709.

[83] Guo, Z. , Liu. P. , Ma, L. , et al. Effects of low-carbon
technologies and end-use electrification on energy-related greenhouse gases
mitigation in China by 2050. *Energies*, 2015 (8): 7161–7184.

[84] Haas, J. , Ban, Y. Urban growth and environmental impacts in
Jing-Jin-Ji, the Yangtze River Delta and the Pearl River Del-
ta. *International Journal of Applied Earth Observation and Geoinforma-
tion*, 2014 (30): 42–55.

[85] Habibi, M. , Banihabib, M. E. , Nadjafzadeh Anvar, A. , et
al. Multi-objective optimization model for the allocation of water resources
in arid regions based on the maximization of socioeconomic efficien-
cy. *Water Resources Management*, 2016a, 30 (3): 927–946.

[86] Habibi, M. , Banihabib, M. E. , Nadjafzadeh Anvar, A. , et
al. Optimization model for the allocation of water resources based on the
maximization of employment in the agriculture and industry sec-
tors. *Journal of Hydrology*, 2016b (533): 430–438.

[87] Haimes, Y. Y. , Nainis, W. S. , Goldstone, S. Cost-sharing ap-

proach for air quality control implementation: A case study. *Journal of Environmental Economics and Management*, 1977 (4): 219-238.

[88] Hamin, E. M. , Gurran, N. Urban form and climate change: Balancing adaptation and mitigation in the US and Australia. *Habitat International*, 2009, 33 (3): 238-245.

[89] Han, F. , Xie, R. , Fang, J. , et al. The effects of urban agglomeration economies on carbon emissions: Evidence from Chinese cities. *Journal of Cleaner Production*, 2018 (172): 1096-1110.

[90] Han, L. , Kung, J. K. S. Fiscal incentives and policy choices of local governments: Evidence from China. *Journal of Development Economics*, 2015 (116): 89-104.

[91] Hans, P. P. , Shelley, A. , Jules, P. A goal-based approach to the identification of essential transformation variables in support of the implementation of the 2030 agenda for sustainable development. *International Journal of Digital Earth*, 2020, 13 (2): 166-187.

[92] Hansen, B. E. Threshold effects in non-dynamic panels: Estimation, testing, and inference. *Journal of Econometrics*, 1999, 93 (2): 345-368.

[93] Hao, Y. , Deng, Y. , Lu, Z. N. , et al. Is environmental regulation effective in China? Evidence from city-level panel data. *Journal of Cleaner Production*, 2018 (188): 966-976.

[94] Hao, Y. , Wu, Y. , Wang, L. , et al. Reexamine environmental Kuznets curve in China: Spatial estimations using environmental quality index. *Sustainable Cities and Society*, 2018 (42): 498-511.

[95] Harmsen, M. J. H. M. , van den Berg, M. , Krey, V. , et al. How climate metrics affect global mitigation strategies and costs? A multi-model study. *Climatic Change*, 2016, 136 (2): 203-216.

[96] He, C. , Huang, Z. , Ye, X. Spatial heterogeneity of economic development and industrial pollution in urban China. *Stochastic Environmental Research and Risk Assessment*, 2014, 28 (4): 767-781.

[97] He, J. , Wang, H. Economic structure, development policy and environmental quality: An empirical analysis of environmental Kuznets curves with Chinese municipal data. *Ecological Economics*, 2012 (76): 49-59.

[98] He, J. K. China's INDC and non-fossil energy development. *Advances in Climate Change Research*, 2015 (6): 210-215.

[99] He, K. , Zhang, Q. , Hong, C. P. , et al. Can Beijing, Tianjin and Hebei achieve their PM2. 5 targets by 2017? Assessment of the potential for air quality improvements in the Beijing-Tianjin-Hebei region under China's new air pollution action plan. Beijing-Tianjin-Hebei AQM Policy Report Series, 2014.

[100] He, K. , Zhang, Q. , Tong, D. , et al. How to realize air quality standard compliance in Beijing-Tianjin-Hebei area: Based on a study of PM2. 5 standard compliance scenario, 2016.

[101] He, Q. Fiscal decentralization and environmental pollution: Evidence from Chinese panel data. *China Economic Review*, 2015 (36): 86-100.

[102] Hetz, K. Contesting adaptation synergies: Political realities in reconciling climate change adaptation with urban development in Johannesburg, South Africa. *Regional Environmental Change*, 2016, 16 (4): 1171-1182.

[103] Hoekstra, A. Virtual water trade. Proceedings of the International Expert Meeting on Virtual Water Trade, 2003: 1-244.

[104] Hoekstra, A. Y. , Chapagain, A. K. , Aldaya, M. M. , et al. *Water Footprint Manual State of the Art 2009*. Water Footprint Network. Enschede, The Netherlands, 2009.

[105] Hristu-Varsakelis, D. , Karagianni, S. , Pempetzoglou, M. , et al. Optimizing production with energy and GHG emission constraints in Greece: An input-output analysis. *Energy Policy*, 2010 (38): 1566-1577.

[106] Huang, J. , Deng, F. R. , Wu, S. W. , et al. Comparisons of personal exposure to PM2. 5 and CO by different commuting modes in Bei-

jing, China. *Science of the Total Environment*, 2012 (425): 52-59.

[107] IEA (International Energy Agency). *Projected Costs of Generation Electricity*, 2005.

[108] IEA. *World Energy Outlook 2012*, 2012.

[109] IEA. *World Energy Outlook 2007*, 2007.

[110] IEA. *World Energy Outlook 2016*, 2016..

[111] IEA. *Energy Technology Perspectives 2010*, 2010.

[112] IFPRI (International Food Policy Research Institute) (Lofgren, H., Harris, R., Robinson, S.). *A Standard Computable General Equilibrium (CGE) Model in GAMS*, 2002.

[113] IFPRI (Lofgren, H., S. Robinson, K. Thierfelder). *A Standard General Equilibrium Approach to National and Global Poverty Analysis*, 2002.

[114] Imam, A., Startzman, R. A., Barrufet, M. A. Multicyclic Hubbert Model Shows Global Conventional Gas Output Peaking in 2019. *Oil & Gas Journal*, 2004, 102 (31): 20-28.

[115] IMF. *Report for Selected Country Groups and Subjects 2015*, 2015.

[116] IMF. *World Economic Outlook Database 2015*, 2015.

[117] IPCC. *2006 IPCC Guidelines for National Greenhouse Gas Inventories*, Vol. 2. Energy. IGES, Japan, 2006.

[118] IRENA. *Renewable Power Generation Costs in 2017*, 2018.

[119] Jiang, K. J., He, C. M., Xu, X. Y., et al. Transition scenarios of power generation in China under global 2C and 1.5C targets. *Global Energy Interconnection*, 2018, 1 (4): 477-486.

[120] Jiang, X. J., Hong, C. P., Zheng, Y. X., et al. To what extent can China's near-term air pollution control policy protect air quality and human health? A case study of the Pearl River Delta region. *Environmental Research Letters*, 2015 (10): 104006.

[121] Jofre-Monseny, J., Marín-López, R., Viladecans-Marsal, E.

The mechanisms of agglomeration: Evidence from the effect of inter-industry relations on the location of new firms. *Journal of Urban Economics*, 2011, 70 (2-3): 61-74.

[122] Johannes, B., Corjan, B. Air pollution policy in Europe quantifying the interaction with greenhouse gases and climate change policies. *Energy Economics*, 2014 (46): 202-215.

[123] Kathuria, V. Informal regulation of pollution in a developing country: Evidence from India. *Ecological Economics*, 2007, 63 (2-3): 403-417.

[124] Kirshen, P., Ruth, M., Anderson, W. Interdependencies of urban climate change impacts and adaptation strategies: A case study of Metropolitan Boston USA. *Climate Change*, 2008 (86): 105-122.

[125] Krey, V., Guo, F., Kolp P., et al. Looking under the hood: A comparison of techno-economic assumptions across national and global integrated assessment models. *Energy*, 2019 (172): 1254-1267.

[126] LaFountain, C. Where do firms locate? Testing competing models of agglomeration. *Journal of Urban Economics*, 2005, 58 (2): 338-366.

[127] Lee, C. J. Pollute first, control later no more: Combating environmental degradation in China through an approach based in public interest litigation and public participation. *Pacific Rim Law & Policy Journal*, 2008 (17): 795.

[128] Lei, P., Huang, Q., He D. Determinants and welfare of the environmental regulatory stringency before and after regulatory capture. *Journal of Cleaner Production*, 2017 (166): 107-113.

[129] Lei, P., Tian, X., Huang, Q., et al. Firm size, government capacity, and regional environmental regulation: Theoretical analysis and empirical evidence from China. *Journal of Cleaner Production*, 2017 (164): 524-533.

[130] Leme, V., Montagnana, M., Venturini, O. J., et al. Elec-

tricity generation from pyrolysis gas produced in charcoal manufacture: Technical and economic analysis. *Journal of Cleaner Production*, 2018 (194): 219-242.

[131] Leontief, W. W. Quantitative input and output relations in the economic systems of the United States. *Review of Economics & Statistics*, 1936, 18 (3): 105-125.

[132] Lewis, J. I., Fridley, D. G., Price, L. K., et al. Understanding China's non-fossil energy targets. *Science*, 2015, 350 (6264): 1034-1036.

[133] Lewis, S. L., Maslin, M. A. Defining the anthropocene. *Nature*, 2015, 519 (7542): 171-180.

[134] Li, B., Wu, S. Effects of local and civil environmental regulation on green total factor productivity in China: A spatial Durbin econometric analysis. *Journal of Cleaner Production*, 2017 (153): 342-353.

[135] Li, D., Wu, S., Liu, L., et al. Evaluating regional water security through a freshwater ecosystem service flow model: A case study in Beijing−Tianjian−Hebei region, China. *Ecological Indicators*, 2017 (81): 159-170.

[136] Li, G., He, Q., Shao, S., et al. Environmental non-governmental organizations and urban environmental governance: Evidence from China. *Journal of Environmental Management*, 2018 (206): 1296-1307.

[137] Li, H., Hu, J., Zhang, W. Regional differences between the rate of change of CO_2 emission intensity of Chinese provinces and implications for sustainable development. *Sustainable Development*, 2018, 26 (4): 321-336.

[138] Li, H., Zhou, L. A. Political turnover and economic performance: The incentive role of personnel control in China. *Journal of Public Economics*, 2005, 89 (9-10): 1743-1762.

[139] Li, J. F., Ma, Z. Y., Zhang, Y. X., et al. Analysis on energy demand and CO_2 emissions in China following the Energy Production

and Consumption Revolution Strategy and China Dream target. *Advances in Climate Change Research*, 2018 (9): 16－26.

[140] Li, M., Zhang, D., Li, C.－T., et al. Air quality co-benefits of carbon pricing in China. *Nature Climate Change*, 2018 (8): 398－403.

[141] Li, N., Chen, W., Rafaj, P., et al. Air quality improvement co-benefits of low-carbon pathways toward well below the 2 ℃ climate target in China. *Environmental Science & Technology*, 2019 (53): 5576－5584.

[142] Li, N., Shi, M. J., Shang, Z. Y., et al. Impacts of total energy consumption control and energy quota allocation on China's regional economy based on a 30-region computable general equilibrium analysis. *Chinese Geographical Science*, 2015 (25): 657－671.

[143] Li, N., Yang, H., Wang, L., et al. Optimization of industry structure based on water environmental carrying capacity under uncertainty of the Huai River Basin within Shandong Province, China. *Journal of Cleaner Production*, 2016 (112): 4594－4604.

[144] Li, N., Zhang, X., Shi, M., et al. The prospects of China's long-term economic development and CO_2 emissions under fossil fuel supply constraints. *Resources, Conservation and Recycling*, 2017 (121): 11－22.

[145] Li, N., Zhang, X., Shi M., et al. Does China's air pollution abatement policy matter? An assessment of the Beijing－Tianjin-Hebei region based on a multi-regional CGE model. *Energy Policy*, 2019 (127): 213－227.

[146] Li, Y., Z. Zhang and M. Shi. Restrictive effects of water scarcity on urban economic development in the Beijing－Tianjin－Hebei city region. *Sustainability*, 2019, 11 (8): 1－23.

[147] Lin, B. Q. and Liu, J. H. Estimating coal production peak and trends of coal imports in China. *Energy Policy*, 2010 (38): 512－519.

[148] Liu, F., Klimont, Z., Zhang, Q., et al. Integrating mitigation of air pollutants and greenhouse gases in Chinese cities: Development

of GAINS-City model for Beijing. *Journal of Cleaner Production*, 2013 (58): 25-33.

[149] Liu, J., Liu, Q., Yang, H. Assessing water scarcity by simultaneously considering environmental flow requirements, water quantity, and water quality. *Ecological Indicators*, 2016 (60): 434-441.

[150] Liu, M., Wei, J., Wang, G., et al. Water resources stress assessment and risk early warning: A case of Hebei Province China. *Ecological Indicators*, 2017 (73): 358-368.

[151] Liu, Q., Shi, M. J. and Jiang, K. J. New power generation technology options under the greenhouse gases mitigation scenario in China. *Energy Policy*, 2009 (37): 2440-2449.

[152] Liu, S., Zhu, Y., Du, K. The impact of industrial agglomeration on industrial pollutant emission: Evidence from China under new normal. *Clean Technologies and Environmental Policy*, 2017, 19 (9): 2327-2334.

[153] Liu, Z., Cai, Y., Hao, X. The agglomeration of manufacturing industry, innovation and haze pollution in China: Theory and evidence. *International Journal of Environmental Research and Public Health*, 2020, 17 (5): 1670.

[154] Liu J., Diamond J. Revolutionizing China's environmental protection. *Science*, 2008, 319 (5859): 37-38.

[155] Lo, C. W. H., Tang, S. Y. Institutional reform, economic changes, and local environmental management in China: The case of Guangdong province. *Environmental Politics*, 2006, 15 (2): 190-210.

[156] Lopez, R. The environment as a factor of production: The effects of economic growth and trade liberalization. *Journal of Environmental Economics and Management*, 1994 (27): 163-184.

[157] Lu, H., Wu, J. G. and Yan, L. J. Defining and measuring urban sustainability: A review of indicators. *Landscape Ecology*, 2015, 30 (7): 1175-1193.

[158] Lu, Z. , Huang, L. , Liu, J. , et al. Carbon dioxide mitigation co-benefit analysis of energy-related measures in the Air Pollution Prevention and Control Action Plan in the Jing-Jin-Ji region of China. *Resources, Conservation & Recycling: X*, 2019 (1): 100006.

[159] Luo, J. , Shen, Y. , Qi, Y. , et al. Evaluating water conservation effects due to cropping system optimization on the Beijing-Tianjin-Hebei plain, China. *Agricultural Systems*, 2018 (159): 32−41.

[160] Ma, D. , Chen, W. , Yin, X. , et al. Quantifying the co-benefits of decarbonisation in China's steel sector: An integrated assessment approach. *Applied Energy*, 2016 (162): 1225−1237.

[161] Maloney, M. T. , Yandle, B. Estimation of the cost of air-pollution-control regulation. *Journal of Environmental Economics and Management*, 1984 (11): 244−263.

[162] Managi, S. , Kumar, P. *Inclusive Wealth Report 2018 : Measuring Progress towards Sustainability*. Routledge Taylor & Francis Group, 2018.

[163] Mao, X. , Yang, S. , Liu, Q. , et al. Achieving CO_2 emission reduction and the co-benefits of local air pollution abatement in the transportation sector of China. *Environmental Science & Policy*, 2012 (21): 1−13.

[164] Markus, A. , Jiang, K. , Hao J. , et al. *GAINS-Asia: Scenarios for Cost-effective Control of Air Pollution and Greenhouse Gases in China*. IIASA (International Institute for Applied Systems Analysis), Laxenburg, Austria, 2008.

[165] Martin, R. Have we already met the millennium development goal for poverty? *Economic and Political Weekly*, 2002, 37 (46): 4638−4645.

[166] Mascarenhas, A. , Luis, M. N. , Tomas, B. R. Selection of sustainability indicators for planning: Combining stakeholders' participation and data reduction techniques. *Journal of Cleaner Production*, 2015 (92): 295−307.

[167] Matus, K. , Nam, K. M. , Selin, N. E. , et al. Health damages from air pollution in China. *Global Environmental Change*, 2012 (22): 55-66.

[168] Matus, K. , Yang, T. , Paltsev, S. , et al. Toward integrated assessment of environmental change: Air pollution health effects in the USA. *Climatic Change*, 2008 (88): 59-92.

[169] Mendelsohn, R. An economic analysis of air pollution from coal-fired power plants. *Journal of Environmental Economics and Management*, 1980 (7): 30-43.

[170] Mi, Z. F. , Pan, S. Y. , Yu, H. , et al. Potential impacts of industrial structure on energy consumption and CO_2 emission: A case study of Beijing. *Journal of Cleaner Production*, 2015 (103): 455-462.

[171] Minx, J. C. , Baiocchi, G. , Peters, G. P. , et al. A "carbonizing dragon": China's fast growing CO_2 emissions revisited. *Environmental Science & Technology*, 2011 (45): 9144-9153.

[172] Mok, H. F. , Williamson, V. G. , Grove, J. R. , et al. Strawberry fields forever? Urban agriculture in developed countries: A review. *Agronomy for Sustainable Development*, 2014 (34): 21-43.

[173] Mota, R. P. , Domigos, T. , Martins, V. Analysis of genuine saving and potential green net national income: Portugal, 1990-2005. *Ecological Economics*, 2010 (69): 1934-1942.

[174] Mu, Z. , Bu, S. , Xue, B. Environmental legislation in China: Achievements, challenges and trends. *Sustainability*, 2014, 6 (12): 8967-8979.

[175] Muller, N. Z. , Mendelsohn, R. , Nordhaus, W. Environmental accounting for pollution in the United States economy. *American Economic Review*, 2011 (101): 1649-1675.

[176] Muller, N. Z. , Mendelsohn, R. Efficient pollution regulation: Getting the prices right. *American Economic Review*, 2009 (99): 1714-1739.

[177] Nachtigall, D. , Runnelke, D. The green paradox and learning-by-doing in the renewable energy sector. *Resource and Energy Economics*, 2016 (43): 74-92.

[178] Nam, K. M. , Selin, N. E. , Reilly, J. M. , et al. Measuring welfare loss caused by air pollution in Europe: A CGE analysis. *Energy Policy*, 2010 (38): 5059-5071.

[179] Nam, K. M. , Waugh, C. J. , Paltsev, S. , et al. Carbon co-benefits of tighter SO_2 and NO_X regulations in China. *Global Environmental Change*, 2013 (23): 1648-1661.

[180] Nam, K. M. , Waugh, C. J. , Paltsev, S. , Synergy between pollution and carbon emissions control: Comparing China and the United States. *Energy Economics*, 2014 (46): 186-201.

[181] Neumayer, E. *Weak Versus Strong Sustainability: Exploring the Limits of Two Opposing Paradigms*. Edward Elgar Publishing, 2003.

[182] Niu, S. , Liu, Y. , Ding, Y. , et al. China's energy systems transformation and emissions peak. *Renewable and Sustainable Energy Reviews*, 2016 (58): 782-795.

[183] Nordhaus, W. D. Estimates of the social cost of carbon: Concepts and results from the DICE-2013R model and alternative approach. *Journal of Association of Environmental and Resource Economists*, 2014, 1 (1/2): 273-312.

[184] OECD. *Green Growth Indicators 2017*, 2017.

[185] Oi, J. C. Patterns of corporate restructuring in China: Political constraints on privatization. *The China Journal*, 2005 (53): 115-136.

[186] Otto, F. E. L. , Frame, D. J. , Otto, A. , et al. Embracing uncertainty in climate change policy. *Nature Climate Change*, 2015 (5): 917-920.

[187] Palmer, K. , Oates, W. E. , Portney, P. R. Tightening environmental standards: The benefit-cost or the no-cost paradigm? *Journal*

of Economic Perspectives, 1995 (9): 119−132.

[188] Paltsev, S. , Reilly, J. M. , Jacoby, H. D. , et al. The MIT emissions prediction and policy analysis (EPPA) model: Version 4. MIT Joint Program Report Series 125, 2005.

[189] Panayotou, T. Demystifying the environmental Kuznets curve: Turning a black box into a policy tool. *Environment and Development Economics*, 1997, 2 (4): 465−484.

[190] Panayotou, T. Empirical tests and policy analysis of environmental degradation at different stages of economic development. Working Paper WP238, International Labour Office. International Labour Organization, 1993.

[191] Panayotou, T. Environmental degradation at different stages of economic development. In: Ahmed, I. , Doeleman, J. A. (eds.) *Beyond Rio: the Environmental Crisis and Sustainable Livelihoods in the Third World*. Macmillan Press, London. 1995.

[192] Pearce, D. , Markandya, A. and Barbier E. B. Blueprint for a green economy: Earthscan publications (1989). *Long Range Planning*, 1990, 23 (5): 127.

[193] Pearce, D. W. , Atkinson, G. , Mourato, S. *Cost-benefit Analysis and the Environment: Recent Developments*. OECD publishing, Pairs, 2006.

[194] Pearce, D. W. and Turner, R. K. *Economics of Natural Resources and the Environment*. Harvester Wheatsheaf, London, 1990: 378.

[195] Peng, W. , Yang, J. , Lu, X. , et al. Potential co-benefits of electrification for air quality, health, and CO_2 mitigation in 2030 China. *Applied Energy*, 2018 (218): 511−519.

[196] Peng, W. , Yang, J. , Wagner, F. , et al. Substantial air quality and climate co-benefits achievable now with sectoral mitigation strategies in China. *Science of the Total Environment*, 2017 (598): 1076−1084.

[197] Peters, G. P. , Weber, C. L. , Guan, D. , et al. China's growing

CO$_2$ emissions: A race between increasing consumption and efficiency gains. *Environmental Science & Technology*, 2007（41）: 5939−5944.

［198］Porter, M. E. and Linde, C. Toward a new conception of the environment-competitiveness relationship. *Journal of Economic Perspectives*, 1995（9）: 97−118.

［199］Porter, M. E. *Clusters and the New Economics of Competition*. Boston: Harvard Business Review, 1998.

［200］Porter, M. E. Towards a dynamic theory of strategy. *Strategic Management Journal*, 1991（12）: 95−117

［201］Qin, Y., Wagner, F., Scovronick, N., et al. Air quality, health, and climate implications of China's synthetic natural gas development. Proceedings of the National Academy of Sciences, 2017（114）: 4887−4892.

［202］Rafaj, P., Schöpp, W., Russ, P., et al. Co-benefits of post-2012 global climate mitigation policies. *Mitigation and Adaptation Strategies for Global Change*, 2013（18）: 801−824.

［203］Revesz, R. L., Livermore, M. A. *Retaking Rationality: How Cost-benefit Analysis Can Better Protect the Environment and Our Health*. Oxford University Press, Oxford, 2008.

［204］Ribau, J. P., Ferreira, A. F. Life cycle analysis and environmental effect of electric vehicles market evolution in Portugal. *International Journal of Engineering Science*, 2014, 5（5）: 535−558.

［205］Rive, N. Climate policy in western Europe and avoided costs of air pollution control. *Economic Modeling*, 2010（27）: 103−115.

［206］Rockstrom, J., Steffen, W., Noone, K., et al. A safe operating space for humanity. *Nature*, 2009, 461（2）: 472−475.

［207］Rosenbaum, W. A. *Environmental Politics and Policy*. CQ Press, Washington, D. C., 2013.

［208］Rubashkina, Y., Galeotti, M., Verdolini, E. Environmental regulation and competitiveness: Empirical evidence on the Porter Hypothesis from European manufacturing sectors. *Energy Policy*, 2015 (83): 288−300.

[209] Sassi, O. , Crassous, R. , Waisman, H. , et al. IMACLIM-R: A modelling framework to simulate sustainable development pathways. *International Journal of Global Environmental Issues*, 2010 (10): 5−24.

[210] Schreifels, J. J. , Fu, Y. , Wilson, E. J. Sulfur dioxide control in China: Policy evolution during the 10th and 11th Five-year Plans and lessons for the future. *Energy Policy*, 2012 (48): 779−789.

[211] Schumacher, K. Large-scale renewable energy project barriers: Environmental impact assessment streamlining efforts in Japan and the EU. *Environmental Impact Assessment Review*, 2017 (65): 100−110.

[212] Selden, T. M. and Song, D. S. Environmental quality and development: Is there a Kuznets curve for air pollution emissions?. *Journal of Environmental Economics and Management*, 1994 (27): 147−162.

[213] Shafik, N. Economic development and environment quality: An econometric analysis . Oxford Economic Papers, 1994 (46): 757−773.

[214] Shen, J. , Wei, Y. D. , Yang, Z. The impact of environmental regulations on the location of pollution-intensive industries in China. *Journal of Cleaner Production*, 2017 (148): 785−794.

[215] Shen, L. Y. , Zhou, J. Y. Examining the effectiveness of indicators for guiding sustainable urbanization in China. *Habitat International*, 2014 (44): 111−120.

[216] Shen, N. , Zhao, Y. , Wang, Q. Diversified agglomeration, specialized agglomeration, and emission reduction effect—A nonlinear test based on Chinese city data. *Sustainability*, 2018, 10 (6): 2002.

[217] Shen, Y. , Lisa Ahlers, A. Local environmental governance innovation in China: Staging "triangular dialogues" for industrial air pollution control. *Journal of Chinese Governance*, 2018, 3 (3): 351−369.

[218] Shen, Y. , Lisa Ahlers, A. Local environmental governance innovation in China: Staging "triangular dialogues" for industrial air pollution control. *Journal of Chinese Governance*, 2018, 3 (3): 351-369.

[219] Shi, H. , Zhang, L. China's environmental governance of rapid industrialisation. *Environmental Politics*, 2006, 15 (2): 271-292.

[220] Shi, M. J. , Li, N. Impacts of controlling energy consumption quota on regional development in China—A simulation based on a multiregional CGE Model. The 20th International Input-Output Conference, Bratislava, 2012.

[221] Shoven, J. B. , Whalley, J. Applied general equilibrium models of taxation and international trade. *Journal of Economic Literature*, 1984, 22 (3): 1007-1051.

[222] Shrestha, R. M. , Bhattacharya, S. C. , Malla, S. Energy use and sulphur dioxide emissions in Asia. *Journal of Environmental Management*, 1996, 46 (4): 359-372.

[223] Stavenhagen, M. , Buurman, J. , Tortajada, C. Saving water in cities: Assessing policies for residential water demand management in four cities in Europe. *Cities*, 2018 (79): 187-195.

[224] Steffen, W. , Grinevald, J. , Crutzen, P. , et al. The Anthropocene: Conceptual and historical perspectives. *Philosophical Transactions of the Royal Society Series A: Mathematical, Physical and Engineering Sciences*, 2011, 369 (1938): 842-867.

[225] Stern, D. , Common, M. S. , Barbier, E. B. Economic growth and environmental degradation: The environmental Kuznets curve and sustainable development. *World Development*, 1996, 24 (7): 1151-1160.

[226] Stern, D. The rise and fall of the environmental Kuznets curve. *World Development*, 2004, 32 (8): 1419-1439.

[227] Sue Wing, I. Induced technical change in computable general equilibrium models for climate-change policy analysis. Ph. D. dissertation. Massachusetts Institute of Technology, 2001.

[228] Tanguay, G. A. , Juste, R. , Jean-Francois, L. et al. Measuring the sustainability of cities: An analysis of the use of local indicators. *Ecological Indicators*, 2010, 10 (2): 407−418.

[229] Tavoni, M. , Kriegler, E. , Riahi, K. , et al. Post−2020 climate agreements in the major economies assessed in the light of global models. *Nature Climate Change*, 2014, 5 (2): 119−126.

[230] Thomas, W. H. Why do the gains from trade reform vary between countries?. *Review of International Economics*, 1999, 7 (1): 68−86.

[231] Tian, X. , Chang, M. , Shi, F. , et al. How does industrial structure change impact carbon dioxide emissions? A comparative analysis focusing on nine provincial regions in China. *Environmental Science & Policy*, 2014 (37): 243−254.

[232] Tian, X. , Chang, M. , Tanikawa, H. , et al. Structural decomposition analysis of the carbonization process in Beijing: A regional explanation of rapid increasing carbon dioxide emission in China. *Energy Policy*, 2013 (53): 279−286.

[233] Tian, X. , Dai, H. , Geng, Y. , et al. Toward the 2-degree target: Evaluating co-benefits of road transportation in China. *Journal of Transport & Health*, 2019 (15): 100674.

[234] Timilsina, G. R. , Jing, C. , Mun, H. O. Carbon tax for achieving China's NDC: Simulations of some design features using a CGE model. *Climate Change Economics*, 2018: 18500069.

[235] Uche, J. , Martínez-Gracia, A. , Círez, F. , et al. Environmental impact of water supply and water use in a Mediterranean water stressed region. *Journal of Cleaner Production*, 2015 (88): 196−204.

[236] UNDP. *Human Development Report 2020*, 2020.

[237] UNEP. *Green Economy Indicators—Brief Paper*, 2012.

[238] UNEP. *Global Environment Outlook Geo-6 : Healthy Planet, Healthy People*, 2019.

[239] U. S. EPA (Environmental Protection Agency). The benefits

and costs of the Clean Air Act from 1970 to 1990. US Environmental Protection Agency Report, 1997.

[240] U. S. EPA. Technical support document for the proposed action on the south coast 2007 AQMP for PM2. 5 and the south coast portions of the revised 2007 state strategy. U. S. EPA, Region 9, California, 2010.

[241]U. S. EPA. The benefits and costs of the Clean Air Act from 1990 to 2020: Final Report, US Environmental Protection Agency Report, 2011.

[242] U. S. EPA. The benefits and costs of the Clean Air Act from 1990 to 2010. US Environmental Protection Agency Report, 1999.

[243] Vallius, M. , Janssen, N. A. H. , Heinrich, J. , et al. Sources and elemental composition of ambient PM2. 5 in three European cities. *Science of the Total Environment*, 2005, 337 (1-3): 147-162.

[244] van der Kamp, D. , Lorentzen, P. , Mattingly, D. Racing to the bottom or to the top? Decentralization, revenue pressures, and governance reform in China. *World Development*, 2017 (95): 164-176.

[245] Van Rooij, B. , Lo, C. W. H. Fragile convergence: Understanding variation in the enforcement of China's industrial pollution law. *Law & Policy*, 2010, 32 (1): 14-37.

[246] Veldkamp, T. I. E. , Wada, Y. , de Moel, H. , et al. Changing mechanism of global water scarcity events: Impacts of socioeconomic changes and inter-annual hydro-climatic variability. *Global Environmental Change*, 2015 (32): 18-29.

[247] Verma, P. , Raghubanshi, A. S. Urban sustainability indicators: Challenges and opportunities. *Ecological Indicators*, 2018 (93): 282-291.

[248] Vrontisi, Z. , Abrell, J. , Neuwahl, F. , et al. Economic impacts of EU clean air policies assessed in a CGE framework. *Environmental Science & Policy*, 2016 (55): 54-64.

[249] Wagner, U. J. , Timmins, C. D. Agglomeration effects in foreign direct investment and the pollution haven hypothesis. *Environmental and Resource Economics*, 2009, 43 (2): 231−256.

[250] Wang, C. , Lin, Z. Environmental policies in China over the past 10 years: Progress, problems and prospects. *Procedia Environmental Sciences*, 2010 (2): 1701−1712.

[251] Wang, G. , Cheng, S. , Li, J. , et al. Source apportionment and seasonal variation of PM2.5 carbonaceous aerosol in the Beijing − Tianjin-Hebei Region of China. *Environmental Monitoring and Assessment*, 2015, 187 (3): 143.

[252] Wang, H. , Mamingi, N. , Laplante, B. , et al. Incomplete enforcement of pollution regulation: Bargaining power of Chinese factories. *Environmental and Resource Economics*, 2003, 24 (3): 245−262.

[253] Wang, K. , Che, L. , Ma, C. , et al. The shadow price of CO_2 emissions in China's iron and steel industry. *Science of the Total Environment*, 2017 (598): 272−281.

[254] Wang, L. , Patel, P. L. , Yu, S. , et al. Win−Win strategies to promote air pollutant control policies and non-fossil energy target regulation in China. *Applied Energy*, 2016 (163): 244−253.

[255] Wang, N. , Chen, X. , Wu, G. , et al. A short-term based analysis on the critical low carbon technologies for the main energy-intensive industries in China. *Journal of Cleaner Production*, 2018 (171): 98−106.

[256] Wang, Q. , Yuan, B. Air pollution control intensity and ecological total-factor energy efficiency: The moderating effect of ownership structure. *Journal of Cleaner Production*, 2018 (186): 373−387.

[257] Wang, Q. Fixed-effect panel threshold model using Stata. *The Stata Journal*, 2015, 15 (1): 121−134.

[258] Wang, S. China's interregional capital mobility: A spatial econometric estimation. *China Economic Review*, 2016 (41): 114−128.

[259] Wang, T. , Watson, J. Scenario analysis of China's emissions

pathways in the 21st century for low carbon transition. *Energy Policy*, 2010 (38): 3537−3546.

[260] Wang, W., Gao, L., Liu, P., et al. Relationships between regional economic sectors and water use in a water-scarce area in China: A quantitative analysis. *Journal of Hydrology*, 2014 (515): 180−190.

[261] Wang, X., Zhang, S. Exploring linkages among China's 2030 climate targets. *Climate Policy*, 2016, 17 (4): 458−469.

[262] Wang, Y., Wang, J. Does industrial agglomeration facilitate environmental performance: New evidence from urban China?. *Journal of Environmental Management*, 2019 (248): 109244.

[263] Weber, C. L., Peters, G. P., Guan, D., et al. The contribution of Chinese exports to climate change. *Energy Policy*, 2008 (36): 3572−3577.

[264] Wei, Y. H. D. Beyond new regionalism, beyond global production networks: Remaking the Sunan model, China. *Environment and Planning C: Government and Policy*, 2010, 28 (1): 72−96.

[265] Wendling, Z. A., Emerson, J. W., de Sherbinin, A., et al. *2020 Environmental Performance Index*. New Haven. CT: Yale Center for Environmental Law & Policy, 2020.

[266] Wheeler, D. Racing to the bottom? Foreign investment and air pollution in developing countries. *The Journal of Environment & Development*, 2001, 10 (3): 225−245.

[267] Wilkerson, J. T., Leibowicz, B. D., Turner, D. D., et al. Comparison of integrated assessment models: Carbon price impacts on U.S. energy. *Energy Policy*, 2015 (76): 18−31.

[268] Winiwarter, W., Klimont, Z. The role of N-gases (N_2O, NO_X, NH_3) in cost-effective strategies to reduce greenhouse gas emissions and air pollution in Europe. *Current Opinion in Environmental Sustainability*, 2011 (3): 438−445.

[269] World Bank. *World Development Report 1992*. New York:

Oxford University Press, 1992.

[270] Wu, H. , Guo, H. , Zhang, B. , et al. Westward movement of new polluting firms in China: Pollution reduction mandates and location choice. *Journal of Comparative Economics*, 2017, 45 (1): 119−138.

[271] Wu, J. , Deng, Y. , Huang, J. , et al. Incentives and outcomes: China's environmental policy. National Bureau of Economic Research, 2013.

[272] Xepapadeas, A. Economic development and environmental pollution: Traps and growth. *Structural Change and Economic Dynamics*, 1997, 8 (3): 327−350.

[273] Xie, R. , Yuan, Y. , Huang, J. Different types of environmental regulations and heterogeneous influence on "green" productivity: Evidence from China. *Ecological Economics*, 2017 (132): 104−112.

[274] Xin, D. , Xin-Yia, X. U. , Songa, Y. U. , et al. Comparative research on water resource management for capital area of China and Japan—A case study of Beijing and Tokyo. *South-to-North Water Diversion and Water Science & Technology*, 2012 (10): 60−64.

[275] Xu, T. Investigating environmental Kuznets curve in China—aggregation bias and policy implications. *Energy policy*, 2018 (114): 315−322.

[276] Xu, Y. , Masui, T. Local air pollutant emission reduction and ancillary carbon benefits of SO_2 control policies: Application of AIM/CGE model to China. *European Journal of Operational Research*, 2009 (198): 315−325.

[277] Xue, W. , Wang, J. , Niu, H. , et al. Assessment of air quality improvement effect under the national total emission control program during the twelfth national five-year plan in China. *Atmospheric Environment*, 2013 (68): 74−81.

[278] Yang, H. , He, J. , Chen, S. The fragility of the Environmental Kuznets Curve: Revisiting the hypothesis with Chinese data via an "Extreme Bound Analysis". *Ecological Economics*, 2015 (109): 41−58.

[279] Yang, H. , Wang, L. , Abbaspour, K. C. , et al. Virtual water trade: An assessment of water use efficiency in the international food trade. *Hydrology and Earth System Sciences*, 2006, 10 (3): 443−454.

[280] Yang, J. , Li, X. , Peng, W. , et al. Climate, air quality and human health benefits of various solar photovoltaic deployment scenarios in China in 2030. *Environmental Research Letters*, 2018 (13): 064002.

[281] Yang, X. , Teng, F. Air quality benefit of China's mitigation target to peak its emission by 2030. *Climate Policy*, 2018a (18): 99−110.

[282] Yang, X. , Teng, F. The air quality co-benefit of coal control strategy in China. *Resources, Conservation and Recycling*, 2018b (129): 373−382.

[283] Yang, Z. Tax reform, fiscal decentralization, and regional economic growth: New evidence from China. *Economic Modelling*, 2016 (59): 520−528.

[284] Y. Song, Yang T. , Zhang M . Research on the impact of environmental regulation on enterprise technology innovation—An empirical analysis based on Chinese provincial panel data. *Environmental Science and Pollution Research*, 2019, 26 (1): 21835−21848.

[285] Yu, S. W. , Zheng, S. H. , Li, X. , et al. China can peak its energy-related carbon emissions before 2025: Evidence from industry restructuring. *Energy Economics*, 2018 (73): 91−107.

[286] Zeng, D. Z. , Zhao, L. Pollution havens and industrial agglomeration. *Journal of Environmental Economics and Management*, 2009, 58 (2): 141−153.

[287] Zhang, B. , Cao, C. , Hughes, R. M, et al. China's new environmental protection regulatory regime: Effects and gaps. *Journal of Environmental Management*, 2017 (187): 464−469.

[288] Zhang, K. , Wen, Z. Review and challenges of policies of environmental protection and sustainable development in China. *Journal of*

Environmental Management, 2008, 88 (4): 1249-1261.

[289] Zhang, K. , Zhang, Z. Y. , Liang, Q. M. An empirical analysis of the green paradox in China: From the perspective of fiscal decentralization. *Energy Policy*, 2017 (103): 203-211.

[290] Zhang, M. , Liu, Y. , Wu, J. , et al. Index system of urban resource and environment carrying capacity based on ecological civilization. *Environmental Impact Assessment Review*, 2018 (68): 90-97.

[291] Zhang, Q. , Zhang, S. , Ding, Z. , et al. Does government expenditure affect environmental quality? Empirical evidence using Chinese city-level data. *Journal of Cleaner Production*, 2017c (161): 143-152.

[292] Zhang, S. , Worrell, E. , Crijns-Graus, W. , et al. Co-benefits of energy efficiency improvement and air pollution abatement in the Chinese iron and steel industry. *Energy*, 2014 (78): 333-345.

[293] Zhang, S. , Worrell, E. , Crijns-Graus, W. Evaluating co-benefits of energy efficiency and air pollution abatement in China's cement industry. *Applied Energy*, 2015 (147): 192-213.

[294] Zhang, X. , Shi, M. , Li, Y. , et al. Correlating PM2.5 concentrations with air pollutant emissions: A longitudinal study of the Beijing-Tianjin-Hebei region. *Journal of Cleaner Production*, 2018 (179): 103-113.

[295] Zhang, X. Implementation of pollution control targets in China: Has a centralized enforcement approach worked?. *The China Quarterly*, 2017 (231): 749-774.

[296] Zhang, Y. , Chen, M. , Zhou, W. , et al. Evaluating Beijing's human carrying capacity from the perspective of water resource constraints. *Journal of Environmental Sciences*, 2010, 22 (8): 1297-1304.

[297] Zhang, Y. L. , Cao, F. Fine particulate matter (PM2.5) in China at a city level. *Scientific Reports*, 2015 (5): 14884.

[298] Zhang, Y. Structural decomposition analysis of sources of decarbonizing economic development in China: 1992-2006. *Ecological Eco-*

nomics，2009（68）：2399－2405.

［299］Zhang，Z.，Shi，M.，Yang.H. Understanding Beijing's water challenge：A decomposition analysis of changes in Beijing's water footprint between 1997 and 2007. *Environmental Science and Technology*，2012，46（22）：12373－12380.

［300］Zhang，Z.Y.，Yang，H.，Shi，M.J. Analyses of water footprint of Beijing in an interregional input-output framework. *Ecological Economics*，2011（70）：2494－2502.

［301］Zhao，B.，Wang，S.，Wang，J.，et al. Impact of national NO_X and SO_2 control policies on particulate matter pollution in China. *Atmospheric Environment*，2013（77）：453－463.

［302］Zhao，D.，Tang，Y.，Liu，J.，et al. Water footprint of Jing－Jin－Ji urban agglomeration in China. *Journal of Cleaner Production*，2017（167）：919－928.

［303］Zhao，X.，Zhao，Y.，Zeng，S.，et al. Corporate behavior and competitiveness：Impact of environmental regulation on Chinese firms. *Journal of Cleaner Production*，2015，86（1）：311－322.

［304］Zheng，D.，Shi，M. Multiple environmental policies and pollution haven hypothesis：Evidence from China's polluting industries. *Journal of Cleaner Production*，2017（141）：295－304.

［305］Zheng，S.，Kahn，M.E.，Sun，W.，et al. Incentives for China's urban mayors to mitigate pollution externalities：The role of the central government and public environmentalism. *Regional Science and Urban Economics*，2014（47）：61－71.

［306］Zhou，M.，Chen，Q.，Cai，Y. Optimizing the industrial structure of a watershed in association with economic-environmental consideration：An inexact fuzzy multi-objective programming model. *Journal of Cleaner Production*，2012（42）：116－131.

［307］Zhou，N.，Fridley，D.，Mcneil，M.，et al. *China's Energy and Carbon Emissions Outlook to 2050* . CA：Lawrence Berkeley National

Laboratory，2010.

[308] Zhou，S. L.，Shi，M. J.，Li，N.，et al. The impact of carbon tax on non-fossil energy development. *Journal of Natural Resources*，2011，27（7）：1101-1111.

[309] Zhou，Y.，Cheng，S.，Li，J.，et al. A new statistical modeling and optimization framework for establishing high-resolution PM10 emission inventory-II. Integrated air quality simulation and optimization for performance improvement. *Atmospheric Environment*，2012（60）：623-631.

[310] Zhou，Y.，Zhu，S.，He，C. How do environmental regulations affect industrial dynamics? Evidence from China's pollution-intensive industries. *Habitat International*，2017（60）：10-18.

[311] Zhu，B.，Jiang，M.，Wang，K.，et al. On the road to China's 2020 carbon intensity target from the perspective of "double control". *Energy Policy*，2018（119）：377-387.

[312] Zugravu-Soilita，N. How does foreign direct investment affect pollution? Toward a better understanding of the direct and conditional effects. *Environmental and Resource Economics*，2017，66（2）：293-338.

[313] 2050 中国能源和碳排放研究课题组. 2050 中国能源和碳排放报告. 北京：科学出版社，2009：753-820.

[314] 安树伟，闫程莉. 京津冀与世界级城市群的差距及发展策略. 河北学刊，2016，36（6）：143-149.

[315] 包群，邵敏，杨大利. 环境管制抑制了污染排放吗?. 经济研究，2013，48（12）：42-54.

[316] 北京师范大学科学发展观与经济可持续发展研究基地. 2012 中国绿色发展指数报告：区域比较. 北京：北京师范大学出版社，2012.

[317] 北京市人民政府办公厅. 北京市城乡经济社会发展一体化规划 2011，2011.

[318] 蔡绍洪，魏媛，刘明显. 西部地区绿色发展水平测度及空间分异研究. 管理世界，2017（6）：174-175.

［319］陈百明. 我国的土地资源承载能力研究. 自然资源，1989（1）：5-26.

［320］陈良文，杨开忠. 我国区域经济差异变动的原因：一个要素流动和集聚经济的视角. 当代经济科学，2007（3）：35-42.

［321］陈强. 高级计量经济学及 Stata 应用. 北京：高等教育出版社，2014.

［322］陈潇君，金玲，雷宇，等. 大气环境约束下的中国煤炭消费总量控制研究. 中国环境管理，2015（5）：42-49.

［323］程国栋. 承载力概念的演变及西北水资源承载力的应用框架. 冰川冻土，2002，24（4）：361-367.

［324］邓静中. 土地资源开发利用、保护及其承载力研究. 地球科学进展，1988，3（6）：34-37.

［325］邓祥征，吴锋，林英志，等. 基于动态环境 CGE 模型的乌梁素海流域氮磷分期调控策略. 地理研究，2011，30（4）：635-644.

［326］丁仲礼，段晓男，葛全胜，等. 2050 年大气 CO_2 浓度控制：各国排放权计算. 中国科学，2009，39（8）：1009-1027.

［327］杜永强，崔倩倩，卢志义，等. 基于循环修正思路的经济绿色发展评价研究. 科技和产业，2020，20（2）：6-16.

［328］段春青，刘昌明，陈晓楠. 区域水资源承载力概念及研究方法的探讨. 地理学报，2010（1）：82-90.

［329］段宏波，朱磊，范英. 中国碳捕获与封存技术的成本演化和技术扩散分析：基于中国能源经济内生技术综合模型. 系统工程理论与实践，2015，35（2）：333-341.

［330］方琳，仇方道. 再生性资源型城市绿色发展效率评价：以徐州市为例. 国土与自然资源研究，2019（4）：28-31.

［331］封志明，刘登伟. 京津冀地区水资源供需平衡及其水资源承载力. 自然资源学报，2006，21（5）：689-699.

［332］封志明. 土地承载力研究的起源与发展. 资源科学，1993，15（6）：74-79.

［333］葛建平. 我国新能源汽车产业发展的财税政策支撑. 教育部人

文社会科学研究青年基金项目研究报告，2017.

[334] 关成华，韩晶. 2017/2018 中国绿色发展指数报告：区域比较. 北京：经济日报出版社，2019.

[335] 关大博，刘竹. 雾霾真相：京津冀地区 PM2.5 污染解析及减排策略研究. 北京：中国环境出版社，2014.

[336] 郭永杰，米文宝，赵莹. 宁夏县域绿色发展水平空间分异及影响因素. 经济地理，2015（3）：45-51.

[337] 国务院. 大气污染防治行动计划，2013.

[338] 韩非. 贵州六盘水：资源型城市"绿色转型"样本，国家信息中心博士后研究通讯，2017（12）.

[339] 韩金祥. 长白山池南区：大力推进全域旅游. 吉林日报，2020-06-15.

[340] 郝汉舟，周校兵. 中国省际绿色发展指数空间计量分析. 统计与决策，2018（12）：114-118.

[341] 侯安德，尹美霞. 气候变化、空气质量与经济：推进中国环境与经济共同繁荣的一体化政策，2015.

[342] 黄羿，杨蕾，王小兴，等. 城市绿色发展评价指标体系研究：以广州市为例. 科技管理研究，2012，32（17）：55-59.

[343] 黄跃，李琳. 中国城市群绿色发展水平综合测度与时空演化. 地理研究，2017，36（7）：111-124.

[344] 黄志基，贺灿飞，杨帆，等. 中国环境规制、地理区位与企业生产率增长. 地理学报，2015，70（10）：1581-1591.

[345] 姜克隽，邓义祥. 中国经济结构调整与能源消费关系-IPAC-CGE 模型的构建//国家发展和改革委员会能源研究所. 能源问题研究文集. 北京：中国环境科学出版社，2009：109-130.

[346] 金刚，沈坤荣. 以邻为壑还是以邻为伴？：环境规制执行互动与城市生产率增长. 管理世界，2018，34（12）：43-55.

[347] 蕾切尔·卡尔森. 寂静的春天. 北京：中国文联出版社，2018.

[348] 李斌，彭星. 环境规制工具的空间异质效应研究：基于政府职能转变视角的空间计量分析. 产业经济研究，2013（6）：38-47.

[349] 李静. 中国地区环境效率的差异与规制研究. 北京：社会科学文献出版社，2012.

[350] 李平，娄峰. "供给侧结构性改革"与中国潜在经济增长率分析. 中国经济学人，2016，11（4）：4-21.

[351] 李善同，何建武. "十二五"至2030年中国经济增长的前景展望//中国可计算一般均衡模型及其应用. 北京：经济科学出版社，2010.

[352] 李文正. 基于层次分析法的陕西省城市绿色发展区域差异测度分析. 水土保持研究，2015，22（5）：152-157.

[353] 李晓西，刘一萌，宋涛. 人类绿色发展指数的测算. 中国社会科学，2014（6）：69-95.

[354] 李永友，沈坤荣. 我国污染控制政策的减排效果：基于省际工业污染数据的实证分析. 管理世界，2008（7）：7-17.

[355] 联合国环境规划署. 全球环境展望6：决策者摘要，2019.

[356] 梁姗姗，杨丹辉. 矿产资源消费与产业结构演进的研究综述. 资源科学，2018，40（3）：535-546.

[357] 廖家勤，孙小爽. 新能源汽车财税政策效应研究. 税务与经济，2017（1）：86-93.

[358] 林伯强，谭睿鹏. 中国经济集聚与绿色经济效率. 经济研究，2019，54（2）：119-132.

[359] 刘宝森，杨一苗，程士华. "癌症村"暴增 中国百处致癌危地. 经济参考报，2013-08-12.

[360] 刘定辉，屠琪. "江南煤都"的"三个转变"：六盘水推动煤炭转型升级高质量发展. 天眼新闻，2020-01-02.

[361] 刘佳骏，董锁成，李泽红. 中国水资源承载力综合评价研究. 自然资源学报，2011，26（2）：258-269.

[362] 刘修岩. 空间效率与区域平衡：对中国省级层面集聚效应的检验. 世界经济，2014，37（1）：55-80.

[363] 陆铭，冯皓. 集聚与减排：城市规模差距影响工业污染强度的经验研究. 世界经济，2014，37（7）：86-114.

[364] 陆铭. 城市、区域和国家发展：空间政治经济学的现在与未

来. 经济学（季刊），2017，16（4）：1499-1532.

[365] 吕新军，代春霞. 中国省区环境规制效率研究：基于制度约束的视角. 财经论丛，2015（8）：105-111.

[366] 马骏，李治国. PM2. 5 减排的经济政策. 北京：中国经济出版社，2014.

[367] 马忠东，吕智浩，叶孔嘉. 劳动参与率与劳动力增长：1982—2050 年. 中国人口科学，2010（1）：11-27.

[368] 麦肯锡. 中国的绿色革命：实现能源与环境可持续发展的技术选择，2009.

[369] 孟秀萍. 城市绿色发展水平综合评价研究：以陕西省为例. 西部金融，2019（8）：71-75.

[370] 苗韧. 我国发电技术的低碳发展路径研究. 中国能源，2013，35（6）：30-34.

[371] OECD. 迈向绿色增长，2011.

[372] 欧阳志云，赵娟娟，桂振华，等. 中国城市的绿色发展评价. 中国人口·资源与环境，2009，19（5）：11-15.

[373] 钱伯章. 中国石油和天然气生产峰值的研究现状. 炼油技术与工程，2009（39）：6.

[374] 秦炳涛，刘蕾，陶玉. 我国资源型城市的可持续发展评价. 环境经济研究，2019（3）：142-158.

[375] 任嘉敏，马延吉. 东北老工业基地绿色发展评价及障碍因素分析. 地理科学，2018（7）：1042-1050.

[376] 邵帅，张可，豆建民. 经济集聚的节能减排效应：理论与中国经验. 管理世界，2019，35（1）：36-60.

[377] 沈能，刘凤朝. 高强度的环境规制真能促进技术创新吗？：基于"波特假说"的再检验. 中国软科学，2012（4）：49-59.

[378] 沈体雁，劳昕，杨开忠. 经济密度：区域经济研究的新视角. 经济学动态，2012（7）：82-88.

[379] 沈锡权，董素玉，王政. 逆境下的县域经济"升级版"现实样本：浙江新昌. 新华网，2013-07-23.

［380］盛斌，吕越. 外国直接投资对中国环境的影响：来自工业行业面板数据的实证研究. 中国社会科学，2012（5）：54-75.

［381］盛丹，张国峰. 两控区环境管制与企业全要素生产率增长. 管理世界，2019，35（2）：24-42.

［382］石敏俊，陈岭楠. 充分发挥市场机制和政府调节两种作用，推动生态产品价值实现. 光明网理论频道，2020-12-09.

［383］石敏俊，陈旭宇. 埃森哲中科院新资源经济城市指数报告——迈向新资源经济：推动中国城市和谐转型，2013.

［384］石敏俊，等. 中国经济绿色转型的轨迹：2005—2010 年经济增长的资源环境成本. 北京：科学出版社，2015.

［385］石敏俊，李元杰，张晓玲，等. 基于环境承载力的京津冀雾霾治理政策效果评估. 中国人口·资源与环境，2017，27（9）：66-75.

［386］石敏俊，刘艳艳. 城市绿色发展：国际比较与问题透视. 城市发展研究，2013，20（5）：140-145.

［387］石敏俊，徐瑛. 绿色之路：中国经济绿色发展报告，2018a.

［388］石敏俊，徐瑛. 中国经济绿色发展的现状与实现路径. 环境保护，2018b，46（10）：14-18.

［389］石敏俊，杨键军，周丁扬，等. 基于"菱形模型"的资源型城市绿色发展动态评价：以鄂尔多斯市为例. 环境与可持续发展，2020（4）：69-75.

［390］石敏俊，张卓颖，周丁扬. 京津冀水资源承载力研究//京津冀蓝皮书——承载力测度与对策. 北京：社会科学文献出版社，2013.

［391］石敏俊，张卓颖. 中国 2007 年区域间投入产出模型的构建. 中国科学院虚拟经济与数据科学研究中心，2012.

［392］石敏俊，周晟吕，李娜，等. 资源约束下的中国经济中长期发展前景. 系统工程学报，2014，29（5）：602-611.

［393］石敏俊，周晟吕. 低碳技术发展对中国实现减排目标的作用. 管理评论，2010，22（6）：48-53.

［394］石敏俊. 环境规制促进产业转型：浙江上虞的经验与启示. 国家治理，2018（12）：39-43.

[395] 石敏俊. 生态产品价值如何实现. 中国环境报, 2020-09-24.

[396] 石敏俊. 生态产品价值实现的理论内涵和经济学机制. 光明日报（理论版）, 2020-08-25.

[397] 石敏俊. 中国经济绿色发展的理论内涵. 光明日报（理论版）, 2017a-10-17.

[398] 石敏俊. 中国经济绿色发展理论研究的若干问题. 环境经济研究, 2017b (4): 1-6.

[399] 石敏俊等. 区域发展政策模拟. 北京: 中国人民大学出版社, 2016.

[400] 世界环境与发展委员会. 我们共同的未来. 长春: 吉林人民出版社, 1997.

[401] 宋枫. 新能源消纳问题研究. 北京: 科学出版社, 2019.

[402] 孙林. 宏观及产业税负变动的 CGE 模型分析: 以上海经济为例. 上海经济研究, 2011 (4): 24-35.

[403] 孙一琳. 2018 年全球风电成本概况. 风能, 2019 (6): 54-56.

[404] 孙毅, 景普秋. 资源型区域绿色转型模式及其路径研究. 中国软科学, 2012 (12): 152-161.

[405] 谭荣. 生态产品价值实现机制的地方实践. 中国自然资源报, 2020-05-28.

[406] 唐钊, 秦党红. 我国环境规制竞争衡平研究. 湖南商学院学报, 2014, 21 (5): 58-62.

[407] 唐志鹏, 刘卫东, 付承伟, 等. 能源约束视角下北京市产业结构的优化模拟与演进分析. 资源科学, 2012, 34 (1): 29-34.

[408] UNDP, 中国人民大学. 中国人类发展报告 2009/10. 北京: 对外翻译出版公司, 2010.

[409] 王国印, 王动. 波特假说、环境规制与企业技术创新: 对中东部地区的比较分析. 中国软科学, 2011 (1): 100-112.

[410] 王杰, 刘斌. 环境规制与企业全要素生产率: 基于中国工业企业数据的经验分析. 中国工业经济, 2014 (3): 44-56.

[411] 王金南, 王夏晖. 推动生态产品价值实现是践行"两山"理念的

时代任务与优先行动. 环境保护，2020（14）：9-13.

[412] 王克. 基于 CGE 的技术变化模拟及其在气候政策分析中的应用. 北京：中国环境科学出版社，2011.

[413] 王书斌，徐盈之. 环境规制与雾霾脱钩效应：基于企业投资偏好的视角. 中国工业经济，2015（4）：18-30.

[414] 王勇. 绿色发展理论内涵、评估方法及策略路径研究回顾与展望. 环境与可持续发展，2020，45（1）：37-43.

[415] 王跃思，姚利，刘子锐，等. 京津冀大气霾污染及控制策略思考. 中国科学院院刊，2013，28（3）：353-363.

[416] 温忠麟，叶宝娟. 中介效应分析：方法和模型发展. 心理科学进展，2014，22（5）：731-745.

[417] 温宗国，李会芳. 中国工业节能减碳潜力与路线图. 财经智库，2018，3（6）：95-108.

[418] 吴健，陈青. 从排污费到环境保护税的制度红利思考. 环境保护，2015，43（16）：21-25.

[419] 武亚军，宣晓伟. 环境税经济理论及对中国的应用分析. 北京：经济科学出版社，2002.

[420] 武亚军. 环境税经济理论及对中国的应用分析. 北京：经济科学出版社，2002.

[421] 西蒙. 厄普顿. 空气污染的真正成本. 中国经济报告，2016（9）：50-51.

[422] 肖宏. 环境规制约束下污染密集型企业越界迁移及其治理，复旦大学，2008.

[423] 谢忠岩. 让"四大产业"成为支撑长白山发展的坚定基石. 新长征（党建版），2015（1）：20-21.

[424] 徐峻，刘刚，陈文文，等. 绿水青山就是金山银山：看山区小县新昌如何践行"绿色发展". 浙江日报，2014-04-08（08）.

[425] 徐敏燕，左和平. 集聚效应下环境规制与产业竞争力关系研究：基于"波特假说"的再检验. 中国工业经济，2013（3）：72-84.

[426] 许和连，邓玉萍. 外商直接投资导致了中国的环境污染吗？：

基于中国省际面板数据的空间计量研究. 管理世界, 2012 (2): 30-43.

[427] 薛文博, 付飞, 王金南, 等. 基于全国城市 PM2.5 达标约束的大气环境容量模拟. 中国环境科学, 2014 (10): 2490-2496.

[428] 薛文博, 付飞, 王金南, 等. 中国 PM2.5 跨区域传输特征数值模拟研究. 中国环境科学, 2014, 34 (6): 1361-1368.

[429] 杨瑞, 张然. 生态福利绩效视角下的绿色发展评价研究: 以青岛市为例. 生态经济, 2018 (12): 58-63.

[430] 杨志江, 文超祥. 中国绿色发展效率的评价与区域差异. 经济地理, 2017, 37 (3): 10-18.

[431] 姚从容. 产业转移、环境规制与污染集聚: 基于污染密集型产业空间变动的分析. 广东社会科学, 2016 (5): 43-54.

[432] 郁建兴, 石敏俊. 浙江"千村示范、万村整治": 绿色发展和美丽乡村建设的中国经验. 光明日报 (理论版), 2018-11-19.

[433] 袁向华. 排污费与排污税的比较研究. 中国人口·资源与环境, 2012, 22 (S1): 40-43.

[434] 原毅军, 谢荣辉. 环境规制的产业结构调整效应研究: 基于中国省际面板数据的实证检验. 中国工业经济, 2014 (8): 57-69.

[435] 张国强, 徐艳梅. 新能源汽车政策工具运用的国际镜鉴与引申. 改革, 2017 (3): 130-138.

[436] 张欢, 罗畅, 成金华, 等. 湖北省绿色发展水平测度及其空间关系. 经济地理, 2016 (9): 158-165.

[437] 张文忠, 余建辉, 李佳. 资源枯竭城市转型的驱动因素和机理解析. 中国科学院院刊, 2016, 31 (1): 92-100.

[438] 张小曳, 张养梅, 曹国良. 北京 PM1 中的化学组成及其控制对策思考. 应用气象学报, 2012, 23 (3): 257-264.

[439] 张义丰, 张吉福, 马彦平, 等. 资源型城市转型发展的绿色实践: 以山西省"大同蓝"为例. 中国科学院院刊, 2017 (8): 896-904.

[440] 赵冬帅. 长白山保护开发区: 生态文明, 绿色发展. 中国经济信息杂志, 2016-03-07.

[441] 赵霄伟. 地方政府间环境规制竞争策略及其地区增长效应: 来

自地级市以上城市面板的经验数据. 财贸经济，2014（5）：58-62.

［442］赵永，王劲峰. 土地利用变化 CGE 模型及模型中对土地要素的处理//中国科学技术协会，河南省人民政府. 第十届中国科协年会"新时期河南［422］土地供需态势与城乡统筹发展"论坛文集，2008：219-225.

［443］中国国家可再生能源中心（CNREC）. 2018 年中国可再生能源展望，2018-11.

［444］中国金融年鉴编辑部（FYCCC）. 中国金融年鉴 2008. 北京：中国金融杂志社，2008.

［445］中国清洁空气联盟（CAAC）. 大气污染防治行动计划（2013—2017）实施的投融资需求及影响. 中关村创蓝清洁空气产业联盟网站，2015-11-20.

［446］中国清洁空气联盟. 京津冀能否实现 2017 年 PM2.5 改善目标？：基于"大气国十条"的京津冀地区细颗粒物污染防治政策效果评估. 北京，2014.

［447］中华人民共和国国家发展和改革委员会（ERI）能源研究所. 中国 2050 高比例可再生能源发展情景暨路径研究，2015.

［448］中华人民共和国国家发展和改革委员会. 绿色发展指标体系，2016.

［449］中华人民共和国国家统计局. 2016 年生态文明建设年度评价结果公报，2017.

［450］中华人民共和国国家统计局. 中国统计年鉴 2018. 北京：中国统计出版社，2019.

［451］中华人民共和国国家统计局. 中国统计年鉴 2011. 北京：中国统计出版社，2011.

［452］中华人民共和国国家统计局. 中国统计年鉴 2010. 北京：中国统计出版社，2010.

［453］中华人民共和国国家统计局. 中国统计年鉴 2009. 北京：中国统计出版社，2009.

［454］中华人民共和国国家统计局. 中国统计年鉴 2008. 北京：中国统计出版社，2008.

［455］中华人民共和国国家统计局. 中国统计年鉴 2007. 北京：中国统计出版社，2007.

［456］中华人民共和国国家统计局能源统计司. 中国能源统计年鉴 2011. 北京：中国统计出版社，2011.

［457］中华人民共和国国家统计局能源统计司. 中国能源统计年鉴 2010. 北京：中国统计出版社，2010.

［458］中华人民共和国国家统计局能源统计司. 中国能源统计年鉴 2009. 北京：中国统计出版社，2009.

［459］中华人民共和国国家统计局能源统计司. 中国能源统计年鉴 2008. 北京：中国统计出版社，2008.

［460］中华人民共和国国土资源部. 2011 中国矿产资源报告，2011.

［461］中华人民共和国环境保护部. 京津冀及周边地区落实大气污染防治行动计划实施细则，2013-09-17.

［462］钟茂初，李梦洁，杜威剑. 环境规制能否倒逼产业结构调整？：基于中国省际面板数据的实证检验. 中国人口·资源与环境，2015，25（8）：107-115.

［463］周晟吕，石敏俊，李娜，等. 碳税对于发展非化石能源的作用：基于能源-环境-经济模型的分析，自然资源学报，2012，27（7）：1101-1111.

图书在版编目（CIP）数据

中国经济绿色发展：理念、路径与政策 / 石敏俊等
著. --北京：中国人民大学出版社，2021.10
（中国经济问题丛书）
ISBN 978-7-300-29836-8

Ⅰ. ①中… Ⅱ. ①石… Ⅲ. ①绿色经济-经济发展-
研究-中国 ②Ⅳ. ①F124.5

中国版本图书馆 CIP 数据核字（2021）第 182084 号

中国经济问题丛书
中国经济绿色发展：理念、路径与政策
石敏俊　等著
Zhongguo Jingji Lüse Fazhan：Linian、Lujing yu Zhengce

出版发行	中国人民大学出版社	
社　　址	北京中关村大街 31 号	**邮政编码**　100080
电　　话	010－62511242（总编室）	010－62511770（质管部）
	010－82501766（邮购部）	010－62514148（门市部）
	010－62515195（发行公司）	010－62515275（盗版举报）
网　　址	http://www.crup.com.cn	
经　　销	新华书店	
印　　刷	涿州市星河印刷有限公司	
规　　格	160 mm×230 mm　16 开本	**版　　次**　2021 年 10 月第 1 版
印　　张	29.5 插页 3	**印　　次**　2021 年 10 月第 1 次印刷
字　　数	450 000	**定　　价**　108.00 元